Toyota Corolla
Gör-det-själv-handbok

Martynn Randall

Modeller som behandlas

(SV4738 - 288)

Sedan, kombikupé, sportkupé och kombi, inklusive specialutgåvor/begränsade utgåvor
1,3 liter (1332 cc), 1,4 liter (1398 cc) och 1,6 liter (1587 cc och 1598 cc) bensin

Behandlar INTE modeller med 1,8-liters bensinmotor (1762 cc), dieselmotorer eller fyrhjulsdrivna
Behandlar INTE den nya Corolla-serien som introducerades i januari 2002

© Haynes Group Limited 2007

En bok i **Haynes serie med Gör-det-själv-handböcker**

ISBN **978 1 78521 489 9**

British Library Cataloguing in Publication Data
En katalogpost för denna bok finns att få från British Library.

Haynes Group Limited
Haynes North America, Inc

www.haynes.com

Innehåll

DIN TOYOTA COROLLA

Reparationer vid vägkanten

Veckokontroller

Smörjmedel och vätskor

Däcktryck

UNDERHÅLL

Rutinunderhåll och service

Innehåll

REPARATIONER OCH UNDERHÅLL

Motor och tillhörande system

Växellåda

Bromsar och fjädring

Kaross och utrustning

Kopplingsschema

REFERENSER

Register

Att arbeta på din bil kan vara farligt. Den här sidan visar potentiella risker och faror och har som mål att göra dig uppmärksam på och medveten om vikten av säkerhet i ditt arbete.

Allmänna faror

Skållning

• Ta aldrig av kylarens eller expansionskärlets lock när motorn är het.
• Motorolja, automatväxellådsolja och styrservovätska kan också vara farligt varma om motorn just varit igång.

Brännskador

• Var försiktig så att du inte bränner dig på avgassystem och motor. Bromsskivor och -trummor kan också vara heta efter körning.

Lyftning av fordon

• Vid arbete nära eller under ett lyft fordon, använd alltid extra stöd i form av pallbockar eller använd ramper. **Arbeta aldrig under en bil som endast stöds av en domkraft.**
• När muttrar eller skruvar med högt åtdragningsmoment skall lossas eller dras, bör man lossa dem något innan bilen lyfts och göra den slutliga åtdragningen när bilens hjul åter står på marken.

Brand och brännskador

• Bränsle är mycket brandfarligt och bränsleångor är explosiva.
• Spill inte bränsle på en het motor.
• Rök inte och använd inte öppen låga i närheten av en bil under arbete. Undvik också gnistbildning (elektrisk eller från verktyg).
• Bensinångor är tyngre än luft och man bör därför inte arbeta med bränslesystemet med fordonet över en smörjgrop.
• En vanlig brandorsak är kortslutning i eller överbelastning av det elektriska systemet. Var försiktig vid reparationer eller ändringar.
• Ha alltid en brandsläckare till hands, av den typ som är lämplig för bränder i bränsle- och elsystem.

Elektriska stötar

• Högspänningen i tändsystemet kan vara farlig, i synnerhet för personer med hjärtbesvär eller pacemaker. Arbeta inte med eller i närheten av tändsystemet när motorn går, eller när tändningen är på.

• Nätspänning är också farlig. Se till att all nätansluten utrustning är jordad. Man bör skydda sig genom att använda jordfelsbrytare.

Giftiga gaser och ångor

• Avgaser är giftiga. De innehåller koloxid vilket kan vara ytterst farligt vid inandning. Låt aldrig motorn vara igång i ett trångt utrymme, t ex i ett garage, med stängda dörrar.
• Även bensin och vissa lösnings- och rengöringsmedel avger giftiga ångor.

Giftiga och irriterande ämnen

• Undvik hudkontakt med batterisyra, bränsle, smörjmedel och vätskor, speciellt frostskyddsvätska och bromsvätska. Sug aldrig upp dem med munnen. Om någon av dessa ämnen sväljs eller kommer in i ögonen, kontakta läkare.
• Långvarig kontakt med använd motorolja kan orsaka hudcancer. Bär alltid handskar eller använd en skyddande kräm. Byt oljeindränkta kläder och förvara inte oljiga trasor i fickorna.
• Luftkonditioneringens kylmedel omvandlas till giftig gas om den exponeras för öppen låga (inklusive cigaretter). Det kan också orsaka brännskador vid hudkontakt.

Asbest

• Asbestdamm kan ge upphov till cancer vid inandning, eller om man sväljer det. Asbest kan finnas i packningar och i kopplings- och bromsbelägg. Vid hantering av sådana detaljer är det säkrast att alltid behandla dem som om de innehöll asbest.

Speciella faror

Flourvätesyra

• Denna extremt frätande syra bildas när vissa typer av syntetiskt gummi i t ex O-ringar, tätningar och bränsleslangar utsätts för temperaturer över 400 °C. Gummit omvandlas till en sotig eller kladdig substans som innehåller syran. *När syran väl bildats är den farlig i flera år. Om den kommer i kontakt med huden kan det vara tvunget att amputera den utsatta kroppsdelen.*
• Vid arbete med ett fordon, eller delar från ett fordon, som varit utsatt för brand, bär alltid skyddshandskar och kassera dem på ett säkert sätt efteråt.

Batteriet

• Batterier innehåller svavelsyra som angriper kläder, ögon och hud. Var försiktig vid påfyllning eller transport av batteriet.
• Den vätgas som batteriet avger är mycket explosiv. Se till att inte orsaka gnistor eller använda öppen låga i närheten av batteriet. Var försiktig vid anslutning av batteriladdare eller startkablar.

Airbag/krockkudde

• Airbags kan orsaka skada om de utlöses av misstag. Var försiktig vid demontering av ratt och/eller instrumentbräda. Det kan finnas särskilda föreskrifter för förvaring av airbags.

Dieselinsprutning

• Insprutningspumpar för dieselmotorer arbetar med mycket högt tryck. Var försiktig vid arbeten på insprutningsmunstycken och bränsleledningar.

⚠️ *Varning: Exponera aldrig händer eller annan del av kroppen för insprutarstråle; bränslet kan tränga igenom huden med ödesdigra följder*

Kom ihåg...

ATT

• Använda skyddsglasögon vid arbete med borrmaskiner, slipmaskiner etc, samt vid arbete under bilen.

• Använda handskar eller skyddskräm för att skydda händerna.

• Om du arbetar ensam med bilen, se till att någon regelbundet kontrollerar att allt står väl till.

• Se till att inte löst sittande kläder eller långt hår kommer i vägen för rörliga delar.

• Ta av ringar, armbandsur etc innan du börjar arbeta på ett fordon - speciellt med elsystemet.

• Försäkra dig om att lyftanordningar och domkraft klarar av den tyngd de utsätts för.

ATT INTE

• Ensam försöka lyfta för tunga delar - ta hjälp av någon.

• Ha för bråttom eller ta osäkra genvägar.

• Använda dåliga verktyg eller verktyg som inte passar. De kan slinta och orsaka skador.

• Låta verktyg och delar ligga så att någon riskerar att snava över dem. Torka upp olje- och bränslespill omgående.

• Låta barn eller husdjur leka nära en bil under arbetets gång.

Toyota Corolla 3-dörrars kombikupé

Toyota kallas "världens bäst säljande bil" och de Corolla-modeller som tas upp i den här handboken har många olika karosstilar och motorer, med tyngdpunkten på beprövad, gedigen ingenjörskonst, vilket förstärker Toyotas välförtjänta rykte om fantastisk tillförlitlighet ytterligare. Corollan lanserades i juni 1997, då fanns den som 3-dörrars kombikupé, 5-dörrars sportkupé, 4-dörrars sedan och 5-dörrars kombi, och i oktober 1998 kom en 5-dörrars kombikupé. I oktober 1999 genomgick bilen ett ansiktslyft, med kosmetiska förändringar av den främre stötfångaren, strålkastarna, motorhuven och framgrillen. En ny serie bensinmotorer med variabel synkronisering av insugskamaxeln introducerades samtidigt som man genomförde ansiktslyftet, och ersatte de befintliga enheterna.

Bensinmotorerna är raka fyrcylindriga insprutningsmotorer men en slagvolym på 1332 cc, 1398 cc, 1587 cc eller 1598 cc med dubbla överliggande kamaxlar och 16 ventiler. Alla motorer saknar turbo, och VVT-i-motorerna på 1,4 liter och 1,6 liter (oktober 1999 och framåt) har en hydrauliskt styrd mekanism på insugskamaxeln som varierar ventiltiderna. Detta förbättrar köregenskaperna, motorns verkningsgrad och utsläppen. Alla motorer har avancerade motorstyrningssystem med omfattande avgasreningsutrustning. Även om det fanns två dieselmodeller ingår ingen av dem i den här handboken.

Bilarna har 5- eller 6-växlade manuella växellådor, eller 3- eller 4-växlade automatlådor. Det fanns en fyrhjulsdriven modell på vissa marknader, men i den här handboken ingår endast de framhjulsdrivna versionerna.

Bromsarna är skivbromsar fram och trum- eller skivbromsar bak. Hydrauliskt styrd servostyrning är standard på alla modeller, med ABS som tillval.

Det finns ett stort utbud standard- och tillvalsutrustning som passar i princip alla smaker. Både förar- och passagerarkrockkudde var standard, med sidokrockkuddar inbyggda i framsätena och bältessträckare i framsätets bälten som tillval på vissa av modellerna som genomgått ansiktslyftet i oktober 1999.

Förutsatt att regelbundet underhåll utförs enligt tillverkarens rekommendationer är Toyota Corolla precis den avundsvärt tillförlitliga bil som gjort märket känt. Motorrummet är relativt rymligt och de flesta delarna som behöver underhållas ofta är lätta att komma åt.

Din handbok till Toyota

Syftet med den här handboken är att hjälpa dig få så stor glädje av din bil som möjligt. Det kan göras på flera sätt. Boken är till hjälp vid beslut om vilka åtgärder som ska vidtas (även då en verkstad anlitas för att utföra själva arbetet). Den ger även information om rutinunderhåll och service, och föreslår arbetssätt för ändamålsenliga åtgärder och diagnos om slumpmässiga fel uppstår. Förhoppningsvis kommer dock handboken att vara till stor hjälp när du försöker klara av arbetet på egen hand. Vad gäller enklare jobb kan det till och med gå snabbare att ta hand om det själv än att först boka tid på en verkstad och sedan ta sig dit två gånger, en gång för att lämna bilen och en gång för att hämta den. Och kanske viktigast av allt, en hel del pengar kan sparas genom att man undviker de avgifter verkstäder tar ut för att kunna täcka arbetskraft och marginaler.

Handboken innehåller teckningar och beskrivningar som förklarar de olika komponenternas funktion och utformning. Arbetsgången är beskriven och fotograferad i tydlig ordningsföljd, steg för steg. Bilderna är numrerade efter det avsnitt och den punkt som de illustrerar. Om det finns mer än en bild per punkt anges ordningsföljden mellan bilderna alfabetiskt.

Hänvisningar till "vänster" eller "höger" avser vänster eller höger för en person som sitter i förarsätet och tittar framåt.

Tack till...

Tack till Draper Tools Limited, som stod för en del av verktygen, samt till alla på Sparkford som hjälpte till att producera den här boken.

Vi är mycket stolta över tillförlitligheten i den information som ges i den här boken, men biltillverkare gör ändringar i konstruktion och utformning under pågående tillverkning och talar inte alltid om det för oss. Författarna och förlaget kan inte ta på sig något ansvar för förluster, skador eller personskador till följd av felaktig eller ofullständig information i denna bok.

Toyota Corolla 5-dörrars sportkupé

Följande sidor är tänkta att vara till hjälp vid hantering av vanligt förekommande problem. Mer detaljerad information om felsökning finns i slutet av boken, och beskrivningar av reparationer finns i bokens olika huvudkapitel.

Om bilen inte startar och startmotorn inte går runt

☐ Om det är en modell med automatväxellåda, se till att växelväljaren står på P eller N.

☐ Öppna motorhuven och kontrollera att batteripolerna är rena och sitter fast ordentligt.

☐ Slå på strålkastarna och försök starta motorn. Om strålkastarljuset försvagas mycket under startförsöket är batteriet troligen urladdat. Lös problemet genom att använda startkablar (se nästa sida) och en annan bil.

Om bilen inte startar trots att startmotorn går runt som vanligt

☐ Finns det bränsle i tanken?

☐ Finns det fukt i elsystemet under motorhuven? Slå av tändningen och torka bort synlig fukt med en torr trasa. Spraya vattenavstötande medel (WD-40 eller liknande) på tändningen och bränslesystemets elektriska kontaktdon som visas på bilden.

A Kontrollera att tändspolarnas elektriska kontaktdon är hela och korrekt anslutna.

B Kontrollera att luftmängdmätarens anslutningskontakt är hel och korrekt ansluten.

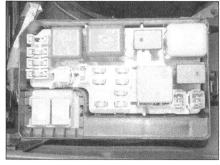

C Kontrollera att alla säkringar är hela och inte har brunnit.

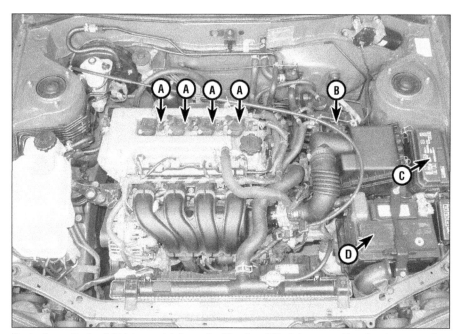

Kontrollera att alla elektriska anslutningar är säkra (med tändningen avstängd) och spraya dem med vattenavstötande medel av typen WD-40 om problemet misstänks bero på fukt.

D Kontrollera batterianslutningarnas skick och att de sitter ordentligt.

E Kontrollera tändkablarnas anslutning (motorer utan VVT-i).

Starthjälp

Tänk på följande om bilen startas med ett laddningsbatteri:

✔ Innan laddningsbatteriet ansluts ska tändningen vara avslagen.

✔ Kontrollera att all elektrisk utrustning (ljus, värme, vindrutetorkare etc.) är avslagen.

✔ Se efter om det står några speciella föreskrifter på batteriet.

✔ Kontrollera att laddningsbatteriet har samma spänning som det urladdade batteriet i bilen.

✔ Om batteriet laddas med startkablar från en annan bil, får bilarna INTE VIDRÖRA varandra.

✔ Växellådan ska vara i friläge (eller P för automatväxel).

HAYNES TiPS *Start med startkablar löser ditt problem för stunden, men det är viktigt att ta reda på orsaken till att batteriet laddades ur.*
Det finns tre möjligheter:

1 *Batteriet har laddats ur på grund av upprepade startförsök eller på grund av att strålkastarna lämnats påslagna.*

2 *Laddningssystemet fungerar inte som det ska (växelströmsgeneratorns drivrem är lös eller trasig, generatorns kablage eller själva växelströmsgeneratorn är defekt).*

3 *Batteriet är defekt (elektrolytnivån är låg eller batteriet är utslitet).*

1 Anslut den ena änden av den röda startkabeln till den positiva (+) polen på det urladdade batteriet.

2 Anslut den andra änden av den röda startkabeln till den positiva (+) polen på laddningsbatteriet.

3 Anslut den ena änden av den svarta startkabeln till den negativa (-) polen på laddningsbatteriet.

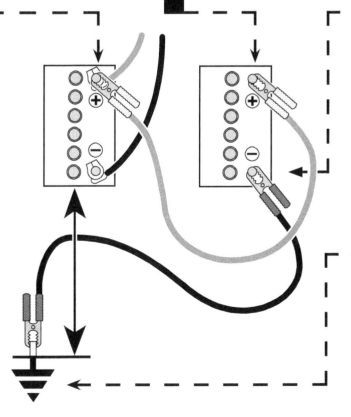

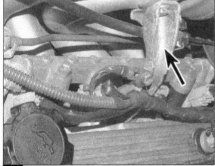

4 Anslut den andra änden på den svarta startkabeln till en bult eller fästbygel på motorn på den bil som ska startas.

5 Se till att startkablarna inte kommer åt kylfläkten, drivremmarna eller andra rörliga delar i motorn.

6 Starta motorn med laddningsbatteriet och låt den gå på tomgång. Slå på strålkastarna, bakrutevärmen och värmefläktsmotorn. Koppla sedan loss startkablarna i motsatt ordning mot ditsättningen. Stäng av strålkastarna etc.

Hjulbyte

 Varning: *Byt aldrig däck om du befinner dig i en situation där du riskerar att bli påkörd av annan trafik. Försök att stanna i en parkeringsficka eller på en mindre avtagsväg om du befinner dig på en väg med mycket trafik. Håll uppsikt över passerande trafik när du byter hjul – det är lätt att bli distraherad av arbetet med hjulbytet.*

Förberedelser

■ Vid punktering, stanna så snart det är säkert för dig och dina medtrafikanter.

■ Parkera om möjligt på plan mark där du inte hamnar i vägen för annan trafik.

■ Använd varningsblinkers om det behövs.

■ Använd en varningstriangel (obligatorisk utrustning) för att göra andra trafikanter uppmärksamma på bilens närvaro.

■ Dra åt handbromsen och lägg i ettan eller backen (eller parkeringsläge på modeller med automatväxellåda).

■ Blockera det hjul som är placerat diagonalt mot det hjul som ska tas bort – några stora stenar kan användas till detta.

■ Använd en brädbit för att fördela tyngden under domkraften om marken är mjuk.

Hjulbyte

1 Arbeta inuti bagageutrymmet och ta bort klädselpanelen och domkraften . . .

2 . . . eller lyft upp panelen på bagageutrymmets golv. På vissa modeller förvaras verktygen tillsammans med reservhjulet.

3 Lyft upp mattan och skruva sedan loss reservhjulets hållare från hjulets mitt och lyft ut hjulet.

4 Bänd loss navkapseln (i förekommande fall), lossa sedan alla hjulmuttrar ett halvt varv med hjälp av fälgkorset. Om muttrarna sitter för hårt, stå INTE på fälgkorset för att lossa dem – be om hjälp. På modeller med lättmetallfälgar kan du behöva en Toyota-hylsnyckel för att ta bort spärrmuttern – hylsnyckeln ska ligga i handskfacket eller verktygssatsen.

5 Haka i domkraftens lyftsadel med den förstärkta fästbygeln på tröskelns ände (placera inte domkraften någon annanstans på tröskeln).

6 Vrid handtaget medurs tills hjulet är helt lyft från marken, skruva sedan loss hjulbultarna och ta bort hjulet.

Slutligen . . .

■ Ta bort hjulblockeringen.

■ Förvara domkraften och verktygen i bilens bagageutrymme.

■ Kontrollera lufttrycket i det nymonterade däcket. Om det är lågt eller om du inte har en tryckmätare med dig, kör långsamt till närmaste bensinstation och kontrollera/justera trycket.

Observera: *Vissa modeller har ett särskilt "kompakt" reservhjul, där däcket är smalare än standarddäck. Det är då märkt med TEMPORARY USE ONLY (endast för tillfälligt bruk). Det kompakta reservhjulet ska bara användas tillfälligt och måste bytas mot ett vanligt hjul så snart som möjligt. Kör extra försiktigt när det här hjulet används, framförallt i kurvor och när du bromsar – Toyota rekommenderar en maxhastighet på 80 km/h med specialhjulet.*

7 Montera reservhjulet och skruva sedan i muttrarna. Dra åt muttrarna något med fälgmutternyckeln. Sänk sedan ner bilen på marken. Dra åt hjulmuttrarna ordentligt i den angivna ordningen, sätt sedan tillbaka navkapseln. Hjulmuttrarna bör lossas och dras åt igen till angivet moment (103 Nm) så snart som möjligt.

Hitta läckor

Pölar på garagegolvet (eller där bilen parkeras) eller våta fläckar i motorrummet tyder på läckor som man måste försöka hitta. Det är inte alltid så lätt att se var läckan är, särskilt inte om motorrummet är mycket smutsigt. Olja eller andra vätskor kan spridas av fartvinden under bilen och göra det svårt att avgöra var läckan egentligen finns.

 Varning: *De flesta oljor och andra vätskor i en bil är giftiga. Vid spill bör man tvätta huden och byta indränkta kläder så snart som möjligt*

 Lukten kan vara till hjälp när det gäller att avgöra varifrån ett läckage kommer och vissa vätskor har en färg som är lätt att känna igen. Det är en bra idé att tvätta bilen ordentligt och ställa den över rent papper över natten för att lättare se var läckan finns. Tänk på att motorn ibland bara läcker när den är igång.

Olja från sumpen

Motorolja kan läcka från avtappnings-pluggen . . .

Olja från oljefiltret

. . . eller från oljefiltrets packning.

Växellådsolja

Växellådsolja kan läcka från tätningarna i ändarna på drivaxlarna.

Frostskydd

Läckande frostskyddsvätska lämnar ofta kristallina avlagringar liknande dessa.

Bromsvätska

Läckage vid ett hjul är nästan alltid bromsvätska.

Servostyrningsvätska

Servostyrningsvätska kan läcka från styrväxeln eller dess anslutningar.

Bogsering

När ingenting annat hjälper kan du behöva bli bogserad hem – eller kanske är det du som får hjälpa någon annan med bogsering. Bogsering längre sträckor bör överlåtas till verkstäder eller bärgningsfirmor. Kortare sträckor går det utmärkt att låta en annan privatbil bogsera, men tänk på följande:

☐ Använd en riktig bogserlina – de är inte dyra. Fordonet som bogseras måste i vissa länder vara försett med en skylt med texten BOGSERING i bakrutan.
☐ Slå alltid på tändningen när bilen bogseras

så att rattlåset släpper och riktningsvisare och bromsljus fungerar.
☐ Det sitter en bogseringsögla på varje stötfångare.
☐ Lossa handbromsen och lägg växeln i friläge innan bogseringen börjar. Toyota rekommenderar att bilar med automatlåda endast ska bogseras "korta sträckor med låg hastighet".
☐ Observera att du behöver trycka hårdare än vanligt på bromspedalen när du bromsar eftersom vakuumservon bara fungerar när motorn är igång.

☐ Eftersom inte heller servostyrningen fungerar, krävs mer kraft än vanligt även för att styra.
☐ Föraren av den bogserade bilen måste vara noga med att hålla bogserlinan spänd hela tiden för att undvika ryck.
☐ Försäkra er om att båda förarna känner till den planerade färdvägen innan ni startar.
☐ Bogsera aldrig längre sträcka än nödvändigt och håll lämplig hastighet (högsta tillåtna hastighet vid bogsering är 30 km/h). Kör försiktigt och sakta ner mjukt och långsamt före korsningar.

Inledning

Det finns ett antal mycket enkla kontroller som endast tar några minuter i anspråk, men som kan bespara dig mycket besvär och stora kostnader.

Dessa *veckokontroller* kräver inga större kunskaper eller specialverktyg, och den korta tid de tar att utföra kan visa sig vara väl använd:

☐ Att hålla ett öga på däckens skick och lufttryck förebygger inte bara att de slits ut i förtid utan kan också rädda liv.

☐ Många motorhaverier orsakas av elektriska problem. Batterirelaterade fel är särskilt vanliga och genom regelbundna kontroller kan de flesta av dessa förebyggas.

☐ Om det uppstår en läcka i bromssystemet kanske den upptäcks först när bromsarna slutar att fungera. Vid regelbundna kontroller av bromsvätskenivån uppmärksammas sådana fel i god tid.

☐ Om olje- eller kylvätskenivån blir för låg är det t.ex. betydligt billigare att laga läckan direkt, än att bekosta dyra reparationer av de motorskador som annars kan uppstå.

Kontrollpunkter i motorrummet

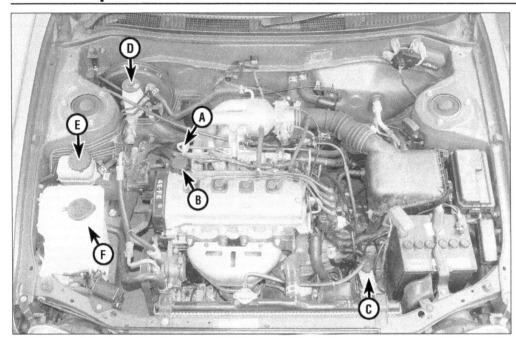

◀ **1,3-liters motor 4E-FE (utan VVT-i, andra liknande)**

A *Mätsticka för motorolja*
B *Påfyllningslock för motorolja*
C *Kylsystemets expansionskärl*
D *Bromsvätskebehållare*
E *Behållare för servostyrningsolja*
F *Spolarvätskebehållare*

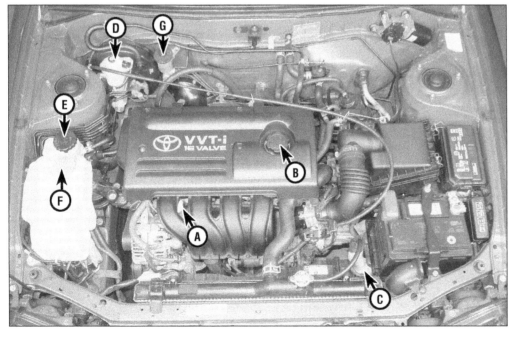

◀ **1,4-liters motor 4ZZ-FE (VVT-i, andra liknande)**

A *Mätsticka för motorolja*
B *Påfyllningslock för motorolja*
C *Kylsystemets expansionskärl*
D *Bromsvätskebehållare*
E *Behållare för servostyrningsolja*
F *Spolarvätskebehållare*
G *Kopplingsoljebehållare*

Motoroljenivå

Innan arbetet påbörjas

✔ Se till att bilen står på plan mark.
✔ Oljenivån måste kontrolleras innan bilen körs, eller tidigast 5 minuter efter det att motorn har stängts av.

Om oljenivån kontrolleras omedelbart efter det att bilen har körts, kommer en del av oljan att vara kvar i den övre delen av motorn. Detta ger felaktig avläsning på mätstickan.

Korrekt oljetyp

Moderna motorer ställer höga krav på oljans kvalitet. Det är mycket viktigt att man använder en lämplig olja till sin bil (se *Smörjmedel och vätskor*).

Bilvård

● Om oljan behöver fyllas på ofta bör bilen kontrolleras med avseende på oljeläckor. Lägg ett rent papper under motorn över natten och se om det finns fläckar på det på morgonen. Finns det inga läckor kanske motorn bränner olja.
● Håll alltid nivån mellan de båda markeringarna på mätstickan. Om oljenivån är för låg kan motorn ta allvarlig skada. Oljetätningarna kan gå sönder om man fyller på för mycket olja.

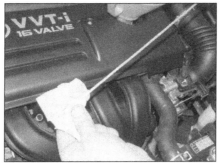
1 Mätstickans övre del har en stark färg för att underlätta avläsningen (se *Kontrollpunkter i motorrummet* för exakt placering). Ta bort mätstickan och använd en ren trasa eller pappershandduk för att ta bort all olja från mätstickan. Stick in den rena mätstickan i röret och dra ut den igen.

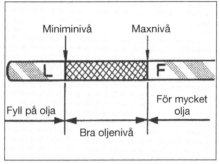
3 . . . eller i den mönstrade delen som anger MAX och MIN mellan det övre (F) och nedre (L) märket. Det skiljer ungefär en liter olja mellan minimi- och maximinivån.

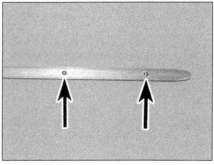
2 Observera oljenivån på mätstickans ände, som ska vara mellan max- och min-markeringarna (se pilar). . .

4 Oljan fylls på genom påfyllningslocket. Skruva loss locket och fyll på olja. En tratt gör det enklare att undvika spill. Fyll på oljan långsamt och gör täta nivåkontroller med mätstickan. Fyll inte på för mycket (se Bilvård).

Kylvätskenivå

Varning: Skruva aldrig av kylarens trycklock eller expansionskärlets lock när motorn är varm, eftersom det finns risk för brännskador. Låt inte behållare med kylvätska stå öppna eftersom vätskan är giftig.

Bilvård

● Ett slutet kylsystem ska inte behöva fyllas på regelbundet. Om kylvätskan behöver fyllas på ofta har bilen troligen en läcka i kylsystemet. Kontrollera kylaren samt alla slangar och fogytor och sök efter avlagringar eller fukt. Åtgärda eventuella problem.

● Det är viktigt att frostskyddsvätska används i kylsystemet året runt, inte bara under vintermånaderna. Fyll inte på med enbart vatten, då sänks koncentrationen av frostskyddsvätska.

1 Kylvätskebehållaren är placerad till vänster i motorrummet. Kylvätskenivån syns genom tanken.

2 Om du behöver fylla på kylvätska, vänta tills motorn är kall och ta bort behållarens lock. Fyll på med en blandning av vatten och frostskyddsmedel i behållaren tills kylvätskan har rätt nivå. Sätt tillbaka locket och dra åt ordentligt.

Nivå på broms- och kopplingsvätska*

Endast modeller med manuell växellåda.

 Varning: Var försiktig vid hante-ring av bromsolja eftersom den kan skada dina ögon och bilens lack. Använd inte vätska ur kärl som har stått öppna en längre tid. Bromsvätska drar åt sig fuktighet från luften vilket kan försämra bromsegenskaperna avsevärt.

Innan arbetet påbörjas

✔ Se till att bilen står plant.

 Nivån i bromsvätskebehållaren sjunker en aning i och med att bromsklossarna slits. Nivån får dock aldrig sjunka under MIN-markeringen.

Säkerheten främst!

● Om behållarna måste fyllas på ofta har bilen fått en läcka i systemet. Detta måste undersökas omedelbart.
● Vid en misstänkt läcka i systemet får bilen inte köras förrän bromssystemet har kontrollerats. Ta aldrig några risker med bromsarna.

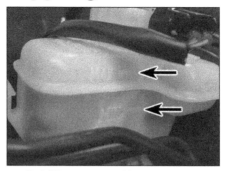

1 Behållarna har MAX- och MIN-markeringar. Bromsvätskebehållaren (MAX och MIN markerade med pilar) sitter baktill och till höger i motorrummet . . .

3 Skruva loss bromsvätskebehållarens lock och lyft försiktigt bort det. Kopplings-oljebehållarens lock dras bort. Undersök behållaren, om vätskan är smutsig ska hydraulsystemet tömmas och fyllas på igen (se kapitel 1 eller 6).

2 . . . och kopplingsbehållaren sitter bredvid den. Vätskenivån måste alltid hållas mellan dessa två markeringar (se pilar). Om vätskebehållaren behöver fyllas på bör området runt påfyllningslocket först rengöras för att förhindra att hydraulsystemet förorenas.

4 Fyll på vätska försiktigt. Var noga med att inte spilla på de omgivande kompo-nenterna. Använd endast rekommenderad bromsvätska. Om olika typer blandas kan systemet skadas. När oljenivån är återställd, skruva på locket och torka bort eventuellt spill. Återanslut vätskenivåns kontaktdon.

Spolarvätskenivå

● På modeller med den utrustningen används spolarvätskan även för att rengöra bakluckans bakruta.
● Spolarvätskekoncentrat rengör inte bara rutan utan fungerar även som frostskydd så att spolarvätskan inte fryser under vintern, då den behövs som mest. Fyll inte på med enbart vatten eftersom spolarvätskan då späds ut för mycket och kan frysa.

Varning: Använd aldrig motorkylvätska i vindrutespolarsystemet. Det kan missfärga eller skada lacken.

1 Spolarvätskebehållaren fylls på i motor-rummets främre högra del.

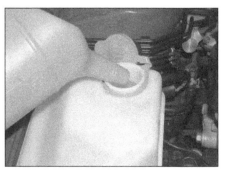

2 Lossa locket och fyll på behållaren, spolarvätskekoncentrat bör tillsättas enligt rekommendationerna på flaskan.

Däckens skick och lufttryck

Det är mycket viktigt att däcken är i bra skick och har korrekt lufttryck – däckhaverier är farliga i alla hastigheter.

Däckslitage påverkas av körstil – hårda inbromsningar och accelerationer eller snabb kurvtagning, samverkar till högt slitage. Generellt sett slits framdäcken ut snabbare än bakdäcken. Axelvis byte mellan fram och bak kan jämna ut slitaget, men om detta är för effektivt kan du komma att behöva byta alla fyra däcken samtidigt.

Ta bort spikar och stenar som bäddats in i mönstret innan dessa går igenom och orsakar punktering. Om borttagandet av en spik avslöjar en punktering, stick tillbaka spiken i hålet som markering, byt omedelbart hjul och låt reparera däcket (eller köp ett nytt).

Kontrollera regelbundet att däcken är fria från sprickor och blåsor, speciellt i sido-väggarna. Ta av hjulen med regelbundna mellanrum och rensa bort all smuts och lera från inte och yttre ytor. Kontrollera att inte fälgarna visar spår av rost, korrosion eller andra skador. Lättmetallfälgar skadas lätt av kontakt med trottoarkanter vid parkering, stålfälgar kan bucklas. En ny fälg är ofta det enda sättet att korrigera allvarliga skador.

Nya däck måste alltid balanseras vid monteringen, men det kan vara nödvändigt att balansera om dem i takt med slitage eller om balansvikterna på fälgkanten lossnar.

Obalanserade däck slits snabbare och de ökar även slitaget på fjädring och styrning. Obalans i hjulen märks normalt av vibrationer, speciellt vid vissa hastigheter, i regel kring 80 km/tim. Om dessa vibrationer bara känns i styrningen är det troligt att enbart framhjulen behöver balanseras. Om istället vibrationerna känns i hela bilen kan bakhjulen vara obalanserade. Hjulbalansering ska utföras av däckverkstad eller annan verkstad med lämplig utrustning.

1 Mönsterdjup - visuell kontroll
Originaldäcken har slitageklackar (B) som uppträder när mönsterdjupet slitits ned till ca 1,6 mm. Bandens lägen anges av trianglar på däcksidorna (A).

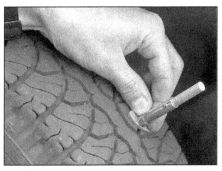

2 Mönsterdjup - manuell kontroll
Mönsterdjupet kan även avläsas med ett billigt verktyg kallat mönsterdjupsmätare.

3 Lufttryckskontroll
Kontrollera regelbundet lufttrycket i däcken när dessa är kalla. Justera inte luft-trycket omedelbart efter det att bilen har körts, eftersom detta leder till felaktiga värden.

Däckslitage

Slitage på sidorna

Lågt däcktryck (slitage på båda sidorna)
Lågt däcktryck orsakar överhettning i däcket eftersom det ger efter för mycket, och slit-banan ligger inte rätt mot underlaget. Detta orsakar förlust av väggrepp och ökat slitage.
Kontrollera och justera däcktrycket
Felaktig cambervinkel (slitage på en sida)
Reparera eller byt ut fjädringsdetaljer
Hård kurvtagning
Sänk hastigheten!

Slitage i mitten

För högt däcktryck
För högt däcktryck orsakar snabbt slitage i mitten av däckmönstret, samt minskat väg-grepp, stötigare gång och fara för skador i korden.
Kontrollera och justera däcktrycket

Om du ibland måste ändra däcktrycket till högre tryck specificerade för max lastvikt eller ihållande hög hastighet, glöm inte att minska trycket efteråt.

Ojämnt slitage

Framdäcken kan slitas ojämnt som följd av felaktig hjulinställning. De flesta bilåterför-säljare och verkstäder kan kontrollera och justera hjulinställningen för en rimlig summa.
Felaktig camber- eller castervinkel
Reparera eller byt ut fjädringsdetaljer
Defekt fjädring
Reparera eller byt ut fjädringsdetaljer
Obalanserade hjul
Balansera hjulen
Felaktig toe-inställning
Justera framhjulsinställningen
Notera: *Den fransiga ytan i mönstret, ett typiskt tecken på toe-förslitning, kontrolleras bäst genom att man känner med handen över däcket.*

Styrservooljans nivå

Innan arbetet påbörjas

✔ Se till att bilen står plant.
✔ Ställ in ratten i framåtriktat läge.
✔ Motorn ska vara avstängd.

Säkerheten främst!

● Om styrservooljan behöver fyllas på ofta betyder det att systemet läcker. Undersök och åtgärda detta omedelbart.

 HAYNES TiPS *För att kontrollen ska gå rätt till får ratten inte vridas när motorn har stängts av.*

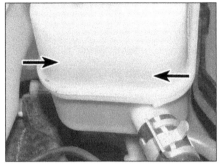

1 Behållaren är placerad till höger i motorrummet. Behållaren kan ha markeringarna HOT och COLD (se pilar) . . .

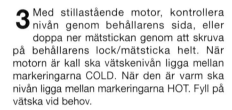

3 Med stillastående motor, kontrollera nivån genom behållarens sida, eller doppa ner mätstickan genom att skruva på behållarens lock/mätsticka helt. När motorn är kall ska vätskenivån ligga mellan markeringarna COLD. När den är varm ska nivån ligga mellan markeringarna HOT. Fyll på vätska vid behov.

2 . . . på vissa modeller kan du behöva skruva loss locket/mätstickan från behållaren. Torka rent området runt behållarens påfyllningsrör innan du skruvar loss påfyllningslocket/mätstickan från behållaren.

4 Om du måste fylla på ska du använda den vätska som rekommenderas – fyll inte behållaren för mycket. Sätt på locket ordentligt när nivån stämmer.

Torkarblad

Observera: *Monteringsinstruktioner för torkarblad varierar beroende på modell och beroende på om de monterade torkarbladen kommer från Toyota. Använd de procedurer och bilder som visas som en guide för din bil.*

1 Kontrollera torkarbladens skick. Om de är spruckna eller ser slitna ut, eller om rutan inte torkas ordentligt, ska de bytas ut. Torkarbladen ska bytas varje år.

2 När du ska ta bort ett vindrutetorkarblad, lyft upp torkararmen, vrid bladet på armen och tryck fästklämman (se pil) mot armen.

3 Låt bladet glida ner längs med torkararmen och ta bort det från bilen, var försiktig så att armen inte skadar vindrutan.

Batteri

Varning: Läs säkerhetsföreskrifterna i "Säkerheten främst!" (i början av handboken) innan något arbete utförs på batteriet.

✔ Se till att batterilådan är i gott skick och att klämman sitter ordentligt. Rost på plåten, hållaren och batteriet kan avlägsnas med en lösning av vatten och bikarbonat. Skölj noggrant alla rengjorda delar med vatten. Alla rostskadade metalldelar ska först målas med en zinkbaserad grundfärg och därefter lackeras.

✔ Kontrollera regelbundet (ungefär var tredje månad) batteriets skick enligt beskrivningen i kapitel 5A.

✔ Om batteriet är urladdat och du måste använda starthjälp för att starta bilen, se *Reparationer vid vägkanten*.

1 Öppna motorhuven och lyft upp det lilla locket över batteriets pluspol (se pil). Batteriets utsida ska kontrolleras regelbundet med avseende på sprickor och andra skador.

2 Kontrollera att batteriklämmorna sitter ordentligt så att de elektriska anslutningarna fungerar. Det ska inte gå att rubba dem. Kontrollera även kablarna beträffande sprickor och skadade ledare.

Korrosion på batteriet kan minimeras genom att lite vaselin stryks på batteriklämmorna och polerna när de dragits åt.

3 Om du hittar korrosion (vita porösa avlagringar), ta bort kablarna från polerna, rengör dem med en liten stålborste och sätt tillbaka dem. Hos biltillbehörsbutiker finns ett särskilt verktyg för rengöring av batteripoler . . .

4 . . . och batteriets kabelklämmor.

Glödlampor och säkringar

✔ Kontrollera alla yttre lampor samt signalhornet. Se aktuella avsnitt i kapitel 12 för närmare information om någon av kretsarna inte fungerar.

✔ Se över alla tillgängliga kontaktdon, kablar och kabelklämmor så att de sitter ordentligt och inte är skavda eller skadade.

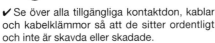
Om bromsljus och körriktningsvisare behöver kontrolleras när ingen hjälp finns till hands, backa upp mot en vägg eller garageport och slå på ljusen. Det reflekterade skenet visar om de

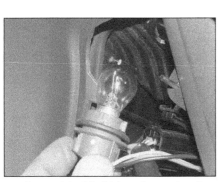

1 Om enstaka körriktningsvisare, stoppljus, bromsljus eller strålkastare inte fungerar beror det antagligen på en trasig glödlampa som behöver bytas ut. Se kapitel 12 för mer information. Om båda bromsljusen är sönder kan bromskontakten vara defekt (se kapitel 9).

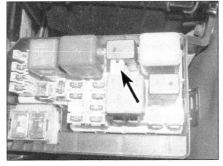

2 Om mer än en blinker eller strålkastare inte fungerar har troligen en säkring gått eller ett fel uppstått i kretsen (se kapitel 12). Säkringarna sitter i säkringsdosan i motorrummet på passagerarsidan (säkringstång märkt med pil).

3 När du ska byta en trasig säkring, dra ut den med den medföljande tången. Sätt dit en ny säkring med samma kapacitet (se kapitel 12). Om säkringen går sönder igen är det viktigt att du tar reda på varför – en fullständig kontrollprocedur finns beskriven i kapitel 12.

Smörjmedel och vätskor

Motor*

1,3-liters- och 1,6-liters motorer utan VVT-i	Flergradig motorolja, viskositet SAE 10W/30 eller 15W/30
1,4-liters- och 1,6-liters motorer med VVT-i	Flergradig motorolja, viskositet 5W/30
Kylsystem	Toyotas kylvätska "long life"
Manuell växellåda.	SAE 75W/90 GL4 eller GL5
Automatväxellåda.	ATF Dexron II eller III
Automatväxellåda, differential.	ATF Dexron II eller III
Bromssystem	Broms- och kopplingsvätska till DOT 3 eller 4
Kopplingssystem	Broms- och kopplingsvätska till DOT 3 eller 4
Servostyrning	Dexron II eller III

* Vissa modeller har en klisteretikett i motorrummet med information om motoroljans specifikationer. Om bilen saknar etikett, följ ovanstående rekommendationer.

Däcktryck

Alla modeller (normalt)	**Fram**	**Bak**
165/70 R14-däck	2,2 bar	2,2 bar
175/65 R14-däck	2,2 bar	2,2 bar
185/65 R14-däck	2,2 bar	2,2 bar
Kompakt reservhjul.	4,1 bar	4,1 bar

Kapitel 1
Rutinunderhåll och service

Innehåll

Svårighetsgrad

 Enkelt, passar novisen med lite erfarenhet

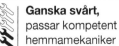 **Ganska enkelt,** passar nybörjaren med viss erfarenhet

Ganska svårt, passar kompetent hemmamekaniker

Svårt, passar hemmamekaniker med erfarenhet

 **Mycket svårt,** för professionell mekaniker

Smörjmedel och vätskor . . . .   se *Veckokontroller* på sidan 0•16

Volymer

Motorolja
Inklusive filter:
  Motorer utan VVT-i:
    1,3-liters 4E-FE-motor . . . .   2,8 liter
    1,6-liters 4A-FE-motor . . . .   3,2 liter
  VVT-i-motorer . . . .   3,7 liter

Kylsystem (ungefärligt):
Motorer utan VVT-i:
  1,3-liters 4E-FE-motor . . . .   5,2 liter
  1,6-liters 4A-FE-motor . . . .   5,2 liter
Motorer med VVT-i:
  1,4-liters 4ZZ-FE-motor . . . .   6,0 liter
  1,6-liters 3ZZ-FE-motor . . . .   6,0 liter

Växellåda
Manuell:
  Växellådor med 5 växlar . . . .   1,9 liter
  Växellådor med 6 växlar . . . .   2,1 liter
Automatisk:
  Påfyllning efter tömning:
    Växellådor med 3 växlar . . . .   2,5 liter
    Växellådor med 4 växlar . . . .   3,1 liter

Bensintank . . . .   50 liter

Kylsystem
Frost- och rostskydd . . . .   se frostskyddsmedeltillverkarens rekommendationer för utspädning

Motor
Motorkoder:
  1,3-liters motor (1332 cc) utan VVT-i 4E-FE
  1,4-liters motor (1398 cc) med VVT-i 4ZZ-FE
  1,6-liters motor (1587 cc) utan VVT-i 4A-FE
  1,6-liters motor (1598 cc) med VVT-i 3ZZ-FE
Ventilspel (kall motor):
  Insugsventil . . . .   0,15 till 0,25 mm
  Avgasventil:
    1,3-liters 4E-FE-motor . . . .   0,31 till 0,41 mm
    Alla andra motorer . . . .   0,25 till 0,35 mm

Tändsystem

Tändstift:

1,3-liters 4E-FE-motor	NGK BKR5EKB11
Elektrodavstånd	1,1 mm
1,4-liters 4ZZ-FE-motor	Bosch FR8KCU
Elektrodavstånd	1,0 mm
1,6-liters 4A-FE-motor	NGK BKR6EYA
Elektrodavstånd	0,8 mm
1,6-liters 3ZZ-FE-motor	NGK BKR5EYA11
Elektrodavstånd	1,1 mm

Bromsar

Minsta tjocklek på bromsklossbelägg	1,0 mm
Minsta tjocklek på bromsbacksbelägg.	1,0 mm

Åtdragningsmoment

	Nm
Automatväxellåda	
Påfyllningsplugg	24
Nivåplugg	24
Dräneringsplugg:	
Växellådor med 3 växlar	49
Växellådor med 4 växlar	17
Dräneringsplugg för motorblock	25
Tändspole till topplock:	
Motorer med VVT-i	7
Manuell växellåda:	
Påfyllnings-/nivåplugg:	
Växellådor med 5 växlar	39
Växellådor med 6 växlar	49
Dräneringsplugg:	
Växellådor med 5 växlar	39
Växellådor med 6 växlar	49
Hjulmuttrar	103
Tändstift:	
Motorer utan VVT-i	18
Motorer med VVT-i	25
Sumpens dräneringsplugg:	
Motorer utan VVT-i:	
1,3-liters 4E-FE-motor	25
1,6-liters 4A-FE-motor	44
Motorer med VVT-i	37

Underhållsintervallen i denna handbok förutsätter att arbetet utförs av en hemmamekaniker och inte av en verkstad. De uppfyller tillverkarens minimikrav på underhållsintervall för bilar som körs dagligen. Om bilen alltid ska hållas i toppskick bör vissa moment utföras oftare. Vi rekommenderar regelbundet underhåll eftersom det höjer bilens effektivitet, prestanda och andrahandsvärde. Om du kör bilen i dammig miljö, bogserar en släpvagn, går på tomgång eller kör på låg fart under längre perioder eller om du kör korta avstånd (mindre än 6,5 km) i temperaturer under noll, rekommenderas också kortare intervaller.

Om bilen är ny ska underhållsservice utföras av auktoriserad verkstad så att garantin ej förverkas. I många fall utförs det första underhållet utan att det kostar ägaren något.

Nedan visas två underhållsscheman. Ett för modeller utan VVT-i (1,3-liters 4E-FE och 1,6-liters 4A-FE-motorer) från 1997 till oktober 1999, och ett för VVT-i-modeller (1,4-liters 4ZZ-FE och 1,6-liters 3ZZ-FE-motorer) från oktober 1999 och framåt.

1,3- och 1,6-litersmodeller utan VVT-i

Var 400:e km eller en gång i veckan
- [ ] Se *Veckokontroller*

Var 7 500:e km eller var 6:e månad – beroende på vilket som inträffar först
- [ ] Byt motoroljan och filtret (avsnitt 3).

Observera: *Täta olje- och filterbyten är bra för motorn. Vi rekommenderar oljebyten efter de körsträckor som anges här, eller två gånger om året om körsträckan inte uppnår de angivna värdena.*

Var 15 000:e km eller var 12:e månad – beroende på vilket som inträffar först
- [ ] Kontrollera alla komponenter i motorrummet och titta efter vätskeläckage (avsnitt 4).
- [ ] Kontrollera att drivaxelns gummidamasker och drivknutarna är i gott skick (avsnitt 5).
- [ ] Smörj alla gångjärn och lås (avsnitt 6).
- [ ] Kontrollera växellådans oljenivå (avsnitt 7 och 8).
- [ ] Kontrollera drivremmens skick (avsnitt 9).
- [ ] Kontrollera luftfiltrets skick (avsnitt 10).
- [ ] Kontrollera att handbromsen fungerar (avsnitt 11).
- [ ] Kontrollera bromsklossarnas skick (avsnitt 12).
- [ ] Kontrollera bromstrummornas och bromsbackarnas skick (avsnitt 13).
- [ ] Kontrollera avgassystemet och fästenas skick (avsnitt 14).
- [ ] Undersök fjädrings- och styrningskomponenterna (avsnitt 15).
- [ ] Byt batteriet till fjärrkontrollen för larm/lås (avsnitt 16).
- [ ] Kontrollera justeringen av kopplingspedalen (avsnitt 17).
- [ ] Kontrollera pollenfiltrets skick (avsnitt 18).
- [ ] Utför ett landsvägsprov (avsnitt 19).

Var 30 000:e km eller vartannat år – beroende på vilket som inträffar först
- [ ] Byt luftfiltret (avsnitt 10).
- [ ] Byt bränslefiltret (avsnitt 20).
- [ ] Byt bromsvätska (avsnitt 21).
- [ ] Byt tändstiften (avsnitt 22).

Var 60 000:e km eller vart 4:e år – beroende på vilket som inträffar först
- [ ] Byt oljan i växellådan (avsnitt 7 eller 8).
- [ ] Byt kylvätska (avsnitt 23).

Var 90 000:e km eller vart 6:e år – beroende på vilket som inträffar först
- [ ] Byt kamremmen (se kapitel 2A).

Observera: *Även om den normala intervallen för byte av kamremmen är var 100 000:e km, bör intervallen minskas till var 90 000:e km, i synnerhet för fordon som används ofta, d.v.s. huvudsakligen för kortare resor eller för körning med mycket stannande och startande. Det är upp till ägaren att bestämma hur ofta remmen ska bytas, men det är viktigt att komma ihåg att motorn skadas allvarligt om remmen går sönder.*

- [ ] Kontrollera och justera ventilspelen (avsnitt 24).

1,4- och 1,6-litersmodeller med VVT-i

Var 400:e km eller en gång i veckan
☐ Se *Veckokontroller*

Var 8 000:e km eller var 6:e månad – beroende på vilket som inträffar först
☐ Byt motoroljan och filtret (avsnitt 3).
Observera: *Täta olje- och filterbyten är bra för motorn. Vi rekommenderar oljebyten efter de körsträckor som anges här, eller två gånger om året om körsträckan inte uppnår de angivna värdena.*

Var 16 000:e km eller var 12:e månad – beroende på vilket som inträffar först
☐ Kontrollera alla komponenter i motorrummet och titta efter vätskeläckage (avsnitt 4).
☐ Kontrollera att drivaxelns gummidamasker och drivknutarna är i gott skick (avsnitt 5).
☐ Smörj alla gångjärn och lås (avsnitt 6).
☐ Kontrollera växellådans oljenivå* (avsnitt 7 och 8).
☐ Kontrollera drivremmens skick (avsnitt 9).
☐ Kontrollera luftfiltrets skick (avsnitt 10).
☐ Kontrollera att handbromsen fungerar (avsnitt 11).
☐ Kontrollera bromsklossarnas skick (avsnitt 12).
☐ Kontrollera avgassystemet och fästenas skick (avsnitt 14).
☐ Undersök fjädrings- och styrningskomponenterna (avsnitt 15).
☐ Kontrollera justeringen av kopplingspedalen (avsnitt 17).
☐ Kontrollera pollenfiltrets skick (avsnitt 18).
☐ Utför ett landsvägsprov (avsnitt 19).
* Observera: *Toyota anger inte någon intervall för kontroll av den manuella växellådans oljenivå.*

Var 32 000:e km eller vartannat år – beroende på vilket som inträffar först
☐ Kontrollera bromstrummornas och bromsbackarnas skick (avsnitt 13).
☐ Byt batteriet till fjärrkontrollen för larm/lås (avsnitt 16).
☐ Byt bromsvätska (avsnitt 21).

Var 64 000:e km eller vart 3:e år – beroende på vilket som inträffar först
☐ Byt kylvätska (avsnitt 23).

Var 64 000:e km eller vart 4:e år – beroende på vilket som inträffar först
☐ Byt växellådans olja* (avsnitt 7 och 8).
☐ Byt luftfiltret (avsnitt 10).
☐ Byt tändstiften (avsnitt 22).
* Observera: *Toyota anger inte någon intervall för byte av automatväxellådans olja.*

Var 96 000:e km eller vart 6:e år – beroende på vilket som inträffar först
☐ Byt ut drivremmen (avsnitt 9).
☐ Kontrollera och justera ventilspelen (avsnitt 24).

Översikt över det främre motorrummet för modell med 1,3-litersmotor

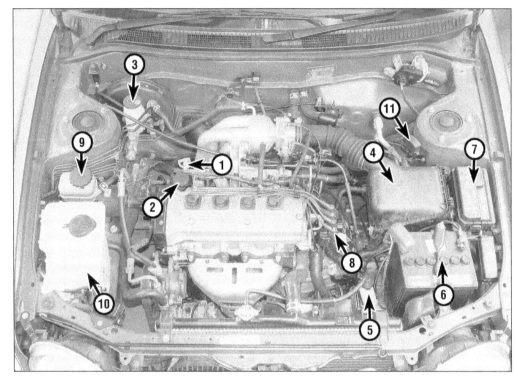

1 Oljemätsticka
2 Påfyllningslock för motorolja
3 Bromsvätskebehållare
4 Luftrenarhus
5 Kylvätskebehållare
6 Batteri
7 Säkrings- och relähuset
8 Tändspolar
9 Servostyrningsbehållare
10 Spolarvätskebehållare
11 Testuttag

Översikt över det främre motorrummet för VVT-i-modell med 1,4-litersmotor

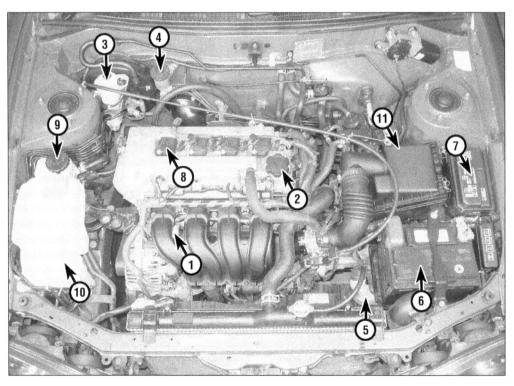

1 Oljemätsticka
2 Påfyllningslock för motorolja
3 Bromsvätskebehållare
4 Kopplingsoljebehållare
5 Kylvätskebehållare
6 Batteri
7 Säkrings- och relähuset
8 Tändspolar
9 Servostyrningsbehållare
10 Spolarvätskebehållare
11 Luftrenarhus

Främre underrede (modell med VVT-i visas – andra modeller är snarlika)

1 Oljefilter
2 Dräneringsplugg för
  motorolja
3 Kylvätskebehållare
4 Höger drivaxel
5 Krängningshämmare
6 Länkarm
7 Styrstagsände
8 Katalysator
9 Kylarens dräneringsventil

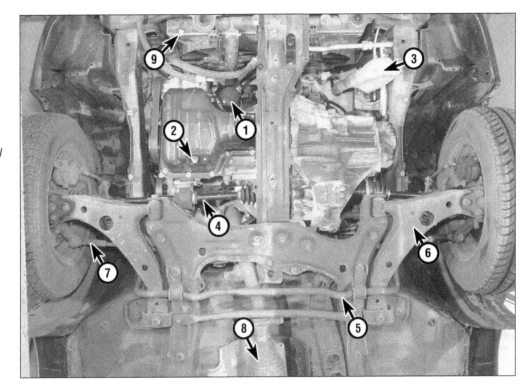

Bakre underrede

1 Bränsletank
2 Avgassystemets bakre
  ljuddämpare
3 Fjäderbenets stag
4 Främre länkarm
5 Bakre länkarm
6 Handbromsvajer
7 Krängningshämmare

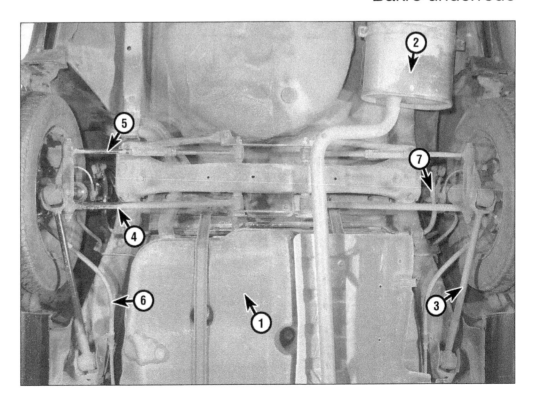

1 Allmän information

1 Syftet med det här kapitlet är att hjälpa hemmamekaniker att underhålla sina bilar för att de ska få så hög säkerhet, driftekonomi, livslängd och prestanda som möjligt.
2 Kapitlet innehåller underhållsschema samt avsnitt som i detalj behandlar posterna i schemat. Bland annat behandlas åtgärder som kontroller, justeringar och byte av delar. På de tillhörande bilderna av motorrummet och bottenplattan visas de olika delarnas placering.
3 Underhållsschemat för tid/körsträcka och de följande avsnitten ger dig ett tydligt underhållsprogram som, om du följer det, bidrar till att din bil fungerar både länge och säkert. Underhållsplanen är heltäckande, så om man väljer att bara utföra vissa delar av den vid de angivna tidpunkterna, kan inte samma goda resultat garanteras.
4 Ofta kan eller bör flera åtgärder utföras samtidigt på bilen, antingen för att den åtgärd som ska utföras kräver det eller för att delarnas läge gör det praktiskt. Om bilen lyfts av någon orsak kan t.ex. kontroll av avgassystemet utföras samtidigt som styrning och fjädring kontrolleras.
5 Det första steget i underhållsprogrammet består av förberedelser innan arbetet påbörjas. Läs igenom relevanta avsnitt, gör sedan en lista på vad som behöver göras och skaffa fram verktyg och delar. Om problem dyker upp, rådfråga en specialist på reservdelar eller vänd dig till återförsäljarens serviceavdelning.

2 Rutinunderhåll

1 Om underhållsschemat följs noga från det att bilen är ny och om vätske- och oljenivåerna och de delar som är utsatta för stort slitage kontrolleras enligt denna handboks rekommen-

dationer, hålls motorn i bra skick och behovet av extra arbete minimeras.
2 Ibland går motorn dåligt på grund av bristande underhåll. Risken för detta ökar om bilen är begagnad och inte har fått regelbunden service. I sådana fall kan extra arbeten behöva utföras, utöver det normala underhållet.
3 Om motorn misstänks vara sliten ger ett kompressionsprov (se kapitel 2A) värdefull information om de inre huvudkomponenternas skick. Ett kompressionsprov kan användas för att avgöra det kommande arbetets omfattning. Om provet avslöjar allvarligt inre slitage är det slöseri med tid och pengar att utföra underhåll på det sätt som beskrivs i detta kapitel om inte motorn först renoveras (kapitel 2B).
4 Följande åtgärder är de som oftast behövs för att förbättra effekten hos en motor som går dåligt:

I första hand

a) Rengör, undersök och testa batteriet (se Veckokontroller).
b) Kontrollera alla motorrelaterade oljor och vätskor (se Veckokontroller).
c) Kontrollera drivremmens skick och spänning (avsnitt 9).
d) Byt tändstiften (avsnitt 22).
e) Kontrollera skicket på luftfiltret och byt det vid behov (avsnitt 10).
f) Byt bränslefiltret – endast motorer utan VVT-i (avsnitt 20).
g) Kontrollera att samtliga slangar är i gott skick och leta efter läckor (avsnitt 4).
5 Om ovanstående åtgärder inte har någon inverkan ska följande åtgärder utföras:

I andra hand

Allt som anges under I första hand, plus följande:
a) Kontrollera laddningssystemet (kapitel 5A).
b) Kontrollera tändsystemet (kapitel 5B).
c) Kontrollera bränslesystemet (kapitel 4A).

3 Motorolja och filter – byte

**Modeller utan VVT-i –
var 7 500:e km eller var 6:e månad**

**Modeller med VVT-i –
var 8 000:e km eller var 6:e månad**

1 Täta olje- och filterbyten är det viktigaste förebyggande underhåll en hemmamekaniker kan utföra. När motoroljan åldras blir den utspädd och förorenad, vilket leder till att motorn slits ut i förtid.
2 Innan du börjar arbetet plockar du fram alla verktyg och allt material som behövs. Se även till att ha gott om rena trasor och tidningar till hands för att torka upp eventuellt spill. Helst ska motoroljan vara varm, eftersom den då rinner ut lättare och mer avlagrat slam följer med. Se dock till att inte vidröra avgassystemet eller andra heta delar vid arbete under bilen. Använd handskar för att undvika skållning och för att skydda huden mot irritationer och skadliga föroreningar i begagnad motorolja. Det är mycket lättare att komma åt bilens underrede om bilen kan lyftas på en lyft, köras upp på en ramp, eller höjas med domkraft och stödjas på pallbockar (se Lyftning och stödpunkter). Oavsett vilken metod som väljs, se till att bilen står jämnt, eller om den är lutad, se till att dräneringspluggen är på den låga sidan.
3 För att förbättra åtkomsten kan man även skruva loss skruvarna och ta bort motorns högra, undre skyddskåpa – i förekommande fall **(se bild)**.
4 Lossa dräneringspluggen ungefär ett halvt varv **(se bild)**. Placera dräneringsbehållaren under dräneringspluggen och ta därefter bort pluggen helt. Om möjligt, försök att hålla in pluggen i sumpen medan du skruvar loss den för hand de sista varven **(se Haynes tips)**. Ta loss tätningsringen från dräneringspluggen.

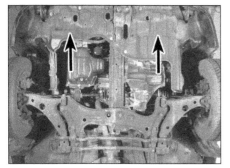

3.3 Motorns vänstra och högra undre skyddskåpor (se pilar)

3.4 Lossa dräneringspluggen för motorolja (se pil)

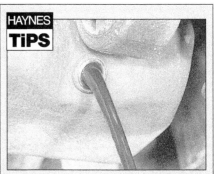

HAYNES TiPS

Dra snabbt bort dräneringspluggen när den släpper från sumpens gängor, så att oljan hamnar i kärlet och inte i tröjärmen!

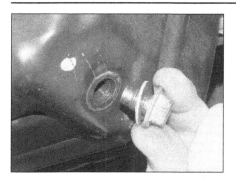

3.6 Montera en ny tätningsbricka på dräneringspluggen

3.8a Oljefilter – motorer utan VVT-i

3.8b Oljefilter – motorer med VVT-i (se pil)

5 Ge den gamla oljan tid att rinna ut, och observera att det kan bli nödvändigt att flytta behållaren när oljeflödet minskar.

6 När all olja har tappats av, torka av dräneringspluggen med en ren trasa, och sätt dit en ny tätningsbricka **(se bild)**. Rengör området runt dräneringspluggens öppning, sätt tillbaka pluggen och dra åt den till angivet moment.

7 Sätt behållaren på plats under oljefiltret, som sitter på den främre delen av motorblocket.

8 Lossa filtret med ett oljefilterverktyg om det behövs, och skruva sedan loss det för hand **(se bilder)**. Töm oljan från det gamla filtret i behållaren.

9 Torka bort all olja, smuts och slam från filtrets tätningsyta på motorn med en ren trasa. Kontrollera det gamla filtret för att se till att gummitätningsringen inte har fastnat på motorn. Om den har det, ta bort den försiktigt.

10 Applicera ett tunt lager ren motorolja på det nya filtrets tätningsring och skruva det sedan på plats på motorn **(se bild)**. Dra åt filtret ordentligt, men endast för hand – använd **inte** något verktyg.

11 Ta bort den gamla oljan och alla verktyg från bilens undersida och sänk sedan ner den (efter tillämplighet).

12 Ta bort mätstickan och skruva sedan loss oljepåfyllningslocket från ventilkåpan. Fyll motorn med rätt klass och typ av olja (se *Veckokontroller*). En oljekanna med pip eller en tratt kan hjälpa till att minska spillet. Häll i hälften av den angivna mängden först och vänta sedan några minuter tills oljan har samlats i sumpen. Fortsätt fylla på små mängder i taget till dess att nivån når det nedre märket på mätstickan. Ungefär 1 liter tar upp nivån till mätstickans övre märke. Sätt tillbaka påfyllningslocket.

13 Starta motorn och låt den gå några minuter. Leta efter läckor runt oljefiltrets tätning och sumpens dräneringsplugg. Observera att det kan ta ett par sekunder innan oljetrycklampan släcks sedan motorn startats första gången efter ett oljebyte. Detta beror på att oljan cirkulerar runt i kanalerna och det nya filtret innan trycket byggs upp.

14 Sätt tillbaka motorns undre skyddskåpa (i förekommande fall), och fäst den med fästskruvarna.

3.8c Använd ett filterborttagningsverktyg

15 Stäng av motorn och vänta ett par minuter på att oljan ska rinna tillbaka till sumpen. Kontrollera oljenivån igen när den nya oljan har cirkulerat och filtret är fullt. Fyll på mer olja om det behövs.

16 Ta hand om den använda motoroljan på ett säkert sätt i enlighet med rekommendationerna i *Allmänna reparationsanvisningar*.

4 Slangar och vätskeläckage – kontroll

**Modeller utan VVT-i –
var 15 000:e km eller var 12:e månad**

**Modeller med VVT-i –
var 16 000:e km eller var 12:e månad**

1 Undersök motorns fogytor, packningar och tätningar och leta efter tecken på vatten- eller oljeläckage. Var särskilt noga med områdena runt ventilkåpans, topplockets, oljefiltrets och sumpens fogytor. Tänk på att med tiden är ett litet läckage från dessa områden helt normalt, så leta efter tecken på allvarliga läckor. Om ett läckage påträffas, byt den defekta packningen eller tätningen enligt beskrivning i relevant kapitel i denna handbok.

2 Kontrollera även att alla rör och slangar som hör till motorn är i ett gott och säkert skick. Se till att alla buntband och fästklämmor sitter på plats och är i gott skick. Trasiga eller saknade klämmor kan leda till nötning på slangar, rör eller kablage. Detta kan i sin tur leda till allvarligare fel i framtiden.

3.10 Applicera lite ren olja på filtrets tätningsring

3 Undersök noga alla kylar- och värmeslangar utmed hela deras längd. Byt eventuella spruckna, svullna eller skadade slangar. Sprickor syns bättre om man klämmer på slangen. Var extra uppmärksam på slangklämmorna som håller fast slangarna vid kylsystemets komponenter. Slangklämmor kan nypa åt och punktera slangar, vilket leder till läckage i kylsystemet. Om veckade slangklämmor används kan det vara en bra idé att byta ut dem mot justerbara skruvklämmor.

4 Undersök kylsystemets alla delar (slangar, fogytor etc.) och leta efter läckor **(se Haynes tips)**.

5 Upptäcks något problem hos någon del i systemet ska delen eller packningen bytas ut enligt beskrivningen i kapitel 3.

6 Undersök, i förekommande fall, kylar-

En läcka i kylsystemet syns normalt som vita eller rostfärgade avlagringar på området runt läckan.

5.1 Kontrollera drivaxeldamaskerna för att se om det finns tecken på skada eller åldrande

slangarna för automatväxelolja för att se om det finns några läckor eller skador.

7 Med bilen upplyft, kontrollera bensintanken och påfyllningsröret, sök efter hål, sprickor eller andra skador. Anslutningen mellan påfyllningsröret och tanken är speciellt kritisk. Ibland läcker ett påfyllningsrör av gummi eller en slang beroende på att slangklämmorna är för löst åtdragna eller att gummit åldrats.

8 Undersök noga alla gummislangar och metallrör som leder från tanken. Leta efter lösa anslutningar, åldrade slangar, veck på rör och andra skador. Var extra uppmärksam på ventilationsrör och slangar som ofta är lindade runt påfyllningsröret och kan bli igensatta eller böjda. Följ rören till bilens främre del, undersök dem noggrant hela vägen. Byt ut skadade delar vid behov.

9 Arbeta inifrån motorrummet och kontrollera

7.3 Oljemätsticka till automatväxellåda (se pil)

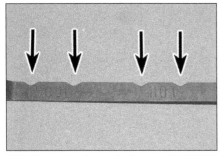

7.4 Max- och min-markeringarna för VARM utgörs av de högra pilarna, max- och min-markeringarna för KALL utgörs av de vänstra

alla bränsleslangars anslutningar och röranslutningar, samt undersök alla bränslerör och vakuumslangar för att se om det finns några veck, skavmärken eller andra skador.

10 Kontrollera att styrservons vätskerör och slangar är hela, i förekommande fall.

5 Drivaxeldamask och drivknutar – kontroll

**Modeller utan VVT-i –
var 15 000:e km eller var 12:e månad**

**Modeller med VVT-i –
var 16 000:e km eller var 12:e månad**

1 När bilen är upphöjd och står stadigt på bockar (se *Lyftning och stödpunkter*), vrid ratten till fullt utslag och snurra sedan långsamt på hjulet. Undersök skicket på de yttre drivknutarnas damasker, och kläm ihop damaskerna så att vecken öppnas **(se bild)**. Leta efter spår av sprickor, bristningar och skadad damask som kan släppa ut fett och släppa in vatten och smuts i drivknuten. Kontrollera även damaskernas klamrar vad gäller åtdragning och skick. Upprepa dessa kontroller på de inre drivknutarna. Om skador eller slitage påträffas bör damaskerna bytas (se kapitel 8).

2 Kontrollera samtidigt drivknutarnas skick genom att först hålla fast drivaxeln och sedan försöka snurra på hjulet. Upprepa kontrollen genom att hålla i den inre drivknuten och försöka rotera drivaxeln. Varje märkbar rörelse i drivknuten är ett tecken på slitage i drivknutarna, på slitage i drivaxelspårningen eller på att en av drivaxelns fästmuttrar är lös.

6 Gångjärn och lås – smörjning

**Modeller utan VVT-i –
var 15 000:e km eller var 12:e månad**

**Modeller med VVT-i –
var 16 000:e km eller var 12:e månad**

1 Smörj alla gångjärn på motorhuven, dörrarna och bakluckan med lite allroundolja.

7.7 Dräneringsplugg till automatväxellåda (se pil)

2 Smörj försiktigt in motorhuvens urkopplingsmekanism och den synliga delen av den inre vajern med en klick fett.

3 Kontrollera noggrant att alla gångjärn, spärrar och lås är säkra och fungerar som de ska. Justera dem vid behov. Kontrollera att centrallåssystemet fungerar som det ska (i förekommande fall).

4 Kontrollera skick och funktion hos bakluckans fjäderben, byt ut dem om de läcker eller inte förmår hålla bakluckan öppen ordentligt.

7 Automatväxellådans/ differentialens vätskenivå

**Modeller utan VVT-i –
var 15 000:e km eller var 12:e månad**

**Modeller med VVT-i –
var 16 000:e km eller var 12:e månad**

Automatväxellåda

1 Växellådan ska ha normal arbetstemperatur. Ställ in växelspaken i parkeringsläge och se till att bilen är parkerad på en jämn yta.

2 Starta motorn och låt den gå på tomgång. Med foten på bromspedalen, flytta växelspaken till alla lägen och ställ sedan tillbaka den i parkeringsläget.

3 Dra ut mätstickan för växellådsolja, och torka av den **(se bild)**.

4 Stick in mätstickan helt och dra sedan ut den igen. Nivån ska vara mellan de två hacken på vardera sidan av markeringen VARM på mätstickan **(se bild)**. Om så inte är fallet, fyll på olja och kontrollera igen.

5 Kontrollera att oljan är i gott skick. Om den luktar bränt eller har svartnat måste den bytas på följande sätt:

6 Stäng av motorn och ställ framvagnen på pallbockar (se *Lyftning och stödpunkter*). Ställ en lämplig behållare under växellådans dräneringsplugg.

7 Skruva loss dräneringspluggen med en sexkantsnyckel och låt oljan tömmas ut i behållaren **(se bild)**. När all olja har tappats av, sätt tillbaka pluggen och dra åt den till angivet moment.

8 Fyll på växellådan med rätt mängd av den angivna oljan genom mätstickans öppning, och kontrollera nivån enligt den tidigare beskrivningen.

Differential

9 Den treväxlade automatväxellådans differential har en särskild avdelning för smörjmedel med en kontroll-/påfyllningsplugg som måste tas bort för att kontrollera nivån.

10 Ta bort påfyllningspluggen från differentialens främre del **(se bild)**.

11 Använd ditt finger som en mätsticka för att se till att smörjmedelsnivån stämmer med den nedre delen av pluggens hål. Om så inte är fallet, använd en bollspruta eller en växellådsoljepump för att fylla på det

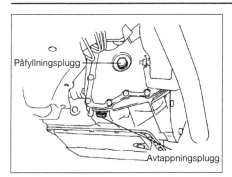
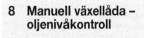

7.10 Differentialens påfyllnings- och dräneringsplugg (automatväxel, tre lägen)

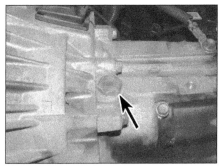

8.2 Oljenivåplugg till manuell växellåda (se pil)

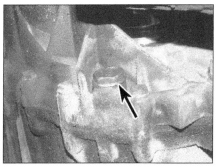

8.7 Oljeavtappningsplugg till manuell växellåda (se pil)

rekommenderade smörjmedlet tills det börjar svämma över ur hålet. Sätt tillbaka pluggen och dra åt den ordentligt.

12 För att byta differentialvätska, ställ en behållare under dräneringspluggen, ta bort pluggen och låt vätskan tappas av. Dra åt pluggen ordentligt.

13 Fyll på differentialen enligt beskrivningen i punkterna 9 till 11.

8 Manuell växellåda – oljenivåkontroll

**Modeller utan VVT-i –
var 15 000:e km eller var 12:e månad**

**Modeller med VVT-i –
var 16 000:e km eller var 12:e månad**

Nivåkontroll

1 Den manuella växellådan har ingen mätsticka. För att kontrollera oljenivån, ställ bilen på pallbockar (se *Lyftning och stödpunkter*). Skruva loss skruvarna och ta bort den vänstra delen av motorns undre skyddskåpa (i förekommande fall).

2 På den nedre, främre delen av växellådshuset finns det en plugg **(se bild)**. Ta bort den. Om smörjmedelsnivån är korrekt ska den nå upp till hålets nedre kant.

3 Om växellådan behöver mera smörjmedel (om oljan inte räcker upp till hålet), använd en bollspruta eller en växellådsoljepump för att fylla på mer. Sluta fyll på när smörjmedlet börjar rinna ut ur hålet.

4 Montera pluggen och dra åt den till angivet moment. Kör bilen en kort sträcka och leta sedan efter läckor.

Oljebyte

5 Kör bilen tillräckligt länge för att växellådsoljan ska värmas upp. Det är inte helt nödvändigt, men hjälper till att tappa av all olja och eventuella föroreningar.

6 Lyft upp bilen och ta bort den vänstra delen av motorns undre skyddskåpa enligt beskrivningen i punkt 1.

7 Dräneringspluggen sitter på undersidan av växellådshuset **(se bild)**. Ställ dit en lämplig behållare, och skruva loss dräneringspluggen. Ta loss dräneringspluggens tätningsbricka.

Byt den om det finns spår av skada, slitage eller missformning.

8 När oljan har tappats av, sätt tillbaka dräneringspluggen (med en ny tätningsbricka om det behövs), och dra åt den till angivet moment.

9 Ta bort påfyllningspluggen och fyll på växellådan enligt beskrivningen under punkt 2, 3 och 4.

9 Drivrem – kontroll, justering och byte

**Modeller utan VVT-i –
var 15 000:e km eller var 12:e månad**

**Modeller med VVT-i –
var 16 000:e km eller var 12:e månad**

Kontrollera

1 Generatorn, servostyrningspumpen, kylvätskepumpen (motorer med VVT-i) och luftkonditioneringskompressorns drivremmar, som även kallas fläktremmar, sitter på motorns högra sida. Det är viktigt att remmarna är i gott skick och att de är ordentligt justerade för att motorn ska kunna fungera ordentligt. På grund av deras sammansättning och att de är utsatta för mycket slitage tänjs drivremmar och blir sämre ju äldre de blir. Därför måste de undersökas regelbundet.

2 Det antal remmar som används på en enskild bil beror på motortyp och vilken utrustning som installerats. På motorer utan VVT-i överför en rem energi från vevaxeln till kylvätskepumpen och generatorn. Om bilen är utrustad med

servostyrning och/eller luftkonditionering drivs dessa delar av en separat rem (eller två separata remmar). På VVT-i-motorer används en rem för att driva alla remskivor.

3 När motorn är avstängd, öppna huven och titta var drivremmen (eller drivremmarna) sitter. Kontrollera varje rem med en ficklampa för att se om det självhäftande gummit har lossnat på båda sidor av remmens mitt, om mittendelen har lossnat från remmens sida, om remmens mitt är skadad, om kuggarna har släppt från det självhäftande gummit, om det finns sprickbildning eller isärtagning av kuggarna, om de är slitna eller repade eller om det finns sprickor på kuggarnas inre kanter **(se bild)**. Kontrollera också om det finns fransning och blankslitning som gör att remmen ser blank ut. Båda sidor av remmen ska undersökas, vilket innebär att du måste vrida på den för att kunna kontrollera undersidan. Använd fingrarna för att känna på remmen där du inte kan se den. Om du hittar tecken på något av ovanstående, byt remmen.

4 För motorer utan VVT-i (och endast för dessa) bör följande tumregelmetod användas för att kontrollera varje rems spänning: Tryck på remmen med tummen ungefär mittemellan remskivorna och notera hur långt remmen kan skjutas (avböjd). Mät denna avböjning med en linjal **(se bild)**. Remmen ska avböjas ungefär 6,0 mm om avståndet mellan två remskivors mitt ligger mellan 200 och 300 mm. Remmen ska avböjas ungefär 12 mm om avståndet mellan två remskivors mitt ligger mellan 300 och 400 mm. **Observera:** På *motorer med VVT-i-modeller vidhålls remmens spänning med en automatisk spänningsmekanism.*

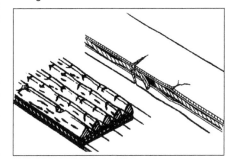

9.3 Kontrollera den tandade remmen för att se om det finns tecken på slitage – om remmen ser sliten ut, byt den

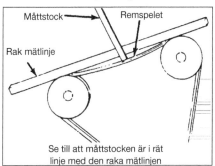

9.4 Mät drivremmens avböjning med en linjal

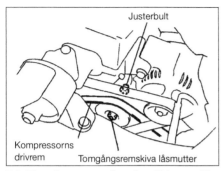

9.5 Efter det att tomgångsöverföringens lås-
mutter har lossats, vrid inställningsbulten

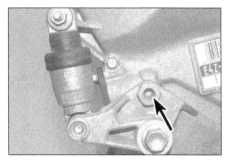

9.10 Använd en nyckel på den sexkantiga
delen (se pil) av drivremspännaren

Justering

Observera: *Följande metod gäller endast
motorer utan VVT-i.*

5 Två justeringsmetoder används för
drivremmarna beroende på hur de sitter. På
alla modeller justeras generatorns drivrem
genom att fäst- och inställnings-/låsbultarna
lossas. Generatorn flyttas därefter för hand
eller genom att inställningsbulten vrids, om
det behövs, medan spänningen kontrolleras
enligt någon av ovanstående metoder. Dra
åt fäst- och inställnings-/låsbultarna när
spänningen stämmer. För att justera de andra
remmarnas spänning ska du först kontrollera
om remmen har någon tomgångsöverföring.
Om det finns en tomgångsöverföring, lossa
dess låsmutter och vrid på inställningsbulten
(se bild). Mät remspänningen enligt någon av
ovanstående metoder. Upprepa detta steg tills
drivremmen är korrekt justerad och dra sedan
åt tomgångsöverföringens låsmutter. Om det
inte finns någon tomgångsöverföring görs
justeringen vid servostyrningspumpen. Lossa
inställningsbulten som håller fast pumpen vid
den skårade fästbygeln och sväng på pumpen
(bort från motorn för att dra åt remmen, mot
motorn för att slacka den). Upprepa proceduren
tills remspänningen är korrekt och dra åt bulten.

Byte

Motorer utan VVT-i

6 För att byta en rem, följ ovanstående
procedurer för drivremsinställning men lossa
remmen från respektive remskivor och ta bort
den. Beroende på vilken rem du byter kommer
du antagligen att behöva ta bort en yttre rem först

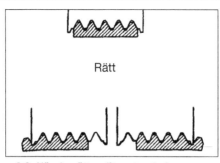

9.8 När du sätter dit en tandad rem, se
till att den är centrerad – den får inte
överlappa någon av remskivornas kanter

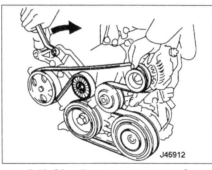

9.12 Sätt dit den nya remmen på
remskivorna

beroende på hur remmarna sitter på remskivorna.
På grund av detta och på grund av att remmarna
ofta slits ut tillsammans, är det klokt att byta alla
remmar på samma gång. Markera varje rem och
dess motsvarande spår på remskivan så att de
nya remmarna kan sättas dit i sina rätta lägen.

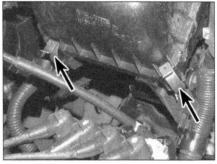

10.2a Lossa klämmorna (se pilar) . . .

10.2c Lossa fjäderklämmorna . . .

7 Ta de gamla remmarna till reservdelslagret så
att du kan jämföra längd, bredd och utförande.
8 Efter det att du har bytt drivremmen, se till
att den passar ordentligt i de räfflade spåren
på remskivorna **(se bild)**. Det är viktigt att
remmen centreras ordentligt.
9 Justera remmen (remmarna) enligt metoden
som beskrivs ovan.

Motorer med VVT-i

10 Med en skiftnyckel (använd dig av den
sexkantiga delen) ska du vrida spännaren
medurs för att minska spänningen på remmen
(se bild).
11 Lyft remmen från remskivorna.
12 Sätt sedan dit den nya remmen på
remskivorna och håll spännaren medurs.
Sätt remmen runt spänningsremskivan och
lossa spännaren försiktigt **(se bild)**. För bättre
åtkomst, lossa skruvarna och ta bort den
högra delen av motorns undre skyddskåpa.

10 Luftfilter – kontroll

Modeller utan VVT-i –
var 15 000:e km eller var 12:e månad

Modeller med VVT-i –
var 16 000:e km eller var 12:e månad

1 Luftfiltret sitter i ett hus på den vänstra
sidan av motorrummet.
2 För att ta bort luftfiltret, lossa de fjäder-
klämmor som håller samman luftrenarhusets
två halvor. Lyft sedan på kåpan och ta bort
luftfiltret **(se bilder)**.

10.2b . . . lyft av kåpan och luftfiltret
(motorer utan VVT-i)

10.2d . . . lyft sedan ut luftfiltret
(VVT-i-motorer)

3 Undersök filtrets yttre yta. Byt om det är smutsigt. Om det bara är lite dammigt kan det återanvändas genom att det blåses rent bakifrån och fram med tryckluft. Eftersom filtret är av en typ med veckat papper kan det inte tvättas eller oljas om. Om det inte kan rengöras ordentligt med tryckluft ska du kasta det och byta det. Var försiktig så att du inte tappar någonting i huset när kåpan är borttagen.

Varning: Kör aldrig bilen när luftrenaren är borttagen. Överdrivet motorslitage kan resultera i, och feltändning kan till och med orsaka, brand under motorhuven.

4 Torka insidan av luftrenarhuset.

5 Placera det nya filtret i luftrenarhuset och se till att det sitter ordentligt.

6 Återmonteringen av kåpan utförs i omvänd ordningsföljd mot demonteringen.

11 Handbroms – kontroll och justering

Modeller utan VVT-i –
var 15 000:e km eller var 12:e månad

Modeller med VVT-i –
var 16 000:e km eller var 12:e månad

1 För att kontrollera handbromsens inställning, dra handbromsspaken med normalt tryck så långt det går och räkna det antal klickljud som hörs från handbromsens spärrmekanism. Om inställningen stämmer ska handbromsen vara helt ilagd efter 4 till 7 (på modeller med trumbroms bak) eller 5 till 8 (på modeller med bromsskiva bak) klickljud. Om så inte är fallet, justera handbromsen enligt beskrivningen i kapitel 9.

12 Bromskloss – kontroll

Modeller utan VVT-i –
var 15 000:e km eller var 12:e månad

Modeller med VVT-i –
var 16 000:e km eller var 12:e månad

1 Lossa framhjulsbultarna. Dra åt handbromsen och ställ framvagnen på pallbockar (se *Lyftning och stödpunkter*). Ta bort framhjulen.

2 Bromsklossens tjocklek kan snabbt kontrolleras via inspektionshålet på det främre bromsoket **(se Haynes tips)**. Mät med en ställinjal tjockleken på bromsbelägget. Denna får inte vara mindre än det minimum som anges i Specifikationer.

3 Vid en ingående kontroll ska bromsklossarna demonteras och rengöras. Då kan även bromsokets funktion kontrolleras, och bromsskivan kan undersökas ordentligt på båda sidorna. Se kapitel 9 för mer information.

4 Om belägget på någon kloss är slitet till angiven minimitjocklek eller tunnare måste alla fyra klossarna bytas. Se kapitel 9 för mer information.

5 Avsluta med att montera hjulen, sänka ner bilen och dra åt hjulbultarna till angivet moment.

6 Lossa bakhjulsbultarna. Höj upp bakvagnen med domkraft och ställ den på pallbockar. Ta bort bakhjulen. Upprepa den procedur som beskrivs i punkt 2 till 5 om bakre bromsklossar.

13 Bromstrumma och bromsback – kontroll

Modeller utan VVT-i –
var 15 000:e km eller var 12:e månad

Modeller med VVT-i –
var 32 000:e km eller vartannat år

⚠️ *Varning: Dammet från slitage av bromsbelägget som avlagrats på bromskomponenterna kan innehålla hälsovådlig asbest. Blås INTE bort dammet med tryckluft och andas INTE in det. Använd INTE bensin eller lösningsmedel för att avlägsna dammet. Rengöringsmedel för bromssystem ska användas för att spola ner dammet i en avtappningsbehållare. När bromskomponenterna har torkats rena med en fuktig trasa måste trasan kastas i en märkt, sluten behållare. Försök att använda delar som inte innehåller asbest när det är möjligt.*

1 Ta bort de bakre bromstrummorna enligt instruktionerna i kapitel 9.

2 Notera hur tjockt de bakre bromsbackarnas belägg är **(se bild)** och leta efter tecken på nedsmutsning efter bromsvätska och fett.

3 Om belägget är inom 1,0 mm av de fördjupade spåren eller metallbromsbackarna, byt bromsbackarna. Bromsbackarna ska också bytas om de är spruckna, blankslitna (glänsande yta på belägget) eller nedsmutsade med bromsvätska eller fett. Se kapitel 9 för bytesmetod.

4 Kontrollera bromsbackens retur, fäst-

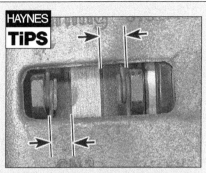

För en snabbkontroll kan tjockleken på belägget på varje bromskloss mätas genom bromsokets öppning.

fjädrarna och inställningsmekanismen för att se till att de är i gott skick och korrekt monterade. Skadade eller felaktiga fjädrar kan förorsaka att beläggen slits ut i förtid om de inte byts ut.

5 Kontrollera om det finns något läckage vid hjulcylindrarna genom att försiktigt dra gummidamaskerna bakåt **(se bild)**. Om det finns bromsvätska bakom damaskerna måste hjulcylindrarna bytas (se kapitel 9).

6 Kontrollera trummorna för att se om det finns några sprickor, spår, djupa repor och hårda fläckar, som syns som små missfärgade områden. Om felen inte kan avlägsnas med en smärgelduk måste trummorna ytbehandlas på nytt på en bilverkstad (se kapitel 9 för ytterligare information).

7 Montera bromstrummorna (se kapitel 9).

8 Sätt tillbaka hjulen och muttrarna.

9 Ta bort pallbockarna och sänk bilen.

10 Dra åt hjulmuttrarna till angivet moment.

14 Avgassystem och fästen – kontroll

Modeller utan VVT-i –
var 15 000:e km eller var 12:e månad

Modeller med VVT-i –
var 16 000:e km eller var 12:e månad

1 Kontrollera hela avgassystemet, från motorn

13.2 Mät tjockleken på bromsbackens belägg

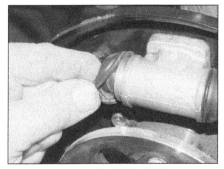

13.5 För undan hjulcylinderns gummidamasker och leta efter läckor

till avgasröret, med kall motor (minst en timme efter det att bilen har körts). Avgassystemet kontrolleras lättast när bilen står på en lyft eller på pallbockar, så att avgassystemets delar syns och kan nås på ett enkelt sätt.

2 Kontrollera om avgasrör eller anslutningar visar tecken på läckage, allvarlig korrosion eller andra skador. Kontrollera att alla fästen och fästbyglar är i gott skick samt att alla relevanta muttrar och bultar sitter ordentligt (se bild). Läckage i någon fog eller annan del visar sig vanligen som en sotfläck i närheten av läckan.

3 Skaller och andra missljud kan ofta härledas till avgassystemet, speciellt fästen och upphängningar. Försök att rubba rör och ljuddämpare. Om det går att få delarna att komma i kontakt med underredet eller fjädringen, bör systemet förses med nya fästen. Man kan också skilja på fogarna (om det går) och vrida rören så att de kommer på tillräckligt stort avstånd.

15 Styrning och fjädring – kontroll

Modeller utan VVT-i –
var 15 000:e km eller var 12:e månad

Modeller med VVT-i –
var 16 000:e km eller var 12:e månad

Framfjädring och styrning

1 Ställ framvagnen på pallbockar (se *Lyftning och stödpunkter*).

2 Inspektera kulledernas dammskydd och styrväxelns damasker. De får inte vara skavda, spruckna eller ha andra defekter. Slitage på någon av dessa delar gör att smörjmedel läcker ut och att smuts och vatten kan komma in, vilket snabbt sliter ut kullederna eller styrväxeln.

3 Kontrollera servostyrningens oljerör/-slangar och leta efter tecken på skavning och åldrande och undersök rör- och slanganslutningar för att se om det finns oljeläckage. Leta även efter läckor under tryck från styrväxelns gummi-damask, vilket indikerar trasiga tätningar i styrväxeln.

4 Ta tag i hjulet upptill och nedtill och försök

14.2 Kontrollera att avgassystemets gummifästen är i gott skick

rucka på det (se bild). Ett ytterst litet spel kan märkas, men om rörelsen är stor krävs en närmare undersökning för att fastställa orsaken. Fortsätt rucka på hjulet medan en medhjälpare trycker på bromspedalen. Om spelet försvinner eller minskar markant är det troligen fråga om ett defekt hjullager. Om spelet finns kvar när bromsen är nedtryckt rör det sig om slitage i fjädringens leder eller fästen.

5 Fatta sedan tag i hjulet på sidorna och försök rucka på det igen. Märkbart spel beror antingen på slitage på hjullager eller styrstagets spindelleder. Om den inre eller yttre kulleden är sliten kommer den synliga rörelsen att vara tydlig.

6 Leta efter glapp i fjädringsfästenas bussningar genom att bända mellan relevant komponent och dess fästpunkt med en stor skruvmejsel eller ett plattjärn. En viss rörelse är att vänta eftersom bussningarna är av gummi, men eventuellt större slitage visar sig tydligt. Kontrollera även de synliga gummibussningarnas skick och leta efter bristningar, sprickor eller föroreningar i gummit.

7 Ställ bilen på marken och låt en med-hjälpare vrida ratten fram och tillbaka ungefär ett åttondels varv åt vardera hållet. Det ska inte finnas något, eller bara ytterst lite, spel mellan rattens och hjulens rörelser. Kontrollera noga lederna och fästena enligt tidigare beskrivning om spelet är större, men kontrollera dessutom om rattstångens universalknutar är slitna, samt även själva styrväxeln.

Fjäderben/stötdämpare

8 Leta efter tecken på oljeläckage runt fjäderbenet/stötdämparen, eller från gummi-

15.4 Titta efter slitage i navlagren genom att ta tag i hjulet och försöka vicka på det

damasken runt stötdämparens kolvstång. Om det finns spår av olja är fjäderbenet/stötdämparen defekt och ska bytas. **Observera:** *Fjäderben/ stötdämpare ska alltid bytas i par på samma axel, annars påverkas bilens köregenskaper negativt.*

9 Fjäderbenets/stötdämparens effektivitet kan kontrolleras genom att bilen gungas i varje hörn. I normala fall ska bilen återta planläge och stanna efter en nedtryckning. Om den höjs och återvänder med en studs är troligen fjäderbenet/stötdämparen defekt. Undersök även om fjäderbenets/stötdämparens övre och nedre fästen visar tecken på slitage.

16 Fjärrkontrollbatteri – byte

Modeller utan VVT-i –
var 15 000:e km eller var 12:e månad

Modeller med VVT-i –
var 32 000:e km eller vartannat år

Modeller utan VVT-i

1 Med en skruvmejsel eller ett mynt, bänd upp kåpan på fjärrkontrollstyrenheten (se bild).

2 Observera hur batterierna är ditsatta (med pluspolen bort från knapparna) och ta sedan försiktigt bort dem från kontakterna.

3 Sätt i det nya batteriet (CR2016), sätt tillbaka kåpan och se till att den fäster ordentligt på nederdelen (se bild).

Modeller med VVT-i

4 Skruva loss den lilla skruven och lyft kåpan från fjärrkontrollstyrenheten (se bild).

16.1 Bänd loss fjärrkontrollens kåpa

16.3 Batteriets pluspol vetter bort från knapparna

16.4 Skruva loss den lilla skruven och lyft på fjärrkontrollens kåpa

16.5 Bänd upp batterifackets kåpa

16.6 Batteriet sitter med pluspolen uppåt

5 Lyft modulen från enheten och ta sedan bort batterikåpan **(se bild)**.
6 Notera hur den är monterad (pluspolen uppåt) och ta bort batteriet (CR2016) **(se bild)**.
7 Monteringen utförs i omvänd ordningsföljd mot demonteringen.

17 Kopplingspedal – kontroll och justering

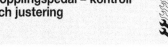

**Modeller utan VVT-i –
var 15 000:e km eller var 12:e månad**

**Modeller med VVT-i –
var 16 000:e km eller var 12:e månad**

1 Tryck ner kopplingspedalen lätt och mät med en stållinjal avståndet där den rör sig fritt innan kopplingsmotståndet känns **(se bild)**. Det fria spelet ska vara 1,0 till 5,0 mm. Om så inte är fallet, gör på följande vis:
2 Lossa låsmuttern på pedalsidan av kopplingens tryckstång **(se bild)**.
3 Vrid på tryckstången tills pedalens fria spel är korrekt och dra sedan åt låsmuttern.
4 Efter justering av det fria spelet, kontrollera pedalens höjd från mitten av pedalens bromskloss till fotbrunnen på metallgolvet. Avståndet ska vara 141,1 till 151,1 mm.
5 Om pedalhöjden inte stämmer, lossa låsmuttern och vrid låsbulten tills höjden är korrekt. Dra åt låsmuttern.

18.1 Dra ut klämmorna (se pilar) och ta bort pollenfiltrets kåpa

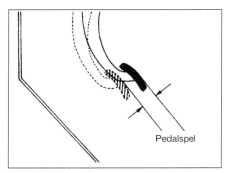

17.1 För att kontrollera kopplingspedalens fria spel, mät avståndet mellan pedalens naturliga viloläge och den punkt där du stöter på motstånd

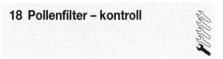

Pedalspel

18 Pollenfilter – kontroll

**Modeller utan VVT-i –
var 15 000:e km eller var 12:e månad**

**Modeller med VVT-i –
var 16 000:e km eller var 12:e månad**

1 Sträck dig in under instrumentbrädan på passagerarsidan, ta bort fästklämmorna och ta bort kåpan från filtret **(se bild)**.
2 Dra fliken nedåt och dra bort filtret från huset **(se bild)**. Filtret är utformat för att vikas när det är borttaget.

18.2 Dra ner filtret från huset

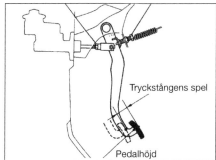

Tryckstångens spel

Pedalhöjd

17.2 Justering av spelet för kopplingspedalens tryckstång, pedalhöjden och det fria spelet utförs genom att lossa på låsmuttern och vrida på den gängade justeraren

3 Kontrollera filtrets skick och byt ut det om det är smutsigt.
4 Torka rent husets insida, sätt dit pollenfiltret och se till att det sitter ordentligt.
5 Sätt tillbaka pollenfiltrets kåpa och fäst den med klämmor.

19 Landsvägsprov

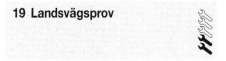

**Modeller utan VVT-i –
var 15 000:e km eller var 12:e månad**

**Modeller med VVT-i –
var 16 000:e km eller var 12:e månad**

Instrument och elektrisk utrustning

1 Kontrollera funktionen hos alla instrument och den elektriska utrustningen.
2 Kontrollera att instrumenten ger korrekta avläsningar och slå på all elektrisk utrustning i tur och ordning för att kontrollera att den fungerar korrekt.

Styrning och fjädring

3 Kontrollera om bilen uppför sig normalt med avseende på styrning, fjädring, köregenskaper och vägkänsla.

4 Kör bilen och var uppmärksam på ovanliga vibrationer eller ljud.

5 Kontrollera att styrningen känns positiv, utan överdrivet "fladder" eller kärvningar, lyssna efter missljud från fjädringen vid kurvtagning eller gupp.

Drivaggregat

6 Kontrollera motorns, kopplingens, växellådans och drivaxlarnas effekt.

7 Lyssna efter ovanliga ljud från motorn, kopplingen och växellådan.

8 Kontrollera att motorn går jämnt på tomgång och att den inte "tvekar" vid acceleration.

9 Kontrollera att kopplingen är mjuk och effektiv, att kraften tas upp mjukt och att pedalen inte rör sig för mycket. Lyssna även efter missljud när kopplingspedalen är nedtryckt.

10 Kontrollera att alla växlar går i mjukt utan missljud, och att växelspaken går jämnt och inte känns inexakt eller hackig.

11 På modeller med automatväxellåda kontrollerar du att alla växlingar är ryckfria, mjuka och fria från ökning av motorvarvet mellan växlar. Kontrollera att alla växelpositioner kan väljas när bilen står stilla. Kontakta en Toyota-verkstad om några problem påträffas.

12 Kör bilen långsamt i en cirkel med fullt utslag på ratten och lyssna efter metalliska klick från framvagnen. Utför kontrollen åt båda hållen. Om det hörs ett klickande ljud tyder detta på slitage i en drivaxelled, vilket i så fall innebär att hela drivaxeln måste bytas (se kapitel 8).

Bromssystem

13 Kontrollera att bilen inte drar åt ena hållet vid inbromsning och att hjulen inte låser sig vid hård inbromsning.

14 Kontrollera att ratten inte vibrerar vid inbromsning.

15 Kontrollera att parkeringsbromsen fungerar ordentligt, utan för stort spel i spaken, och att den kan hålla bilen stilla i backe.

16 Testa bromsservot på följande sätt. Tryck ner bromspedalen 4-5 gånger för att få ut vakuumet när motorn är avstängd. Starta motorn och håll bromspedalen nedtryckt. När motorn startar ska pedalen ge efter märkbart medan vakuumet byggs upp. Låt motorn gå i minst två minuter och stäng sedan av den. Om pedalen nu trycks ner ska ett väsande ljud höras från servon. Efter 4-5 upprepningar bör inget pysande höras, och pedalen bör kännas betydligt hårdare.

20 Bränslefilter – byte

**Modeller utan VVT-i –
var 30 000:e km eller vartannat år**

Observera: *Denna metod gäller endast modeller med motor utan VVT-i*

20.3a Använd ännu en nyckel och ta bort banjobulten från den övre delen av bränslefiltret

1 Kolfiltret sitter i en fästbygel på mellanväggen i motorrummet nära bilens vänstra sida.

2 Ta bort eventuella delar som kan göra det svårare att komma åt filtrets övre del.

3 Använd en andra skiftnyckel för att hålla fast filtret, ta bort den gängade banjobulten högst upp och lossa beslaget längst ner på bränslefiltret **(se bilder).**

4 Ta bort båda fästbygelbultarna från mellanväggen och ta bort det gamla filtret och stödfästet.

5 Observera att inlopps- och utloppsrören är tydligt märkta på de olika sidorna av filtret och att filtrets fläns är vänd nedåt. Se till att det nya filtret är ditsatt så att det är vänt åt rätt håll, vilket anges ovan. När det är korrekt monterat ska filtret sitta så att utloppsröret är riktat uppåt och inloppsröret riktat nedåt.

6 Använd de nya tätningsbrickorna som tillhandahålls av filtertillverkaren, installera inlopps- och utloppsbeslagen och dra åt dem ordentligt.

7 Återstoden av monteringen utförs i omvänd ordningsföljd mot demonteringen.

21 Bromsvätska – byte

**Modeller utan VVT-i –
var 30 000:e km eller vartannat år**

**Modeller med VVT-i –
var 32 000:e km eller vartannat år**

⚠️ *Varning: Hydraulisk bromsolja kan skada ögonen och bilens lack, så var ytterst försiktig vid hanteringen. Använd aldrig olja som stått i ett öppet kärl under någon längre tid eftersom den absorberar fukt från luften. För mycket fukt i bromsoljan kan medföra att bromseffekten minskar, vilket är livsfarligt.*

1 Proceduren liknar den för att lufta hydraulsystemet som beskrivs i kapitel 9, förutom att bromsvätskebehållaren ska tömmas med en sughävert eller liknande innan du börjar. Den gamla vätskan måste ges tid att rinna ut när en del av kretsen töms.

20.3b Lossa beslaget på filtrets nedre del (sett genom hjulhuset)

HAYNES TiPS *Gammal hydraulolja är alltid mycket mörkare än ny olja, vilket gör att det är enkelt att skilja dem åt.*

2 Arbeta enligt beskrivningen i kapitel 9 och öppna den första luftningsskruven i ordningen, och pumpa sedan försiktigt på bromspedalen tills nästan all gammal olja runnit ut ur huvudcylinderbehållaren.

3 Fyll på ny olja till MAX-markeringen och fortsätt pumpa tills det bara finns ny olja i behållaren och ny olja kan ses rinna ut från luftningsskruven. Dra åt skruven och fyll på behållaren till maxmarkeringen.

4 Gå igenom resterande avluftningsskruvar i ordningsföljd och pumpa till dess att ny olja kommer ur dem. Var noga med att alltid hålla huvudcylinderbehållarens nivå över minimimarkeringen, annars kan luft tränga in i systemet och då ökar arbetstiden betydligt.

5 Kontrollera att alla luftningsskruvar är ordentligt åtdragna och att dammkåporna sitter på plats när du är klar. Skölj bort alla spår av vätskespill och kontrollera huvudcylinderbehållarens vätskenivå.

6 Kontrollera bromsarnas funktion innan bilen körs igen.

22 Tändstift – byte

**Modeller utan VVT-i –
var 30 000:e km eller vartannat år**

**Modeller med VVT-i –
var 64 000:e km eller vart 4:e år**

1 Byte av tändstift kräver en tändstiftshylsa som passar på en spärrhake. Denna hylsa har ett gummiöverdrag som är till för att skydda tändstiftets porslinsisolator, och för att hålla i stiftet när du för in det i tändstiftshålet. Du behöver också bladmått för att kontrollera och justera tändstiftets elektrodavstånd, och en momentnyckel för att dra åt de nya tändstiften till angivet moment **(se bild).**

2 Om du byter tändstiften ska du köpa

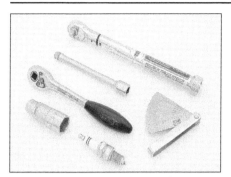

22.1 För att byta tändstiften behöver du en momentnyckel, en förlängning, en spärrhake, en hylsa och en uppsättning bladmått

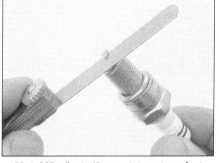

22.4 Mät tändstiftens elektrodavstånd med ett bladmått

22.6 När du tar bort tändkablarna, dra endast i damasken med en vrid-/dragrörelse

de nya stiften, anpassa dem till det rätta elektrodavståndet och sedan sätta dit dem ett efter ett. **Observera:** *När du köper nya tändstift är det viktigt att det är rätt tändstift för ditt specifika fordon. Den här informationen hittar du i avsnittet Specifikationer i början av det här kapitlet, eller i ägarens handbok.*

3 Undersök alla nya tändstift för att se om det är något fel på dem. Om det finns några tecken på sprickor i ett tändstifts porslinisolator ska du inte använda det.

4 Kontrollera de nya tändstiftens elektrodavstånd. Kontrollera avståndet genom att föra in ett bladmått med rätt tjocklek mellan elektroderna längst ut på tändstiftet **(se bild)**. Avståndet mellan elektroderna ska överensstämma med det avstånd som anges i det här kapitlets Specifikationer. Om avståndet är felaktigt, böj elektroden med böjd sida något.

Varning: En del tändstift har ett förinställt avstånd. Dessa behöver inte justeras.

5 Om elektroden på sidan inte sitter precis ovanför mittenelektroden ska de linjeras.

Demontering

Motorer utan VVT-i

6 För att undvika att tändstiftskablarna blandas ihop är det bäst att arbeta med ett tändstift åt gången. Ta bort tändkabeln och damasken från ett av tändstiften. Ta tag i damasken – inte kabeln – så som visas, vrid den halvt om halvt och dra rakt upp **(se bild)**.

7 Om du har tillgång till tryckluft, blås bort

eventuell smuts eller främmande föremål från tändstiftsområdet innan du fortsätter (det går även bra med en vanlig cykelpump).

8 Ta bort tändstiftet **(se bild)**. En undersökning av tändstiften ger en god indikation om motorns skick. Om isolatorns spets är ren och vit, utan avlagringar, indikerar detta en mager bränsleblandning eller ett stift med för högt värmetal (ett stift med högt värmetal överför värme långsammare från elektroden medan ett med lågt värmetal överför värmen snabbare).

9 Om isolatorns spets är täckt med en hård svartaktig avlagring, indikerar detta att bränsleblandningen är för fet. Om tändstiftet är svart och oljigt är det troligt att motorn är ganska sliten, förutom att bränsleblandningen är för fet. Om isolatorns spets är täckt med en ljusbrun eller gråbrun beläggning är bränsleblandningen korrekt och motorn sannolikt i god kondition.

Motorer med VVT-i

10 Skruva loss de två muttrarna, bänd ut de två plasthållarna baktill och ta sedan bort plastkåpan ovanpå motorn **(se bilder)**.

11 Koppla ifrån tändspolarnas anslutningskontakter.

12 Skruva loss bultarna och dra sedan tändspolarna från tändstiftens övre del (se bild). Ta loss dammtätningen (i förekommande fall).

13 Om du har tillgång till tryckluft, blås bort eventuell smuts eller främmande föremål från tändstiftsområdet innan du fortsätter (det går även bra med en vanlig cykelpump).

14 Ta bort tändstiftet. En undersökning av

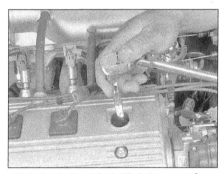

22.8 Använd en tändstiftshylsa med lång förlängning för att skruva loss tändstiftet

tändstiften ger en god indikation om motorns skick. Om isolatorns spets är ren och vit, utan avlagringar, indikerar detta en mager bränsleblandning eller ett stift med för högt värmetal (ett stift med högt värmetal överför värme långsammare från elektroden medan ett med lågt värmetal överför värmen snabbare).

15 Om isolatorns spets är täckt med en hård svartaktig avlagring, indikerar detta att bränsleblandningen är för fet. Om tändstiftet är svart och oljigt är det troligt att motorn är ganska sliten, förutom att bränsleblandningen är för fet. Om isolatorns spets är täckt med en ljusbrun eller gråbrun beläggning är bränsleblandningen korrekt och motorn sannolikt i god kondition.

Montering

16 Innan du sätter dit tändstiften är

22.10a Bänd ut fästena på baksidan av plastkåpan . . .

22.10b . . . lyft sedan bort kåpan

22.12 Skruva loss skruven (se pil) och lyft ut tändspolen

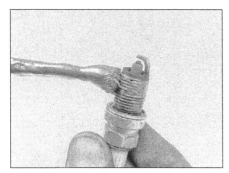

22.16a Applicera ett tunt lager antikärvmedel på tändstiftsgängorna

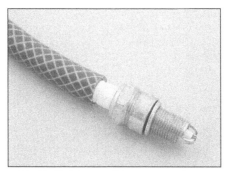

22.16b En bit gummislang med en inner-diameter på 8 mm spar tid och förhindrar att gängorna skadas när du sätter dit tändstiften

det klokt att applicera antikärvmedel på tändstiftskablarna **(se bild)**. Det är ofta svårt att sätta tändstift på plats utan att förstöra gängorna. För att undvika detta, sätt en kort gummislang med en inre diameter på 8 mm på tändstiftets ände **(se bild)**. Slangen hjälper till att rikta tändstiftet i hålet. Om tändstiftet börjar gänga snett, kommer slangen att glida på tändstiftet och förhindra att gängorna förstörs. Dra åt tändstiftet till det moment som anges i det här kapitlets Specifikationer.

Motorer utan VVT-i

17 Anslut tändstiftskabeln till det nya tänd-stiftet, även denna gång med en vridrörelse på damasken tills den sitter ordentligt på tändstiftets ände.
18 Följ proceduren ovan för de återstående tändstiften och byt dem ett åt gången, för att undvika att tändstiftskablarna blandas ihop.

Motorer med VVT-i

19 Sätt tillbaka spolarna på den övre delen av varje tändstift och se till att dammtätningen sitter där den ska (i förekommande fall). Dra åt tändspolens bultar till angivet moment.

23 Kylvätska – byte

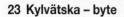

Modeller utan VVT-i – var 60 000:e km eller vart 4:e år

Modeller med VVT-i – var 64 000:e km eller vart 3:e år

⚠️ *Varning: Vänta till dess att motorn är helt kall innan arbetet påbörjas. Låt inte frostskyddsmedel komma i kontakt med huden eller lackerade ytor på bilen. Spola omedelbart bort eventuellt spill med stora mängder vatten. Lämna aldrig frostskyddsmedel i en öppen behållare, eller i en pöl på uppfarten eller på garagegolvet. Barn och husdjur kan attraheras av den söta doften, och frostskyddsmedel kan vara livsfarligt att förtära.*

Tömning av kylsystemet

1 När motorn är helt kall kan kylarens trycklock tas bort.
2 Skruva loss skruvarna och ta bort den

högra delen av motorns undre skyddskåpa (i förekommande fall) **(se bild 3.3)**.
3 Placera en lämplig behållare under dräne-ringsventilen för kylvätska på kylarens nedre, högra sida, öppna sedan dräneringsventilen och låt kylvätskan tappas av i behållaren **(se bild)**. När kylvätskan har tappats av, stäng ventilen.
4 Ställ behållaren under den bakre delen av motorblocket, öppna sedan dräneringsventilen och låt kylvätskan rinna ner i behållaren **(se bild)**. När kylvätskan har tappats av, stäng ventilen.

Spolning av kylsystem

5 Om man försummar att byta kylvätska, eller om kylvätskeblandningen har blivit utspädd, kommer kylsystemet med tiden att bli allt mer ineffektivt, allt eftersom kylvätskeledningarna täpps till av rost, avlagringar etc. Kylsystemets effektivitet kan återställas genom att systemet spolas rent.
6 Kylaren bör spolas separat från motorn, för att förhindra förorening.

Kylarspolning

7 Koppla ifrån de övre och de nedre slangarna och andra eventuella slangar från kylaren (se kapitel 3).
8 Stick in en trädgårdsslang i det övre kylarinloppet. Spola rent vatten genom kylaren och fortsätt spola tills rent vatten kommer ut från kylarens nedre utsläpp.
9 Om det efter en rimlig tid fortfarande inte kommer ut rent vatten kan kylaren spolas ur med kylarrengöringsmedel. Det är viktigt att spolmedelstillverkarens anvisningar följs noga.

23.3 Kylarens dräneringsventil (se pil)

Om det är riktigt smutsigt, sätt i slangen i kylarens nedre utlopp och backspola kylaren.

Motorspolning

10 För att spola motorn, ta bort termostaten (se kapitel 3).
11 Lossa den nedre kylarslangen från kylaren och stick in en trädgårdsslang i kylarenheten. Spola rent vatten genom motorn och fortsätt spola tills rent vatten kommer ut från kylarens nedre slang.
12 När spolningen är klar, sätt tillbaka termostaten och återanslut slangarna (se kapitel 3).

Kylsystem – påfyllning

13 Kontrollera innan påfyllningen inleds att alla slangar och slangklämmor är i gott skick och att klämmorna är väl åtdragna. Observera att en blandning av frostskyddsmedel måste användas året runt, för att förhindra att motordelar rostar (se följande delavsnitt).
14 Ta bort kylarens trycklock och se till att alla dräneringsventiler/-pluggar sitter fast ordentligt.
15 Placera värmeenhetens temperaturreglage i det högsta värmeläget.
16 Fyll långsamt på ny kylvätska (50/50 blandning av frostskyddsmedel och kylvätska) i kylaren tills den är full. Fyll på kylvätska upp till behållarens nedre markering. Observera att Toyotas frostskyddsmedel ofta är blandat från början.
17 Låt kylarlocket vara av och låt motorn gå i ett välventilerat område tills termostaten öppnas (kylvätskan kommer att flöda genom kylaren och den övre slangen blir varm).
18 Stäng av motorn och låt den svalna. Fyll på mer kylvätskeblandning så att nivån åter stiger till kanten på kylarens påfyllningsrör.
19 Kläm på den övre kylarslangen för att släppa ut luft, fyll sedan på mer kylvätske-blandning om det behövs. Sätt tillbaka påfyllningslocket.
20 Sätt igång motorn, låt den få en normal arbetstemperatur och leta efter läckor.

Frostskyddsblandning

21 Frostskyddsmedlet ska alltid bytas regelbundet efter angivna intervall. Detta är nödvändigt för att behålla frostskyddsvätskans egenskaper men även för att förhindra korrosion som annars kan uppstå då de

23.4 Det sitter en dräneringsventil för kylvätska på baksidan av motorblocket

korrosionshämmande ämnenas effektivitet försämras med tiden.

22 Använd endast etylen-glykol-baserat frostskyddsmedel som är lämpat för motorer med blandade metaller i kylsystemet.

23 Innan frostskyddsmedlet hälls i ska kylsystemet tappas ur helt och helst spolas igenom. Samtliga slangar ska kontrolleras beträffande kondition och tillförlitlighet.

24 När kylsystemet fyllts med frostskyddsmedel är det klokt att sätta en etikett på expansionskärlet som anger frostskyddsmedlets typ och koncentration, samt datum för påfyllningen. All efterföljande påfyllning ska göras med samma typ och koncentration av frostskyddsvätska.

25 Använd inte motorfrostskyddsmedel i vindrute- eller bakrutespolarsystemet, eftersom lacken skadas. Spolarvätska bör hällas i spolarsystemet i den koncentration som anges på flaskan.

24 Ventilspel – kontroll och justering

Modeller utan VVT-i –
var 90 000:e km eller vart 6:e år

Modeller med VVT-i –
var 96 000:e km eller vart 6:e år

Motorer utan VVT-i

Observera: *För följande metod krävs det ett specialverktyg (Toyota Nr 09248-55020) som pressar samman ventillyftaren något så att justeringsbrickan kan tas bort. Utan verktyget måste kamaxeln (kamaxlarna) tas bort enligt beskrivningen i kapitel 2A.*

1 Demontera ventilkåpan enligt beskrivningen i kapitel 2.

2 Ta bort tändstiften (se avsnitt 20).

3 Se kapitel 2A och placera kolv nummer 1 vid övre dödpunkt under kompressionstakten.

4 Mät spelen för de angivna ventilerna med bladmått **(se bilder)**. Notera avvikande mätvärden. De kommer att användas senare för att fastställa vilka brickor som behövs.

5 Vrid på vevaxeln ett helt varv och linjera vevaxelns tändningsinställningsmärken. Mät de återstående ventilerna **(se bild)**.

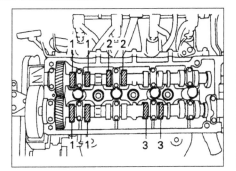

24.4a När kolv nr 1 är vid övre dödpunkt under kompressionstakten kan ventilspelet för avgasventilernas cylindrar nr 1 och 3 och insugsventilernas cylindrar nr 1 och 2 mätas

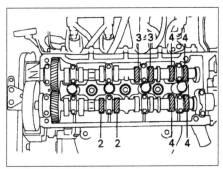

24.5 När kolv nr 4 är vid övre dödpunkt under kompressionstakten kan ventilspelen för avgasventilernas cylindrar nr 2 och 4 och insugsventilernas cylindrar nr 3 och 4 kontrolleras

Med Toyota-verktyg nr 09248-55020

6 Efter det att alla ventiler har mätts, vrid vevaxelns remskiva tills kamloben ovanför den första ventil som du tänker justera pekar uppåt, bort från brickan.

7 Placera hacket i ventillyftaren mot tändstiftet. Tryck sedan ner ventillyftaren med Toyotas specialverktyg (se anmärkningen i början av det här avsnittet) **(se bild)**. Placera specialventillyftaren enligt bilden, med den längre käften på verktyget greppande om den nedre kanten på ventillyftarens gjutna del och den övre, kortare eggen greppande om den övre kanten på själva ventillyftaren. Tryck

24.4b Kontrollera spelet för varje ventil med ett bladmått av den rekommenderade tjockleken – om spelet är korrekt ska du känna en liten släpning på bladmåttet när du drar ut det

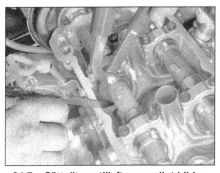

24.7a Sätt dit ventillyftaren enligt bilden och kläm ihop handtagen för att trycka ner ventillyftaren. Håll sedan ner ventillyftaren med det mindre verktyget så att brickan kan tas bort

ner ventillyftaren genom att klämma ihop handtagen på ventillyftarverktyget, håll sedan ner ventillyftaren med det mindre verktyget och ta bort det större verktyget. Ta bort justeringsbrickan med en liten skruvmejsel eller pincett **(se bilder)**. Observera att kroken som sitter i änden av handtagen på en del ventillyftarverktyg kan användas för att klämma ihop handtagen för att hålla ventil-lyftaren nedtryckt när brickan tas bort.

8 Mät brickans tjocklek med en mikrometer **(se bild)**. För att räkna ut den rätta tjockleken på en ny bricka som ska ge ett ventilspel inom

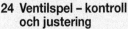
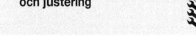

24.7b Håll ventillyftaren under tryck med det mindre verktyget och ta bort brickan med en liten skruvmejsel . . .

24.7c . . . en pincett eller en magnet enligt bilden

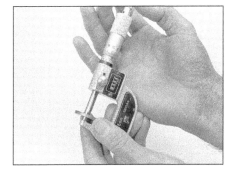

24.8 Mät brickans tjocklek med en mikrometer

Tjocklek för nya shims mm (in.)			
Shims nummer	Tjocklek	Shims nummer	Tjocklek
1	2.55 (0.1004)	9	2.95 (0.1161)
2	2.60 (0.1024)	10	3.00 (0.1181)
3	2.65 (0.1043)	11	3.05 (0.1201)
4	2.70 (0.1063)	12	3.10 (0.1220)
5	2.75 (0.1083)	13	3.15 (0.1240)
6	2.80 (0.1102)	14	3.20 (0.1260)
7	2.85 (0.1122)	15	3.25 (0.1280)
8	2.90 (0.1142)	16	3.30 (0.1299)

24.9 Tabell över tjocklek på bricka för ventiljustering

24.18 Mät spelet mellan kamloben och ventillyftaren

24.22 Mät tjockleken på ventillyftaren med en mikrometer

det rekommenderade värdet, använd följande formel:

$N = T + (A – V)$.
A = Uppmätt ventilspel.
N = Tjocklek på den nya brickan.
T = Tjocklek på den gamla brickan.
V = Önskat ventilspel (se Specifikationer i det här kapitlet).

9 Välj en bricka med en tjocklek som ligger så nära det beräknade ventilspelet som möjligt. Brickor, som finns i 17 storlekar med intervaller på 0,050 mm, varierar från 2,500 mm till 3,300 mm **(se bild)**. **Observera:** *Om man noggrant tar reda på vilka brickstorlekar som behövs för att justera de avvikande ventilspelen, kan man ofta byta olika använda brickor mot varandra och på detta sätt minska antalet nya brickor som måste köpas.*
Varning: Motorn får inte roteras om den inte har alla brickor.
10 Sätt specialventillyftaren i dess läge **(se bild 22.9a)**, med den längre käften på verktyget om den nedre kanten på ventillyftarens gjutna del och den övre, kortare käften om den övre kanten på själva ventillyftaren. Tryck ner ventillyftaren genom att klämma ihop handtagen på ventil-lyftarverktyget och sätt dit den nya justerings-brickan (observera att kroken på änden av handtaget på ett ventillyftarverktyg kan användas för att klämma ihop handtagen och hålla lyftaren nedtryckt medan brickan sätts i). Mät spelet med ett

bladmått för att se till att dina beräkningar stämmer.
11 Upprepa den här proceduren tills alla ventiler med avvikande spel har justerats.
12 Installationen av tändstift, cylinderkåpa, tändstiftskablar och damasker etc. utförs i omvänd ordning mot demonteringen.

Utan Toyota-verktyget

13 Efter det att alla ventilspel har uppmätts och någon justering krävs, ta bort kamaxlarna enligt beskrivningen i kapitel 2A.
14 Använd en liten platt skruvmejsel för att försiktigt bända loss den aktuella brickan från ventillyftaren.
15 Välj önskad bricka enligt beskrivningen i punkterna 8 och 9 och placera sedan brickan högst upp på den aktuella ventillyftaren.
16 När alla brickor som behöver bytas ut har blivit utbytta ska du sätta tillbaka kamaxlarna enligt beskrivningen i kapitel 2A.

Motorer med VVT-i

17 Ta bort ventilkåpan och placera motorn vid övre dödpunkt för cylinder nr 1, enligt beskrivningen i kapitel 2A.
18 Mät spelet mellan kamloberna och ventillyftarna till insugsventilerna för cylindrarna 1 och 2, och avgasventilerna för cylindrarna 1 och 3 med bladmått. Cylinder nr 1 sitter vid motorns kamkedja. Anteckna de mätvärden du får **(se bild)**.

19 Vrid vevaxeln *ett* helt varv (360°).
20 Mät spelet mellan kamloberna och ventil-lyftarna till insugsventilerna för cylindrarna och 4, och avgasventilerna för cylindrarna 2 och 4 med bladmått. Anteckna de mätvärden du får.
21 Jämför mätvärdena med värdena i Specifikationer. Om något av mätvärdena avviker, ta bort kamaxlarna enligt beskrivningen i kapitel 2A.
22 När kamaxlarna har tagits bort, använd en magnet för att lyfta bort den aktuella ventillyftaren (ventillyftarna) och mät och notera därefter ventillyftarens tjocklek med en mikrometer **(se bild)**.
23 Fastställ den rätta tjockleken på den nya ventillyftaren med följande formel:
Insugsventillyftare: $N = T + (A – 0,20 \text{ mm})$.
Avgasventillyftare: $N = T + (A – 0,30 \text{ mm})$.
A = Uppmätt ventilspel.
N = Tjocklek på den nya ventillyftaren.
T = Tjocklek på den använda ventillyftaren.
24 Välj en ventillyftare med en tjocklek som ligger så nära det beräknade ventilspelet som möjligt. Ventillyftare, som finns i 35 storlekar med intervaller på 0,020 mm, varierar från 5,060 mm till 5,740 mm.
25 När alla ventillyftarna är på plats, sätt tillbaka kamaxlarna enligt beskrivningen i kapitel 2A. Innan du sätter tillbaka ventilkåpan, kontrollera återigen ventilspelen enligt den tidigare beskrivningen, och, om det behövs, ta bort kamaxlarna igen och byt ventillyftarna om det behövs.

Kapitel 2 Del A:
Reparationer med motorn kvar i bilen

Innehåll

Svårighetsgrad

Enkelt, passar novisen med lite erfarenhet	**Ganska enkelt,** passar nybörjaren med viss erfarenhet	**Ganska svårt,** passar kompetent hemmamekaniker	**Svårt,** passar hemmamekaniker med erfarenhet 	**Mycket svårt,** för professionell mekaniker

Specifikationer

Allmänt

Motortyp dubbla överliggande kamaxlar, rak fyrcylindrig motor, fyra ventiler per cylinder
Cylindernummer (kamrems- och kamkedjeslut till växellådsänden) . . . 1-2-3-4
Tändföljd 1-3-4-2
Motorkoder:
   1,3-liters motor (1332 cc) utan VVT-i 4E-FE
   1,4-liters motor (1398 cc) med VVT-i 4ZZ-FE
   1,6-liters motor (1587 cc) utan VVT-i 4A-FE
   1,6 liters motor (1598 cc) med VVT-i 3ZZ-FE
Kompressionstryck:
   Min. . . . . 10,0 bar
   Skillnad mellan cylindrar (max). . . . . 1,0 bar

Oljepump

	Standard	Servicegräns
Frigång mellan rotor och kaross		
Motorer utan VVT-i:		
1,3-liters motor	0,100 till 0,210 mm	0,25 mm
1,6-liters motor	0,025 till 0,075 mm	0,10 mm
Motorer med VVT-i	0,260 till 0,350 mm	0,325 mm
Spelrum för rotorspets:		
Motorer utan VVT-i:		
1,3-liters motor	0,060 till 0,150 mm	0,20 mm
1,6-liters motor	0.060 till 0,180 mm	0,35 mm
Motorer med VVT-i	0,040 till 0,160 mm	0,160 mm
Spelrum för rotor till kåpa:		
Motorer utan VVT-i:		
1,3-liters motor	2,91 till 2,97 mm	2,90 mm
1,6-liters motor	0,080 till 0,180 mm	0,20 mm
Motorer med VVT-i	0,025 till 0,071 mm	0,071 mm
Oljetryck:		
Motorer utan VVT-i:		
Vid tomgångsvarvtal	min. 0,29 bar	
Vid 3000 varv/minut	2,45 till 4,9 bar	
Motorer med VVT-i:		
Vid tomgångsvarvtal	min. 0,29 bar	
Vid 3000 varv/minut	2,94 till 5,39 bar	

Kamrem

Sträckarens obelastade längd:
1,3-liters motor	38,4 mm
1,6-liters motor	36,9 mm
Kamremsavböjning	5,0 till 6,0 mm @ 20 N

Kamkedja och drev

Max. kedjelängd med 16 sprintar (se text)	122,7 mm
Min. diameter för vevaxeldrev (med kedja)	51,6 mm
Min. diameter för kamaxeldrev (med kedja)	97,3 mm

Spelrum kamaxelns stöt (axialspel)

	Insugskamaxel	Avgaskamaxel
Motorer utan VVT-i:		
1,3-liters motor:		
Standard	0,045 till 0,100 mm	0,045 till 0,100 mm
Servicegräns, max	0,12 mm	0,12 mm
1,6-liters motor:		
Standard	0,030 till 0,085 mm	0,035 till 0,090 mm
Servicegräns, max	0,11 mm	0,11 mm
Motorer med VVT-i:		
Standard	0,040 till 0,095 mm	0,040 till 0,095 mm
Servicegräns, max	0,11 mm	0,11 mm

Topplocksbult, längd

Motorer med VVT-i:	
Standard	156,0 till 159,0 mm
Maximalt	159,5 mm

Åtdragningsmoment

	Nm
Motorer utan VVT-i	
Kamaxellageröverfallets bultar	13
Kamaxeldrevets bult:	
1,3-liters motor	51
1,6-liters motor	59
Bultar till mellanchassits stag	60
Vevstake (storände)*:	
1,3 liters motor	39
1,6-liters motor:	
Steg 1	29
Steg 2	Vinkeldra ytterligare 90°
Fästbultar till vevaxelns packbox:	
1,3 liter motor	7
1,6-liters motor	10
Vevaxelns remskiva-till-vevaxel-bult:	
1,3-liters motor	155
1,6-liters motor	118
Topplocksbultar:	
1,3-liters motor:	
Steg 1	30
Steg 2	45
Steg 3	Vinkeldra ytterligare 90°
1,6-liters motor:	
Steg 1	29
Steg 2	Vinkeldra ytterligare 90°
Steg 3	Vinkeldra ytterligare 90°
Ventilkåpa	7
Förstärkningsbultar för motor/växellåda (1,6-liters motor)	22
Stödbultar för avgasgrenrör (1,6-liters motor)	59
Muttrar/bultar för avgasgrenrör:	
1,3-liters motor	48
1,6-liters motor	34
Bultar för svänghjul/drivplatta:	
1,3-liters motor	90
1,6-liters motor:	
Svänghjul (manuell växellåda)	78
Drivplatta (automatväxellåda)	64

Åtdragningsmoment (forts.) Nm

Motorer utan VVT-i (forts.)

Bultar för tomgångsöverföring:
  1,3-liters motor:
    Övre remskiva till topplock 19
    Nedre remskiva till motorblock 28
  1,6-liters motor 37
Kåpa till kammare för insugsluft (1,6-liters motor) 19
Bultar för insugsgrenrör 19
Ramlageröverfallets bultar 58
Bultar till oljepump:
  1,3-liters motor 8
  1,6-liters motor 21
Muttrar/bultar mellan oljeupptagare och sil:
  1,3-liters motor 11
  1,6-liters motor 10
Oljetrycksbrytare 13
Bultar till oljesump:
  1,3-liters motor 13
  1,6-liters motor 5

Motorer med VVT-i

Drivremsspännare:
  Bult 69
  Mutter 29
Kamaxellageröverfall:
  Nr 1 (höger) lageröverfall 23
  Alla andra lageröverfall 13
Kamaxelgivare 9
Bultar till kamaxeldrevet 54
Bultar till vevstake (storände)*:
  Steg 1 20
  Steg 2 . . . . Vinkeldra ytterligare 90°
Kylvätskepump 10
Vevaxelns remskivebult 138
Topplocksbultar:
  Steg 1 49
  Steg 2 . . . . Vinkeldra ytterligare 90°
Ventilkåpa 9
Drivplatta 83
Svänghjul:
  Steg 1 49
  Steg 2 . . . . Vinkeldra ytterligare 90°
Tändspole till topplock 9
Bultar mellan ramlager och ramlagerstomme:
  M8 19
  M10:
    Steg 1 44
    Steg 2 . . . . Vinkeldra ytterligare 90°
Oljestyrningsventil 9
Filter för oljestyrningsventil 30
Oljeavtappningsplugg 37
Sil till oljeupptagare 9
Plugg till oljetrycksventil 37
Oljetrycksbrytare 13
Oljepump 9
Skruvar till oljepumpkåpan 10
Oljesump 9
Kamkedjekåpa:
  10 mm topplock 13
  12 mm topplock 19
Fästbultar till kamkedjestyrning 9
Kamkedjespännarens hus 9
Kamkedjespännarens glidbultar 19

* Återanvänds inte

1 Allmän information

Hur det här kapitlet ska användas

Denna del av kapitel 2 ägnas åt hur man går till väga med reparationer då motorn fortfarande är kvar i bilen. All information som rör demontering och montering av motorn samt översyn av motorblock och topplock finns i del B i detta kapitel.

För följande reparationer förutsätts att motorn sitter kvar i bilen. Om motorn har avlägsnats från fordonet och monterats i ett ställ, gäller inte vissa steg som beskrivs i denna del av kapitel 2.

Specifikationerna i denna del av kapitel 2 gäller enbart anvisningarna i denna del. Del B i kapitel 2 innehåller nödvändiga specifikationer för hopsättning av topplock och motorblock.

Motorbeskrivning

De motorer som denna handbok tar upp är alla fyrcylindriga med dubbla överliggande kamaxlar (DOHC) och 16 ventiler. De kan dock delas upp i två kategorier: De motorer utan variabla ventiltider och de med (VVT-i).

1,3-liters 4E-FE- och 1,6-liters 4A-FE-motorer på modeller från 1997 till 2000 har fasta ventiltider och en kamrem som driver avgaskamaxeln. Denna är i sin tur kopplad till insugskamaxeln.

1,4-liters 4ZZ-FE- och 1,6-liters 3ZZ-FE-motorer på modeller från 2000 är försedda med en enhet för variabla ventiltider på drevet till insugskamaxeln. De är dessutom försedda med en kamkedja som driver de båda kamaxlarna. Motorstyrningssystem justerar kamaxelns synkronisering via ett hydrauliskt styrsystem (med motorolja som hydraulvätska). Synkroniseringen varierar beroende på motorvarvtal och motorbelastning. Synkroniseringen fördröjs vid låga och höga hastigheter för att öka körbarhet och effekt. Då motorns varvtal varken är låga eller höga öppnas ventilerna tidigare för att öka vridmomentet i medelintervallet och för att minska avgasutsläppen.

2.5 Använd en kompressionsmätare med ett gängat beslag till tändstiftshålet

På motorer utan VVT-i justeras ventilspelen genom utbytbara stålmellanlägg som sitter på kamvippornas överdel. Mellanläggen ligger emot kamvippornas respektive kamaxel. Det finns inga mellanlägg på motorer med VVT-i, och för att justera spelrummet måste man ändra själva kamaxlarna, vilket kräver att de demonteras.

På motorns nedre ände är varje enskild vevaxel försedd med fem stycken släta lager som i sin är fästa med vanliga lageröverfall på motorerna 4E-FE och 4A-FE. Motorerna 4ZZ-FE och 3ZZ-FE är däremot utrustade med en gjuten ramlagerstege som sitter mellan motorblocket och oljesumpen. En oljepump av rotortyp sitter alldeles ovanför slutet på vevaxeln som driver den direkt (motorerna 4A-FE, 4ZZ-FE och 3ZZ-FE). På motorer av modellen 4E-FE drivs pumpen av kamremmen.

Åtgärder med motorn kvar i bilen

Följande åtgärder kan utföras utan att motorn måste avlägsnas från fordonet:

a) Demontering och montering av topplocket.
b) Demontering och montering av kamkedja/rem och drev.
c) Demontering och montering av kamaxlar.
d) Demontering och montering av oljesump.
e) Demontering och montering av oljepump.
f) Byte av fästen till motor/växellåda.
g) Demontering och montering av svänghjul/drivplatta.

Även om det är teoretiskt möjligt att ta bort vevstakslager, vevstakar och kolvar när motorn sitter kvar i fordonet, rekommenderar vi av åtkomst- och renlighetsskäl att dessa åtgärder utförs först när motorn har lyfts ur.

2 Kontroll av cylinderkompression

1 Om motorns effekt sjunker eller om det uppstår misständningar som inte kan hänföras till tändning eller bränslesystem, kan ett kompressionsprov ge en uppfattning om motorns skick. Om kompressionsprov görs regelbundet kan de ge en förvarning om problem innan några andra symptom uppträder.

2 Motorn måste vara uppvärmd till arbetstemperatur, batteriet måste vara fulladdat. Dessutom behövs en medhjälpare.

3 Ta bort säkringen till bränslepumpen (nr 10 från säkringsdosan i motorrummet) och starta om möjligt motorn och låt den gå tills det bränsle som eventuellt är kvar i systemet tar slut. Om inte detta utförs riskerar katalysatorn att skadas.

4 Ta bort tändstiften enligt beskrivningen i kapitel 1.

5 Montera en kompressionsprovare vid tändstiftshålet för cylinder 1 – helst den typ av provare som skruvas fast i hålet (se bild).

6 Låt medhjälparen trampa gaspedalen i botten och dra runt motorn på startmotorn. Efter ett eller två varv bör kompressionstrycket byggas upp till maxvärdet och sedan stabiliseras. Anteckna det högsta värdet.

7 Upprepa testet på återstående cylindrar och notera trycket på var och en.

8 Trycket i alla cylindrarna bör hamna på i stort sett samma värde. En tryckskillnad på mer än 1 bar mellan två cylindrar kan tyda på fel. Observera att kompressionen ska byggas upp snabbt i en felfri motor. Om kompressionen är låg i det första kolvslaget och sedan ökar gradvis under följande slag är det ett tecken på att kolvringarna är slitna. Om kompressionsvärdet är lågt under den första takten och inte stiger under de följande, tyder detta på läckande ventiler eller en trasig topplockspackning (eller ett spruckket topplock). Avlagringar på undersidan av ventilhuvudena kan också orsaka dålig kompression.

9 Toyotas minimivärde för kompressionstryck hittar du i kapitlets specifikationer.

10 Om trycket i en cylinder är mycket lägre än i de andra kan följande kontroll utföras för att hitta orsaken. Häll i en tesked ren olja i cylindern genom tändstiftshålet och upprepa provet.

11 Om tillförsel av olja tillfälligt förbättrar kompressionen är det ett tecken på att slitage på kolvringar eller lopp orsakar tryckfallet. Om ingen förbättring sker tyder det på läckande/brända ventiler eller trasig topplockspackning.

12 Lågt tryck i två angränsande cylindrar är med stor säkerhet ett tecken på att topplockspackningen mellan dem är trasig. Detta bekräftas om det finns kylvätska i motoroljan.

13 Om en cylinder har ett värde som är 20 % lägre än de andra cylindrarna, och motorns tomgång är något ojämn, kan en sliten kamnock på kamaxeln vara orsaken.

14 Om kompressionen som avläses är anmärkningsvärt hög är förbränningskammaren antagligen täckt med sotavlagringar. I så fall bör topplocket tas bort och sotas.

15 När testet har avslutats monterar du tillbaka tändstiften (se kapitel 1) och oljepumpens säkring.

3 Övre dödpunkt (ÖD) för kolv nr 1 – hitta

1 Den övre dödpunkten (ÖD) är den högsta punkten i cylindern som varje kolv når när den matas upp i cylinderloppet. Varje kolv uppnår ÖD i slutet av kompressionsslaget och än en gång i slutet av avgasslaget. Generellt sett avser dock ÖD den position som kolven når i kompressionstakten.

2 Att placera en kolv i ÖD är en ett viktigt delmoment vid många olika åtgärder som t.ex. då man ska ta bort kamaxel och kamrem, kedja resp. remskiva eller fördelare (i förekommande fall).

3.6 Se till att inskärningen i vevaxelns remskiva (se pil) stämmer överens med 0 (noll) på kamremskåpan

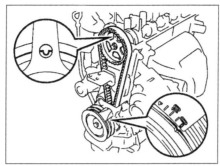

3.7a Kamaxeldrevet är vid ÖD när hålet i drevet står i linje med inskärningen i lageröverfallet

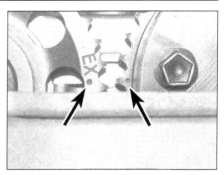

3.7b På motorer med VVT-i bör markeringarna på kamaxeldreven (se pilar) stämma överens med topplockets överkant

3 Innan du påbörjar denna åtgärd måste neutralväxeln läggas i och bakhjulen måste låsas med bakbromsen eller med en kloss. Ta bort tändstiften (se kapitel 1).

4 För att placera kolvarna i ÖD måste man vrida vevaxeln med hjälp av metoden som beskrivs nedan. När du tittar på motorns kamrems- och kedjeslut roterar vevaxeln normalt medurs. Vrid vevaxeln med en hylsnyckel och en spärrhake på bulten som är inskruvad längst fram i vevaxeln. Vrid bulten enbart medurs. Vrid aldrig bulten moturs.

5 Demontera ventilkåpan enligt beskrivningen i avsnitt 4.

6 Vrid vevaxeln tills hacket i vevaxelns remskiva är i linje med 0 på kamremskåpan **(se bild)**.

7 Leta efter cylinder nr 1 på kamloberna. Kamloberna till både insuget och avgasutblåset ska peka bort ifrån kamvipporna. Om de inte gör det använder du en hylsnyckel för att vrida vevaxeln ett helt varv (360°) – nu bör loberna peka bort ifrån vipporna. PÅ 1,3-liters 4E-FE- och 1,6-liters 4A-FE-motorer ska markeringen på kamaxellageröverfall nr 1 vara synlig genom hålet på kamaxeldrevet **(se bild)**. På 1,4-liters 4ZZ-FE- och 1,6-liters 3ZZ-FE motorer med VVT-i ska referensmarkeringarna på insugs- och avgaskamaxelns kedjedrev ligga i linje med toppen på topplocket **(se bild)**.

8 När kolv nr 1 har placerats i ÖD i kompressionstakten, kan man hitta ÖD för de övriga kolvarna genom att vrida vevaxeln 180° och följa tändföljden.

4 Ventilkåpa – demontering och montering

Demontering

1 Skruva loss de två muttrarna, bänd ut de två plasthållarna och ta bort plastkåpan (i förekommande fall) över motorn **(se bilder)**.

2 Koppla loss PCV-slangarna från ventilkåpan.

Motorer utan VVT-i

3 Ta bort tändkablarna från tändstiften genom att dra i hattarna, inte i ledningarna. Ta sedan bort från eventuella klämmor på ventilkåpan.

4 På 1,6-liters motorer tar du bort två bultar

från ventilkåpans kamremsände och drar sedan upp kabelkåpan och kablarna **(se bild)**.

Motorer med VVT-i

5 Ta bort tändspolarna enligt beskrivningen i kapitel 5B.

Alla motorer

6 Ta bort ventilkåpans muttrar och skruvar och koppla sedan loss ventilkåpan och packningen från topplocket **(se bilder)**. Om ventilkåpan sitter fast i topplocket kan du med hjälp av träkloss och hammare försiktigt slå på änden för att få kåpan att lossna. Om inte det fungerar kan du föra in en böjbar spackelkniv i skåran mellan topplocket och ventilkåpan för att på så sätt försöka lossa tätningen.

Varning: Bänd inte isär fogen mellan ventilkåpan och topplocket eftersom det

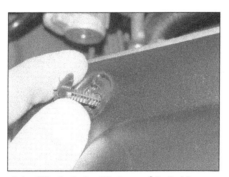

4.1a Bänd ut plastfästena på baksidan av motorkåpan . . .

4.1b . . . och ta sedan bort den

4.4 Ta bort de två fästbultarna till kåpan som sitter på dess kamremsände

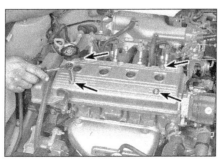

4.6a På 1,6-liters motorer hålls kåpan fast av fyra muttrar (se pilar). 1,3-liters motorer är utrustade med en extra mutter framtill

4.6b Bultar till ventilkåpa/muttrar/ pinnbultar – motorer med VVT-i

4.7a Kåppackningen (vänster pil) kan återanvändas om den inte har stelnat – se till att tändstiftens slangtätningar (höger pil) är på plats innan du återmonterar kåpan

kan orsaka ytskador som i sin tur kan leda till oljeläckage när ventilkåpan har satts tillbaka.

Montering

7 Fogytorna på huset eller på topplocket och ventilkåpan måste rengöras innan ventilkåpan kan sättas tillbaka.Gummipackningen kan användas flera gånger förutsatt att den har byts ut enligt serviceintervallet och att den inte har stelnat eller spruckit. Ta i sådana fall ur gummitätningen och rengör fogytorna med bromsrengöringsmedel. Montera dit en ny

5.8 När du har tagit bort centrumbulten tar du bort vevaxelns remskiva

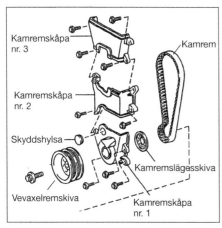

5.9 Information om kamremskåpor till 1,6-liters motorer. Det finns bara två kåpor på 1,3-litersmotorn

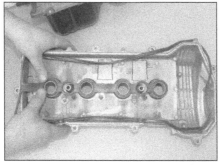

4.7b Se till att packningen till ventilkåpan monteras på slangspåren för tändstiften – motorer med VVT-i

gummipackning genom att pressa ner den jämnt i spåret runt undersidan på ventilkåpan. Om det finns spill eller olja på fogytorna när ventilkåpan monteras kan oljeläckage uppstå. **Observera:** *Se till att slangpackningarna till tändstiften är rätt placerade på undersidan av ventilkåpan innan du monterar tillbaka den* **(se bilder).**
8 På motorer med VVT-i applicerar du tätningsmedel (Toyota nr 08826-00080 eller motsvarande) på området där kamkedjekåpan ligger an mot topplocket.
9 På alla motorer monterar du tillbaka ventilkåpan och drar åt muttrarna resp. bultarna jämnt till angivet moment.
10 Sätt tillbaka återstående delar, starta motorn och kontrollera om olja läcker någonstans.

5 Kamrem och kedjedrev – demontering, kontroll och montering

Observera: *Följande åtgärder gäller enbart 4E-FE- och 4A-FE- motorer utan VVT-i. 4ZZ-FE- och 3ZZ-FE-motorerna med VVT-i är utrustade med en kamkedja (se avsnitt 6)*

Demontering

1 Spärra bakhjulen och dra åt handbromsen.
2 Lossa muttrarna på höger framhjul och lyft upp fordonet. Ställ upp framvagnen på pallbockar (se *Lyftning och stödpunkter*). Demontera höger framhjul.
3 Ta bort drivremmarna enligt beskrivningen i kapitel 1. För att komma åt bättre kan du skruva

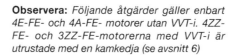

5.12a Dra åt bulten för att hålla spänningen ifrån remmen för demontering/montering

loss skruvarna och ta bort motorns högra undre skyddskåpa (i förekommande fall).
4 Ställ in motorn till ÖD på cylinder nr 1 enligt beskrivningen i avsnitt 3.

1,6-liters motorer

5 Stötta upp motor underifrån med en domkraft (använd ett träkloss när du stöttar upp motorn med domkraften, men placera inte klossen under oljesumpens avtappningsplugg). **Observera:** *Om du planerar att ta bort oljesumpen samtidigt som kamremmen ska du hänga upp motorn i en kätting ovanifrån.*
6 Skruva loss de fyra bultarna och ta bort remskivan till kylvätskepumpen.

Alla motorer

7 För att förhindra att vevaxeln roterar då mittbulten till vevaxelns remskiva är lossad, lägger du i högsta växeln och låter en medhjälpare trycka hårt på bromspedalen. Lossa på bulten till remskivan. På modeller med automatväxellåda måste startmotorn tas bort (kapitel 5A) och en medhjälpare måste driva in en kil i form av stor spårskruvmejsel mellan drivplattans kuggar och växellådans hölje – se till att skruvmejseln inte slinter.
8 Kontrollera att tändningsinställningsmarkeringarna fortfarande är i linje enligt beskrivningen i avsnitt 3. Lyft sedan av vevaxelns remskiva från vevaxeln **(se bild).**
9 Ta bort de två (1,3-liters motor) eller tre (1,6-liters motor) kamremskåporna **(se bild).**
10 Ta bort styrningen för kamremmen från vevaxeln och notera att den kupade sidan vetter utåt och att den släta sidan är intill remmen.
11 Om du planerar att återanvända kamremmen, gör du markeringar på drevet och på remmen samt ritar en pil som visar remmens rotationsriktning. **Observera:** *Vi rekommenderar att du byter ut remmen när du tar bort den, oavsett hur länge den gamla remmen har varit i bruk.*
12 Lossa justeringsbulten till remspännaren, bänd spännaren bakåt och dra åt bulten i denna position **(se bild).** Dra av kamremmen från drevet. Om du tar bort remmen för att byta tätningen till kamaxeln eller för att ta bort topplocket behöver du inte koppla loss remmen från vevaxeldrevet eller (på 1,6-liters motorer) skruva loss det högra motorfästet. Om du tar bort remmen helt, ska du på 1,6-liters motorer stötta upp det högra motorfästet

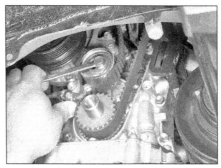

5.12b När motorfästet är uppstöttad av en domkraft tar du bort de två muttrarna (se pilar) från det högra motorfästet . . .

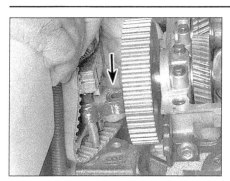

5.12c . . . och ta bort den övre motorfästesbulten (se pil)

5.14 Gör markeringar (se pilar) på vevaxeldrevet och oljepumpskåpan så att du kan hitta ÖD

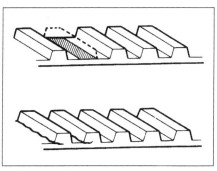

5.16 Kontrollera om kamremmen och titta efter spruckna och försvunna kuggar

med en domkraft och sedan ta bort de två muttrarna från motorfästet underifrån och bulten ovanifrån **(se bilder)**. Sänk ner motorn och dra sedan upp den övre delen av fästet (gummit möjliggör rörelsen) tills remmen kan dras bort från mellan fästets övre och nedre delar. Då behöver du inte ta bort fästet helt

13 Om kamaxeldrevet är slitet eller skadat håller du i den främre avgaskamaxeln med en stor nyckel och tar bort bulten. Koppla sedan loss drevet (se avsnitt 10).

14 Dra försiktigt av kamremmen från vevaxeldrevet och ta bort den. Om drevet är slitet eller skadat eller om du behöver byta vevaxelns packbox tar du bort drevet från vevaxeln. Innan du tar bort det bör du göra markeringar på vevaxeldrevet och oljepumpskåpan så att du kan hitta ÖD-position utan att vevaxelns remskiva måste vara på plats **(se bild)**.

Kontroll

Varning: Undvik att bända eller vrida kamremmen så att yttersidan hamnar inåt. Kamremmen får inte komma i kontakt med olja, kylvätska eller bränsle. Använd inte kamremsspänningen för att förhindra att kamaxeln eller vevaxeln roterar när du monterar drevbultarna. Vrid inte vevaxeln eller kamaxeln mer än några grader (om det behövs för inställning av kuggar) när kamremmen tas bort.

15 Om kamremmen gick sönder när motorn var igång kan det tyda på att remmen har blivit nedsmutsad eller för hårt åtdragen.

Varning: Om kamremmen gick sönder när motorn var igång, kan ventilerna eventuellt ha varit i kontakt med kolvarna och på så sätt orsakat skada. Kontrollera ventilspelen (se kapitel 1) – böjda ventiler har vanligtvis överdrivet stort spelrum vilket betyder att topplocket måste tas bort för reparation.

16 Om remtandningen är sprucken eller saknas **(se bild)** kan fördelaren (i förekommande fall), oljepumpen eller kamaxlarna ha anfrätts.

17 Om det finns synligt slitage eller synliga sprickor på remmen ska du kontrollera om det finns repor eller gjutgrader på tomgångs-överföringarna **(se bild)**.

18 Om bara ena sidan uppvisar slitage eller andra skador ska du kontrollera remstyrningen och inställning på dreven **(se bild)**.

19 Byt kamremmen om du misstänker att

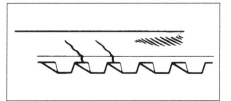

5.17 Om remmens yta är sprucken eller sliten, måste du kontrollera tomgångsöverföringen och titta efter repor eller gjutgrader

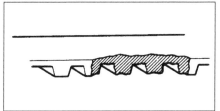

5.18 Slitage på ena sidan remmen indikerar problem med drevets inriktning

den kan vara skadad. Åtgärda de problem som bidrog till att remmen gick sönder innan du monterar en ny. **Observera:** *Utbildade mekaniker rekommenderar att remmen byts varje gång den tas bort eftersom en trasig rem kan leda till svåra skador på motorn.*

20 Lossa bulten på remspännaren och ta sedan bort spännaren och dess fjäder. Kontrollera att tomgångsdrevet roterar fritt och mät fjäderns fria längd **(se bild)**. Byt ut fjädern om den uppfyller specifikationerna. Montera spännaren och fjädern. På 1,3-liters motorer ska du dessutom kontrollera den övre tomgångsöverföringens skick och, om du upptäcker synbart slitage och andra skador, byta ut den genom ta bort den mellersta fästbulten. Montera det nya tomgångsdrevet och dra åt fästbulten till det vridmoment som anges specifikationerna i detta kapitel.

Montering

21 Ta bort all smuts, olja och fett från området kring kamremmen framtill på motorn.

22 Kontrollera återigen kamaxelns och vevaxelns tändningsinställningsmarkeringar för att försäkra dig om att de är i linje med varandra **(se bild 3.7a)**. Om kamaxeldrevet har tagits bort ska du återmontera det med markeringsinskärningen på drevet i linje med inskärningen i lageröverfallet på avgaskamaxeln. Styrsprinten i änden av kamaxeln ska vara i linje med 4E-markeringen (1,3-liters motorer) eller A-markeringen (1,6-liters motorer) på drevet. Se till att vevaxeldrevet fortfarande är inställt efter ÖD-markeringarna du gjorde i steg 14.

23 Montera kamremmen på vevaxeln, oljepumpen (1,3-liters motorer) och kamaxel-dreven. Rikta in markeringarna som du gjorde under borttagningen mot varandra om du sätter tillbaka den gamla remmen.

24 Montera remstyrningen på vevaxeln med den kupade sidan utåt.

25 Montera tillbaka den nedre kamremskåpan och vevaxelns remskiva och kontrollera återigen ÖD-markeringarna.

26 Låt den sida av remmen som är närmast framvagnen fortfarande vara spänd och lossa bulten till spännarremskivan med ett 1/2 varv så att fjädern kan hålla tomgångsöverföringen spänd.

27 Vrid försiktigt vevaxeln två varv medurs (720 grader) och dra sedan åt fästbulten till tomgångsöverföringen till det vridmoment som står angivet i kapitlets specifikationerna i detta kapitel. Mät avböjningen på remmen på kylarsidan, mitt emellan kamaxeln och vevaxeldreven, och jämför måttet med specifikationerna i detta kapitel.

28 Kontrollera inställningsmarkeringarna på nytt. Då vevaxeln är vid ÖD för cylinder nummer ett måste hålen i kamaxeldrevet stämma överens med inställningsmarkeringen **(se bild 3.7a)**. Om markeringarna inte stämmer överens helt upprepar du rembytesproceduren igen.

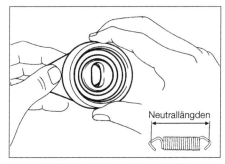

Neutrallängden

5.20 Kontrollera att lagret till tomgångsöverföringen rör sig mjukt och mät spänningsfjäderns fria längd

6.7 Om vevaxelns remskiva sitter fast kan du skruva i två 8 mm bultar i de gängade hålen (se pilar) och trycka loss remskivan

6.8 Skruva loss muttern och bulten (se pilar) och ta bort drivremsspännaren

6.10 Skruva loss bultarna/muttrarna och ta bort den högra motorfästbygeln från motorblocket

Varning: Starta INTE motorn förrän du är helt säker på att kamremmen är rätt monterad. Om remmen inte rätt monterad kan allvarliga skador uppstå på motorn, vilket leder till dyra reparationer.

29 Montera återstående delar i omvänd ordning mot demonteringen.

30 Starta motorn och kontrollera att den fungerar som den ska.

6 Kamkedja och drev – demontering, kontroll och montering

Observera: *Följande åtgärd gäller enbart 4ZZ-FE- och 3ZZ-FE motorer med VVT. Motorer utan VVT-i är utrustade med en kamrem (avsnitt 5).*

Demontering

1 Tappa ut kylvätskan enligt beskrivningen i kapitel 1.

2 Demontera drivremmen enligt beskrivningen i kapitel 1.

3 Ta bort generatorn (kapitel 5A).

4 Skruva loss servostyrningspumpen (kapitel 10). Du behöver inte koppla loss vätskeledning-arna från pumpen. Häng upp dem i den främre panelen/kåpan med buntband eller ståltråd.

5 Ställ in motorn till ÖD på cylinder nr 1 enligt beskrivningen i avsnitt 3.

6 För att förhindra att vevaxeln roterar då mittbulten till vevaxelns remskiva är lossad, lägger du i högsta växeln och låter en medhjälpare trycka hårt på bromspedalen. Lossa på bulten till remskivan. På modeller

med automatväxellåda måste startmotorn tas bort (kapitel 5A) och en medhjälpare måste driva in en skruvmejsel mellan drivplattans kuggar och växellådans hölje – se till att skruvmejseln inte slinter.

7 Kontrollera att inställningsmarkeringarna fortfarande är i linje enligt beskrivningen i avsnitt 3. Lyft sedan av vevaxelns remskiva från vevaxeln **(se bild)**.

8 Skruva loss bulten/muttern och ta bort drivremsspännaren **(se bild)**.

9 Stötta upp motorn underifrån med en domkraft (använd ett träkloss när du stöttar upp motorn med domkraften, men placera inte klossen under oljesumpens avtappningsplugg). **Observera:** *Om du planerar att ta bort oljesumpen samtidigt som kamremmen ska du hänga upp motorn i en kätting ovanifrån.*.

10 Skruva loss bultarna och ta bort den högra motorfästbygeln från motorblocket **(se bild)**. I förekommande fall kopplar du loss jordledningen från fästbygeln.

11 Skruva loss de två muttrarna och ta bort kedjespännaren **(se bild)**.

12 Skruva loss de sex bultarna och ta bort kylvätskepumpen **(se bild)**. Kasta kylvätske-pumpens O-ringstätning eftersom denna måste bytas ut.

13 Skruva loss bulten och ta bort vevaxelns lägesgivare från kamremskåpan, skruva sedan loss bulten som håller fast klämman för kabelhärvan och flytta givaren åt sidan.

14 Skruva loss bultarna/muttrarna som håller fast kamremskåpan i motorn och använd sedan en torxnyckel för att ta bort pinnbulten i det övre vänstra hörnet.

15 Använd en stor skruvmejsel för att försiktigt bända loss kamremskåpan **(se bild)**. Var väldigt försiktig så att du inte skadar tätningsytorna.

16 Observera hur vevaxelns vinkelgivarskiva är monterad och dra sedan bort den från dess plats.

17 Skruva loss bulten och ta bort kedjespännarens glidsko **(se bild)**.

18 Ta bort drevet (och låt kedjan sitta kvar) från vevaxeln. Om det sitter hårt fast kan du använda två stora skruvmejslar för att försiktigt ta bort drevet från dess plats. Lyft sedan bort kedjan från kamaxeldreven.

6.11 Skruva loss de två muttrarna och ta bort kedjespännaren

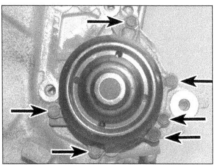

6.12 Skruva loss de sex bultarna (se pilar) och ta bort kylvätskepumpen

6.15 Sätt i en bredbladig skruvmejsel vid stödpunkten (se pil)

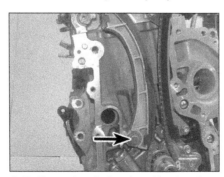

6.17 Skruva loss bulten (se pil) och ta bort spännarens glidsko

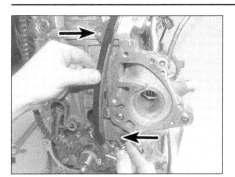

6.19 Skruva loss bultarna (se pilar) och ta bort kedjestyrningen

6.20 Använd en nyckel på den sexkantiga delen och lossa drevbulten

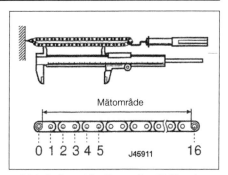

6.21 Spänn ut kedjan och mät längden över 16 sprintar enligt beskrivningen

19 Skruva loss bultarna och ta bort kedjestyrningen **(se bild)**.
20 Skruva loss centrumbulten och ta bort drevet till insugskamaxeln. Använd en nyckel på kamaxelns sexkantiga avsnitt så att axeln inte snurrar **(se bild)**. Upprepa proceduren på drevet till avgaskamaxeln. **Observera:** *Insugsdrevet med VVT-i-mekanismen kommer att låsas i "fördröjd" position.*

Kontroll

21 Spänn ut kamkedjan manuellt och mät upp en längd på 16 sprintar **(se bild)**. Upprepa denna procedur på 3 eller fler sektioner av kedjan. Om något av de mått som du tar överskrider de mått som du hittar i specifikationerna måste kedjan bytas.
22 Vira kedjan runt vevaxeldrevet och använd ett par skjutmått för att mäta diametern på hopsättningen **(se bild)**. Om måttet ät mindre än det mått som anges i specifikationerna ska du byta ut kedjan och **alla** drev. Upprepa proceduren på båda kamaxeldreven.
23 Kontrollera kedjestyrningen och spän-narens glidsko. De måste vara helt fria från sprickbildningar och andra skador. När kedjan rullar längs styrningen/glidskon skapar den två spår. Maxdjupet på dessa spår är 1,0 mm. Om djupet överskrider detta måste du byta ut glidskon/styrningen.
24 Tryck överdelen av spärrhaken på spännaren för att lossa spärrhaken från tryckkolven och kontrollera att tryckkolven rör sig friktionsfritt in i och ut ur huset **(se bild)**. Lossa spärrhaken och kontrollera att tryckkolven inte kan tryckas in i huset med ett finger.

Montering

25 Se till att styrhålet på VVT-i-enheten/drevet är i linje med styrsprinten på insugskamaxeln. Håll sedan kamaxeln på plats genom att låsa fast den med hjälp av en nyckel som du placerar på axelns sexkantiga del. Försök att rotera drevet moturs samtidigt som du försiktigt trycker det mot kamaxeln. Detta görs för att se till att den är låst i "fördröjd" position. Om VVT-i-enheten redan är i "fördröjd" position (som den ska vara) rör sig inte drevet. Om den inte är på plats roterar drevet något moturs tills styrsprinten på kamaxelns ände ligger i linje med en annan markering inuti VVT-i-enheten **(se bild)**. Montera drevets fästbult och dra åt

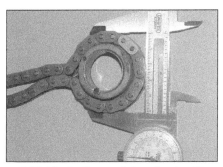

6.22 Vira kedjan runt drevet och mät diametern

den till angivet vridmoment. För att förhindra att kamaxeln roterar håller du emot med en nyckel som du placerar på axelns sexkantiga del.
26 Se till att styrhålet i avgasdrevet är i linje med styrsprinten på avgaskamaxeln. Montera sedan bulten och dra åt den till angivet moment med hjälp av en nyckel som

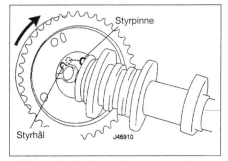

6.25 Se till att stiftet på kamaxeln stämmer överens med styrhålet på VVT-i-enheten

6.26b . . . dra sedan åt bulten samtidigt som du håller i kamaxeln med en nyckel på kamaxelns sexkantiga del

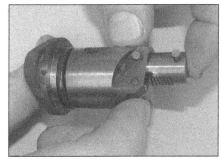

6.24 Tryck in överdelen av spärrhaken och kontrollera att tryckkolven kan röra sig fritt

du använder för hindra kamaxeln från att rotera (håll fast i kamaxelns sexkantiga del). Observera att drevet måste monteras med inställningsmarkeringen utåt (se bilder).
27 Kontrollera att kamaxeldreven är i linje med varandra **(se bild)**. Om det behövs kan du med hjälp av en nyckel på kamaxelns

6.26a Montera drevet till avgaskamaxeln med inställningsmarkeringarna utåt . . .

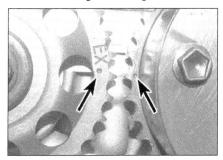

6.27 Se till att markeringarna på kamaxel-drevet (se pilar) är på samma nivå som topplockets övre yta

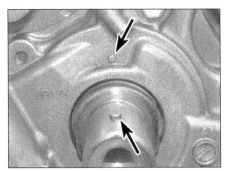

6.28 Sätt vevaxelnyckeln i upprätt position (klockan 12, nyckeln stämmer överens med markeringen på oljepumphuset – se pilar)

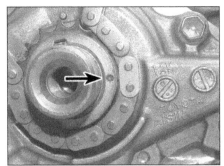

6.29 Se till så att den gula länken på kamkedjan stämmer överens med markeringen på vevaxeldrevet (se pil)

6.30 Se till så att markeringarna på dreven (se pilar) stämmer överens med de gula länkarna på kamkedjan

sexkantiga del rotera axlarna så att de ligger i linje med varandra.

28 Kontrollera att markeringskilen på vevaxelns ände står rätt upp (klockan 12). Om det behövs kan du tillfälligt sätta i bulten till vevaxelns remskivebult och vrida vevaxeln till denna position **(se bild)**.

29 Det finns tre stycken gulfärgade länkar på kamkedjan – två stycken nära varandra som motsvarar kamaxeldreven och en som motsvarar vevaxeldrevet. Haka i vevaxeldrevet i kamkedjan och se till att markeringen på drevet stämmer överens med den gulfärgade länken. Skjut sedan drevet över vevaxelns

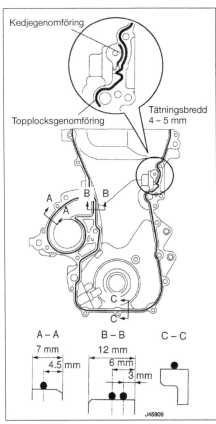

6.35 Applicera tätningsmedel på kamkedjekåpan

ände och se till att markeringskilen i vevaxeln stämmer överens med motsvarande urtag i drevet **(se bild)**. Om det behövs kan du försiktigt knacka drevet på plats med en distanshylsa och hammare.

30 Låt kamkedjan haka i kamaxeldreven och se till att den gulfärgade länken stämmer överens med markeringarna på dreven **(se bild)**.

31 Montera tillbaka kamkedjestyrningen och dra åt bultarna till angivet moment.

32 Sätt tillbaka spännarens glidsko och dra åt fästbulten till angivet moment.

33 Montera tillbaka vevaxelns vinkelgivarskiva med B-markeringen (4ZZ-FE) eller F-markeringen (3ZZ-FE) vänd utåt **(se bild)**.

34 Rengör noggrant kamkedjekåpan och ytorna kring motorblocket/cylindertätningen så att alla spår av gammalt tätningsmedel försvinner. Ta tillfället i akt att byta packboxen till vevaxeln inuti kamkedjekåpan enligt beskrivningen i avsnitt 8.

35 Applicera en liten droppe tätningsmedel (Toyota art. nr 08826-00080 eller motsvarande) på tätningsytorna kring kamremskåpan enligt beskrivningen, och montera sedan kamkedjekåpan och dra åt bultarna/muttrarna till angivna moment **(se bild)**.

36 Tryck på överdelen av spärrhaken för att lossa den från kedjespännarens tryckkolv. Med ett finger trycker du sedan ner tryckkolven helt i spännarhuset och håller den på plats med hjälp av kroken **(se bilder)**.

37 Kontrollera O-ringstätningen på spännar-

6.33 Montera vevaxelns vinkelgivarskiva med B-markeringen (4ZZ-FE) eller F-markeringen (3ZZ-FE) vänd utåt (se pil)

huset och byt ut den om det behövs. Montera huset på kamkedjekåpan utan att rubba tryckkolvskroken. Om du kommer åt kroken och tryckkolven lossnar, ska du ta bort huset och återställa tryckkolven på det sätt som tidigare har beskrivits. Dra åt husets fästbultar till angivet moment.

38 Montera tillbaka vevaxelns remskiva och dra åt fästbulten till angivet vridmoment. Gör på samma sätt som vid demonteringen för att förhindra att vevaxeln roterar.

39 Rotera vevaxeln moturs några grader för att lossa på kroken som håller fast spännarens tryckkolv. Rotera sedan axeln medurs och kontrollera att spännarens glidsko är tryckt mot kedjan vid tryckkolven. Annars kan du använda ett finger eller en skruvmejsel för

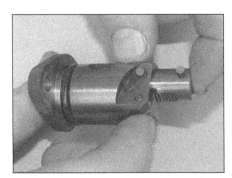

6.36a Lossa spärrhaken och tryck in tryckkolven . . .

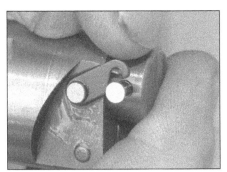

6.36b . . . och fäst den sedan med kroken

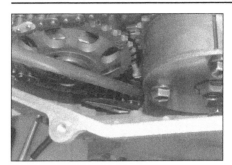

6.39 Om det behövs kan du använda en skruvmejsel för att trycka kedjan mot glidskon och lossa spännaren till tryckkolven

7.3 Skruva loss bulten och ta bort oljestyrningsventilen från topplocket

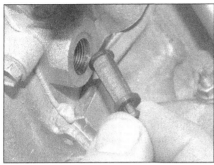

7.4 Ta bort filtret till oljestyrningsventilen från topplocket

att trycka glidskon mot spännarens kolv och lossa kroken **(se bild)**.

40 Vrid vevaxeln medurs tills inskärningen i vevaxelns remskiva stämmer överens med 0 på synkroniseringsplattan som sitter framtill på motorn. Kontrollera även att markeringarna på kamaxeldreven stämmer överens med överdelen på topplocket **(se bilderna 3.6 och 3.7b)**.

41 Montera en ny O-ringstätning på kylvätskepumpen och montera tillbaka den genom att dra åt bultarna till angivet moment.

42 Återstoden av monteringen utförs i omvänd ordningsföljd mot demonteringen.

7 Komponenter för VVT-i (variabla ventiltider) – demontering, kontroll och montering

Demontering

Kamaxelns VVT-i-enhet

1 VVT-i-enheten är inbyggd i insugsdrevet (se avsnitt 6) – isärtagning rekommenderas inte.

Oljestyrningsventil

2 Koppla loss kontaktdonet från oljestyrningsventilen på topplockets kamkedjeslut.

3 Skruva loss bulten och ta bort ventilen från topplocket **(se bild)**. Var beredd på oljespill.

Filter för oljestyrningsventil

4 Filtret sitter på topplockets kamkedjeslut. Skruva loss pluggen och dra upp filtret från dess plats **(se bild)**.

Kontroll

Kamaxelns VVT-i-enhet

5 Det är för svårt för en hemmamekaniker att testa VVT-i-enheten. Om enheten är defekt ska motorstyrningens styrmodul spara den aktuella felkoden. Låt en Toyota-återförsäljare eller annan behörig mekaniker undersöka självdiagnossystemet.

Oljestyrningsventil

6 Koppla loss anslutningskontakten från styrningsventilen och anslut en ohmmätare till ventiluttagen. Motståndet bör vara 6,9 till 7,9. Om motståndet inte är som angivet kan det tyda på att ventilen är defekt.

Filter för oljestyrningsventil

7 Rengör filtret och se till att det är fritt från restprodukter och skador.

Montering

Kamaxelns VVT-i-enhet

8 Eftersom VVT-i-enheten är inbyggd i drevet till insugskamaxeln kan du använda dig av återmonteringsinstruktionerna i avsnitt 6.

Oljestyrningsventil

9 Kontrollera O-ringstätningen till ventilen och byt ut den vid behov.

10 Sätt i ventilen i topplocket och dra åt fästbulten till angivet moment. Återanslut anslutningskontakten.

Filter för oljestyrningsventil

11 Sätt in filtret i topplocket.

12 Kontrollera pluggens tätningsbricka och byt ut den om det behövs. Montera tillbaka pluggen och dra åt den till angivet moment.

8 Vevaxelns packbox – byte

Motorer utan VVT-i

1 Ta bort kamremmen och vevaxeldrevet (se avsnitt 5).

2 Observera hur djupt packboxen sitter i loppet, bänd sedan försiktigt ut den från oljepumphuset med en skruvmejsel eller med ett specialverktyg för borttagning av packboxar **(se bild)**. Repa inte loppet till

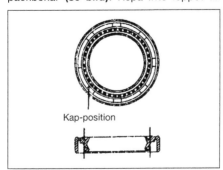

8.2b Det går lättare att ta bort packboxen om man skär till kanten enligt beskrivningen

huset och var försiktig så att du inte skadar vevaxeln (om vevaxeln skadas, kommer den nya packboxen att läcka). **Observera:** *Det kan vara enklare att ta bort packboxen om du först tar bort den gamla packboxens kant med en vass kniv* **(se bild)**.

3 Rengör loppet i huset och stryk motorolja eller fett på den nya packboxens yttre kant. Applicera lite fett på packboxens kant.

4 Med hjälp av en hylsnyckel vars ytterdiameter är något mindre än packboxens för du försiktigt den nya packboxen på plats **(se bild)**. Se till att den monteras rakt och att den sitter på samma djup som den gamla. Om det inte finns någon hylsnyckel kan en kort rörbit med stor diameter också användas.

5 Sätt tillbaka vevaxeldrevet och kamremmen (se avsnitt 5).

6 Starta motorn och kontrollera om olja läcker vid packboxen.

8.2a Vira tejp runt skruvmejselspetsen och bänd ut vevaxelns packbox

8.4 För försiktigt den nya packboxen på plats med fjädern monterad mot motorn

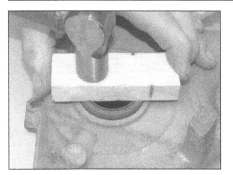

8.7a Använd en träkloss och en hammare för att försiktigt slå dit den nya packboxen

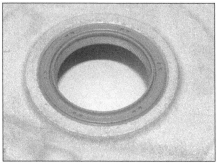

8.7b Den nya packboxens ytterkant ska vara i linje med kamremskåpan

8.10 Bänd försiktigt ut packboxen med en skruvmejsel

Motorer med VVT-i

7 Om du har tagit bort kamkedjekåpan (ingår i proceduren då kamkedjan demonteras) kan du enkel ta bort packboxen från kåpan med hjälp av en hammare och körnare. Du kan sätta dit en ny packbox (fjädern mot motorns innanmäte) med hjälp av en träkloss och en hammare. Packboxen ska monteras med sin yttre kant i linje med kamremskåpan **(se bilder)**.

8 Om kamremskåpan fortfarande sitter kvar, ta bort drivremmen enligt beskrivningen i kapitel 1.

9 Ta bort vevaxelns remskiva. För att förhindra att vevaxeln roterar då mittbulten till vevaxelns remskiva är lossad, lägger du i högsta växeln och låter en medhjälpare trycka hårt på bromspedalen. Lossa på bulten till remskivan. På modeller med automatväxellåda måste startmotorn tas bort (kapitel 5A) och en medhjälpare måste driva in en stor skruvmejsel mellan drivplattans kuggar och växellådans hölje – se till att skruvmejseln inte slinter.

10 Bänd försiktigt loss packboxen från kamremskåpan med en skruvmejsel eller ett specialverktyg för borttagning av packboxar **(se bild)**. Var försiktig så att du inte repar kåpans lopp eller ytan på vevaxeln när du tar bort packboxen. **Observera:** *Det kan vara enklare att ta bort packboxen om man du först tar bort den gamla packboxens kant med en vass kniv (se bild 8.2b).*

11 Rengör loppet i kåpan och stryk motorolja eller fett på den nya packboxens yttre kant. Applicera lite fett på packboxens kant.

12 Med hjälp av en hylsnyckel vars ytter-diameter är något mindre än packboxens för

du försiktigt den nya packboxen på plats. Se till att montera den rakt och med packboxens ytterkant i linje med kamremskåpan. Om det inte finns någon hylsnyckel kan en kort rörbit med stor diameter användas.

13 Montera tillbaka vevaxelns remskiva och dra åt fästbulten till angivet vridmoment. Gör på samma sätt som vid demonteringen för att förhindra att vevaxeln roterar.

14 Montera drivremmen enligt beskrivningen i kapitel 1.

9 Kamaxelns oljetätning – byte

Observera: *Denna åtgärd gäller enbart 4E-FE- och 4A-FE-motorer utan VVT-i. Motorer med VVT-i är inte försedda med kamaxeloljetätningar.*

1 Följ instruktionerna i avsnitt 4 och ta bort ventilkåpan och sedan kamremmen.

2 Håll emot avgaskamaxeln med en stor nyckel på den sexkantiga delen när du tar bort bulten från kamaxeldrevet **(se bild)**. Ta sedan bort drevet.

3 Observera hur långt ner tätningen sitter i loppet och bänd sedan försiktigt ut den med en liten skruvmejsel **(se bild)**. Repa inte loppet var försiktig så att du inte skadar kamaxeln (om kamaxeln skadas, kommer den nya tätningen att läcka).

4 Rengör loppet och stryk motorolja eller fett på den nya tätningens yttre kant. Applicera fett på tätningens kant.

5 Med hjälp av en hylsnyckel vars ytter-

diameter är något mindre än tätningens för du försiktigt den nya tätningen på plats med tätningsmonterare eller en stor nyckel. Se till att den monteras rakt och att den sitter på samma djup som den gamla. Om det inte finns någon hylsnyckel kan även en kort rörbit användas. **Observera:** *Eftersom det inte finns så mycket utrymme för en hammare kan du bända mellan motorfästet och hylsan för att trycka in tätningen (se bild).*

6 Montera tillbaka kamaxeldrevet och kam-remmen (se avsnitt 5). Följ beskrivningarna i avsnitt 4 och montera tillbaka ventilkåpan.

7 Starta motorn och kontrollera om olja läcker vid kamaxeltätningen.

10 Kamaxlar och ventillyftare – demontering, kontroll och montering

1,3-liters 4E-FE-motor:

Observera: *Innan du börjar behöver du 6 x 1,0 mm-bultar, 16 till 20 mm långa. I texten kommer de att kallas utbytesbultar.*

Demontering

1 Följ beskrivning i kapitel 3 och placera motorn i ÖD för cylinder nr 1.

2 Ta bort kamremmen och kamaxeldrevet (se avsnitt 5 och 9).

3 Mät kamaxelns stötspelrum (slutflottör) med en indikatorklocka **(se bild 10.41)**. Om spelrummet överskrider angiven gräns ska du byta ut kamaxeln och/eller topplocket.

4 Placera insugskamaxeln så att hålet för

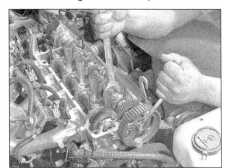

9.2 Håll fast kamaxeln med öppen nyckel när du tar bort bulten

9.3 Bänd försiktigt ut kamaxeltätningen ur loppet

9.5 Du kan pressa in en ny tätning på plats med hjälp av en hävarm mot motorfästet

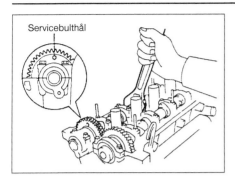

10.4 Placera insugskamaxeln så att bulthålet i drevet är högst upp

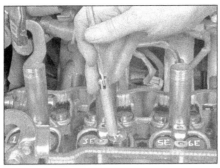

10.11a Markera vipporna/mellanläggen och ta bort dem med ett magnetiskt verktyg

10.11b Märk upp en kartong där du kan förvara vippor/mellanlägg och lageröverfall

utbytesbulten på kamaxeldrevet är överst (se bild). Om du gör på detta sätt placeras kamloberna till insuget så att kamaxeln kommer att tryckas upp jämnt av trycket från ventilfjädrarna. *Varning: Denna placering är viktig för att förhindra att topplocket eller kamaxeln skadas när kamaxeln tas bort.*

5 Ta bort de fyra bultarna och de högra lageröverfallen från insugs- och avgas-kamaxlarna. Ta bort husets plugg från dess plats framför insugskamaxeln och ta bort oljetätningen från avgaskamaxeln.

6 Fäst insugskamaxelns undre växeldrev vid huvudväxeldrevet genom att sätta i en av utbytesbultarna i det gängade hålet (se bild 10.44).

7 Gör åtdragningen i motsatt ordning (se bild 10.36) och lossa de återstående lageröverfallsbultarna till avgaskamaxeln med 1/4 varv åt gången tills bultarna kan tas bort för hand. Lyft bort lageröverfallen rakt uppåt. *Varning: När du lossar de mittersta lageröverfallsbultarna, se till att kamaxeln flyttas upp jämnt. Om någon av ändarna stannar och kamaxeln fastnar, börja om genom att sätta tillbaka lageröverfallen. Försök INTE bända eller tvinga ut kamaxeln.*

8 Lyft avgaskamaxeln rakt upp och ta ut den från topplocket.

9 Gör lossdragningen i motsatt ordning mot åtdragningen (se bild 10.33) och lossa de återstående lageröverfallsbultarna till insugskamaxeln med 1/4 varv åt gången tills bultarna kan tas bort för hand. Lyft bort lageröverfallen rakt uppåt. *Varning: När du lossar de mittersta lageröverfallsbultarna, se till att kamaxeln flyttas upp jämnt. Om någon av ändarna stannar och kamaxeln fastnar, börja om genom att sätta tillbaka lageröverfallen. Försök INTE bända eller tvinga ut kamaxeln.*

10 Lyft insugskamaxeln rakt upp och ta ut den från topplocket.

11 Ta bort oljan från mellanläggen till kamvippan. Markera mellanläggen med t.ex. ett I för insuget och ett A för avgassystem och numrera deras platser med en filtpenna. Ta sedan bort ventillyftarna med ett magnetiskt verktyg som håller samman mellanläggen med vipporna. Förvara kamaxellageröverfallen, ventillyftaren och mellanlägen så att de kan

monteras tillbaka utan att de blandas ihop (se bilder).

12 Placera insugskamaxeln i ett skruvstäd och kläm fast det på axelns sexkantiga del. Med en tvåssprintsnyckel kan du rotera det undre växeldrevet medurs och ta bort utbytesbulten från det gängade hålet. Låt sedan det undre växeldrevet rotera bakåt tills trycket har lättat (se bild).

13 Ta bort det undre växeldrevets låsring. Du kan nu ta bort distansbrickan, det undre växeldrevet och låsringen till kamaxeldrevet från kamaxeln (se bilder).

Kontroll

14 Kontrollera varje vippa och titta efter spår och repor (se bild).

15 Undersök kamloberna och lagertapparna och titta efter repor, punktkorrosion, spår av skärning och spår av överhettning (blå,

missfärgade områden). Sök efter områden där lobernas ytlager kan ha flagnat.

16 Råder det några tvivel om skicket på kamaxlarna/kugghjulen, bör du låta en utbildad och kvalificerad person undersöka och mäta dessa delar.

Montering

17 Montera ihop det nedre växeldrevet till insugskamaxeln. Montera låsringen till kamaxeldrevet, det undre växeldrevet och distansbrickan. Fäst dem med låsringen (se bilder 10.13a och 10.13b).

18 Följ beskrivningarna i punk 6 och montera utbytesbulten.

19 Applicera molybdenbaserat fett eller motorsmörjmedel på insugskamaxelns vippor och montera sedan tillbaka dem på deras ursprungliga plats. Se till att mellanläggen till ventiljusteringen finns på plats på vipporna.

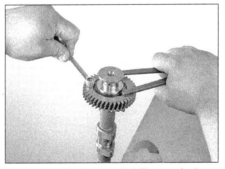

10.12 Använd en nyckel för att minska trycket på utbytesbulten

10.13a Ta bort låsringen med en låsringstång

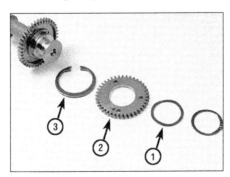

10.13b Ta bort distansbrickan (1), sedan kamaxelns undre drev (2) och låsringen (3)

10.14 Torka av oljan, undersök alla vippor och titta efter slitage och andra spår

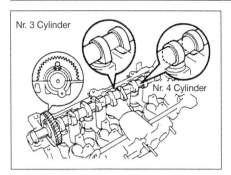

10.26a Se till att avgaskamaxelns och insugskamaxelns drev stämmer överens genom att jämföra deras markeringar

10.33 Åtdragningsordning för lageröverfallsbultar till insugskamaxel – 1,3 liter

20 Applicera molybdenbaserat fett eller motorsmörjmedel på kamloberna till insuget och på lagertapparna.
21 Placera insugskamaxeln så att hålet för utbytesbulten på kamaxeldrevet är överst och för sedan kamaxeln på plats **(se bild 10.4)**.
22 Montera lageröverfallen till insugskamaxeln (förutom det högra överfallet) i nummerordning med pilarna pekande mot kamremsslutet på motorn.
23 Dra åt lageröverfallsbultarna växelvis och likadant i flera steg tills överfallen sitter tätt ihop med topplocket. Dra inte åt bultarna till fullt åtdragningsmoment i detta skede.
24 Applicera molybdenbaserat fett eller motorsmörjmedel på avgaskamaxelns vippor och montera sedan tillbaka dem på deras ursprungliga plats. Se till att mellanläggen till ventiljusteringen är på plats på vipporna.
25 Applicera molybdenbaserat fett eller

10.41 När indikatorn har nollställts kan du bända kamaxeln fram och tillbaka. Läs sedan av axialspelet på indikatorn

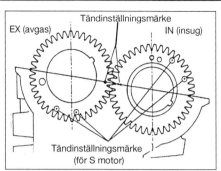

10.26b Använd INTE inställningsmarkeringarna för S-motorer när du monterar kamaxlar och drev

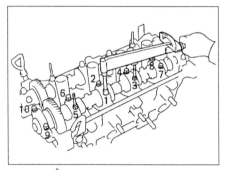

10.36 Åtdragningsordning för avgaskamaxelns lageröverfall – 1,3 liter

motorsmörjmedel på kamloberna till avgaskamaxeln och på lagertapparna.
26 Se till att drevet till avgaskamaxeln stämmer överens med drevet till insugskamaxeln genom att jämföra inställningsmarkeringarna på dreven **(se bild)**. På vissa 1,3-liters motorer finns det två uppsättningar inställningsmarkeringar – Använd INTE markeringarna för S-motorer när du monterar kamaxlar och drev **(se bild)**.
27 Rulla ner avgaskamaxeln på plats. Vrid insugskamaxeln fram och tillbaka tills avgaskamaxeln sitter jämnt i lagren.
28 Montera lageröverfallen till avgaskamaxeln (förutom det högra överfallet) i numerisk ordning med pilarna pekande mot kamremsslutet på motorn.
29 Dra åt lageröverfallsbultarna växelvis och likadant i flera steg tills överfallen sitter tätt ihop med topplocket. Dra inte åt bultarna till fullt åtdragningsmoment i detta skede.

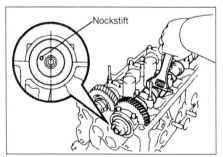

10.42 Placera avgaskamaxelns låssprint mellan klockan 9 och 10

30 Ta bort utbytesbulten från drevet till insugskamaxeln.
31 Applicera ett tunt lager RTV-tätningsmedel på fogytan mellan topplocket och det högra lageröverfallet till insugskamaxeln. **Observera:** *Överfallet måste monteras på en gång. Annars kan tätningen torka permanent.* Montera överfallet och dra åt de två lageröverfallsbultarna likadant och växelvis, i flera steg, tills överfallet sitter tätt med topplocket. Dra inte åt bultarna till fullt åtdragningsmoment i detta skede.
32 Montera huspluggen på dess plats framför insugskamaxeln.
33 Följ rekommenderad ordningsföljd **(se bild)**, dra åt alla lageröverfallsbultar till insugskamaxeln likadant till det moment som du hittar i detta kapitels specifikationer.
34 Smörj kanterna på den nya oljetätningen till avgaskamaxeln med motorolja eller annat fett och montera tätningen på topplocket. Tryck in tätningen helt i topplockets spår.
35 Applicera ett tunt lager RTV-tätningsmedel på fogytan mellan topplocket och det högra lageröverfallet till avgaskamaxeln. **Observera:** *Överfallet måste monteras på en gång. Annars kan tätningen torka permanent.* Montera överfallet och dra åt de två lageröverfallsbultarna likadant och växelvis, i flera steg, tills överfallet sitter tätt med topplocket. Dra inte åt bultarna till fullt åtdragningsmoment i detta skede.
36 Följ rekommenderad ordningsföljd **(se bild)**, dra åt alla lageröverfallsbultar till avgaskamaxeln likadant till det moment som du hittar i detta kapitels specifikationer.
37 Montera drevet till kamremmen på avgaskamaxeln och dra åt bulten till det moment som anges i detta kapitels specifikationer. Förhindra att kamaxeln vrider sig genom att hålla fast den med en nyckel på den sexkantiga delen.
38 Montera kamremmen (se avsnitt 5).
39 Återstoden av återmonteringen utförs i omvänd ordningsföljd mot demonteringen.

1,6-liters 4A-FE-motor

Observera: *Innan du börjar behöver du 6 x 1,0 mm-bultar, 16 till 20 mm långa. I texten kommer de att kallas utbytesbultar.*

Demontering

40 Ta bort fördelaren (se kapitel 5B). Ta bort kamremmen och kamaxeldrevet (se avsnitt 5 och 9).

10.43 Ta bort de två bultarna och det högra kamaxellageröverfallet från insugskamaxeln

41 Mät kamaxelns stötspelrum med en indikatorklocka **(se bild)**. Om spelrummet överskrider angiven gräns ska du byta ut kamaxeln och/eller topplocket.

42 Placera låssprinten i *avgas*kamaxeln alldeles ovanför toppen på topplocket **(se bild)**. Om du gör på detta sätt placeras kamloberna till insuget så att kamaxeln kommer att tryckas upp jämnt av trycket från ventilfjädrarna.

Varning: Denna placering är viktig för att förhindra att topplocket eller kamaxeln skadas när kamaxeln tas bort.

43 Ta bort de två bultarna och det högra lageröverfallet från insugskamaxeln **(se bild)**.

44 Fäst insugskamaxelns undre växeldrev till huvudväxeldrevet genom att montera en av utbytesbultarna i det gängade hålet **(se bild)**.

45 Gör lossdragningen i motsatt ordning mot åtdragningen **(se bild 10.70)** och lossa de återstående lageröverfallsbultarna till insugskamaxeln med 1/4 varv åt gången tills bultarna kan tas bort för hand. Lyft bort lageröverfallen rakt uppåt.

Varning: När du lossar de mellersta lageröverfallsbultarna, se till att kamaxeln flyttas upp jämnt. Om någon av ändarna stannar och kamaxeln fastnar, börja om genom att sätta tillbaka lageröverfallen. Försök INTE bända eller tvinga ut kamaxeln.

46 Lyft kamaxeln rakt upp och ta ut den från topplocket.

47 Placera låssprinten i avgaskamaxeln på ung klockan 5 **(se bild)**.

48 Ta bort de högra lageröverfallsbultarna till avgaskamaxeln och koppla loss lageröverfallet och oljetätningen.

Varning: Bänd inte loss överfallet. Om det är svårt att få loss det, kan du lämna kvar det på plats utan bultar.

49 Gör åtdragningen i motsatt ordning **(se bild 10.60)** och lossa de återstående lageröverfallsbultarna till avgaskamaxeln med 1/4 varv åt gången tills bultarna kan tas bort för hand. Lyft av lageröverfallen.

Varning: När du lossar de mellersta lageröverfallsbultarna, se till att kamaxeln flyttas upp jämnt. Om någon av ändarna stannar och kamaxeln fastnar, börja om genom att sätta tillbaka lageröverfallen och återställa låssprinten. Försök INTE bända eller tvinga ut kamaxeln.

10.44 Montera en utbytesbult genom det undre drevet och gänga i den i huvuddrevet (se pil)

50 Lyft kamaxeln rakt upp och ta ut den från topplocket.

51 Ta bort oljan från mellanläggen till kamvipporna, markera vipporna med en filtpenna och ta bort vipporna i en enhet tillsammans med mellanläggen **(se bild 10.11a)**. Förvara kamaxellageröverfallen, ventillyftaren och mellanläggen så att de kan monteras tillbaka utan att de blandas ihop **(se bild 10.11)**.

52 Placera insugskamaxeln i ett skruvstäd och kläm fast det på axelns sexkantiga del. Med en tvåsprintsnyckel kan du rotera det undre växeldrevet medurs och ta bort utbytesbulten från det gängade hålet. Låt sedan det undre växeldrevet rotera bakåt tills trycket har lättat **(se bild 10.12)**.

53 Ta bort låsringen till det undre växeldrevet **(se bild 10.13a)**. Du kan nu ta bort distansbrickan, det undre växeldrevet och låsringen till kamaxeldrevet från kamaxeln **(se bild 10.13)**.

Kontroll

54 Följ instruktionerna i punkt 14 till 16.

Montering

55 Applicera molybdenbaserat fett eller motorsmörjmedel på avgaskamaxelns vippor och montera sedan tillbaka dem på deras ursprungliga plats. Se till att mellanläggen till ventiljusteringen är på plats på vipporna.

56 Applicera molybdenbaserat fett eller motorsmörjmedel på kamloberna till avgaskamaxeln och på lagertapparna.

57 Placera avgaskamaxeln i topplocket med låssprinten placerad vid ungefär klockan 5 **(se bild 10.47)**.

58 Applicera ett tunt lager med RTV-tätningsmedel på fogytan mellan topplocket

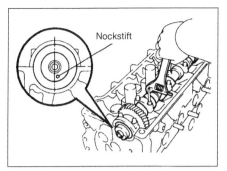

10.47 Vrid avgaskamaxeln tills låssprinten pekar mot klockan 5

och det högra lageröverfallets ytterkant **(se bild)**. **Observera:** *Överfallet måste monteras på en gång. Annars kan tätningen torka permanent.*

59 Montera lageröverfallen till avgaskamaxeln i nummerordning med pilarna pekande mot kamremsslutet på motorn.

60 Följ den rekommenderade åtdragningsordningen **(se bild)** och dra åt lageröverfallsbultarna i steg om 1/4 varv tills det vridmoment som anges i detta kapitels specifikationer har uppnåtts.

61 Se instruktionerna i avsnitt 9 och installera en ny oljetätning till kamaxeln.

62 Montera ihop det nedre växeldrevet till insugskamaxeln. Montera låsringen till kamaxeldrevet, det undre växeldrevet och distansbrickan. Fäst dem med låsringen **(se bilder 10.13a och 10.13b)**.

63 Följ beskrivningen i punkt 44 och montera en utbytesbult.

64 Applicera molybdenbaserat fett eller motorsmörjmedel på insugskamaxelns vippor och montera sedan tillbaka dem på deras ursprungliga plats. Se till att mellanläggen till ventiljusteringen är på plats på vipporna.

65 Applicera molybdenbaserat fett eller motorsmörjmedel på kamloberna till insuget och på lagertapparna.

66 Rotera avgaskamaxeln tills låssprinten är mitt emellan klockan 9 och klockan 10 **(se bild 10.47)**.

67 Se till att drevet till avgaskamaxeln stämmer överens med drevet till insugskamaxeln genom att jämföra *installations*markeringarna på dreven **(se bild)**.

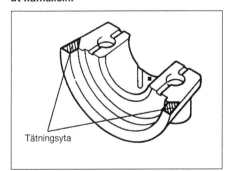

10.58 Applicera tätning på de skuggade delarna av avgaskamaxelns lageröverfall

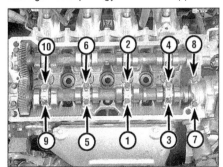

10.60 Åtdragningsordning för avgaskamaxelns lageröverfallsbultar – 1,6 liter

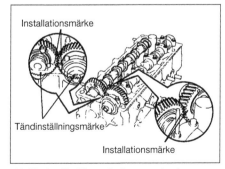

10.67 Använd installationsmarkeringarna, INTE tändningsinställningsmarkeringarna

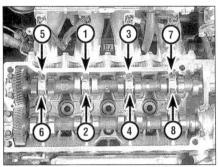

10.70 Åtdragningsordning för insugs-kamaxelns lageröverfallsbultar – 1,6 liter

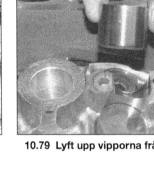

10.79 Lyft upp vipporna från deras plats

10.83 Placera inte kamloberna till cylinder nr 1 nära vipporna

10.84 Kamaxellageröverfallen är markerade (se pil) med E för avgassystem och I för insug

Varning: Det finns två olika markeringar. Använd inte tändningsinställnings-markeringarna. Markeringarna för kamaxel-monteringen är de enda markeringarna som du hittar på båda sidor av de två kamaxeldreven.

68 Rulla ner insugskamaxeln på plats. Vrid avgaskamaxeln fram och tillbaka tills insugskamaxeln sitter jämnt i lagren.

69 Montera lageröverfallen till insugs-kamaxeln i numerisk ordning med pilarna pekande mot kamremsslutet på motorn.

70 Följ den rekommenderade ordningsföljden **(se bild)**, och dra åt lageröverfallsbultarna i steg om 1/4 varv tills det vridmoment som anges i detta kapitels specifikationer har uppnåtts.

71 Ta bort utbytesbulten från drevet till insugskamaxeln.

72 Montera drevet till kamremmen på avgas-kamaxeln och dra åt bulten till det moment som anges i detta kapitels specifikationer. Förhindra att kamaxeln vrider sig genom att hålla fast den med en nyckel på den sexkantiga delen.

73 Montera kamremmen (se avsnitt 5).

74 Återstoden av återmonteringen utförs i omvänd ordningsföljd mot demonteringen.

Motorer med VVT-i

Demontering

75 Ta bort kamkedjan enligt beskrivningen i kapitel 6. Du behöver inte ta bort kamaxel-dreven om du inte byter kamaxlarna.

76 Vrid vevaxeln 90° moturs för att minska

risken att kolven ska komma åt ventilerna då du tar bort kamaxeln.

77 Arbeta från kamaxlarnas ändar och skruva gradvis och jämnt loss lageröverfallen från insugs- och avgaskamaxlarna. Lyft av lageröverfallen.

Varning: När du lossar de mittersta lager-överfallsbultarna, se till att kamaxlarna flyttas upp jämnt. Om någon av ändarna stannar och kamaxeln fastnar, börja om genom att sätta tillbaka lageröverfallen. Försök INTE att bända eller tvinga ut kamaxlarna.

78 Lyft kamaxeln rakt upp och ta ut den från topplocket.

79 Ta bort olja från kamvipporna, markera dem med en filtpenna och ta sedan bor dem **(se bild)**. Förvara kamaxellageröverfallen och vippor så att de kan monteras tillbaka utan att de blandas ihop **(se bild 10.11b)**.

Kontroll

80 Följ instruktionerna i punkt 14 till 16.

Montering

81 Applicera lite ren motorolja på vipporna till avgaskamaxeln och montera sedan dit dem på deras ursprungliga plats. Upprepa proceduren för insugskamaxeln.

82 Applicera lite ren motorolja på lager-tapparna och på loberna till avgaskamaxeln. Upprepa proceduren för insugskamaxeln.

83 Placera avgas- och insugskamaxeln med loberna för cylinder nr 1 pekande uppåt, bort från vipporna **(se bild)**.

84 Montera tillbaka kamaxellageröverfallen på deras rätta platser. Observera att avgas-

överfallen är markerade med E (Exhaust) och insugsöverfallen är markerade med I. De är även numrerade med 2 till 5 från änden på kamkedjan. Lageröverfall nr 1 är ett "dubbelt" överfall som är monterat intill kamkedjan. Applicera lite ren motorolja på gängorna och på undersidan av topplocken och montera sedan fästbultarna och dra åt dem jämnt och gradvis från mitten av kamaxlarna och utåt **(se bild)**.

85 Gör så att kamaxeldrevens tändnings-inställningsmarkeringar är på samma nivå **(se bild 3.7b)** och rotera sedan vevaxeln 90° medurs tillbaka till ÖD-positionen (med vevaxelnnyckeln i upprätt position, klockan 12).

86 Montera tillbaka kamkedjan enligt beskrivningen i avsnitt 6.

11 Topplock – demontering och montering

Observera: *Motorn måste vara helt sval innan denna åtgärd kan påbörjas.*

Demontering

1 Töm ut kylvätskan från motorblocket och kylaren (se kapitel 1).

2 Töm ut motoroljan och ta bort oljefiltret (se kapitel 1).

3 Ta bort gasspjällshuset, bränsleinsprutarna, bränslefördelarskenan, insugs- och avgas-grenrör (se kapitel 4A).

Motorer utan VVT-i

4 Ta bort kamremmen och kamaxeldrevet (se avsnitt 5 och 9).

5 Ta bort generatorn och fördelaren (gäller enbart 1,6-liters motorer) – se kapitel 5A och 5B.

6 Skruva loss servostyrningspumpen och ställ pumpen åt sidan utan att koppla loss slangarna.

7 Ta bort kylvätskekopplingar från alla änder på topplocket.

Motorer med VVT-i

8 Ta bort kamkedjan enligt beskrivningen i avsnitt 6.

9 Skruva loss bulten och ta bort VVT-i-oljestyrningsventilen från topplocket **(se bild 7.3)**.

Alla motorer

10 Ta bort kamaxlarna och vipporna (se avsnitt 10).

11 Märk och ta bort alla kvarstående saker som t.ex. kylningsdetaljer, slangar, kablar eller slangar.

12 Med en 8 mm insexnyckel (på motorer utan VVT-i) eller en M12-hylsnyckel (på motorer med VVT-i) lossar du på topplocks-bultarna i steg om 1/4 varv tills de kan tas bort för hand. Lossa topplocksbultarna i motsatt ordningsföljd mot den rekommenderade åtdragnings-ordningen **(se bilder 11.25a, 11.25b eller 11.27)** för att undvika topplocket blir skevt eller utsätts för sprickbildning. Ta loss brickorna.

13 Lyft av topplocket från motorblocket. Om det sitter fast kan du försiktigt försöka att

11.13 Bänd enbart vid överhänget, inte mellan fogytorna

11.16 Ta bort alla spår av gammalt packningsmaterial

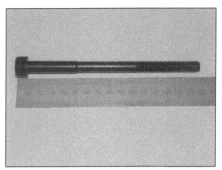

11.20 Mät den totala längden på topplocksbultarna – motorer med VVT-i

bända upp det vid växellådsänden, bakom packningsytan **(se bild)**.

14 Ta bort alla yttre komponenter från topplocket för att underlätta genomgående rengöring och kontroll. Se kapitel 2B för underhållsåtgärder för topplocket.

Montering

15 Fogytorna på topplocket och motorblocket måste vara helt rengjorda när topplocket monteras.

16 Använd en packningsavskrapare för att ta bort alla gamla kol- och packningsrester **(se bild)**. Rengör sedan fogytorna med bromsrengöringsmedel. Om det finns olja på fogytorna när toppocket installeras, tätar eventuellt inte packningen tillräckligt, vilket kan leda till att läckage uppstår. När du arbetar med motorblocket ska du stoppa ner rena trasor i cylindrarna för att förhindra att smuts kommer ner i motorn. Använd en dammsugare för att avlägsna material som fallit ner i cylindrarna.

17 Kontrollera att det inte finns hack, djupa repor eller andra skador på fogytorna till motorblocket och topplocket. Om skadan är måttlig går den att ta bort med en fil. Om skadan däremot är omfattande kan slipning vara det enda alternativet.

18 Använd en gängtapp av rätt storlek för att finskär gängorna till topplocksbultarna. Rengör sedan hålen med tryckluft. Se till att det inte finns någonting kvar i hålen.

 Varning: Bär skyddsglasögon vid arbete med tryckluft.

19 Montera bultarna i ett skruvstäd och rensa gängorna med ett gängsnitt. Smuts, rost, tätningsmedel och skadade gängor påverkar avläsningen av vridmomentet.

11.22a Observera markeringarna för UP på packningen – motorer utan VVT-i

20 På motorer med VVT-i ska du mäta total längd på topplocksbultarna. Om någon av bultlängderna överskrider längden som anges i specifikationerna (indikerar maximal utdragning) måste du byta alla topplocksbultar **(se bild)**.

21 På alla motortyper ska du montera tillbaka alla komponenter som avlägsnats från topplocket.

22 Placera den nya packningskåpan över styrtapparna i motorblocket **(se bild)**. På motorer med VVT-i måste "partinumret" vara vänt uppåt **(se bild)**.

23 Sätt försiktigt tillbaka topplocket på motorblocket utan att rubba packningen.

24 Innan du monterar topplocksbultarna ska du applicera lite ren motorolja på gängorna och under bultskallarna.

Motorer utan VVT-i

25 Montera bultarna och dra åt dem för hand. Montera de kortare bultarna längs insugssidan på topplocket och de längre bultarna längs avgassidan. Följ rekommenderad ordningsföljd, dra åt bultarna i tre steg tills det vridmoment som

11.22b På motorer med VVT-i måste "serienumret" (se pil) vara vänd uppåt

anges i detta kapitels specifikationer har uppnåtts **(se bilder)**. Vissa steg i åtdragningsordningen kräver att bultarna vinkeldras. Om du inte har en vinkelvridmomenttillsats till din momentnyckel kan du helt enkelt göra ett märke på en kant av varje topplocksbult och dra åt bulten tills markeringen är 90 grader från utgångsläget.

26 Den återstående monteringen utförs i omvänd ordning mot demonteringen. **Observera:** *Om den halvrunda gummipluggen hade avlägsnats från topplocket monterar du tillbaka den med lite RTV-tätningsmedel.*

Motorer med VVT-i

27 Montera topplocksbultarna och brickorna och dra sedan åt dem i samma ordningsföljd som åtdragningsmomentet i steg 1 **(se bild)**.

28 Vinkeldra bultarna ytterligare 90° i rätt ordningsföljd.

Alla motorer

29 Kontrollera och justera ventilspelet om det behövs (se kapitel 1).

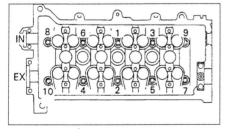

11.25a Åtdragningsordning för topplocksbultar – 1,3-liters motor

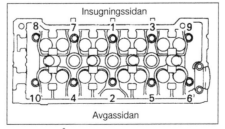

11.25b Åtdragningsordning för topplocksbultar – 1,6-liters motor utan VVT-i

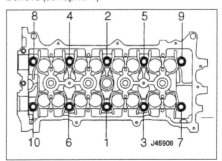

11.27 Åtdragningsordning för topplocksbultar – motor med VVT-i

30 Återstoden av monteringen utförs i omvänd ordningsföljd mot demonteringen. Tänk på följande:

a) Fyll på kylsystemet, montera ett nytt olje- filter och fyll på olja i motorn (se kapitel 1).

b) Starta motorn och kontrollera och leta efter läckor.

c) Gör ett landsvägsprov.

12 Oljesump – demontering och montering

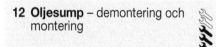

Demontering

1 Dra åt handbromsen och spärra bakhjulen.

2 Lyft upp framvagnen och stöd den ordentligt på pallbockar (se *Lyftning och stödpunkter*).

3 Ta bort de två stänkskärmarna under motorn.

4 Töm ut motoroljan och ta bort oljefiltret (se kapitel 1). Ta bort oljestickan.

Motorer utan VVT-i

5 Koppla loss det elektriska kontaktdonet till lambdasonden (se kapitel 4B).

6 Ta bort de två muttrarna som håller fast det främre avgasröret till avgasgrenröret. Ta sedan bort de två bultarna/muttrarna som håller fast röret vid bakänden av avgassystemet.

7 Ta bort de två främre bultarna till det längs- gående chassistaget och de två muttrarna som håller fast motorfästet på kylarsidan (se bild). För bättre åtkomst vid demontering av sumpen, måste du sätta dit en kraftig hävarm mellan staget och chassit för att bända ner staget.

8 På motorer med 1,6-liters motorer ska du skruva loss staget mellan motorblock och växellåda (se bild).

Alla motorer

9 Ta bort bultarna och koppla loss oljesumpen. Om den sitter fast kan du försiktigt försöka bända loss den med en spackelkniv (se bild). Skada inte sumpens och motorblockets

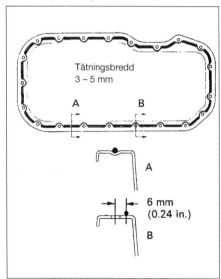

12.15a Information om påstrykning av tätningsmedel – motor utan VVT-i

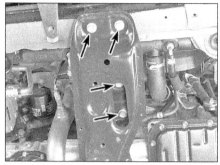

12.7 Ta bort chassistagets främre bultar (se pilar)

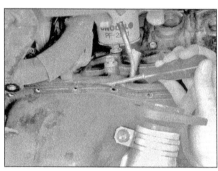

12.9a Bänd försiktigt bort oljesumpen från motorblocket

fogytor. Om dessa skadas kan oljeläckage uppstå. **Observera:** *På motorer med VVT-i drar du ner plastkåpan som sitter på motor- blockets vänstra sida för att komma åt de vänstra bultarna till sumpen* (se bild).

10 Skruva loss upptagarröret/oljerengörings- enheten. Ta bort och rengör. Kasta oljeupp- tagarrörets packning eftersom en ny packning måste monteras.

Montering

11 Använd en avskrapare för att ta bort alla spår av gammalt packningsmaterial och tätningsmedel

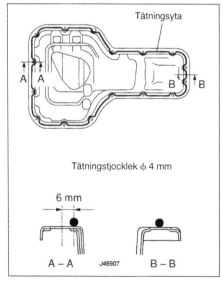

12.15b Information om påstrykning av tätningsmedel – motor med VVT-i

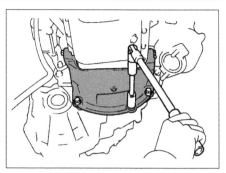

12.8 På 1,6-liters motorer utan VVT-i lossar du staget mellan motorblock och växellåda

12.9b På motorer med VVT-i drar du ner plastkåpan som sitter på motorblocket

från motorblocket och oljesumpen. Var försiktig så att du inte skadar fogytorna. Rengör fogytorna med broms-rengöringsmedel.

12 Se till att de gängade bulthålen till motorblocket är rena.

13 Kontrollera att inga skador har uppstått på oljesumpflänsen, särskilt runt bulthålen. På stålsumpar kan du, om det behövs, placera oljesumpen på en träkloss och använda en hammare för att platta till och förbättra packningsytan.

14 Undersök oljepumpens upptagarrör och titta efter sprickor och om silen är igentäppt. Om upptagaren har tagits bort, ska den rengöras noggrant och monteras med en ny O-ring (motorer utan VVT-i) eller packning (motorer med VVT-i). Dra åt muttrarna/bultarna till det vridmoment som anges i detta kapitels specifikationer.

15 Applicera en ca 5 mm bred sträng RTV- tätningsmedel (för stålsumpar) eller Toyota- tätningsmedel nr 08826-00080 (för aluminium- sumpar) på sumpflänsen (se bilder). **Obser- vera:** *Återmonteringen måste utföras inom 5 minuter efter det att tätningen har applicerats.*

16 Placera försiktigt oljesumpen på motorblocket och montera bultarna. Arbeta dig utåt från mitten. Dra åt bultarna i tre eller fyra steg till det vridmoment som anges i detta kapitels specifikationer.

17 Återstoden av återmonteringen utförs i omvänd ordningsföljd mot demonteringen. Glöm inte att fylla på olja och montera ett bytt oljefilter. Använd den nya packningen/de nya tätningarna på det främre avgasröret (motorer utan VVT-i).

18 Starta motorn och kontrollera oljetryck och titta efter läckor.

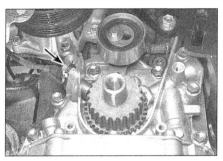

13.3 Ta bort bulten (se pil) och ta bort vevaxelns lägesgivare från oljepumphuset

13.4 Ta bort bultarna som fäster oljepumphuset till motorblocket (se pilar)

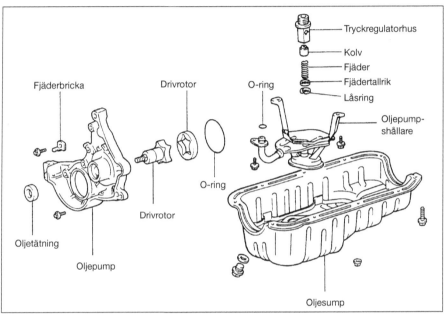

13.6a Oljepumpskomponenter – 1,3 liter

Labels: Fjäderbricka, Drivrotor, O-ring, Tryckregulatorhus, Kolv, Fjäder, Fjädertallrik, Låsring, Oljepump-shållare, O-ring, Drivrotor, Oljetätning, Oljepump, Oljesump

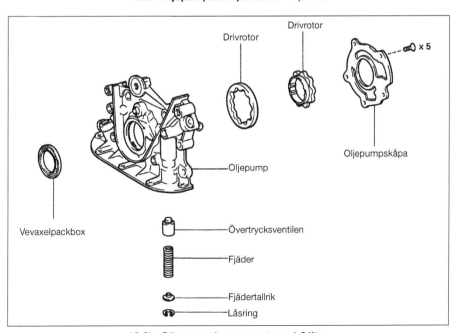

13.6b Oljepumpskomponenter – 1,6 liter

Labels: Drivrotor, Drivrotor, x 5, Oljepumpskåpa, Oljepump, Vevaxelpackbox, Övertrycksventilen, Fjäder, Fjädertallrik, Låsring

13 Oljepump – demontering, kontroll och montering

Demontering

Motorer utan VVT-i

1 Ta bort oljestickan, oljesumpen och olje-upptagaren/renarenheten (se avsnitt 12).

2 Ta bort kamremmen, tomgångsöverföringen och fjädern, vevaxelns remskiva och vev-axeldrevet (se avsnitt 5). På 1,3-liters motorer skruvar du loss muttern och tar bort olje-pumpsdrevet.

3 Ta i förekommande fall bort vevaxelns lägesgivare **(se bild)**. Skruva loss oljestickan. På 1,3-liters motorer tar du bort oljetrycks-ventilen från motorblocket.

4 Ta bort bultarna och koppla loss olje-pumphuset från motorn **(se bild)**. Du måste eventuellt bända försiktigt mellan ramlageröverfallet och pumphuset med en skruvmejsel, eller slå försiktigt med mjuk hammare bakom oljepumpen. På 1,3-liters motorer tar du bort O-ringen.

5 Använd en avskrapare för att ta bort alla rester av tätningmedel och gammalt packningsmaterial från pumphuset och motorblocket. Rengör sedan fogytorna med lackthinner eller aceton.

6 Ta bort de fem torx-skruvarna (1,6-liters motor) och skilj pumpkåpan från huset. Lyft ut drivande och drivna rotorer **(se bilder)**.

7 Ta bort hållaren för låsringen till oljetrycksventilen, fjäder och kolv.

⚠ *Varning: Fjädern är hårt spänd – var försiktig och använd ögon-skydd.*

Motorer med VVT-i

8 Ta bort kamkedjan enligt beskrivningen i avsnitt 6.

9 Skruva loss de fem bultarna och ta bort oljepumpen från motorblocket **(se bild)**.

10 Skruva loss pluggen och ta bort tryckfjäder- och kolv **(se bild)**.

11 Skruva loss de 2 skruvarna och ta bort pumpkåpan. Lyft ut pumprotorerna **(se bild)**.

Kontroll

12 Rengör alla komponenter med lösnings-medel, undersök dem och titta efter slitage

13.9 Oljepumpsbultar (se pilar) – motorer med VVT-i

13.10 Plugg för oljetrycksventil (se pil)

13.11 Skriva loss tre skruvar (se pilar) och ta bort pumpkåpan

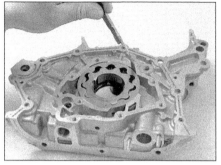

13.14a Mät spelrummet mellan den drivna rotorn och huset med ett bladmått

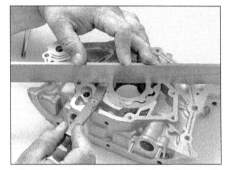

13.14b Använd en linjal och bladmått för att mäta spelrummet mellan rotor och hus

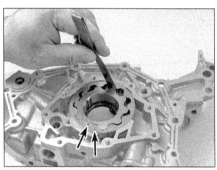

13.14c Mät rotorspetsens spelrum med ett bladmått – rotormarkeringar (se pilar)

och andra skador. Använd tryckluft för blåsa igenom pumphusets smörjkanaler.

13 Kontrollera kolvens glidyta och ventilfjädern till oljetrycksventilen. Om antingen fjädern eller kolven är skadad måste båda bytas ut. Kolven måste kunna åka upp och ner i pumphusets lopp utan att den på något sätt kärvar.

14 Kontrollera med hjälp av ett bladmått spelrummet mellan rotorn och huset, mellan rotorn och kåpan och rotorspetsens spelrum.**(se bilder).** Jämför resultaten med värdena i detta kapitels specifikationer. Om något spelrum överskrider det angivna värdet ska rotorerna bytas i sin helhet. Om det behövs kan du byta ut oljepumphuset.

Montering

Motorer utan VVT-i

15 Smörj alla rotorer med ren motorolja och

placera dem i pumphuset med markeringarna vända inåt (1,3-liters motorer) eller utåt (1,6-liters motorer) **(se bild 13.14c).**

16 Fyll pumphåligheten med vaselin, sätt dit pumpkåpan och dra åt skruvarna (enbart på 1,6-liters motorer).

17 Smörj kolven till oljetrycksventilen med ren motorolja och återmontera ventilkomponenterna i pumphuset eller motorblocket.

18 På 1,3-liters motorer applicerar du en sträng RTV-tätningsmedel på pumphuset **(se bild)** och placerar en ny O-ring i spåret. På 1,6-liters motorer, placerar du en ny packning på motorblocket (styrpinnarna bör hålla den på plats).

19 Placera pumpenheten mot motorblocket och sätt dit fästbultarna. På 1,6-liters motorer måste du se till att de platta delarna på oljepumpens drivrotor stämmer överens med vevaxelns platta delar **(se bild).**

20 Dra åt bultarna i tre eller fyra steg till det vridmoment som anges i detta kapitels specifikationer. Dra åt dem i ett sicksakmönster för att undvika att huset blir skevt.

21 Återstoden av monteringen utförs omvänd ordningsföljd mot demonteringen.

Motorer med VVT-i

22 Smörj pumprotorerna med ren motorolja och placera dem i pumphuset med markeringarna vända mot den sida där kåpan till pumphuset är.

23 Montera tillbaka kåpan till pumphuset och dra åt fästskruvarna till angivet vridmoment.

24 Montera tillbaka oljetrycksfjädern- och kolven och dra sedan åt pluggen till angivet vridmoment.

25 Placera en ny packning på motorblocket och montera sedan tillbaka oljepumpen. Se till att de platta delarna på den drivande rotorn stämmer överens med de slipade platta delarna på vevaxeln och dra sedan åt bultarna till angivet **(se bild).**

26 Montera tillbaka kamkedjan enligt beskrivningen i avsnitt 6.

14 Oljetrycksbrytare – byte

1 Oljetrycksbrytaren sitter på motorblockets framsida till vänster (på 4E-FE-motorer) eller till höger (på 4A-FE-motorer) eller ovanför oljefiltret (4ZZ-FE- och 3ZZ-FE-motorer).

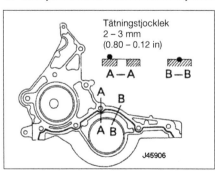

Tätningstjocklek
2 – 3 mm
(0.80 – 0.12 in)

A – A   B – B

A B
A B

J45906

13.18 Applicera en sträng tätningsmedel enligt beskrivningen – 1,3 liter

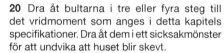

13.19 Se till att de platta delarna på pump-rotorn stämmer överens med de på vevaxeln

13.25 Se till att de platta delarna på vevaxeln stämmer överens med de på pumprotorn

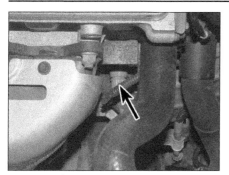

14.2a På 1,3-liters motorer utan VVT-i sitter oljetrycksbrytaren till vänster på motorblocket (se pil)

14.2b På 1,6-liters motorer utan VVT-i sitter oljetrycksbrytaren till höger på motorblocket (se pil)

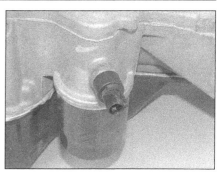

14.2c På motorer med VVT-i sitter oljetrycksbrytaren ovanför oljefiltrets plats

2 Koppla loss anslutningskontakten från omställaren (se bilder).
3 Skruva loss brytaren från motorblocket. Var beredd på oljespill.
4 Före återmonteringen ska du applicera lite Loctite Three Bond 1344 (eller liknande) på brytarens gängor.
5 Återmontera brytaren och dra åt den till angivet moment.
6 Återanslut anslutningskontakten.

15 Svänghjul/drivplatta – demontering och montering

Demontering

1 Demontera växellådan enligt beskrivning i kapitel 7A eller 7B.
2 Ta bort tryckplattan och lamellen (kapitel 6, fordon med manuell växellåda).
3 Använd en körnare eller färg för att göra inställningsmarkeringar på svänghjulet/drivplattan och vevaxeln så att inställningen utförs korrekt under återmonteringen (se bild).
4 Ta bort bultarna som håller fast svänghjulet/drivplattan vid vevaxeln. Om vevaxeln vrider sig måste du kila in en skruvmejsel i krondrevets kuggar för att stoppa svänghjulet eller använda ett verktyg för att låsa svänghjulet på plats (se bild).
5 Ta bort svänghjulet/drivplattan från vevaxeln. Eftersom svänghjulet är ganska tungt måste du stötta upp det medan du tar bort den sista bulten. Vissa fordon som är utrustade med en automatväxellåda har mellanläggsbrickor på båda sidor av drivplattan (se bild). Låt dem sitta kvar på drivplattan.

⚠ Varning: Kuggarna till krondrevet kan vara vassa. Använd därför handskar för att skydda händerna.

Montering

6 Rengör svänghjulet från fett och olja. Undersök ytan och titta efter sprickor, nitspår, brända områden och repor. Lättare repor kan tas bort med smärgelduk. Leta efter spruckna eller trasiga krondrevskuggar. Lägg svänghjulet på en platt yta och använd en linjal för att kontrollera eventuell skevhet.

7 Rengör och kontrollera fogytorna på svänghjulet/drivplattan och vevaxeln. Om vevaxelpackboxen läcker, måste du byta ut den innan du monterar svänghjulet/drivplattan (se avsnitt 16).
8 Placera svänghjulet/drivplattan mot vevaxeln. Se till att markeringarna är på samma nivå under demonteringen. Observera att vissa motorer har ett styrstift eller bulthål i sicksack som garanterar att återmonteringen utförs på ett korrekt sätt. Innan du monterar bultarna ska du applicera fästmassa på gängorna.
9 Kila in en skruvmejsel mellan kuggarna till krondrevet för att förhindra att svänghjulet/drivplattan roterar och dra sedan åt bultarna till det vridmoment som anges i detta kapitels specifikationer. Dra åt bultarna i ett sicksackmönster, i tre eller fyra steg.

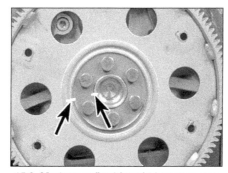

15.3 Markera svänghjulet/drivplattan och vevaxeln så att de kan monteras ihop på samma sätt och plats

15.5 På fordon som är utrustade med en distansplatta, observera var styrsprinten sitter (se pil)

10 Återstoden av återmonteringen utförs i omvänd ordningsföljd mot demonteringen.

16 Huvudoljetätning – byte

1 Ta bort svänghjulet/drivplattan (avsnitt 15).
2 Tätningen kan bytas utan att du behöver ta bort oljesumpen eller tätningshållaren. Bänd försiktigt ut den gamla tätningen med en skruvmejsel (se bild). Var försiktig så att du inte skadar tätningsloppet eller ytan på vevaxeln.
3 Applicera fett på axeltappens vevaxeltätning och på kanten av den nya tätningen. Tryck sedan försiktigt dit den nya tätningen på plats.

15.4 Lås fast svänghjulet på plats med ett verktyg som sitter fastskruvat på motorblocket

16.2 Bänd ut den gamla packboxen – var försiktig så att du inte skadar vevaxeln

16.3a Slå försiktigt in packboxen på plats med en träkloss och hammare . . .

Kanten är stel vilket betyder att du försiktigt måste föra upp den på axeltappen på vevaxeln med ett föremål utan skarpa kanter, t.ex. en rörstump, och sedan slår du den försiktigt på plats med en träkloss **(se bilder)**. Ha inte för bråttom, du kan skada tätningen.

4 Återstoden av återmonteringen utförs i omvänd ordningsföljd mot demonteringen.

17 Motorfästen – kontroll och byte

1 Motorfästen behöver sällan åtgärdas, men trasiga eller slitna fästen måste bytas omedelbart, annars kan den extra belastningen på drivaxelkomponenterna leda till skador eller slitage.

16.3b . . . tills ytterkanten på packboxen är i linje med motorblocket

Kontrollera

2 Vid kontrollen måste motorn vara aningen lyft, så att tyngden inte vilar på fästena.

3 Hissa upp fordonet och stöd upp den säkert på pallbockar (se *Lyftning och stödpunkter*) och placera sedan en domkraft under motoroljesumpen. Placera en stor träkloss mellan domkraftshuvudet och oljesumpen och lyft sedan försiktigt motorn så pass mycket att du kan avlasta fästena. Placera in träklossen under dräneringspluggen.

 Varning: Placera ingen del av kroppen under motorn när den enbart är uppstöttad med en domkraft.

4 Kontrollera fästena för att se om gummit har spruckit, hårdnat eller lossnat från metallplattorna. Ibland spricker gummit mitt itu.

5 Kontrollera om det finns glapp mellan fästplattorna och motorn eller karossen (använd en stor skruvmejsel eller ett annat bändningsverktyg och försök röra på fästena). Om du att något rör på sig ska du sänka motorn och dra åt fästenas hållare.

6 Du bör applicera gummiskyddsmedel på fästena för att minska åldrandeprocessen.

Byte

7 Höj fordonet och stöd upp det ordentligt på pallbockar (om inte detta redan har gjorts). Stötta upp motorn enligt beskrivningen i punkt 3.

8 För att ta bort det högra motorfästet måste du bort de två muttrarna underifrån, en bult ovanifrån och efter det kan du skilja den övre delen från motorfästet.

9 Ta bort muttrarna som hör till fästet för chassit och koppla loss fästet.

10 För att ta bort det bakre motorfästet måste du dra ut gummipluggarna från det längsgående chassistaget för att på så sätt komma åt de två muttrarna.

11 För att ta bort det främre motorfästet måste du ta bort de två fästena som håller fast isolatorn i det längsgående chassistaget, sedan de tre muttrar som håller fast isolatorn i chassit.

12 Montera i omvänd ordningsföljd mot demonteringen. Använd gänglåsningsmedel på fästbultarna/muttrarna och se till att dra åt dem ordentligt.

Kapitel 2 Del B:
Motor – demontering och reparationer

Innehåll

Svårighetsgrad

Enkelt, passar novisen med lite erfarenhet	Ganska enkelt, passar nybörjaren med viss erfarenhet	Ganska svårt, passar kompetent hemmamekaniker	Svårt, passar hemmamekaniker med erfarenhet	Mycket svårt, för professionell mekaniker

Specifikationer

Allmänt
Motorkoder:
1,3-litersmotor (1332 cc) utan VVT-i......................	4E-FE
1,4-litersmotor (1398 cc) med VVT-i......................	4ZZ-FE
1,6-litersmotor (1587 cc) utan VVT-i......................	4A-FE
1,6-litersmotor (1598 cc) med VVT-i......................	3ZZ-FE

Topplock
Skevhetsgräns:
Motorblocksyta...........................	0,05 mm
Grenrörsytor	0,10 mm

Motorblock
Skevhetsgräns för motorblock............................	0,05 mm

Cylinderloppets diameter (nominellt):
1,3-liters 4E-FE-motor	74,00 till 74,03 mm
1,4-liters 4ZZ-FE-motor	79,00 till 79,013 mm
1,6-liters 4A-FE-motor	81,00 till 81,03 mm
1,6-liters 3ZZ-FE-motor	79,00 till 79,013 mm

Ventiler och tillhörande delar
Ventilskaftsdiameter:
Motorer utan VVT-i:
Insug..................................	5,970 till 5,985 mm
Avgas	5,965 till 5,980 mm

Motorer med VVT-i:
Insug..................................	5,470 till 5,485 mm
Avgas	5,465 till 5,480 mm

Ventilfjäder:
Fri längd:
1,3-liters 4E-FE-motor	39,80 mm
1,4-liters 4ZZ-FE-motor	43,40 mm
1,6-liters 4A-FE-motor	38,57 mm
1,6-liters 3ZZ-FE-motor	43,40 mm

Vevaxel

Vevaxelns axialspel:
Standard:
1,3-liters 4E-FE-motor . . . . 0,02 till 0,20 mm
1,4-liters 4ZZ-FE-motor . . . . 0,04 till 0,24 mm
1,6-liters 4A-FE-motor . . . . 0,02 till 0,22 mm
1,6-liters 3ZZ-FE-motor . . . . 0,04 till 0,24 mm
Servicegräns. . . . . 0,30 mm
Tryckbricka, tjocklek:
1,3-liters 4E-FE-motor . . . . 2,440 till 2,490 mm
1,4-liters 4ZZ-FE-motor . . . . 2,430 till 2,480 mm
1,6-liters 4A-FE-motor . . . . 2,440 till 2,490 mm
1,6-liters 3ZZ-FE-motor . . . . 2,430 till 2,480 mm

Kolvar och ringar

Kolvens diameter:
1,3-liters 4E-FE-motor . . . . 73,869 till 73,889 mm
1,4-liters 4ZZ-FE-motor (vid 29,8 mm från kolvkronan) . . . . 78,917 till 78,927 mm
1,6-liters 4A-FE-motor . . . . 80,905 till 80,935 mm
1,6-liters 3ZZ-FE-motor (vid 29,8 mm från kolvkronan) . . . . 78,955 till 78,965 mm

Kolvringens ändgap:

	Standard	Servicegräns
1,3-liters 4E-FE-motor:		
Nr 1 (övre) kompressionsring	0,26 till 0,36 mm	0,95 mm
Nr 2 (mellan) kompressionsring	0,41 till 0,51 mm	1,10 mm
Oljering	0,13 till 0,38 mm	0,98 mm
1,4-liters 4ZZ-FE-motor:		
Nr 1 (övre) kompressionsring:.	0,02 till 0,07 mm	1,05 mm
Nr 2 (mellan) kompressionsring	0,03 till 0,07 mm	1,20 mm
Oljering:.	0,04 till 0,12 mm	1,05 mm
1,6-liters 4A-FE-motor:		
Nr 1 (övre) kompressionsring	0,25 till 0,45 mm	1,05 mm
Nr 2 (mellan) kompressionsring	0,35 till 0,60 mm	1,20 mm
Oljering	0,10 till 0,50 mm	1,10 mm
1,6-liters 3ZZ-FE-motor:		
Nr 1 (övre) kompressionsring	0,02 till 0,07 mm	1,05 mm
Nr 2 (mellan) kompressionsring	0,03 till 0,07 mm	1,20 mm
Oljering	0,04 till 0,12 mm	1,05 mm

Åtdragningsmoment

Se del A för information om vridmoment.

1 Allmän information

I denna del av kapitel 2 beskrivs hur du går tillväga vid översyn och renovering av topplocket och motorns inre delar.

Informationen sträcker sig från råd om förberedelser inför renovering och inköp av nya delar till detaljerade beskrivningar av hur man demonterar, monterar och kontrollerar motorns inre delar steg för steg.

Följande avsnitt har skrivits med utgångspunkten att motorn har tagits bort från bilen. Mer information om reparationer med motorn monterad i bilen, liksom om demontering och montering av yttre delar vid fullständig renovering, finns i kapitel 2A och i avsnitt 8 i detta kapitel.

De specifikationer som denna del innehåller gäller bara för följande kontroller och översyner. Se del A för mer specifikationer.

2 Motorrenovering – allmän information

1 Det är inte alltid lätt att bestämma när, eller om, en motor ska totalrenoveras eftersom ett antal faktorer måste tas med i beräkningen.
2 En lång körsträcka är inte nödvändigtvis ett tecken på att bilen behöver renoveras, lika lite som att en kort körsträcka garanterar att det inte behövs någon renovering. Förmodligen är servicefrekvensen den viktigaste faktorn. En motor som har fått regelbundna olje- och filterbyten och annat nödvändigt underhåll bör gå bra i flera tusen kilometer. En vanskött motor kan däremot behöva en översyn redan på ett tidigt stadium.
3 Överdriven oljekonsumtion är ett symptom på att kolvringar, ventiltätningar och/eller ventil-styrningar kräver åtgärder. Kontrollera att oljeåtgången inte beror på oljeläckage innan du drar slutsatsen att ringarna och/eller styrningarna

är slitna. Utför ett kompressionstest, enligt beskrivningarna i del A i detta kapitel, för att avgöra den troliga orsaken till problemet.
4 Kontrollera oljetrycket med en mätare som monteras på oljetrycksbrytarens plats och jämför det uppmätta värdet med det angivna värdet. Om trycket är mycket lågt är troligen ram- och vevstakslagren och/eller oljepumpen utslitna.
5 Minskad motorstyrka, ojämn gång, knackningar eller metalliska motorljud, kraftigt ventilregleringsljud och hög bensinförbrukning är också tecken på att en renovering kan behövas, i synnerhet om dessa symptom visar sig samtidigt. Om en grundlig service inte hjälper, kan en större mekanisk genomgång vara den enda lösningen.
6 En fullständig motorrenovering innebär att alla interna delar återställs till de specifikationer som gäller för en ny motor. Under en komplett motorrenovering byts kolvar och kolvringar ut och cylinderloppen renoveras. Nya ram- och vevlager brukar monteras. Om det behövs kan du slipa om vevaxeln för att kompensera

för slitaget i axeltapparna. Även ventilerna måste gås igenom, eftersom de vid det här laget sällan är i perfekt skick. Kontrollera alltid oljepumpens skick extra noggrant när du renoverar motorn. Finns det några som helst tvivel på dess funktion, bör den bytas ut. Slutresultatet bör bli en motor som kan gå många mil utan problem.

7 Viktiga kylsystemsdelar, t.ex. slangar, termostat och vattenpump, ska också gås igenom i samband med att motorn renoveras. Kylaren ska kontrolleras noggrant så att den inte är tilltäppt eller läcker. Det är dessutom lämpligt att byta ut oljepumpen när motorn renoveras.

8 Innan du påbörjar renoveringen av motorn bör du läsa igenom hela beskrivningen för att bli bekant med omfattningen och förutsättningarna för arbetet. Att göra en översyn av en motor är inte svårt om alla instruktioner följs noggrant, om man har de verktyg och den utrustning som krävs och följer alla specifikationer noga. Däremot kan arbetet ta tid. Planera för att bilen inte kommer att gå att använda under minst två veckor, särskilt om delarna måste tas till en verkstad för reparation eller renovering. Kontrollera att det finns reservdelar tillgängliga och införskaffa alla nödvändiga specialverktyg och utrustning i förväg. Större delen av arbetet kan utföras med vanliga handverktyg, även om ett antal precisionsmätverktyg krävs för att avgöra om delar måste bytas ut. Ofta kan en verkstad åta sig kontrollera delar och ge råd om renovering och byten.

9 Vänta alltid tills motorn är helt demonterad och tills alla delar (speciellt motorblocket/ vevhuset och vevaxeln) har kontrollerats innan du fattar beslut om vilka service- och reparationsåtgärder som måste överlåtas till en verkstad. Skicket på dessa delar är avgörande för beslutet att renovera den gamla motorn eller att köpa en färdigrenoverad motor. Köp därför inga delar och utför inte heller något renoveringsarbete på andra delar, förrän dessa delar noggrant har kontrollerats. Generellt sett är tiden den största utgiften vid en renovering, så det lönar sig inte att montera slitna eller undermåliga delar.

10 Den renoverade motorn kommer att få längsta möjliga livslängd med minsta möjliga problem om monteringen utförs omsorgsfullt i en absolut ren miljö.

3 Motordemontering – metoder och rekommendationer

1 Om motorn måste demonteras för översyn eller omfattande reparationsarbeten ska flera förebyggande åtgärder vidtas.

2 Det är mycket viktigt att man har en lämplig plats att arbeta på. Det krävs ett tillräckligt stort arbetsutrymme och plats för att förvara bilen. Om en verkstad eller ett garage inte finns tillgängligt krävs åtminstone en fast, plan och ren arbetsyta.

3 Om motorrummet och motorn/växellådan rengörs innan motorn demonteras blir det lättare att hålla verktygen rena och i ordning.

4 En motorhiss eller ett linblock kommer också att behövas. Kontrollera att lyftutrustningen är gjord för att klara större vikt än motorns och växellådans gemensamma vikt. Säkerheten är av högsta vikt, det är ett riskabelt arbete att lyfta motorn/växellådan ur bilen.

5 Om det är första gången du demonterar en motor bör du ta hjälp av en medhjälpare. Det underlättar mycket om en erfaren person kan bistå med råd och hjälp. Många moment under arbetet med att demontera en motor kräver att flera uppgifter utförs samtidigt, något en ensam person inte klarar.

6 Planera arbetet i förväg. Skaffa alla verktyg och all utrustning som behövs innan arbetet påbörjas. Några av de verktyg som behövs för att kunna demontera och installera motorn/ växellådan på ett säkert och någorlunda enkelt sätt är (förutom en motorhiss) följande: en garagedomkraft – anpassad till en högre vikt än motorns – en komplett uppsättning nycklar och hylsor (se Verktyg och arbetsutrymmen), träblock och en mängd trasor och rengöringsmedel för att torka upp oljespill, kylvätska och bränsle. Se till att du är ute i god tid om motorhissen måste hyras, och utför alla arbeten som går att göra utan den i förväg. Det sparar både pengar och tid.

7 Räkna med att bilen inte kan köras under en längre tid. Vissa åtgärder bör överlåtas till en verkstad eftersom man inte kan utföra dessa åtgärder utan tillgång till specialutrustning. Verkstäder är ofta fullbokade, så det är lämpligt att fråga hur lång tid som kommer att behövas för att renovera eller reparera de delar som ska åtgärdas redan innan motorn demonteras.

8 Var alltid mycket försiktig vid demontering och montering av motorn/växellådan. Slarv kan leda till allvarliga skador. Planera i förväg och låt arbetet få ta den tid som behövs, då kan även omfattande arbeten utföras framgångsrikt.

Observera: *Eftersom kraftenheten på dessa fordon är så pass avancerad och eftersom det finns variationer mellan modellerna bör följande avsnitt snarare betraktas som en vägledning än instruktioner som måste följas till punkt och pricka. Vissa bilar kan dessutom*

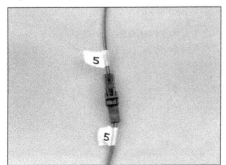

4.6 Märk båda ändarna på alla kablar och slangar innan du tar bort dem

vara utrustade med extrautrustning vilket kan betyda att det finns en skillnad mellan beskrivningarna i denna bok och den bil du ska underhålla. För att underlätta monteringen kan du anteckna när du stöter på skillnader eller när du måste ta bort eller koppla loss ytterligare komponeneter.

4 Motor – demontering och montering

Observera: *Läs igenom hela avsnittet innan denna åtgärd påbörjas. Tillverkaren rekommenderar att motorn och växellådan tas bort som en enhet ovanifrån. Sedan bör motorn skiljas från växellådan på verkstadsgolvet. Om växellådan inte ska underhållas kan du låta växellådan vara kvar i fordonet och sedan ta bort motorn separat (ovanifrån). Detta gör du genom att ta bort vevaxelns remskiva och tippa upp motorns kamrems-/kamkedjeände för att på så sätt skapa spelrum.*

⚠️ *Varning: Dessa modeller är utrustade med krockkuddar. Krockkudden är aktiverad och kan utlösas (blåsas upp) när batteriet är anslutet. För att förhindra att den utlöses av misstag (med skaderisk som följd) bör du alltid vrida startnyckeln till läget LOCK och koppla loss batteriets minusledning när du arbetar i närheten av krockkuddarnas delar. Vänta minst två minuter efter det att du har kopplat loss batteriet innan du börjar arbeta (systemet har en nödkondensator som måste ladda ur helt). Mer information finns i kapitel 12.*

Demontering

1 Minska trycket i bränslesystemet (se kapitel 4A).

2 Ta bort batteriet enligt beskrivningen i kapitel 5A och lyft sedan ut batterihyllan av plast.

3 Ta bort motorhuven enligt beskrivningen i kapitel 11.

4 Ta bort luftfilterenheten (se kapitel 4A).

5 Lyft upp fordonet och ställ det stadigt på pallbockar. Töm kylsystemet, tappa ur motoroljan och ta bort drivremmarna (se kapitel 1).

6 Märk tydligt upp alla vakuumledningar, kylvätske- och avgasslangar, kontaktdon för kabelnät samt jord- och bränsleledningar. Koppla sedan loss dem Maskeringstejp och/ eller en bättringslack fungerar bra för att märka upp föremålen **(se bild)**. Fotografera eller rita upp var delarna och fästbyglarna sitter.

7 Ta bort spolarvätskebehållaren och kylvätskebehållaren.

8 Ta bort kylfläktarna och kylaren (se kapitel 3).

9 Koppla loss värmeslangarna.

10 Lätta på det kvarvarande bränsletrycket i tanken genom att ta bort tanklocket och koppla sedan loss bränsleledningarna som håller fast motorn i chassit. Plugga igen eller sätt lock på alla öppningar.

11 Koppla loss gasvajern, länksystemet till växellådans gasspjäll (TV) samt farthållarvajern (i förekommande fall) från motorn.
12 Se kapitel 4A och ta bort insugs- och avgasgrenrör.
13 På fordon med servostyrning skruvar du loss servostyrningspumpen. Om det finns plats kan du föra pumpen åt sidan och fästa den utan att koppla loss slangarna. Om det behövs kan du ta bort pumpen (se kapitel 10).
14 På modeller med luftkonditionering skruvar du loss kompressorn och lägger den åt sidan. Koppla inte ifrån kylmedieslangarna. **Observera:***Låt inte kompressorn hänga i slangarna.*
15 Anslut en lyftsling till motorn. Ställ en lyft i läge och anslut slingen till den. Dra ut slingen tills den är något spänd.
16 Ta bort drivaxlarna enligt instruktionerna i kapitel 8.
17 Ta bort drivremmarna samt kylvätskepumpens och vevaxelns remskivor.
18 På modeller med automatväxellåda bänder du ut momentomvandlarens dammkåpa av plast från den nedre svänghjulskåpan. Ta bort fästena mellan momentomvandlaren och drivplattan (se kapitel 7B) och skjut omvandlaren något bakåt i svänghjulskåpan.
19 Ta bort bultarna mellan motorn och växellådan och skilj motorn från växellådan (se kapitel 7A eller 7B). Momentomvandlaren bör vara kvar i växellådan. **Observera:** *Om växellådan ska tas bort samtidigt måste det vänstra motorfästet samt eventuella kablar, vajrar eller slangar som är anslutna till växellådan tas bort. När detta utförs måste bultarna mellan motorn och växellådan vara på plats.*
20 Gör ytterligare en kontroll för att försäkra dig om att enbart fästena håller fast motorn i fordonet eller växellådan. Koppla loss och märk allting som fortfarande är kvar.
21 Stötta växellådan med en garagedomkraft. Placera en träkloss på domkraftens lyftsadel för att förhindra skador på växellådan. Ta bort bultarna från motorfästena och låt dem som sitter i växellådan vara kvar.

 Varning: Se till att ingen del av kroppen är under motorn/ växellådan när den enbart är uppstöttad av en lyft eller någon annan lyftanordning.

22 Lyft försiktigt upp motorn (eller motorn/

4.22 Lyft upp motorn ur fordonet

växellådan) ur fordonet **(se bild)**. Du kan behöva bända bort fästena från ramens fästbyglar. **Observera:** *När du tar bort motorn från ett fordon med manuell växellåda och växellådan ska vara kvar i motorn kan du behöva använda en domkraft som stöttar upp växellådan och vickar den åt sidan så att du kan få ut motorn ut fordonet.*
23 Ta bort motorn från fordonet och sänk försiktigt stödet tills du kan ställa motorn på golvet, eller ta bort svänghjulet/drivplattan och montera motorn på ett motorställ. **Observera:** *På modeller med automatväxellåda ska du märka de bakre och främre distansplattorna (i förekommande fall) och förvara dem tillammans med drivplattan.*

Montering

24 Kontrollera motorns/växellådans fästen. Om de är slitna eller skadade ska de bytas ut.
25 På modeller manuell växellåda ska du kontrollera kopplingsdelarna (se kapitel 6) och på modeller med automatisk växellåda ska du kontrollera omvandlarens tätning och bussning.
26 På modeller med automatväxellåda stryker du på en klick fett på omvandlarens spets.
27 Styr försiktigt in växellådan på plats och följ beskrivningarna i kapitel 7A eller 7B.
Varning: Använd inte bultar för att få motorn och växellådan att ligga i linje med varandra. De kan spricka eller skada viktiga delar.
28 Montera bultarna mellan motorn och växellådan och dra åt dem till det vridmoment som anges i specifikationerna i kapitel 7A eller 7B.
29 Anslut en lyft till motorn och sänk försiktigt ner motorn/växellådan i motorrummet. **Observera:** *Om motorn togs bort men växellådan lämnades kvar i fordonet, sänker du ner motorn så långt i bilen att en medhjälpare kan hjälpa dig att rikta växellådan så att den hamnar rätt i förhållande till styrpinnarna på motorblocket. Viss vridning och vinkling av motorn och/eller växellådan är nödvändig för att de ska hamna i rätt läge i förhållande till varandra.*
30 Montera fästbultarna och dra åt dem ordentligt.
31 Återmontera de återstående delar och fästena i motsatt ordning mot demonteringen.
32 Tillsätt kylvätska, olja, servostyrningsolja och växellådsolja (se kapitel 1).
33 Starta motorn och kontrollera att den fungerar. Sök efter läckor. Stäng av motorn och kontrollera vätskenivåerna på nytt.

5 Alternativ för återmontering av motorn

Den som utför motorrenoveringarna ställs inför ett antal valmöjligheter under arbetets gång. Beslutet att byta motorblocket, kolvar/ vevstakar och vevaxeln beror på en rad olika faktorer där motorblockets skick är den

viktigaste. Andra aspekter är kostnad, tillgång till verkstadsutrustning, tillgänglighet på reservdelar, den tid som krävs för att slutföra projektet och hur stora förkunskaper den som ska utföra reparationen eller översynen har.

Vissa alternativ för återmontering innefattar:

Fristående delar

Om kontrollen visar att motorblocket och de flesta motordelarna kan användas igen, kan det mest ekonomiska alternativet vara att köpa fristående delar. Motorblocket, vevaxeln och kolvar/vevstakar bör kontrolleras noggrant. Även om motorblocket enbart uppvisar lite slitage bör cylinderloppens ytor finslipas.

Grundmotor

En grundmotor består av ett motorblock där vevaxel och kolvar/vevstakar redan är förmonterade. Alla nya lager är monterade och alla spelrum är korrekta. De befintliga kamaxlarna, ventilmekanismens delar, topplocket och de yttre delarna kan skruvas fast i grundmotorn med lite eller inget verkstadsarbete.

Renoverad motor

En renoverad motor består vanligtvis av en grundmotor plus en oljepump, ett oljetråg, ett topplock, en ventilkåpa, en kamaxel och ventilmekanismens delar, transmissionsdrev och kamremskåpor. Alla delar monteras genomgående med monterade nya lager, tätningar och packningar. Endast grenrören och de yttre delarna behöver monteras.

Tänk noggrant efter vilket alternativ som passar dig bäst och diskutera läget med en verkstad, en reservdelsåterförsäljare och en erfaren mekaniker innan du beställer eller köper nya reservdelar.

6 Motoröversyn – ordningsföljd vid demontering

1 Det är betydligt enklare att demontera och arbeta med motorn om den placeras i ett portabelt motorställ. Motorställ är ofta relativt billiga att hyra. Innan motorn monteras på ett ställ bör svänghjulet/drivplattan och oljetätningshållaren tas bort från motorn.
2 Om du inte har tillgång till ett ställ är det möjligt att demontera motorn uppallad på golvet. Var noga med att inte välta eller tappa motorn om du inte har något motorställ.
3 Om du ska skaffa en renoverad motor ska alla yttre delar demonteras först, så att de kan överföras till den nya motorn (på exakt samma sätt som om du skulle utföra en fullständig renovering själv). Dessa inkluderar:

Generator och fästbyglar.
Avgasreningens delar.
Termostat med kåpa och hus.
Vattenpump och övriga kylsystemsdelar.
EFI-delar.
Insugs-/avgasgrenrör.
Oljefilter.

Motorfästen.
Koppling och svänghjul/drivplatta.
Ändplatta till motor.
Observera: *Var noga med att notera detaljer som kan vara till hjälp eller av vikt vid monteringen när de externa delarna demonteras från motorn. Anteckna monteringslägen för packningar, tätningar, distansbrickor, stift, fästbyglar, brickor, bultar och andra smådelar.*
4 Om du får tag i en grundmotor som består av motorblock, vevaxel, kolvar och vevstakar måste även topplocket, oljesumpen och oljepumpen demonteras. Se *Alternativ för återmontering av motorn* för mer information om de olika möjligheterna som du ska ta ställning till.
5 Om du planerar en grundlig översyn måste motorn demonteras och de invändiga delarna måste tas bort i följande ordning:
Insugs- och avgasgrenrör.
Ventilkåpa.
Kamrems-/kamkedjekåpor.
Kamrem/kamkedja och drev.
Topplock.
Oljesump.
Oljepump.
Kolvar/vevstakar.
Hållare för vevaxelns packbox.
Vevaxel- och ramlager.

7 Topplock – demontering

1 Demontering av topplocket innefattar demontering av insugs- och avgasventiler med tillhörande delar. Det förutsätts att vipparmar/ventillyftare och kamaxlar redan har tagits bort (se del A vid behov).
2 Innan ventilerna tas bort, ta fram ett system som du kan använda för att förvara och märka dem och deras tillhörande delar. Detta gör det lättare att montera dem i samma ventilstyrningar som de togs bort ifrån **(se bild)**.
3 Tryck ihop fjädrarna på den första ventilen med en fjäderkompressor och ta bort hylsorna **(se bild)**. Lossa försiktigt på ventilfjäderkompressorn och ta bort hållaren, fjädern och fjädersätet (om det används).
Varning: Var försiktig så att du inte repar eller på annat sätt skadar ventillyftarnas lopp när du trycker ner ventilfjädrarna.
4 Dra ut ventilen från topplocket och ta sedan bort oljetätningen från styrningen. Om ventilen fastnar i styrningen (och inte kommer igenom), tryck in den i topplocket igen och slipa bort graderna vid området runt kolvringsspåret med en fin fil eller en slipsten.
5 Upprepa proceduren för de återstående ventilerna. Kom ihåg att hålla samman alla delar till varje ventil så att de kan återmonteras på samma plats.
6 Så fort ventilerna och deras tillhörande delar har tagits bort och förvarats på ett organiserat sätt, ska topplocket rengöras och kontrolleras noggrant. Om du utför en

7.2 En liten plastpåse med lämplig märkning kan användas för att lagra ventildelar

fullständig motorrenovering ska du först slutföra demonteringen av motorn innan du börjar rengöra och kontrollera av topplocket.

8 Topplock – rengöring och kontroll

1 Om du rengör topplocket och tillhörande delar noggrant och följer upp det med en noggrann kontroll kan du lättare avgöra hur mycket du behöver göra under motorrenoveringen. **Observera:** *Om motorn har blivit svårt överhettad är topplocket troligtvis skevt (se punkt 12).*

Rengöring
2 Skrapa bort alla spår av gammalt packningsmaterial och tätningsmedel från topplockspackningen, insugsgrenrörets och avgasgrenrörets tätningsytor. Var försiktig så att du inte skadar topplocket. Hos de flesta biltillbehörsåterförsäljare hittar du speciallösningar för borttagning av packningar som mjukar upp packningarna och gör det lättare att ta bort dem.
3 Ta bort alla avlagringar från kylvätskekanalerna.
4 För ner en stel stålborste genom de olika hålen för att ta bort eventuella avlagringar. Om det finns svåra rostavlagringar i vattenkanalerna, måste topplocket rengöras av kunnig fackpersonal.
5 För ner en gängtapp av lämplig storlek i alla gängade hål för att ta bort all eventuell korrosion och gängtätningsmedel. Använd om möjligt tryckluft för att få bort rester ur hålen.

> ⚠ *Varning: Bär skyddsglasögon vid arbete med tryckluft.*

6 Rengör gängorna till avgasgrenrörets och insugsgrenrörets pinnbultar med en stålborste.
7 Rengör topplocket med lösningsmedel och låt det torka länge. Tryckluft snabbar upp torkprocessen och gör alla hål och urholkningar rena. **Observera:** *Kemikalier för sotning kan visa sig väldigt användbara när du rengör topplock och ventilmekanismens delar. Eftersom de är frätande bör de behandlas med största försiktighet. Följ instruktionerna på behållaren.*

7.3 Tryck ihop fjädern tills hylsorna kan tas bort med en liten magnetisk skruvmejsel eller en spetsstång

8 Rengör ventillyftarna med lösningsmedel och låt dem torka länge. Tryckluft snabbar på torkningsprocessen och kan användas för att rengöra oljekanalerna. Blanda inte ihop ventillyftarna under rengöringsprocessen. Förvara dem i kartong med numrerade förvaringsfack.
9 Rengör alla ventilfjädrar, fjädersäten, hylsor och hållare med lösningsmedel och låt dem torka länge. Arbeta på en del åt gången så att du minskar risken för att blanda ihop dem.
10 Skrapa av svåra avlagringar som kan ha uppkommit på ventilerna och använd sedan en motordriven stålborste för att ta bort avlagringar från ventilhuvuden och spindlar. Det är väldigt viktigt att ventilerna inte blandas ihop.

Kontroll
Observera: *Utför följande kontroller innan du bestämmer dig för att lämna in fordonet på verkstad.Gör en lista över de delar som behöver åtgärdas. Hur du går tillväga vid kontroll av ventillyftare och kamaxlar kan du läsa om i del A.*

Topplock
11 Undersök topplocket noggrant: Sök efter sprickor, tecken på kylvätskeläckage och andra skador. Om du upptäcker sprickor bör du kontakta en verkstad angående reparation. Om det inte går att reparera måste du skaffa ett nytt topplock.
12 Använd en linjal och ett bladmått för att kontrollera fogytan på topplockspackningen och titta efter skevheter **(se bild)**. Om skevheten överskrider gränsen som du hittar

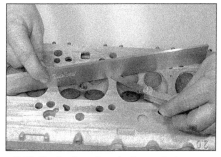

8.12 Kontrollera topplockspackningens yta och titta efter skevheter genom föra in ett bladmått under den raka kanten

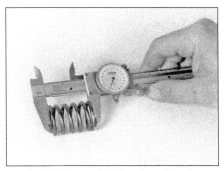

8.17 Mät den fria längden på varje ventilfjäder

i specifikationerna i detta kapitel kan den ytbehandlas på en bilverkstad.
13 Undersök ventilsätena i förbrännings-kamrarna. Om de är gropiga, spruckna eller brända, måste cylinderns ventiler åtgärdas av en kunnig mekaniker eftersom detta steg är för komplicerat för en hemmamekaniker.
14 Om du har några tvivel rörande topplockets skick, bör du låta en motorrenoverings-specialist kontrollera det.

Ventiler

15 Kontrollera varje ventil noggrant och titta efter ojämnt slitage, deformeringar, sprickor, skador och brända områden. Kontrollera ventilskaftet och titta efter spår och repor. Kontrollera även halsen och titta efter sprickor. Vrid ventilen och se efter om den verkar böjd. Leta efter gropar och kraftigt slitage på änden av spindeln. Om ventilerna uppvisar något av ovanstående måste en bilverkstad eller annan kunnig mekaniker göra en ventilgenomgång.
16 Om du har några tvivel rörande skicket på ventilerna, bör du låta en motorrenoverings-specialist kontrollera dem.

Ventildelar

17 Kontrollera varje ventilfjäder och titta efter slitage (på ändarna) och gropar. Mät den fria längden och jämför den med specifikationerna i detta kapitel **(se bild)**. De fjädrar som är kortare än den angivna längden har tappat spänst och bör inte återanvändas.
18 Ställ alla fjädrar på en plan yta och kontrollera att de är raka **(se bild)**. Om några av fjädrarna är deformerade eller har tappat spänst ska samtliga fjädrar bytas ut.

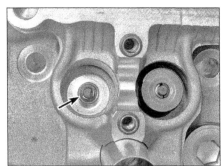

10.3 Knacka ventilskaftstätningarna (se pil) på plats med en djup hylsnyckel och en hammare

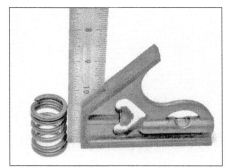

8.18 Kontrollera varje ventilfjäder och se om de är raka

19 Kontrollera fjädersätena och hylsorna och titta efter uppenbara tecken på slitage och sprickor. Byt alla delar i tvivelaktigt skick, eftersom det uppstår omfattande skador om de går sönder när motorn är igång.
20 Skadade eller slitna delar måste bytas.
21 Om kontrollen visar att ventildelarna är i allmänt dåligt skick och mer slitna än vad specifikationerna tillåter (vilket ofta är fallet när motorn ska renoveras), montera ihop ventilerna i topplocket och se avsnitt 9 för rekommendationer kring service av ventiler.

9 Ventiler – service

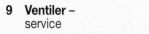

1 På grund av att uppgiften är komplicerad och på grund av att specialverktyg och specialutrustning krävs vid underhåll av ventilerna, ventilsätena och ventilstyrningarna, rekommenderar vi att det så kallade ventiljobbet utförs av en professionell reparatör.
2 Hemmamekanikern kan ta bort och montera isär topplocket samt göra den första rengöringen och kontrollen av delarna för att sedan montera ihop och skicka dem till en motorrenoveringsspecialist där det faktiska arbetet utförs. Vid kontrollen kan du se topplockets och ventilmekanismdelarnas skick och du får en överblick om hur mycket arbete som krävs och vilka delar som behövs när renoveringsspecialisten ser över motorn.
3 Motorrenoveringsspecialisten kommer att ta bort ventilerna och fjädrarna, renovera eller

10.6 Ventilskaftens små hylsor är lättare att placera när de är bestrukna med fett

byta ut ventilerna och ventilsätena, renovera ventilstyrningarna, kontrollera och byta ventilfjädrarna, fjäderhållarna och hylsorna (om det behövs), byta ventiltätningarna, montera ihop ventildelarna och se till att fjäderhöjden är korrekt. Dessutom kommer ytan vid topplockspackningen att slipas om den är skev.
4 Topplocket blir som nytt när den professionella reparatören har utfört sitt jobb. När du får tillbaka topplocket måste du, innan du monterar tillbaka det på motorn, först rengöra det och ta bort alla metallpartiklar och skavande smuts som kan ha uppkommit vid underhållsarbetet på ventilerna eller när topplocket slipades. Använd tryckluft om du har tillgång till det för att blåsa ur alla oljehål och passager.

10 Topplock – ihopsättning

1 Oberoende om topplocket skickades på renovering måste du se till att det är rent innan ihopsättningen påbörjas. Observera att det finns flera små hylspluggar i topplocket. Dessa bör bytas varje gång motorn renoveras eller när topplocket renoveras (se avsnitt 13 för proceduren kring byte).
2 Om topplocket skickades iväg för underhåll är ventilerna och tillhörande delar redan på plats.
3 Montera de nya tätningarna på varje ventilstyrning. På motorer utan VVT-i (4E-FE och 4A-FE) är insugstätningens kant grå och avgastätningens kant svart. På motorer med VVT-i (4ZZ-FE och 3ZZ-FE) är insugstätningens *hus* grått och avgastätningens *hus* svart. **Observera:** *Insugs- och avgasventilerna kräver olika tätningar – Blanda INTE ihop dem.* Slå försiktigt in insugsventilernas tätningar så att de sitter på plats på styrningen **(se bild)**.
Varning: Slå inte hårt på ventiltätningarna när de väl sitter plats eftersom de då riskeras att skadas. Vrid eller spänn inte tätningarna vid monteringen eftersom de då riskerar att inte passa riktigt på ventilskaften.
4 Börja i ena änden av topplocket och smörj in och montera den första ventilen. Applicera ren motorolja på ventilskaftet.
5 Släpp ner fjädersätet eller mellanläggen över ventilstyrningen och montera dit ventilfjädern och hållaren.
6 Tryck ihop fjädrarna med en ventilfjäder-kompressor och montera försiktigt hylsorna i det övre spåret och lossa sedan försiktigt kompressorn och se till att hylsorna är korrekt monterade. Stryk på en liten klick fett på varje hylsa för att hålla den på plats om det behövs **(se bild)**.
7 Upprepa proceduren för de återstående ventilerna. Montera delarna på deras ursprungliga platser – blanda inte ihop dem.

11.1 Det krävs en upprymmare för att ta bort kanten på ovansidan av varje cylinder

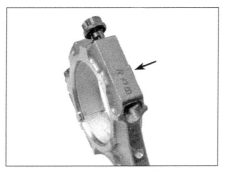

11.3 Missta inte märkningarna för vevstaks-nummer. De är identifiering för lagerstorlek

11.5 Trä slangbitar över vevstakarnas bultar innan du tar bort kolvarna

11 Kolvar/vevstakar – demontering

Observera: *Innan du tar bort kolvar/ vevstakar, ta bort topplocket, oljesumpen och oljepumpens upptagarrör genom att följa instruktionerna kapitel 2A.*

1 Använd en nagel för att känna efter om en kant har bildats på ringspelets övre kant (cirka 8 mm ner från varje cylinders överdel). Om sotavlagring eller cylinderslitage har orsakat kanter måste de tas bort helt med hjälp av ett specialverktyg **(se bild)**. Följ anvisningarna från tillverkaren som medföljer verktyget. Om du inte tar bort kanterna innan du försöker ta bort kolvar och vevstakar kan det leda till att kolven skadas.

2 När du har tagit bort cylinderkanterna, vänd motorn upp och ner så att vevaxeln är vänd uppåt.

3 Kontrollera vevstakar och överfall och titta efter markeringar. Om de inte är tydligt markerade, använd en liten körnare för att markera varje vevstake och överfall med passande nummer för inbuktning (1, 2, 3 etc. beroende på motortyp och vilken cylinder de hör samman med) **(se bild)**.

4 Lossa vevstaksöverfallens alla muttrar/ bultar i steg om 1/2 varv tills de kan tas bort för hand. Ta bort vevstaksöverfall och lagerskål nummer 1. Tappa inte lagerskålen ur överfallet.

5 Trä över en liten plast- eller gummislang på vevstaksöverfallets alla bultar (i förekommande fall) för att på så sätt skydda vevaxeltappen och cylinderväggen när kolven tas bort **(se bild)**.

6 Ta bort lagerskålen och tryck ut vevstaken/ kolven genom motorns övre del. Använd ett hammarskaft av trä för att trycka på den övre lagerytan i vevstaken. Om du stöter på motstånd, kontrollera en extra gång att alla kanter har tagits bort från cylindern.

7 Upprepa proceduren för de återstående cylindrarna. **Observera:** *Vrid vevaxeln så att vevstaken som ska tas bort nästan hamnar parallellt med cylinderloppet. Försök alltså inte att trycka ut den när den befinner sig i för stor vinkel gentemot loppet.*

8 Efter demonteringen, montera ihop vevstaksöverfallen och lagerskålarna i deras respektive vevstake och dra åt muttrarna/ bultarna för hand. Lämna de gamla lager-skålarna på plats tills det är dags för ihopsättning. På så sätt slipper du av misstag slå i eller repa lagerytorna på vestaken.

9 Skilj inte kolvarna från vevstakarna (se avsnitt 15 för mer information).

12 Vevaxel – demontering

Observera: *Vevaxeln kan endast tas bort när motorn har avlägsnats från fordonet. Det förutsätts att svänghjulet eller drivplattan, vevaxeldrevet, kamremmen/kedjan, oljesumpen, oljeupptagarslangen, oljepumpen och kolvarna/vevstakarna redan har tagits bort. Packboxen och huset (i förekommande fall) måste tas bort från blocket innan du kan fortsätta med borttagningen av vevaxeln.*

1 Innan du tar bort vevaxeln, kontrollera axialspelet. Montera en indikatorklocka med spindeln i linje med vevarmarna **(se bild)**.

2 Tryck vevaxeln helt åt ena hållet och nollställ sedan indikatorklockan. Därefter bänder du vevaxeln så långt det går åt det andra hållet och kontrollerar sedan indikatorklockan. Avståndet som den flyttar sig är axialspelet. Om det är större än vad som anges, kontrollera att vevaxelns tryckytor inte är slitna. Om du inte ser några tecken på slitage borde nya tryckbrickor justera axialspelet.

3 Om en indikatorklocka inte finns tillgänglig kan bladmått användas. Bänd försiktigt eller tryck vevaxeln helt åt ett håll. För in bladmått mellan vevaxeln och ytan på ramlager (trycklager) nummer 3 för att fastställa spelet **(se bild)**.

Motorer utan VVT-i

4 Kontrollera ramlageröverfallen och se om de har platsmarkeringar. De ska vara numrerade från höger till vänster på motorn. Om de inte är det, markera dem med en körnare. Ramlageröverfall har vanligtvis en gjuten pil som pekar till höger på motorn. Lossa ramlageröverfallets bultar i steg om 1/4 varv i motsatt ordningsföljd till den rekommenderade åtdragningsordningen **(se bild 20.9)**, tills de kan tas bort för hand.

5 Knacka försiktigt på överfallen med en mjuk hammare och ta sedan bort dem från motorblocket. Använd bultarna som hävstänger för att ta bort överfallen om det behövs. Försök att inte tappa lagerskålarna om de lossnar från överfallen.

Motorer med VVT-i

6 Arbeta i motsatt ordningsföljd mot åtdragningen **(se bild 20.12)**, skruva gradvis och jämnt loss bultarna som håller fast ramlagerstommen i motorblocket.

7 Använd en spårskruvmejsel för att försiktigt bända ut ramlagerstommen från motorblocket vid de ingjutna bändningsställena. Se till att de nedre lagerskålarrna håller sig kvar i ursprungslägena i lagerstommen.

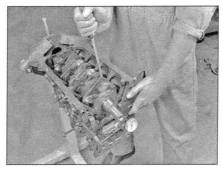

12.1 Kontrollera vevaxelns axialspel med en indikatorklocka . . .

12.3 . . . eller ett bladmått

13.1a Använd en hammare och en körnare för att knacka frostpluggarna åt sidan i deras spår

Alla motorer

8 Lyft försiktigt upp vevaxeln från motorn. Det kan vara bra att ha en medhjälpare eftersom vevaxeln är ganska tung. När lagerskålarna är på plats i motorblocket och ramlageröverfallen eller överfallen, sätt tillbaka överfallen på deras respektive plats på motorblocket och dra åt bultarna med handkraft.

13 Motorblock – rengöring

Varning: Det kan vara svårt eller till och med omöjligt att få tag på hylspluggarna om de sitter djupt nere i motorblockets kylvätskekanaler.

1 Använd den trubbiga änden på körnaren och knacka in frostpluggarna yttre kant för att vrida in pluggen i sidled i loppet. Använd sedan en tång för att dra upp frostpluggarna från motorblocket **(se bilder)**.
2 Använd en packningsskrapare och ta bort alla rester av packningsmaterial från motorblocket. Var försiktig så att du inte repar eller skadar packningarnas tätningsytor.
3 Ta bort ramlageröverfallen eller överfallen och skilj lagerskålarna från överfallen och motorblocket. Märk lagren så att det syns vilken cylinder de tillhör och om de satt i överfallet eller i motorblocket. Lägg dem sedan åt sidan.
4 Ta bort alla gängade oljeledningspluggar från motorblocket. Pluggarna sitter oftast mycket hårt – de kan behöva borras ut och

13.8 Alla bulthål i motorblocket ska rengöras och renoveras med en gängtapp

13.1b Dra ut frostpluggarna från motorblocket med en tång

hålen gängas om. Använd nya pluggar när motorn monteras ihop.
5 Om motorn är extremt smutsig bör den ångtvättas.
6 När motorblocket kommer tillbaka, rengör alla oljehål och oljeledningar en gång till. Du kan hitta borstar för just detta ändamål hos de flesta biltillbehörshandlarna. Spola passagerna med varmt vatten tills vattnet förblir klart, torka motorblocket noggrant och torka alla slipade ytor med en tunn, rostskyddande olja. Använd om möjligt tryckluft för att skynda på torkningen och för att blåsa rent i alla oljehål och kanaler.

 Varning: Bär skyddsglasögon vid arbete med tryckluft.

7 Om motorblocket inte är extremt smutsigt eller igenslammat, kan du åstadkomma bra resultat med hjälp av hett tvålvatten och en hård borste. Var noggrann vid rengöringen. Oavsett vilken rengöringsmetod som används måste du rengöra alla oljehål- och ledningar noggrant, torka motorblocket fullständigt och bestryka alla maskinslipade ytor med tunn olja.
8 De gängade hålen i motorblocket måste vara rena för att åtdragningsmomenten ska bli korrekta vid återmonteringen. Skruva en gängtapp av rätt storlek i varje hål för att ta bort rost, korrosion, tätningsmedel eller slam och för att reparera skadade gängor **(se bild)**. Använd om möjligt tryckluft för att få bort restprodukter ur hålen. Nu är det dags att rengöra gängorna på topplocksbultarna och på bultarna till ramlageröverfallet.
9 Återmontera ramlageröverfallen och dra åt bultarna med handkraft.
10 När de nya frostpluggarna tätningsytor har

13.10 En stor hylsnyckel kan användas för att driva in de nya frostpluggarna i spåren

bestrukits med tätningsmedel, montera tillbaka pluggarna i motorblocket **(se bild)**. Se till att de förs rakt in och sitter ordentligt, annars kan läckage uppstå. Det finns specialverktyg för detta ändamål men en stor hylskontakt med en ytterdiameter som passar precis i frostpluggarna, 1/2-tums förlängningsskaft och en hammare fungerar precis lika bra.
11 Applicera tätningsmedel som inte stelnar på de nya oljeledningspluggarna och gänga sedan ner dem i hålen på motorblocket. Se till att de är ordentligt åtdragna.
12 Om motorn inte ska monteras ihop på en gång ska den täckas med en stor plastpåse för att undvika att motorn smutsas ner.

14 Motorblock – kontroll

1 Innan motorblocket kontrolleras bör det rengöras enligt beskrivningen i avsnitt 13.
2 Se över motorblocket och titta efter sprickor och korrosion. Leta efter skadade gängor i hålen. Det är även en bra idé att låta en motorrenoveringsspecialist, som har de specialverktyg som krävs, kontrollera motorblocket och titta efter dolda sprickor. Detta kan vara särskilt viktigt om fordonet har blivit överhettat eller om kylvätska har använts. Om skador upptäcks, låt någon reparera motorblocket eller byt ut det.
3 Om det föreligger några tvivel om motorblockets skick, låt en motorrenoveringsspecialist kontrollera och mäta det. Om loppen är slitna eller skadade kan de borra om dem och tillhandahålla kolvar med överstorlek etc.

15 Kolvar/vevstakar – kontroll

1 Innan kontrollen kan utföras måste kolvarna/vevstakarna rengöras, och de ursprungliga kolvringarna tas bort från kolvarna. **Observera:** *Använd alltid nya kolvringar när motorn monteras ihop.*
2 Dra försiktigt bort de gamla ringarna från kolvarna. Använd två eller tre gamla bladmått för att hindra att ringarna ramlar ner i tomma spår **(se bild)**. Var noga med att inte repa

15.2 Använd gamla bladmåttsblad för att försiktigt böja ut kolvringarna

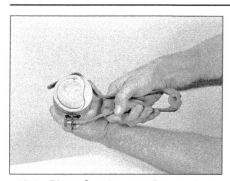

15.4a Ringspåren kan rengöras med ett specialverktyg, som visas här . . .

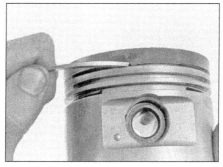

15.4b . . . eller med en del av en trasig ring

kolven med ringändarna. Ringarna är sköra och går sönder om de bänds ut för långt. De är också mycket vassa – skydda dina fingrar och händer.

3 Skrapa bort alla spår av sot från kolvens överdel. En vanlig stålborste (eller fin smärgelduk) kan användas när de flesta avlagringar har skrapats bort. Använd inte under några omständigheter en stålborste som har monterats på en borrmaskin för att ta bort avlagringar från kolvarna. Kolvmaterialet är mjukt och kan få nötningsskador av stålborsten.

4 Använd ett verktyg för rengöring av kolvringar för att ta bort sotavlagringar från ringspåren. Om du inte har tillgång till ett verktyg kan en bit från en gammal ring fungera. Se till att enbart skrapa bort sotet – ta inte bort någon metall och repa inte sidorna på ringspåren **(se bilder)**.

5 När du har tagit bort avlagringarna rengör du kolvar och vevstakar med lösningsmedel och torkar dem med tryckluft (om du har tillgång till det). Se till att oljereturhålen på baksidan av ringspåren och oljehålen i varje vevstakes nedre del är rena.

6 Om kolvarna och cylinderväggarna inte är skadade eller mycket slitna och om motorblocket inte borras om, behövs inga nya kolvar. Normalt kolvslitage visar sig som jämnt vertikalt slitage på kolvens stötytor, och som att den översta ringen sitter något löst i sitt spår. Nya kolvringar bör dock alltid användas vid en motorrenovering.

7 Undersök försiktigt varje kolv och titta efter sprickor runt manteln, vid tapparna och vid spåryttan.

8 Leta efter spår och repor på mantelns stötytor, hål i kolvarna och brända områden på kronänden. Om manteln är repad eller nött kan det bero på att motorn har överhettats och/eller på onormal förbränning som orsakat för höga arbetstemperaturer. Kontrollera kyl- och smörjningssystemen noga. Ett hål i kolven är ett tecken på att onormal förbränning (förtändning) har förekommit. Brända områden på kanten av kolvkronan är normalt sett tecken på knackningar (tändningsknack). Vid något av ovanstående problem måste orsakerna åtgärdas, annars kommer skadan att uppstå igen. Bland orsakerna återfinns insugsluftläckage, felaktig luft/

bränsleblandning, felaktig tändningsinställning och fel i EGR-systemet.

9 Punktkorrosion på kolven är ett tecken på att kylvätska har läckt in i förbränningskammaren och/eller vevhuset. Även här måste den bakomliggande orsaken åtgärdas, annars kan problemet bestå i den ombyggda motorn.

10 Om det föreligger några tvivel om skicket på kolvar och vevstakar, låt en motorrenoveringsspecialist kontrollera och mäta dem. Om nya delar skulle krävas kan han/hon tillhandahålla väldimensionerade kolvar/ringar och borra om motorblocket (om det behövs).

16 Vevaxel – kontroll

1 Rengör vevaxeln med fotogen eller annat lämpligt lösningsmedel och torka den. Använd helst tryckluft om det finns tillgängligt. Var noga med att rengöra oljehålen med piprensare eller liknande så att de inte är igensatta.

⚠️ *Varning: Använd skyddsglasögon vid arbete med tryckluft.*

2 Kontrollera ramlagertappar och vevlagertappar beträffande ojämnt slitage, repor, gropigheter och sprickor.

3 Slitage i vevstakslagren åtföljs av märkbara metalliska knackningar när motorn är igång (de märks särskilt tydligt när motorns varvtal ökar från lågt varvtal), samt en viss minskning av oljetrycket.

4 Slitage i ramlagret åtföljs av starka motorvibrationer och ett dovt ljud – som ökar i takt med att motorns varvtal ökar – samt minskning av oljetrycket.

5 Kontrollera lagertappen och titta efter strävheter genom att försiktigt föra ett finger över lagertappen. Om du upptäcker ojämnheter (som naturligtvis leder till lagerslitage) måste vevaxeln borras om (om möjligt) eller bytas ut.

6 Om vevaxeln har borrats om, kontrollera om det finns borrskägg runt vevaxelns oljehål (hålen är oftast fasade, så borrskägg bör inte vara något problem om inte omborrningen

skötts slarvigt). Ta bort eventuella borrskägg med en fin fil eller avskrapare, och rengör oljehålen noggrant enligt beskrivningen ovan.

7 Låt en auktoriserad verkstad mäta vevaxeltapparna. Om vevaxeln är sliten eller skadad kan verkstaden eventuellt slipa om den och tillhandahålla lagerskålar i understorlek. Om det inte finns några lagerskålar i understorlek tillgängliga och vevaxeln är mer sliten än vad som är tillåtet, måste den bytas ut. Rådfråga din Toyota-återförsäljare eller motorspecialist för mer information om tillgängligheten för vissa delar.

17 Ramlager och vevstakslager – kontroll

Kontroll

1 Även om ram- och vevlagren ska bytas vid motoröversynen, bör de gamla lagren behållas och undersökas noggrant eftersom de kan ge värdefull information om motorns skick **(se bild)**.

2 Lagerfel kan uppstå på grund av bristande smörjning, förekomst av smuts eller främmande partiklar, överbelastning av motorn eller korrosion. Oavsett vilken orsaken till lagerhaveriet är måste felet korrigeras innan motorn monteras ihop, för att förhindra att problemet uppstår igen.

3 När du undersöker lagren, ta bort dem från motorblocket, ramlageröverfallen, vevstakarna och vevstaksöverfallen och lägg ut dem på en ren yta i ungefär samma läge som i motorn. Därigenom kan man se vilken vevtapp som har orsakat lagerproblemen.

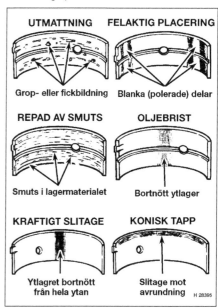

17.1 Typiska lagerbrott

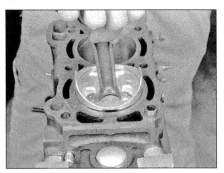

19.3 Ringen måste vara rak i loppet när du kontrollerar kolvringens ändgap

4 Smuts och andra partiklar kan komma in i motorn på flera olika sätt. Smuts kan t.ex. finnas kvar i motorn från ihopsättningen eller komma in genom filter eller PCV-systemet. Den kan hamna i oljan, och därmed tränga in i lagren. Metallspån från slipning och normalt slitage förekommer ofta. Slipmedel finns ibland kvar i motorn efter en renovering, speciellt om delarna inte har rengjorts noggrant på rätt sätt. Sådana främmande föremål bäddas ofta så småningom in i det mjuka lagermaterialet och är lätta att upptäcka. Stora partiklar bäddas inte in i lagret, de repar eller gör hål i lagret och axeltappen. Det bästa sättet att förebygga den här orsaken till lagerhaveri är att rengöra alla delar noggrant och att hålla allting skinande rent vid återmonteringen av motorn. Täta och regelbundna oljebyten är också att rekommendera.

5 Oljebrist har ett antal relaterade orsaker. Överhettning (som tunnar ut oljan), överbelastning (som tränger undan oljan från lagerytan) och oljeläckage eller utkastning (p.g.a. för stora lagerspel, sliten oljepump eller höga motorvarv) kan orsaka problemet. Även igensatta oljekanaler, som vanligen beror på felpassade oljehål i en lagerskål, stryper oljetillförseln till ett lager och förstör det. Om ett lagerhaveri beror på oljebrist slits eller pressas lagermaterialet bort från lagrets stålstödplatta. Temperaturen kan stiga så mycket att stålplattan blir blå av överhettning.

6 Körvanorna kan påverka lagrens livslängd betydligt. Låg fart med en för hög växel (segdragning) belastar lagren mycket hårt och tenderar att pressa ut oljefilmen. Dessa

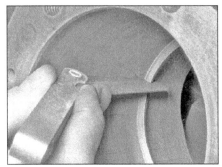

19.4 Med ringen vinkelrätt i loppet mäter du ändgapet med ett bladmått

belastningar kan få lagren att vika sig, vilket leder till fina sprickor i lagerytorna (utmattningsfel). Till sist kommer lagermaterialet att gå i bitar och slitas bort från stålplattan. Att enbart köra korta bilturer leder till korrosion på lagren, eftersom motorn aldrig hinner bli tillräckligt varm för att driva bort kondenserat vatten och korrosiva gaser. Dessa restprodukter samlas istället i motoroljan och bildar syra och slam. När oljan sedan leds till motorlagren angriper syran lagermaterialet.

7 Felaktig lagerinställning vid ihopmonteringen av motorn leder också till lagerhaveri. Hårt sittande lager ger otillräckligt lagerspel för oljan, vilket resulterar i att oljan inte kommer fram. Smuts eller främmande partiklar som fastnat bakom en lagerinsats kan resultera i upphöjningar på lagret, vilket i sin tur leder till haveri.

8 *Rör inte* vid lagerskålarnas lageryta med fingrarna vid monteringen. Du kan råka skrapa eller förorena den känsliga ytan.

9 Som nämnts i början på detta kapitel, bör lagerskålarna bytas ut som en standardåtgärd vid motorrenovering. Allt annat är dålig ekonomi.

18 Motoröversyn – ihopsättningsordning

1 Innan du påbörjar ihopsättningen av motorn, se till att du har alla nya reservdelar som behövs, packningar och tätningar samt följande delar:
Vanliga handverktyg.
En 1/2-tums momentnyckel med förlängning.
Ett monteringsverktyg för kolvringar.
Kolvringskompressor.
Korta gummi- och plastslangsbitar som passar till bultarna på vevstaken.
Bladmått.
En fintandad fil.
Ny motorolja.
Motorsmörjmedel eller molybdenbaserat fett.
Packningstätningsmedel.
Gänglåsningsmedel.
2 För att spara tid och undvika problem måste ihopsättningen av motorn utföras i följande generella ordningsföljd:
Kolvringar (del B).
Vevaxel och ramlager (del B).
Kolvar/vevstakar (del B).
Huvudoljetätning (vevaxelns packbox, del A).
Topplock och ventillyftare (del A).
Kamaxlar (del A).
Oljepump (del A).
Kamrem/kamkedja och kedjedrev (del A).
Kamremskåpa (del A).
Oljeupptagare (del A).
Oljesump (del A).
Insugs- och avgasgrenrör (kapitel 4A).
Ventilkåpa (del A).
Svänghjul/drivplatta (del A).

19 Kolvringar – återmontering

1 Innan du monterar nya kolvringar, måste deras öppningar kontrolleras.
2 Lägg ut kolvarna/vevstakarna och de nya kolvringarna så att ringarna paras ihop med samma kolv och cylinder såväl vid mätning av ändgapen som vid efterföljande ihopsättning av motorn.
3 Sätt i den övre ringen (nummer ett) i den första cylindern och placera den vinkelrätt mot cylinderväggarna genom att trycka in den med kolvens övre del **(se bild)**. Placera ringen nära cylinderns botten, vid den nedre gränsen för ringrörelsen.
4 När du ska mäta ändgapet låter du bladmått glida in mellan ringens ändar, tills du hittar ett blad som motsvarar avståndet **(se bild)**. Bladmåttet ska glida in mellan ringändarna med lite motstånd. Jämför måttet med det mått som du hittar i specifikationerna i detta kapitel. Om avståndet är större eller mindre än vad som har angivits dubbelkollar du att du har rätt ringar innan du går vidare.
5 Om öppningen är för liten (inte troligt om äkta Toyota-delar används), måste den förstoras, annars kommer ringändarna i kontakt med varandra medan motorn körs och omfattande skador uppstår. Helst ska nya kolvringar med korrekt ändgap monteras. Som en sista utväg kan öppningen förstoras genom att ringändarna försiktigt filas ner med en fin fil. Fäst filen i ett skruvstäd med mjuka käftar, trä ringen över filen med ändarna mot filytan och rör långsamt ringen för att slipa ner kanterna. Var försiktig, kolvringar är vassa och går lätt sönder.
6 Ett ändgap som är lite större än servicegränsen som listas i detta kapitels specifikationer innebär normalt sett inga problem. Dubbelkontrollera för att se till att du har rätt sorts ringar till din motor.
7 Upprepa proceduren för alla ringar som ska monteras i cylinder nr 1 och sedan för ringarna i de återstående cylindrarna. Kom ihåg att hålla ihop ringar, kolvar och cylindrar.
8 När ringarnas ändgap har kontrollerats/justerats, kan ringarna monteras på kolvarna.
9 Montera kolvringarna med samma teknik som användes vid demonteringen. Montera den nedre ringen (oljekontrollringen) först, och arbeta sedan uppåt. När du monterar en tredelad oljeskrapring sätter du först i expandern. Montera sedan den nedre skenan med dess gap placerat 120° från expandergapet och montera sedan den övre skenan med dess gap placerat 120° från den nedre skenan. När du monterar en tvådelad oljeskrapring sätter du först i expandern. Montera sedan skrapringen med dess gap placerat 180° från expandergapet. Se till att den andra kompressionsringen är monterad åt rätt håll med identifikationsmarkeringen (antingen en färgklick eller ordet TOP stämplat på ringytan) uppåt och den avplanade

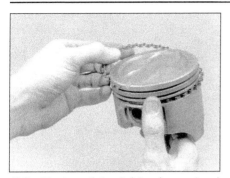

19.9a Montera distansbrickan/expandern i oljeskrapringsspåret

19.9b Använd inte ett verktyg för kolvrings-montering när du sätter dit ringens sidoskenor

20.8a Vrid tryckbrickan på plats med oljespåren vända utåt

avsatsförsedda ytan nedåt **(se bilder)**. Placera gapen på den övre och den andra kompressionsringen 120° på båda sidor av oljeskrapringens gap men se till att inget av ringens gap är placerat över kolvbultshålet. **Observera:** *Följ alltid instruktionerna som medföljer de nya uppsättningarna med kolvringar – olika tillverkare kan ange olika tillvägagångssätt. Förväxla inte den övre och den andra kompressionsringen, eftersom de ser olika ut i genomskärning.*

20 Vevaxel – återmontering

1 Montering av vevaxeln är det första större steget vid ihopsättning av motorn. I detta skede förutsätts att motorblock och vevaxel har rengjorts, kontrollerats och reparerats eller renoverats.
2 Placera motorn med botten uppåt.
3 Ta bort ramlageröverfallets bultar och lyft ut överfallen (i förekommande fall). Lägg ut överfallen i rätt ordning.
4 Om de fortfarande sitter på plats tar du bort de gamla lagerskålarna från motorblocket och ramlageröverfallen/ramlagerstommen Torka ramlagerytorna på motorblocket och överfallen/ramlagerstommen med en ren, luddfri trasa. De måste vara helt rena.
5 Rengör baksidorna på de nya insatserna till ramlagret och lägg lagerhalvorna med oljespåret i varje ramlagersäte på motorblocket. Lägg den andra lagerhalvan från varje lageruppsättning i motsvarande ramlageröverfall/ramlagerstomme. Se till att fliken på varje lagerinsats passar i inskärningen på motorblocket eller överfallet/ramlagerstommen. Motorblockets oljehål måste också riktas in enligt oljehålen i lagerinsatsen.
6 Rengör motorblockets lagerytor och applicera sedan ett tunt jämnt lager av rent molybdenbaserat fett eller motorsmörjmedel på samtliga lagerytor. Stryk även på tryckbrickorna och placera dem på båda sidor av lager nummer 3 med oljespåren vända utåt.
7 Smörj vevaxelytorna som är i kontakt med packboxarna med molybdenbaserat smörjmedel, motorsmörjmedel eller ren motorolja.

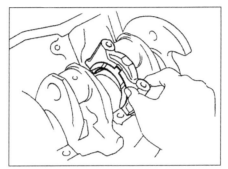

20.8b Montera tryckbrickan i överfall nummer tre med oljespåren vända utåt

Motorer utan VVT-i

8 Se till att vevaxeltapparna är rena och sätt sedan tillbaka vevaxeln i motorblocket. Rengör lagerytorna i överfallet och smörj dem. Montera överfallen på respektive plats med pilarna riktade mot motorns framsida. De nedre låsringsförsedda tryckbrickorna ska placeras på överfallen med spåren vända UTÅT och med låsringarna i överfallens spår **(se bilder)**.
9 Applicera ett tunt lager olja på bultgängorna och undersidan av bultskallarna och montera dem sedan. Dra åt ramlageröverfallens alla bultar till korrekt moment och följ den rekommenderade ordningsföljden **(se bild)**.

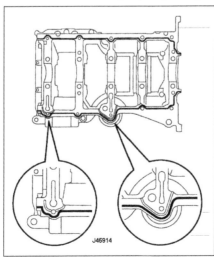

20.11 Stryk på ett 2 mm brett lager tätningsmedel på ramlagerstommen

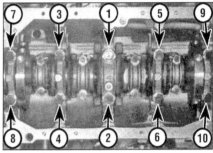

20.9 Åtdragningsordning för bultar till ramlageröverfall – 4E-FE- och 4A-FE-motorer utan VVT-i

Motorer med VVT-i

10 Se till att vevaxeltapparna är rena och sätt sedan tillbaka vevaxeln i motorblocket. Rengör lagerytorna i ramlagerstommen och smörj dem.
11 Stryk på ett 2 mm brett lager tätningsmedel (Toyota nr 08826-00080) på ramlagerstommen **(se bild)**. Montera ramlagerstommen inom tre minuter, annars stelnar tätningsmedlet.
12 Montera tillbaka lagerstommens bultar och dra åt den inre raden med 10 bultar i rätt ordningsföljd till åtdragningsmomentet i steg 1, och vinkeldra sedan till den vinkel som anges i steg 2 **(se bild)**. Dra åt de ramlagerstommens återstående bultar till angivet åtdragningsmoment.

Alla motorer

13 Vrid vevaxeln ett antal gånger för hand och kontrollera att det inte finns några uppenbara tecken på kärvning.

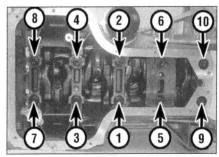

20.12 Åtdragningsordning för ramlagerstommens bultar – 4ZZ-FE- och 3ZZ-FE-motorer med VVT-i

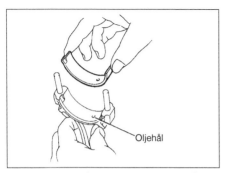

21.3 Justera hålet i lagret med oljehålet i vevstaken

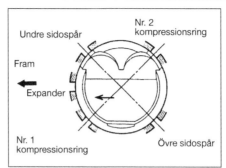

21.5a Lägen för kolvringarnas ändgap på 1,3-liters motorer

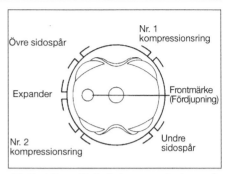

21.5b Lägen för kolvringarnas ändgap på 1,6-liters motorer utan VVT-i

14 Kontrollera vevaxelns axialspel med ett bladmått eller en indikatorklocka enligt beskrivningen i avsnitt 12. Axialspelet bör vara korrekt om vevaxelns stötytor inte är slitna eller skadade och nya tryckbrickor har monterats.

15 Montera en ny packbox och fäst sedan motorblockets fäste (i förekommande fall) – se del A i detta kapitel.

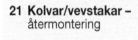
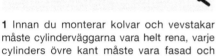

21 Kolvar/vevstakar – återmontering

1 Innan du monterar kolvar och vevstakar måste cylinderväggarna vara helt rena, varje cylinders övre kant måste vara fasad och vevaxeln måste sitta på plats.

2 Ta bort överfallet från änden av vevstake nummer 1 (se markeringarna som gjordes under demonteringen). Ta bort de ursprungliga lagerskålarna och torka lagerytorna på vevstaken och överfallet med en ren, luddfri trasa. De måste vara helt rena.

3 Rengör baksidan på den nya övre lagerskålen och sätt den sedan på plats i vevstaken. Se till att fliken på lagret passar i spåret på vevstaken så att oljehålen är i linje **(se bild)**. Slå inte lagerinsatsen på plats och var försiktig så att du inte repar eller skadar lagerytan.

4 Rengör baksidan på den andra lagerskålen och montera den i vevstaksöverfallet. Se än

en gång till att fliken på lagret passar i spåret på överfallet och stryk inte på smörjmedel. Det är mycket viktigt att fogytorna på lager och vevstake är rena och fria från olja när de monteras.

5 Placera kolvringsglappen med jämna intervall runt kolven **(se bilder)**.

6 Trä en bit plast- eller gummislang över varje vevstaksbult för att skydda cylinderloppet.

7 Smörj kolv och ringar med ren motorolja och anslut en kolvringskompressor till kolven. Låt manteln sticka fram ungefär 8,0 mm för att styra in kolven i cylindern. Ringarna måste tryckas ihop tills de är i jämnhöjd med kolven.

8 Vrid vevaxeln tills tappen på vevaxeln är i nedre dödpunktsläget och stryk på ett lager motorolja på cylinderväggen.

9 Med pressförsänkningen eller pilen ovanpå kolven **(se bild)** vänd mot framsidan på motorn sätter du försiktigt i kolven/vevstaken i cylinderlopp nummer 1 och låter ringkompressorns nedre del vila på motorblocket.

10 Knacka på ringkompressorns övre del för att kontrollera att den ligger an mot motorblocket runt om.

11 Knacka försiktigt med ett hammarskaft av trä på kolvens överdel **(se bild)** samtidigt som du styr vevstaksänden på plats till vevaxeltappen. Kolvringarna kan lossna från ringkompressorn precis innan de kommer in i cylinderloppet, så håll lite nedåtriktat tryck på ringkompressorn. Arbeta långsamt och om du känner något som helst motstånd

när kolvarna kommer in i cylindern, stanna omedelbart. Ta reda på vad som tar i och åtgärda motståndet innan du går vidare.

Varning: Tvinga under inga omständigheter in kolven i cylindern – du kan bryta av en ring och/eller kolven.

12 Se till att lagerytorna är helt rena och stryk sedan på ett jämnt lager av rent molybdenbaserat smörjmedel eller motorsmörjmedel på dem båda. Du måste trycka upp kolven högre i cylindern för att komma åt lagerskålens yta i vevstaken. Se till att du trär över skyddande slangar över vevstaksbultarna först.

13 För tillbaka vevstaken på axeltappen, ta bort de skyddande slangarna från bultarna till vevstaksöverfallet, montera vevstaksöverfallet och dra åt muttrarna till korrekt åtdragningsmoment.

14 Upprepa hela proceduren för återstående kolvar/vevstakar.

15 De viktigaste huvudpunkterna är:

a) Håll baksidan av lagerskålarna och vevstakarnas och överfallens insidor helt rena när de sätts ihop.

b) Se till att du har rätt kolv/vevstake till varje cylinder.

c) Pressförsänkningen eller pilen på kolven måste vara vända mot motorns framsida.

d) Smörj cylinderväggarna med ren olja.

e) Smörj lagerytorna.

16 När alla kolv- och vevstaksenheter har monterats korrekt vrider du vevaxeln ett antal gånger för hand för att söka efter uppenbara kanter och kärvningar.

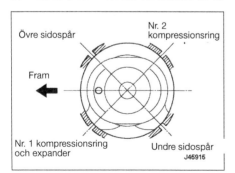

21.5c Lägen för kolvringens ändgap på 1,4-liters 4ZZ-FE- och 1,6-liters 3ZZ-FE-motorer med VVT-i

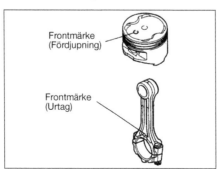

21.9 Försäkra dig om att markeringarna på kolven och vevstaken är i linje med varandra

21.11 Kolven kan (försiktigt) föras in i cylinderloppet med hjälp av änden på ett hammarskaft

22 Första starten efter renovering

 Varning: Se till att ha en eldsläckare nära till hands när du startar motorn för första gången.

1 Dubbelkolla motoroljenivån och kylvätskenivån när motorn har monterats i bilen.

2 Med tändstiften bortskruvade och tändsystemet och bränslepumpen avaktiverade (se avsnitt 2 i kapitel 4A), dra runt motorn tills oljetrycket syns på mätaren eller tills ljuset slocknar.

3 Montera tändstiften, anslut tändkablar/ spolar (i förekommande fall) och återställ funktionerna för tändsystem och bränslepump.

4 Starta motorn. Det kan ta ett litet tag innan bränslesystemet kan bygga upp tryck men motorn bör kunna startas utan större problem.

5 När motorn startar ska den värmas upp till normal arbetstemperatur. När motorn värms upp, gör en noggrann kontroll och titta efter bränsle-, olje- och kylvätskeläckage.

6 Stäng av motorn och kontrollera motoroljans och kylvätskans nivå på nytt.

7 Kör fordonet till ett område med lite trafik, accelerera från 50 - 80 km/h och minska sedan hastigheten till 50 km/h med gasspjället stängt. Upprepa proceduren 10 eller 12 gånger. Detta gör att kolvringarna belastas vilket leder till att de hamnar i en lämplig position i förhållande till cylinderväggarna. Gör ännu en kontroll och titta efter olje- och kylvätskeläckage.

8 Kör fordonet försiktigt de första 800 kilometrarna (inga ihållande höga hastigheter) och håll ständigt ett öga på oljenivån. Det är inte ovanligt att motorn drar olja under inkörningsperioden.

9 Efter ungefär 8-900 km bör du byta olja och filter.

10 Kör sedan fordonet som vanligt ett tag till. Kör inte överdrivet försiktigt eller hårt.

11 Efter ungefär 3 200 km bör du byta olja och filter igen och dessutom överväga att köra in motorn igen.

Anteckningar

Kapitel 3
Kyl-, värme- och luftkonditioneringssystem

Innehåll

Svårighetsgrad

Enkelt, passar novisen med lite erfarenhet	Ganska enkelt, passar nybörjaren med viss erfarenhet 	Ganska svårt, passar kompetent hemmamekaniker 	Svårt, passar hemmamekaniker med erfarenhet	Mycket svårt, för professionell mekaniker

Specifikationer

Allmänt

Motorkoder:
1,3-liters motor (1 332 cc) utan VVT-i	4E-FE
1,4-liters motor (1 398 cc) med VVT-i	4ZZ-FE
1,6-liters motor (1 587 cc) utan VVT-i	4A-FE
1,6-liters motor (1 598 cc) med VVT-i	3ZZ-FE
Kylarlockets tryckkapacitet	0,74 till 1,03 bar
Termostatkapacitet.	82 °C

Luftkonditioneringssystemets kylmedium:
Typ	R-134a
Mängd	650 ± 50 g

Termostatbrytare:
Öppen vid	93 °C
Stängd vid	83 °C
Luftkonditioneringens oljetyp	ND-Oil 9

Åtdragningsmoment

	Nm
Kompressorns fästbultar	25

Bultarna mellan kylvätskepumpen och motorblocket:
4E-FE motor	19
4A-FE motor	14
4ZZ-FE motor	10
3ZZ-FE motor	10

Termostatkåpans bultar:
4E-FE motor	6
4A-FE motor	10
4ZZ-FE motor	9
3ZZ-FE motor	9

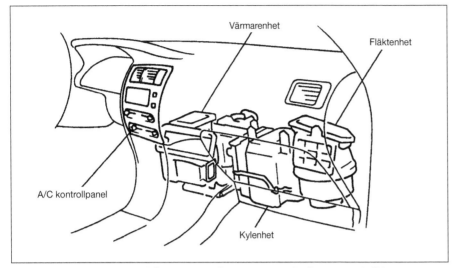

1.1 Fläktenhet, förångare och värmeenehet under instrumentbrädan
(vänsterstyrd modell visas, högerstyrd är spegelvänd)

1 Allmän information

Motorns kylsystem

Alla bilar som behandlas i den här handboken har ett trycksatt motorkylningssystem där kylvätskecirkulationen kontrolleras av en termostat. Det sitter en kylvätskepump av skolvelhjulstyp på framsidan av motorblocket och pumpar kylvätska genom motorn. Kylvätskan flyter runt varje cylinder och mot motorns bakre del. Ingjutna kylvätskekanaler riktar kylvätskan runt insugs- och avgasportarna, nära tändstiften och avgasventilstyrningarna.

En vaxtermostat sitter i termostathuset på motorns växellådsände (motorer utan VVT-i) eller på framsidan av motorblocket (motorer med VVT-i). Under uppvärmningen förhindrar den stängda termostaten att kylvätskan cirkulerar genom kylaren. När motorn närmar sig normal arbetstemperatur öppnas termostaten och låter varm kylvätska passera genom kylaren, där den kyls ner innan den återvänder till motorn.

Kylsystemet tätas med ett kylarlock av trycktyp. Detta höjer kylvätskans kokpunkt, och ju högre kokpunkt den har desto effektivare blir kylarens kyleffekt. Om systemets tryck överstiger gränsvärdet för lockets tryckventil tvingar övertrycket i systemet loss den fjäderbelastade ventilen i locket från sätet och låter kylvätskan ta sig ut genom överflödesröret till en kylvätskebehållare. När systemet kyls ner förs överskottet automatiskt tillbaka från behållaren till kylaren.

Kylvätskebehållaren fungerar både som den plats där ny kylvätska tillsätts i kylsystemet för att behålla rätt vätskenivå och som en förvaringsbehållare för alltför varm kylvätska.

Den här typen av kylsystem kallas stängt system eftersom den kylvätska som tar sig ut förbi tryckventilen sparas och återanvänds.

Värmesystem

Värmesystemet består av en fläkt och ett värmepaket i värmeenhetens hus under instrumentbrädan, in- och utloppsslangarna ansluter värmepaketet till motorns kylsystem och värmeenhetens/luftkonditioneringens kontrollpanel på instrumentbrädan **(se bild)**. Motorns kylvätska cirkulerar genom värmepaketet. När värmeläget är aktivt öppnas en klaff som visar värmeenheten i passagerarutrymmet. Fläktmotorn aktiveras med hjälp av en fläktbrytare på manöverpanelen. Fläkten tvingar luft genom värmepaketet som värmer upp luften.

Luftkonditioneringssystem

Luftkonditioneringssystemet består av en kondensor som sitter på kylarens framsida, en kylare bredvid värmepaketets motor, en kompressor på motorn, en behållare/avfuktare som har en högtrycksventil samt rör- och slangsystemet som förbinder det ovanstående.

En fläkt tvingar den varma luften från passagerarutrymmet genom förångarens värmepaket (ungefär som en omvänd kylare) och

2.1 Kontrollera styrkan i frostskydds-medelsblandningen med en hydrometer

överför värmen från luften till kylmediet. Det flytande kylmediet kokar upp till lågtrycksånga som tar med sig värmen när den lämnar förångaren. Kompressorn gör att kylmediet cirkulerar genom systemet och pumpar det uppvärmda kylmediet genom kondensorn där det kyls ner och sedan åter cirkulerar tillbaka till förångaren.

2 Frostskyddsmedel/kylvätska – allmän information

⚠️ **Varning: Låt inte frostskyddsvätska komma i kontakt med huden eller lackerade ytor på bilen. Spola omedelbart bort eventuellt spill med stora mängder vatten. Frostskyddsmedel är mycket giftigt att förtära. Lämna aldrig frostskyddsmedel i en öppen behållare eller ens i pölar på golvet. Barn och husdjur kan lockas av dess söta doft och smaka på det. Fråga den lokala miljömyndigheten om var använt kylmedium ska tas om hand. Många kommuner har miljöstationer som ser till att frostskyddsmedlet tas om hand på rätt sätt. Häll aldrig ut använt kylmedium på marken eller i avlopp.**

Kylsystemet ska fyllas med en lösning bestående av vatten och etylenglykolbaserat frostskyddsmedel. Andelen kylvätska ska vara så hög att frysning förhindras ner till minst -30 °C, eller lägre om det lokala klimatet så kräver. Frostskyddsmedlet ger även skydd mot rost och höjer kokpunkten.

Kylsystemet ska tömmas, spolas och fyllas på regelbundet (se kapitel 1). Om man använder frostskyddsmedel under längre perioder riskerar man att det orsakar skador, rostbildning och avlagringar i systemet. Om kranvattnet där du bor är hårt, d.v.s. innehåller höga halter av upplösta mineraler, använd destillerat vatten tillsammans med frostskyddsmedlet.

Innan du fyller på frostskyddsmedel i systemet, kontrollera alla slanganslutningar eftersom frostskyddsmedel har en tendens att söka sig ut och läcka genom även den minsta öppning. Motorn förbrukar normalt inte kylvätska. Om nivån sjunker ska du därför hitta orsaken och åtgärda den.

Det exakta blandningsförhållandet mellan frostskyddsvätska och vatten beror på vädret. Blandningen ska innehålla minst 50 procent frostskyddsmedel, men aldrig mer än 70 procent frostskyddsmedel. Läs blandningsdiagrammet på behållaren innan du fyller på med kylvätska. Hydrometrar finns hos de flesta bil- och reservdelsaffärer och används för att testa förhållandet mellan frostskyddsmedel och vatten **(se bild)**. Använd frostskyddsvätska som motsvarar fordonstillverkarens specifikationer.

Observera: *Frostskyddsmedlet från Toyota-återförsäljare är färdigblandat och behöver inte spädas ut ytterligare.*

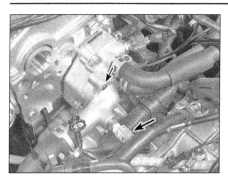

3.6 Koppla loss brytarkontakten (se pilar) och ta bort de båda muttrarna (pil visar övre mutter)

3.8 Termostaten är fäst med en fjäder, mot topplocket

3.9 Termostatens packning sitter runt termostatens kant

3 Termostat – test och byte

Varning: Försök inte att ta bort kylarlocket, kylvätska eller termostaten innan motorn har svalnat helt.

Kontroll

1 Innan du utgår ifrån att termostaten är orsaken till problemet i kylsystemet, kontrollera kylvätskenivån (kapitel 1), drivremmens spänning (kapitel 1) och temperaturmätaren (eller lampan).

2 Om motorn tar lång tid att bli varm (observera värmeenhetens effekt eller temperaturmätaren) har termostaten förmodligen fastnat i öppet läge. Byt termostaten.

3 Om motorn blir varm, använd handen för att kontrollera temperaturen på kylarens övre slang. Om slangen inte är het, trots att motorn är det, har termostaten förmodligen fastnat i stängt läge, vilket hindrar kylvätskan i motorn från att gå igenom kylaren. Byt termostaten.

Varning: Kör inte bilen utan termostat. Styrmodulen för motorstyrning kan fastna i öppet läge vilket leder till försämrade utsläpp och sämre bränsleekonomi.

4 Om kylarens övre slang är het betyder det att kylvätskan rinner om att termostaten är öppen. Läs avsnittet om *felsökning* i slutet av handboken för mer information om felsökning.

Byte

5 Töm ut kylvätskan från kylaren (se kapitel 1).

Motorer utan VVT-i

6 Koppla loss kylfläktens temperaturbrytarkontakt från termostatkåpan på topplockets vänstra del **(se bild)**.

7 Koppla loss termostatkåpan från huset. Var beredd på att det kan spillas ut lite kylvätska när tätningspackningen bryts. Kylarslangen kan lämnas ansluten på kåpan om inte själva kåpan ska bytas.

8 Ta bort termostaten, observera i vilken riktning den är monterad på kåpan eller huset och rengör tätningsytorna noggrant **(se bild)**.

9 Sätt dit en ny packning på termostaten **(se bild)**. Se till att den sitter jämnt.

10 På motorer 4A-FE monterar du termostaten och kåpan, passa in styrstiftet i det högsta läget. På motor 4E-FE placerar du termostaten på kåpan med styrstiftet linjerat med det upphöjda mönstret på kåpan, monter sedan kåpan och termostaten.

11 Dra åt kåpans fästen till det moment som anges i det här kapitlets specifikationer och sätt tillbaka återstående delar i motsatt ordning mot borttagningen.

Motorer med VVT-i

12 Ta bort generatorn enligt beskrivningen i kapitel 5A.

13 Skruva loss de två muttrarna och ta termostatkåpan **(se bild)**.

14 Ta bort termostaten. Kasta tätningen, du måste sätta dit en ny **(se bild)**.

15 Sätt dit en ny tätning på termostaten och sätt den på plats på motorblocket, med styrstiftet i läget "klockan 12" **(se bild)**.

16 Sätt tillbaka termostatkåpan och dra åt muttrarna till angivet moment.

17 Sätt tillbaka generatorn enligt beskrivningen i kapitel 5A.

Alla motorer

18 Fyll på kylsystemet (se kapitel 1), kör motorn och leta efter läckor och att systemet fungerar.

4 Motorkylfläkt och relä – test och byte

Varning: Undvik fläktbladen eftersom de kan börja snurra när som helst, annars kan du skada dig.

Kontroll

Motorer utan VVT-i

Observera: *Det finns ingen brytare för kylfläktstemperatur på motorer med VVT-i. Kylvätsketemperaturen övervakas av motorstyrningsenheten via temperaturgivaren för kylvätska, och fläktarna styrs genom att kylfläktsreläerna matas.*

1 Om kylarfläkten inte stängs av när motorn är kall, koppla loss kontaktdonet från kylfläktens temperaturbrytare **(se bild 3.6)**.

3.13 Skruva loss termostatens täckmuttrar

3.14 Kasta termostatens tätning och sätt dit en ny

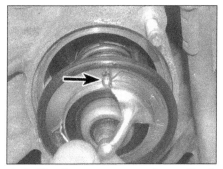

3.15 Sätt dit termostaten med styrstiftet i läget "klockan 12"

4.2 Brytaren (se pil) för kylfläktsreglaget på termostatkåpan

4.3 Koppla ifrån kontakten (se pil) och anslut startkablarna till batteriets plus- och minuspoler

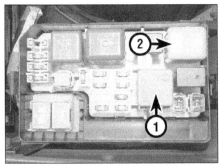

4.5 Kylfläktsrelä nr 1 (1) och huvudmotorrelä (2)

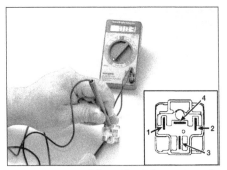

4.6 Kontrollera fläktreläet (Nippondenso). Utan spänningsmatning ska det finnas förbindelse mellan 1 och 2, samt 3 och 4 – med spänningsmatning över 1 och 2 ska det INTE finnas förbindelse mellan 3 och 4

På reläer från Bosch ignorerar du anslutningsnumren och testar det som det här reläet från Nippondenso

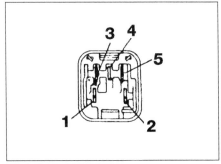

4.7 Anslutningsguide för huvudmotorrelä

Med tändningsnyckeln på ON borde fläkten nu vara igång. Om så inte är fallet, kontrollera fläktreläet, kablaget mellan temperaturbrytaren och reläet samt själva fläktmotorn.

2 Förbindelsen i kylfläktens temperaturbrytare kan testas med en ohmmätare. Koppla ifrån kontaktdonet och anslut en av ohmmätarens ledningar till brytarens pol och den andra ledningen till brytarens kropp (se bild). När motorn är kall (under 83 °C) ska det finnas förbindelse. När motorn är varm (över 93 °C) ska det INTE finnas förbindelse.

Alla motorer

3 När du ska testa en icke-fungerande fläktmotor (aktiveras inte när motorn blir varm eller när luftkonditioneringen är på), kontrollera först säkringarna och/eller smältsäkringarna (se kapitel 12). Koppla sedan loss det elektriska kontaktdonet från motorn och använd avsäkrade startkablar för att ansluta fläkten direkt till batteriet (se bild). Om fläkten fortfarande inte fungerar, byt fläktmotorn.

⚠️ *Varning: Låt inte testklämmorna komma i kontakt med varandra eller någon av bilens metalldelar.*

4 Om motorn var OK enligt det föregående testet men fortfarande inte fungerar ligger felet i reläerna, säkringen eller kablaget. Fläktreläet och huvudmotorreläet kan testas enligt beskrivningen nedan.

Test av relä

5 Leta reda på huvudreläboxen i motor-

rummets vänstra sida. Modeller med luftkonditionering har extrareläer i en separat box bredvid batteriet (se bild).

6 Ta bort kylfläktsreläet nr 1 och använd en ohmmätare för att testa förbindelsen (se bild). Både reläer från Nippondenso och Bosch används, och anslutningarna är olika numrerade. Testa det ena reläet enligt bilden.

7 Om fläktreläet är OK enligt testet, ta bort huvudmotorreläet och testa det (se bild). Det ska finnas förbindelse mellan anslutning 3 och 5 och mellan 2 och 4. Det ska INTE finnas förbindelse mellan anslutning 1 och 2. Med batterispänning till anslutning 3 och 5, ska det finnas förbindelse mellan 1 och 2, och INGEN förbindelse mellan 2 och 4. Om båda reläerna är OK enligt testen, ta bilen till en verkstad med lämplig utrustning som kan använda bilens självdiagnossystem.

Byte

Kylarfläkt

8 Koppla ifrån batteriets minusledning (se kapitel 5A).

9 Koppla bort kontaktdonet från fläktmotorn.

10 Töm ut tillräckligt mycket kylvätska för att kunna koppla bort den övre kylarslangen från kylaren (se kapitel 1).

11 Skruva loss fläktskyddet från kylaren och lyft bort fläkt- och fläktskyddsenheten från bilen (se bilder).

12 Håll i fläktbladen och ta bort fläktens fästmutter (och distansbricka, i förekommande fall) (se bild).

4.11a Skruva loss fläktskyddets fästbultar (se pilar)

4.11b På modeller med enkel strålkastare ska fläktskyddet också bultas fast på den nedre kanten (vänster nedre bult, se pil)

4.12 Skruva loss fläktbladets fästmutter

13 Skruva loss fläktmotorn från skyddet **(se bild)**.

14 Montera i omvänd ordningsföljd mot demonteringen.

Kondensorns kylfläkt

15 På modeller med enkla strålkastare (före oktober 99), sitter det en separat kylfläkt framför kondensorn på modeller med luftkonditionering. Skruva loss de tre skruvarna och ta bort kylargrillen – se kapitel 11 om det behövs.

16 Koppla loss anslutningskontakten från kylfläktsmotorn.

17 Skruva loss bulten som fäster fläkten på frontens överdels stag **(se bild)**.

18 Bänd ut de övre och nedre fäststiften på fläktens högra kant **(se bild)**.

19 Skruva loss bultarna som fäster motorhuvens spärr och stödet på motorhuvens fronts överdel, flytta sedan bort fläktenheten **(se bild)**.

20 Lossa fläktens tre fästskruvar vid behov, lossa sedan skruvarna och ta bort motorn.

21 Monteringen utförs i omvänd ordningsföljd mot demonteringen.

5 Kylare och kylvätske-behållare – demontering och montering

> ⚠️ **Varning: Börja inte proceduren förrän motorn har svalnat helt.**

Kylare

1 Töm ut kylvätskan i en behållare (se kapitel 1).

2 Ta bort båda den övre och nedre kylarslangen.

3 Koppla bort behållarens slang från kylarens påfyllningsrör.

4 Ta bort kylfläkten (se avsnitt 4).

5 Om bilen har en automatväxellåda, koppla bort vätskekylrören från kylaren **(se bild)**. Placera ut ett droppskydd som fångar upp vätskan och täcker detaljerna.

6 Ta bort de båda övre kylarfästbyglarna **(se bild)**. **Observera:** *Kylarens nedre del hålls fast med utskjutande, mufförsedda delar som passar in i hålen i karossen.*

7 Lyft ut kylaren. Observera att det kan rinna ut vätska och akta dig för de vassa flänsarna.

8 När du har tagit bort kylaren kan du söka efter läckage, skador och invändiga blockeringar. Om den behöver repareras, låt en specialist på kylare eller en verkstad utföra arbetet, eftersom särskilda arbetsmetoder krävs.

9 Insekter och smuts kan tas bort från kylaren med tryckluft och en mjuk borste. Böj inte kylflänsarna.

> ⚠️ **Varning: Bär skyddsglasögon vid arbete med tryckluft.**

10 Återmontering utförs i omvänd ordningsföljd. Kontrollera att gummifästena sitter på plats på kylarens nedre del.

11 Efter ditsättningen fyller du på kylsystemet med rätt blandning av frostskyddsmedel och vatten. Se vid behov kapitel 1.

12 Starta motorn och sök efter läckor. Låt motorn nå normal arbetstemperatur, vilket märks på att kylarens båda slangar blir varma. Kontrollera kylvätskenivån igen och fyll på vid behov.

13 På modeller med automatväxellåda kontrollerar och fyller du på vätska efter behov.

Kylvätskebehållare

14 Ta bort batteriet och batterihyllan (kapitel 5A) och skruva sedan loss behållarens fästbult.

15 Häll ut kylvätskan i en behållare. Tvätta ur behållaren och kontrollera om den har några sprickor eller andra slitageskador. Byt den om den är skadad.

16 Montera i omvänd ordningsföljd mot demonteringen.

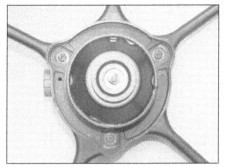
4.13 Skruva loss fläktmotorn från skyddet

4.18 Bänd ut de övre och nedre fäststiften (övre stift märkt med pil)

5.5 Lossa klämmorna och koppla ifrån automatväxeloljans kylarrör (se pilar)

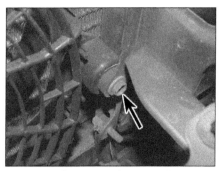
4.17 Skruva loss bulten mellan fläktskyddet och panelen (se pil)

4.19 Ta bort stödet till motorhuvudfrontens överdel

6 Kylvätskepump – test

1 Om kylvätskepumpen slutar fungera kan motorn skadas allvarligt på grund av överhettning.

2 När motorn är igång och håller normal arbetstemperatur, kläm på kylarens övre slang. Om kylvätskepumpen fungerar ska du känna en tryckvåg när du släpper greppet om slangen.

> ⚠️ **Varning: Håll händerna borta från fläktbladen.**

3 Kylvätskepumpar har normalt avdroppnings- eller ventilationshål **(se bild 7.12)**. Om det är fel på pumpens tätning kommer det att läcka ut kylvätska från det här hålet.

5.6 Skruva loss kylarens övre fästbygelsbultar (se pilar)

7.9 Bänd ut kablageklämman från fästbygeln till oljestickans rör med en skruvmejsel

7.11a Ta bort de båda muttrarna (små pilar) som fäster kylvätskeröret på topplocket, ta sedan bort den övre bulten (större pil) från kylvätskepumpen

I de flesta fall behövs en ficklampa för att hitta hålet i kylvätskepumpen. Titta genom utrymmet bakom remskivan, precis under kylvätskepumpens skaft.

4 Om det uppstår fel på kylvätskepumpens axellager kan det höras ett tjut från motorns framsida när motorn är igång. Lagerslitaget kan kännas om kylvätskepumpens remskiva ruckas upp och ner. Förväxla inte det gnisslande ljudet från en slirande drivrem med tjutet från en trasig kylvätskepump.

7 Kylvätskepump – demontering och montering

⚠️ **Varning: Börja inte proceduren förrän motorn har svalnat helt.**

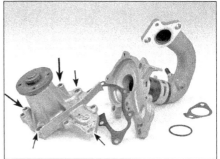

7.12 Små pilar visar bultar mellan pump och motorblock, de större visar avdroppningshål

7.10 Koppla ifrån kylvätsketemperatur-givarens anslutningskontakt (se pil)

7.11b Ta bort de återstående kylvätske-pumpsbultarna – ta inte bort bultarna som håller ihop pumphalvorna innan enheten har tagits bort

Demontering

4E-FE-motor

1 Se kapitel 5A och ta bort generatorn.
2 Ta bort muttern och de båda bultar som fäster insugsgrenrörets stag på motorns baksida och ta bort staget.
3 Ta bort kylvätskeinsugsslangen och förbikopplingsslangen från kylvätskeintaget på kylvätskepumpens baksida. Ta bort fästbulten och ta bort kylvätskeinsugsröret från kylvätskepumpen. Ta bort O-ringen från rörets ände.
4 Ta bort oljemätstickan. Ta bort bulten som fäster oljestickans rör och generatorns juste-ringsarm på motorn och dra bort oljestickans rör från oljepumphuset.
5 Ta bort bulten och de båda muttrar som fäste kylvätskepumpen på motorblocket och

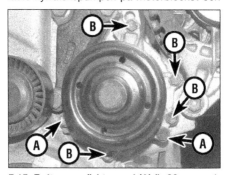

7.15 Bultarna märkta med (A) är 30 mm och de med markeringen (B) är 35 mm långa

ta bort kylvätskepumpsenheten. Remskivan kan sitta kvar på kylvätskepumpen vid borttagningen.
6 Ta isär kylvätskepumpen och byt pack-ningarna. Rengör noggrant alla tätningsytor, ta bort alla spår av gamla tätningar från fogytorna mellan huset och motorn. Montera ihop kylvätskepumpen och använd nya packningar.

4A-FE-motor

7 Se kapitel 1 och ta bort servostyrnings-remmen, generatorns/kylvätskepumpens rem och luftkonditioneringsremmen. Ta sedan bort servostyrningens övre fästbygel.
8 Se kapitel 2A och ta bort ventilkåpan och den övre kamremskåpan.
9 Ta bort oljemätstickan. Ta bort bulten som fäster oljestickans rör på motorn och dra bort oljestickans rör från oljepumphuset **(se bild)**.
10 Bakom kylvätskepumpen tar du bort de båda muttrarna som fäster höger sidas kylvätskeröret på topplocket och koppla loss kontaktdonet från kylvätsketemperaturgivaren **(se bild)**.
11 Ta bort de tre bultarna som fäster kyl-vätskepumpen på motorblocket och ta bort kylvätskepumpen och kylvätskerörsenheten. Remskivan kan sitta kvar på kylvätskepumpen vid borttagningen **(se bilder)**.
12 Ta isär kylvätskepumpen och byt pack-ningarna. Rengör noggrant alla tätningsytor, ta bort O-ringen och rengör spåret **(se bild)**. Montera ihop kylvätskepumpen och använd nya packningar.

Motor 4ZZ-FE och 3ZZ-FE

13 Töm ut motorns kylvätska enligt beskriv-ningen i kapitel 1.
14 Demontera drivremmen enligt beskriv-ningen i kapitel 1.
15 Skruva loss de 6 bultarna och ta bort kylvätskepumpen **(se bild)**. Kasta O-rings-tätningen eftersom en ny måste monteras.

Montering

4E-FE-motor

16 Skaffa en tub tätningsmedel (artikelnr 08826-00100 eller 3Bond 1282B från Toyota-återförsäljare) och stryk på en sträng på 2,0 mm på husets tätningsspår, följ anvisningarna som medföljer tätningsmedlet.
17 Montera pumpenheten på motorblocket och fäst med bulten och två muttrar.
18 Montera återstående delar i omvänd ordning mot demonteringen. När du monterar oljestickans rör, använd en ny O-ring där det ligger mot oljepumpen. Använd en ny O-ring på kylvätskeinloppsröret.
19 När återmonteringen är slutförd, vänta minst två timmar innan tätningsmedlet har stelnat, fyll sedan på kylsystemet (se kapitel 1), starta motorn, sök efter läckor och kontrollera att allt fungerar som det ska.

4A-FE-motor

20 Montera enheten på motorblocket, använd en ny O-ring. Använd en ny packning på

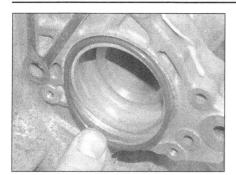

7.23 Byt kylvätskepumpens O-ring

8.7a Motorkylvätskans temperaturgivare (se pil) – 4E-FE-motor utan VVT-i

8.7b Motorkylvätskans temperaturgivare (se pil) – motor med VVT-i

kylvätskeröret. **Observera:** *Om pumpen byts efter en längre körsträcka är det bra att även byta slangen som ansluter kylvätskepumpen till kylvätskeröret.*
21 Montera återstående delar i omvänd ordning mot demonteringen. När du monterar oljestickans rör, använd en ny O-ring där det ligger mot oljepumpen.
22 Fyll på kylsystemet (se kapitel 1), kör motorn och leta efter läckor och att systemet fungerar.

Motor 4ZZ-FE och 3ZZ-FE

23 Se till att fogytorna på kylvätskepumpen och kamkedjekåpan är rena och montera sedan tillbaka pumpen med en ny O-ring **(se bild)**.
24 Sätt i fästbultarna och dra åt dem till angivet moment.
25 Fyll på kylvätska (kapitel 1), kör sedan motorn och leta efter läckor.

8 Kylvätsketemperatur-mätarens givarenhet – test och byte

Varning: Börja inte proceduren förrän motorn har svalnat helt.

Kontroll

Observera: *De följande anvisningarna gäller endast för 1,3- och 1,6-litersmotorer utan VVT-i. På motorer med VVT-i ska självdiagnossystemet för motorstyrningens styrmodul undersökas av en lämplig verkstad.*

Bilens diagnosuttag sitter under instrumentbrädans högra del.
1 Om kylvätsketemperaturmätaren inte fungerar, kontrollera säkringarna först (se kapitel 12).
2 Om temperaturmätaren anger en för hög temperatur efter att ha varit igång ett tag, se avsnittet *felsökning* i slutet av den här handboken.
3 Om temperaturmätaren anger "varm" så snart motorn startas (kallstart), koppla bort kabeln från kylvätsketemperaturgivaren. Givaren sitter på termostathusets sida på motor 4E-FE och på kylvätskepumpens kylvätskerör på motor 4A-FE. Om värdet från givaren sjunker, byt givarenheten. Om värdet förbli högt kan det finnas en kortslutning till jord i kablaget till givaren eller ett fel i givaren.
4 Om kylvätsketemperaturmätaren inte visar något utslag när motorn har värmts upp (cirka 10 minuter) och säkringarna är OK, stäng av motorn. Koppla loss kablaget från givarenheten och använd en startkabel och anslut kabeln till ren jord på motorn. Slå tändningen helt kort, utan att starta motorn. Om mätaren nu visar "varm", byt givarenheten.
5 Om givaren inte svara kan kretsen vara bruten eller givaren felaktig – se kapitel 12 för ytterligare information.

Byte

6 Töm ut kylvätskan (se kapitel 1).
7 Koppla loss kontaktdonet från givarenheten **(se bilder)**. På motor 4A-FE sitter givaren på motorns baksida **(se bild 7.10)**

8 Använd en lång hylsnyckel eller en skruvnyckel och ta bort givarenheten.
9 Sätt dit den nya enheten och dra åt den ordentligt. Använd inte gängtätningsmedel efter som det kan isolera givarenheten.
10 Återanslut kontaktdonet, fyll på kylsystemet och leta efter kylvätskeläckage och kontrollera givarens funktion.

9 Fläktmotor och motstånd – demontering och montering

Kontroll

1 Fläktenheten sitter i passagerarutrymmet, ovanför vänster främre fotbrunn. Om fläkten inte fungerar, kontrollera anslutningen av säkringen och alla anslutningar i kretsen och sök efter korrosion. Se till att batteriet är fulladdat.
2 Ta bort handskfacket (se kapitel 11, avsnitt 27).

Demontering

3 Koppla loss den elektriska kontakten från fläktmotorns motstånd. Ta bort skruvarna och ta bort motståndet från huset **(se bild)**.
4 Använd en kontinuitetsmätare på fläktmotorns motstånd, det ska finnas förbindelse mellan alla anslutningar. Om så inte är fallet, byt motståndet.
5 Om fläktmotorn måste bytas, koppla ifrån anslutningskontakten och ta sedan bort de tre fästskruvarna och sänk ner fläktenheten från huset **(se bilder)**. Fläkten kan tas bort och användas på den nya fläktmotorn.

9.3 Skruva loss fästskruvarna till fläktmotorns motstånd (se pilar)

9.5a Skruva loss de tre fästskruvarna (se pilar) . . .

9.5b . . . och sänk ner fläktmotorn från dess läge

10.4a Om du har klämmor till värmeslangarna, använd dem . . .

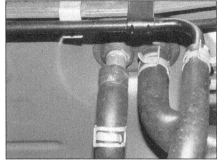

10.4b . . . och lossa sedan klämmorna och koppla loss värmeslangarna från mellanväggens tappar

10.5 Tryck ner silverklämman och lossa luftkonditioneringens rörklämmor

Montering

6 Montera i omvänd ordningsföljd mot demonteringen. Kontrollera att allt fungerar.

10 Värmepaket – demontering och montering

⚠️ *Varning: Dessa modeller är utrustade med krockkuddar. Krockkudden är aktiverad och kan utlösas (blåsas upp) när batteriet är anslutet. För att förhindra att den utlöses av misstag (med skaderisk som följd) bör du alltid vrida startnyckeln till läget LOCK och koppla loss den negativa batterikabeln när du arbetar i närheten av krockkuddekomponenter. Vänta minst två minuter efter det att du har*

kopplat loss batteriet innan du börjar arbeta (systemet har en nödkondensator som måste ladda ur helt). Mer information finns i kapitel 12.

Demontering

1 Låt en specialiserad verkstad tömma ut luftkonditioneringens kylmedium (i förekommande fall).
2 Koppla loss batteriets minusledning (se kapitel 5A).
3 Töm kylsystemet (se kapitel 1), om du inte har tillgång till slangklämmor (se nästa sida).
4 Arbeta i motorrummet, lossa klämmorna och koppla loss värmeslangen från mellanväggen. Om du har tillgång till slangklämmor, använd dem på värmeslangarna – då behöver kylmediet inte tömmas ut **(se bilder)**. Ta loss gummigenomföringen från mellanväggen.

5 På bilar med luftkonditionering, koppla loss kylmedierören från motorrummets mellanvägg. Kasta O-ringarna eftersom nya måste monteras. Plugga igen eller täck över rörens ändar och ta loss genomföringen från mellanväggen. **Observera:** *På bilar som har tillverkats efter oktober 1999 kan rörklämmorna lossas med en mycket liten skruvmejsel som används för att trycka ner silverklämman* **(se bild).**
6 Ta bort hela instrumentbrädan och stöden enligt beskrivningen i kapitel 11.
7 Observera hur de är monterade och koppla sedan loss alla anslutningskontakter från värmeenheten.
8 Skruva loss muttrarna och ta bort fläktmotorn/förångarhuset från värmeenhetens vänstra sida **(se bilder)**.
9 Skruva loss muttrarna som fäster värmeenheten på mellanväggen och ta bort enheten från bilen **(se bilder)**.
10 Skruva loss skruven och ta bort värmepaketets rörklämma.
11 Lyft bort värmepaketet från huset **(se bild)**.

Montering

12 Återmonteringen utförs i omvänd ordning mot demonteringen, observera att nya O-ringar måste monteras på luftkonditioneringsröret.
13 Fyll på kylsystemet, återanslut batteriet och starta motorn. Leta efter läckor och kontrollera att systemet fungerar som det ska.

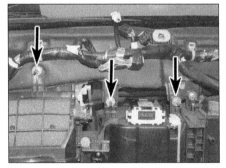

10.8a Skruva loss fläktmotorns/förångarhusets övre muttrar (se pilar) . . .

10.8b . . . och de tre nedre muttrarna (se pilar)

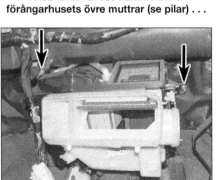

10.9a Lossa muttrarna (se pilar) som fäster värmeenhetens slangar på mellanväggen . . .

10.9b . . . och ta bort huset

10.11 Lyft bort värmepaketet från huset

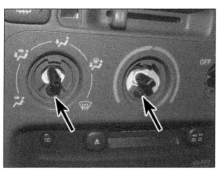

11.3a Ta bort båda skruvarna från värme-enhetens knoppurholkningar (se pilar) . . .

11.3b . . . och dra försiktigt bort den mittersta reglageenheten

11.4 Skruva loss de båda bultarna (se pilar) som fäster instrumentbrädans nedre panel

11 Värme- och luftkonditione-ringssystemets styrenhet – demontering och montering

Demontering

1 Demontera mittkonsolens bakre del enligt beskrivningen i kapitel 11.
2 Dra bort reglageknopparna och återcirku-lationsknoppen.
3 Skruva loss de båda skruvarna urholk-ningarna efter knopparna, dra sedan försiktigt bort den mellersta panelen. Koppla ifrån anslutningskontakterna när panelen tas bort **(se bilder)**.
4 Dra upp förardörrens rampanel, ta bort fotbrunnens fotpanel, skruva sedan loss de

båda bultarna och ta bort instrumentbrädans nedre panel under rattstången **(se bild)**. Koppla ifrån motorhuvslåsvajern vid behov.
5 Skruva loss de båda skruvarna och ta bort metallskärmen (i förekommande fall) under rattstången **(se bild)**.
6 Bänd ut klämman och ta bort värmeenhetens högra rör under rattstången.
7 Lossa klämmorna på båda sidor och dra ut reglaget något.
8 Koppla loss styrvajern (svart) från värme-reglageventilen i motorrummet, bredvid mellanväggen **(se bild)**.
9 Arbeta genom askkoppsöppningen, koppla loss temperaturreglagets styrvajer (blå) från värmeenhetens baksida.
10 Ta bort handskfacket enligt beskrivningen i kapitel 11, avsnitt 27.

11 Koppla loss värmedistributionsvajern (grå) från länksystemet på värmeenhetens högra sida **(se bild)**.
12 Koppla loss återcirkulationens styrvajer (gul) från värmeenhetshusets vänstra sida.
13 Dra enheten utåt, koppla sedan loss anslutningskontakterna och ta bort enheten **(se bild)**.

Montering

14 Återmonteringen utförs i omvänd ordningsföljd mot demonteringen.
15 Starta motorn igen och kontrollera att värmeenheten fungerar (samt luftkonditio-neringen, i förekommande fall).

Kabeljustering

16 Med vajrarna anslutna till reglageänden och enheten monterad i instrumentbrädan justerar du vajerändarna. Reglagen ska vara inställda på: RECIRC, COOL och DEF.
17 När du ska justera återcirkulationens styrvajer, placera spaken på RECIRC, sätt dit vajern och fäst den med klämmor.
18 När du ska justera temperaturstyrvajern, ställ in luftblandningen på COOL, sätt dit vajern och spärra klämman samtidigt som du trycker lite lätt på vajerhöljet.
19 När du ska justera styrvajern för värme-distribution, ställ in lägesreglaget på läge DEF, haka på vajeränden och dra åt klämman.

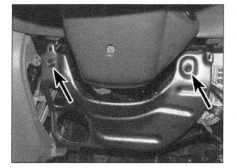

11.5 Skruva loss metallskärmens fästskruvar (se pilar)

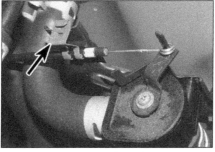

11.8 Lossa klämman (se pil) och koppla loss värmereglageventilens vajer från motorrummet

12 Luftkonditionering och värmesystem – test och underhåll

Luftkonditioneringssystem

 Varning: *Det är mycket högt tryck i luftkonditioneringssystemet. Lossa inte några slanganslutningar och ta inte bort några delar förrän systemet har tömts helt. Luftkonditioneringens kyl-medium får bara tömmas ur av en auktori-serad verkstad eller en specialist på luft-konditioneringsanläggningar för bilar. Använd alltid skyddsglasögon när du kopplar loss luftkonditioneringssystemets anslutningar, även när systemet är tömt.*

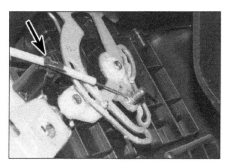

11.11 Lossa klämman (se pil) och koppla loss värmefördelningsvajern från värmeenhetshustes högra sida

11.13 Koppla ifrån kontrollpanelens anslutningskontakter

1 Följande underhållskontroller bör utföras

12.10 Glas för luftkonditioneringens kylmedium (se pil)

regelbundet för att se till att luftkonditioneringen fungerar så bra som möjligt:

a) *Kontrollera kompressorns drivrem. Om den är utsliten eller förstörd, byt den (se kapitel 1).*

b) *Kontrollera drivremmens spänning och justera den vid behov (se kapitel 1).*

c) *Kontrollera systemets slangar. Leta efter sprickor, bubblor, hårda fläckar och åldrande. Undersök slangarna och alla anslutningar för att se om det finns oljebubblor och genomsippring. Om du hittar tecken på slitage, skada eller läckage, byt berörda slangar.*

d) *Undersök kondensorns flänsar, sök efter insekter eller andra främmande föremål som kan ha fastnat på flänsarna. Använd en "flänskam" eller tryckluft för att ta bort skräp från kondensorn.*

2 Det är en bra idé att använda systemet i cirka tio minuter, en gång i månaden. Detta är särskilt viktigt under vintermånaderna eftersom det kan uppstå förhårdnader och problem med packningarna om systemet inte används under en längre tid.

3 Läckor i luftkonditioneringssystemet hittas enklast när systemet har sin arbetstemperatur och sitt arbetstryck, genom att man låter motorn gå med luftkonditioneringen PÅ i fem minuter. Stäng av motorn och undersök luftkonditioneringens slangar och anslutningar. Oljespår tyder vanligtvis på kylmedieläckage.

4 Om luftkonditioneringssystemet inte fungerar alls, kontrollera säkringspanelen och luftkonditioneringsreläet som sitter i säkrings- och relähuset, i motorrummet.

5 Den vanligaste orsaken till dålig kylning är helt enkelt att det finns för lite kylmedium. Om den svala luften minskar markant kan du göra följande kontroll för att avgöra om kylmedienivån är låg.

Kontrollera kylmediemängd

6 Värm upp motorn till normal arbetstemperatur.

7 Ställ in luftkonditioneringens temperaturväljare på den kallaste inställningen, och ställ in fläkten på den högsta. Öppna dörrarna (för att kontrollera att luftkonditioneringssystemet inte stängs av när passagerarutrymmet har svalnat).

8 Med kompressorn inkopplad ger kopplingen ifrån sig ett hörbart klickljud och mitten av kopplingen roterar. När systemen uppnår arbetstemperaturen, känn på de båda rören som ansluter till förångaren på mellanväggen **(se bild 12.13)**.

9 Röret som går från kondensorns utlopp till förångaren (litet rör) ska vara kallt och förångarens utloppsledning (det större röret som går tillbaka till kompressorn) ska vara lite kallare. Om förångarens utlopp är mycket varmare än inloppet behöver systemet fyllas på. Om luften inte är så kall som den var tidigare behöver systemet antagligen fyllas på. Ytterligare undersökningar eller test av systemet ligger utanför vad en hemmamekaniker kan utföra och ska överlåtas till en professionell mekaniker.

10 Undersök glaset. Om kylmediet skummar mycket är nivån låg **(se bild)**. När den omgivande temperaturen är mycket hög kan det uppstå bubblor på glaset även när kylmedienivån är rätt. Med rätt kylmediemängd ska du se kylmedium som skummar och sedan blir klart genom glaset när luftkonditioneringen är avslagen.

11 Om de föregående testen anger att kylmedienivån är låg, lämna in bilen hos en Toyota-verkstad eller en luftkonditioneringsspecialist för att få systemet påfyllt.

Luftkonditioneringens serviceöppningar

12 Högtrycksöppningen är placerad framför kondensorn **(se bilder)**.

13 Lågtrycksöppningen är placerad där luftkonditioneringsrören går in i motorrummets mellanvägg på vänster sida **(se bild)**.

Värmesystem

14 Om luften som kommer ut från värmeenhetens luftmunstycken inte är varm kan problemet bero på någon av följande orsaker:

a) *Termostaten har fastnat i öppet läge, vilket hindrar kylvätskan från att värmas upp tillräckligt mycket för att föra med sig värmen till värmepaketet. Byt termostaten (se avsnitt 3).*

b) *En värmeslang är tilltäppt vilket hindrar kylvätskan från att strömma igenom värmepaketet. Känn på de båda värmeslangarna på mellanväggen. De ska vara varma. Om en av dem är kall finns det ett hinder i en av slangarna eller i värmepaketet, eller också är värmereglageventilen stängd. Koppla loss slangarna och spola igenom värmepaketet med en trädgårdsslang. Om värmepaketet är okej men cirkulationen inte är bra, ta bort de båda slangarna och spola ur dem med en trädgårdsslang.*

c) *Om spolningen inte åtgärdar problemet i värmepaketet måste värmepaketet bytas (se avsnitt 10).*

15 Om fläktmotorns hastighet inte motsvarar det läge som valts med fläktbrytaren kan problemet bero på en trasig säkring, krets, brytare, fläktmotormotstånd eller motor (se avsnitt 9 och 11).

16 Om det inte kommer någon luft ut luftmunstyckena:

a) *Vrid tändningen till ON och aktivera fläktreglaget. Placera örat nära värme-/luftkonditioneringsmunstycket och lyssna. De flesta motorer hörs. Kan du höra motorn?*

b) *Om du inte kan det (och redan har kontrollera att fläktbrytaren och fläktmotorns motstånd är hela), är det antagligen fel på själva fläktmotorn (se avsnitt 9).*

17 Om mattan under värmepaketet är varm, eller om det kommer frostskyddsmedelsånga eller annan ånga genom luftmunstyckena, läcker värmepaketet. Ta bort det (se avsnitt 10) och montera en ny enhet (de flesta kylarverkstäder reparerar inte ett läckande värmepaket).

18 Undersök dräneringsslangen från värmeenheten/luftkonditioneringsenheten på mellanväggens vänstra sida, se till att den inte är igentäppt.

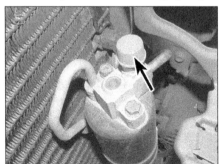

12.12a Högtrycksöppning (se pil) – modell med enkel strålkastare

12.12b Högtrycksöppning (se pil) – modell med dubbla strålkastare

12.13 Lågtrycksöppning – alla modeller

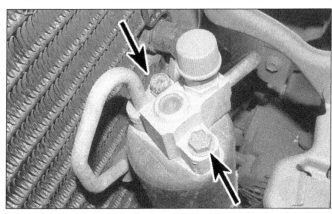

13.3 Koppla bort kylmedierören från behållaren/avfuktaren (se pilar)

14.3 Skruva loss bultarna från kompressorns kylmedierör (se pilar)

13 Luftkonditioneringens behållare/avfuktare – demontering och montering

⚠ **Varning: Det är mycket högt tryck i luftkonditioneringssystemet. Lossa inte några slanganslutningar och ta inte bort några delar förrän systemet har tömts helt. Luftkonditioneringens kylmedium får bara tömmas ur av en auktoriserad verkstad eller en specialist på luftkonditioneringsanläggningar för bilar. Använd alltid skyddsglasögon när du kopplar loss luftkonditioneringssystemets anslutningar, även när systemet är tömt.**
Observera: *På modeller som tillverkats efter oktober 1999 är behållaren/avfuktaren inbyggd i kondensorn. Om det är fel på kondensorn måste den bytas – kontakta en Toyota-verkstad.*

Demontering

1 Låt en Toyota-verkstad eller en luftkonditioneringsspecialist tömma ur och ta hand om kylmedlet.
2 Se kapitel 11 och ta bort kylargrillen.
3 Skruva loss de båda bultarna och koppla bort kylmedierören **(se bild)** från ovansidan av behållaren/avfuktaren och täck för de öppna delarna för att förhindra att det tränger in fukt. Kasta rörens O-ringar och sätt dit nya.
4 Lossa klämbulten och dra bort behållaren/avfuktaren från fästbygeln.

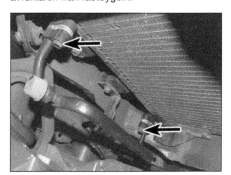

15.3 Skruva loss bultarna (se pilar) och koppla ifrån kylmedierörsanslutningarna

Montering

5 Montera i omvänd ordningsföljd mot demonteringen.
6 Låt samma specialist som tömde systemet fylla på, täthetstesta och vakuumsuga det. Observera att om en ny behållare/avfuktare monteras måste 20 cm³ luftkonditioneringsolja läggas till vid påfyllningen.

14 Luftkonditioneringskompressor – demontering och montering

⚠ **Varning: Det är mycket högt tryck i luftkonditioneringssystemet. Lossa inte några slanganslutningar och ta inte bort några delar förrän systemet har tömts helt. Luftkonditioneringens kylmedium får bara tömmas ur av en auktoriserad verkstad eller en specialist på luftkonditioneringsanläggningar för bilar. Använd alltid skyddsglasögon när du kopplar loss luftkonditioneringssystemets anslutningar, även när systemet är tömt.**

Demontering

1 Låt en Toyota-verkstad eller en luftkonditioneringsspecialist tömma ur och ta hand om kylmedlet.
2 Ta bort drivremmen från kompressorn (se kapitel 1).
3 Koppla loss kontaktdonet och koppla loss kylmedierören, täck sedan för de öppna delarna för att förhindra att fukt tränger in **(se bild)**. Kasta rörens O-ringar och sätt dit nya.
4 Skruva loss kompressorn lyft bort den från bilen.
5 Om du ska montera en ny eller reparerad kompressor, följ de anvisningar som medföljer kompressorn vad gäller oljenivån före ditsättningen.

Montering

6 Montera i omvänd ordningsföljd mot demonteringen. Byt eventuella O-ringar mot

ny som är speciellt framtagna för den typ av kylmedium som används i ditt system och smörj in dem med kylmedieolja, och som även är anpassad för ditt system.
7 Låt samma specialist som tömde systemet fylla på, täthetstesta och vakuumsuga det.

15 Luftkonditioneringskondensor – demontering och montering

⚠ **Varning: Det är mycket högt tryck i luftkonditioneringssystemet. Lossa inte några slanganslutningar och ta inte bort några delar förrän systemet har tömts helt. Luftkonditioneringens kylmedium får bara tömmas ur av en auktoriserad verkstad eller en specialist på luftkonditioneringsanläggningar för bilar. Använd alltid skyddsglasögon när du kopplar loss luftkonditioneringssystemets anslutningar, även när systemet är tömt.**

Demontering

1 Låt en Toyota-verkstad eller en luftkonditioneringsspecialist tömma ur och ta hand om kylmedlet.
2 Skruva loss de tre skruvarna och ta bort kylargrillen.
3 Koppla ifrån kondensorns insugs- och utloppsdetaljer **(se bild)**. Täck genast över öppna ledningar så att ingen smuts eller fukt kommer in i systemet. Kasta O-ringarna eftersom nya måste monteras
Observera: *På modeller tillverkade före 1999 är delarna på vänster sida anslutna till behållaren/avfuktaren (se avsnitt 13). På senare modeller är behållaren/avfuktaren inbyggd i kondensorn.*
4 Skruva loss bultarna som fäster rörets stödfästen på kondensorn **(se bilder)**.
5 Skruva loss bultarna till de övre och nedre kondensorfästena på båda sidor **(se bilder)**.
6 Skruva loss kylarens övre fästbultar och tryck kylarens övre del bakåt – slangarna behöver inte kopplas loss.

15.4a Bult till kondensorrörets stödfäste (se pil) – höger sida . . .

15.4b . . . och vänster sida (se pil)

15.5a Bult till kondensorns övre fäste (se pil) . . .

7 Tryck kylaren bakåt mot motorn, lyft sedan upp kondensorn från dess plats **(se bild)**.

Montering

8 Montera kondensorn, fästbyglarna och bultarna, se till att gummikuddarna passas in på fästpunkterna ordentligt.
9 Återanslut kylmedierören, använd nya O-ringar.
10 Montera återstående delar i omvänd ordning mot demonteringen.
11 Låt samma specialist som tömde systemet fylla på, täthetstesta och vakuumsuga det. Om du har monterat en ny kondensor, fyll på cirka 40 cm³ ny kylmedieolja av rätt sort.

16 Luftkonditioneringsförångare och expansionsventil – demontering och montering

⚠️ **Varning: Det är mycket högt tryck i luftkonditioneringssystemet. Lossa inte några slanganslutningar och ta inte bort några delar förrän systemet har tömts helt. Luftkonditioneringens kylmedium får bara tömmas ur av en auktoriserad verkstad eller en specialist på luftkonditioneringsanläggningar för bilar. Använd alltid skyddsglasögon när du kopplar loss luftkonditioneringssystemets anslutningar, även när systemet är tömt.**

Demontering

1 Låt en Toyota-verkstad eller en luftkondi-

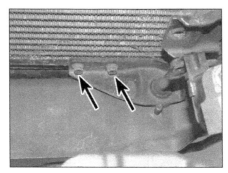

15.5b . . . och nedre fäste (se pilar)

tioneringsspecialist tömma ur och ta hand om kylmedlet.
2 Ta bort hela instrumentbrädan och stöden enligt beskrivningen i kapitel 11.
3 Koppla loss luftkonditioneringsrören från mellanväggen, använd en andra nyckel så att delarna inte skadas. Täck för de öppna delarna efter demonteringen för att förhindra att luft och smuts tränger in. **Observera:** *På bilar som har tillverkats efter oktober 1999 kan rörklämmorna lossas med en liten skruvmejsel som används för att trycka ner silverklämman* **(se bild 10.5)**.
4 På modeller med manuell luftkonditionering, koppla loss anslutningskontakten, lossa klämmorna och ta bort luftkonditioneringens styrenhet ovanför kylenheten **(se bild)**.
5 Ta bort muttrarna/skruvarna som fäster förångarenheten och dra bort enheten från bilen **(se bilder 10.8a och 10.8b)**. Koppla ifrån anslutningskontakterna när enheten tas bort.

15.7 Tryck kylaren bakåt och låt kondensorn glida ur sitt läge

6 Med förångarenheten på arbetsbänken, ta bort de båda bultarna och lossa fläktmotorhuset från förångarhuset **(se bild)**.
7 Ta bort skruvarna och klämmorna, skilj kåpans övre del från den nedre och ta ut förångaren **(se bild)**.
8 Dra ut termistorns givarsond från förångarpaketet och skruva loss expansionsventilen och de båda korta kylmedierören **(se bilder)**. Kasta O-ringarna eftersom nya måste monteras.
9 Förångarpaketet kan rengöras med en "flänskam" och blåsas ren med tryckluft.

⚠️ **Varning: Använd alltid ögonskydd när du använder tryckluft.**

Montering

10 Återmontering utförs i omvänd ordningsföljd. Använd nya O-ringar och nya packningar på expansionsventilen.

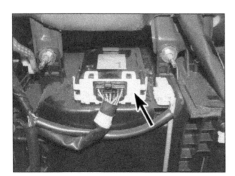

16.4 Lossa förstärkaren från platsen ovanför kylenheten (se pil)

16.6 Skruva loss de båda bultarna (se pilar) för att dela på fläktmotorns hus

16.7 Skruva loss skruvarna och klämmorna (se pilar) och dela på husets halvor

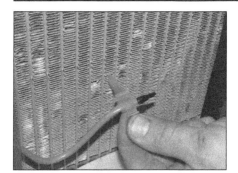

16.8a Dra bort temperaturgivarsonden från värmepaketets flänsar

16.8b Skruva loss de båda bultarna och ta bort expansionsventilen

16.11 Mata dräneringsröret genom hålet i mellanväggen

11 När du sätter tillbaka förångarhuset, kontrollera att dräneringsslangen är korrekt placerad på mellanväggen **(se bild)**.

12 Låt samma specialist som tömde systemet fylla på, täthetstesta och vakuumsuga det. Om förångarpaketet byts, fyll på 40 cm³ ny kylmedieolja av rätt typ i systemet vid påfyllningen.

17 Luftkonditionerings-
systemets givare – byte

Solljussensor

1 Använd en skruvmejsel och bänd försiktigt loss sensorn från instrumentbrädan.
2 Koppla ifrån anslutningskontakten när sensorn tas bort.
3 Om du vill testa sensorn, täck över den med en tygtrasa och anslut ledningarna från en ohmmätare till sensorns anslutningar. Det ska inte finnas någon förbindelse. Däremot ska det finna förbindelse bredvid en stark ljuskälla.
4 Monteringen utförs i omvänd ordningsföljd mot demonteringen.

Kupétemperaturgivare

5 Skruva loss de båda skruvarna och ta bort instrumentbrädans nedre panel under rattstången (se kapitel 11).
6 Lossa de båda klämmorna och koppla sedan ifrån anslutningskontakten och ta bort givaren.

17.10 Yttertermperaturgivare (se pil)

7 Om du vill testa givaren, anslut ledningarna från en ohmmätare till givarens anslutningar och mät resistansen. Vid 25 °C ska resistansen vara 1,7 ± 0,85 Ω och vid 50 °C ska resistansen vara 0,6 ± 0,1 Ω.
8 Monteringen utförs i omvänd ordningsföljd mot demonteringen.

Yttertemperaturgivare

9 Ta bort den kylargrillen enligt beskrivningen i kapitel 11.
10 Koppla ifrån anslutningskontakten, lossa kontaktdonsklämman och bänd försiktigt loss **(se bild)**.
11 Om du vill testa givaren, anslut ledningarna från en ohmmätare till givarens anslutningar och mät resistansen. Vid 25 °C ska resistansen

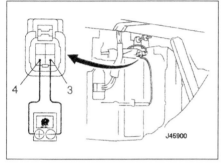

17.13 Anslut ledningarna från en ohmmätare till förångarens temperatur-givare, anslutning 3 och 4

vara 1,6 till 1,8 kΩ och vid 40 °C ska resistansen vara 0,5 till 0,7 kΩ.
12 Monteringen utförs i omvänd ordningsföljd mot demonteringen.

Förångartemperaturgivare

13 Om du ska testa givaren på plats, ta bort handskfacket (kapitel 11, avsnitt 27), anslut ledningarna från en ohmmätare till givar-anslutningarna 3 och 4 och mät resistansen. Vid 25 °C ska resistansen vara 1,5 kΩ (se bild).
14 När du ska byta givaren, ta bort förångaren enligt beskrivningen i avsnitt 16.
15 Dra försiktigt bort givaren **(se bild 16.8a)**.
16 Monteringen utförs i omvänd ordningsföljd mot demonteringen.

Anteckningar

Kapitel 4 Del A:
Bränsle- och avgassystem

Innehåll

Svårighetsgrad

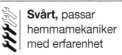

Enkelt, passar novisen med lite erfarenhet	**Ganska enkelt,** passar nybörjaren med viss erfarenhet	**Ganska svårt,** passar kompetent hemmamekaniker	**Svårt,** passar hemmamekaniker med erfarenhet	**Mycket svårt,** för professionell mekaniker

Specifikationer

Allmänt
Motorkoder:

1,3-liters motor (1 332 cc) utan VVT-i	4E-FE
1,4-liters motor (1 398 cc) med VVT-i	4ZZ-FE
1,6-liters motor (1 587 cc) utan VVT-i	4A-FE
1,6-liters motor (1 598 cc) med VVT-i	3ZZ-FE

Bränslesystem
Bränsletryck:

Vid tomgång:

Vakuumgivarslangen bortkopplad:

1,3-liters 4E-FE-motor	2,81 till 2,87 bar
1,6-liters 4A-FE-motor	2,62 till 3,03 bar

Vakuumgivarslangen ansluten:

1,3-liters 4E-FE-motor	2,27 till 2,55 bar
1,6-liters 4A-FE-motor	2,13 till 2,55 bar

Bränslesystemets hålltryck:

Motorer med VVT-i	1,44 bar
Motorer med VVT-i	3,01 till 3,47 bar
Resistans hos bränsleinsprutare	13,4 till 14,2 Ω
Resistans hos tryckluftsstyrningsventil – kall (1,3-liters 4E-FE-motor)	17,0 till 24,5 Ω
Resistans hos solenoiden i luftkonditioneringens tomgångsökningsventil	30 till 34 Ω

Resistans hos vevaxelns lägesgivare:

1,3-liters 4E-FE-motor:

Varm	1 265 till 1 890 Ω
Kall	985 till 1 600 Ω

1,4-liters 4ZZ-FE- och 1,6-liters 3ZZ-FE-motorer:

Varm	2 065 till 3 225 Ω
Kall	1 630 till 2 740 Ω

Kamaxelstyrningens oljeventil:

1,4-liters 4ZZ-FE- och 1,6-liters 3ZZ-FE-motorer vid 20 °C	6,9 till 7,9 Ω

Tomgångsvarvtal

Automatväxellåda	700 varv/minut
Manuell växellåda	650 varv/minut

Åtdragningsmoment

	Nm
Motorer utan VVT-i	
Vevaxelns lägesgivare (1,3 liter)	8
Bultar/muttrar till avgasgrenrör:	
1,3-liters motorer	48
1,6-liters motorer	34
Bränslerörens kopplingar	30
Bränsletrycksregulatorns bultar	8
Bränslefördelarskenans fästbultar	15
Insugsgrenrörets bultar/muttrar	19
Gasspjällshusets fästbultar/-muttrar:	
1,3-liters motor	19
1,6-liters motor	22
Motorer med VVT-i	
Kamaxelns oljestyrningsventil	7
Kamaxelgivare	9
Vevaxelns lägesgivare	9
Avgasgrenrör	37
Bränslefördelarskenans fästbultar	18
Insugsgrenrör	30
Gasspjällshus	30

1 Allmän information

Bränslesystemet består av en bränsletank, en elektrisk bränslepump (placerad i bränsletanken), ett EFI/bränslepumpsrelä, bränsleinsprutare, en bränsletrycksregulator, en luftrenare och ett gasspjällshus. Alla modeller som behandlas i denna handbok är försedda med det sekvensstyrda flerpunktssystemet MPFI för bränsleinsprutning (Multi Point Fuel Injection).

Flerpunkts bränsleinsprutning

Flerpunktssystemet för bränsleinsprutning (MPFI) utnyttjar tidsstyrda impulser för att i bestämd ordningsföljd spruta in bränsle i respektive cylinders insugsport. Insprutningsventilerna styrs av den elektroniska styrmodulen (ECM). Styrmodulen övervakar olika motorparametrar och ger exakt rätt bränslemängd i rätt ordningsföljd i insugsportarna. Gasspjällshuset reglerar bara mängden luft som passerar in i systemet. Tack vare att varje cylinder är försedd med en insprutningsventil alldeles intill insugsventilen kan blandningsförhållandet mellan bränsle och luft styras mycket bättre.

På VVT-i-motorer reglerar styrmodulen även insugskamaxelns synkronisering. Kamaxelsynkroniseringen varierar med motorns varvtal och belastning. Att fördröja tändningen (öppna ventilerna senare) vid låga och höga motorvarvtal ökar körbarheten vid låga hastigheter respektive det maximala effektuttaget, medan tidigareläggning av tändningen vid medelhöga varvtal ökar mellanregistrets vridmoment och minskar avgasutsläppen.

Bränslepump och bränslerör

Motorer utan VVT-i

Bränslet cirkulerar från bränsletanken till bränsleinsprutningssystemet och tillbaka till bränsletanken igen genom ett par metallrör som löper längs bilens undersida. En elektrisk bränslepump är ansluten till bränslenivågivaren inuti bränsletanken. Retursystemet leder tillbaka varmt bränsle till bränsletanken via en särskild returledning, medan bränsleångorna leds in i ett kolfilter, där de lagras för att slutligen återföras till insugsgrenröret och brännas upp i den normala förbränningsprocessen.

Motorer med VVT-i

På dessa motorer ingår en tryckregulator i bränslepumps-/nivågivarenheten. Bränslet pumpas till framvagnen genom ett enkelt rör – det eventuella övertryck som skapas av pumpen släpps genast ut i tanken av regulatorn.

Bränsleångorna leds in i ett kolfilter, där de lagras i väntan på att ledas tillbaka till insugsgrenröret och brännas upp i den normala förbränningsprocessen.

Alla motorer

Bränslepumpen arbetar så länge motorn är igång eller dras runt och styrmodulen tar emot referenspulser för tändningen från det elektroniska tändsystemet (se kapitel 5B). Saknas referenspulser stängs bränslepumpen av efter 2–3 sekunder.

Avgassystem

Avgassystemet omfattar ett avgasgrenrör med monterad lambdasond, en katalysator, ett avgasrör och en ljuddämpare. På modeller med VVT-i-motor sitter en extra lambdasond efter katalysatorn för ytterligare finjustering av motorn och övervakning av katalysatorns funktion.

Katalysatorn är en anordning för avgasrening som lagts till i avgassystemet för att minska utsläppen av föroreningar. Katalysatorn är av enskiktstyp, med trevägskatalytisk (reducerande) beläggning. Se kapitel 4B för närmare uppgifter om katalysatorn.

> **Varning: Bensin är mycket brandfarligt, så extra säkerhetsåtgärder måste vidtas vid arbete på någon del av bränslesystemet. Rök inte, och se till att det inte förekommer någon eld eller nakna glödlampor i närheten av arbetsområdet. Arbeta inte i ett garage där det finns en stadsgasanläggning med tändlåga (t.ex. varmvattenberedare). Eftersom bensin är cancerframkallande bör du bära gummihandskar vid risk för kontakt med bränsle. Tvätta genast med tvål och vatten om du skulle spilla bränsle på huden. Torka upp eventuellt spill omedelbart och förvara inte trasor som är fuktiga av bränsle där de kan antändas. Bränslesystemet är under konstant tryck, så om några bränslerör ska kopplas loss måste systemets bränsletryck först utjämnas. Använd skyddsglasögon när du arbetar med bränslesystemet och se till att ha en lämplig brandsläckare (klass B) till hands.**

2 Bränsleinsprutningssystem – tryckutjämning

1 Innan du börjar arbeta på någon del av bränslesystemet måste du minimera risken för brand eller personskada genom att utjämna bränsletrycket.

2 Ta bort bränslepåfyllningslocket – det utjämnar eventuellt övertryck i tanken.

3 Ta bort baksätet från passagerarutrymmet och bänd sedan loss täcklocket över bränslepumpen/-nivågivaren **(se bild 3.4)**.

4 Ta bort bränslepumpens kontaktdon **(se bild 3.5a)**.

5 Starta motorn och vänta tills den stannar, stäng sedan av tändningen.

6 Bränslesystemet är nu tryckutjämnat. **Observera:** *Förhindra spill av restbränsle på motorn genom att linda en trasa om*

bränsledningen innan du lossar någon slangklämma eller anslutning.

7 Koppla loss ledningen från batteriets minuspol innan du utför något arbete på bränslesystemet (se kapitel 5A).

8 Sätt tillbaka kontaktdonet när arbetet är klart.

3 Bränslepump – demontering och montering

⚠️ *Varning: Bensin är mycket brandfarligt, så extra säkerhetsåtgärder måste vidtas vid arbete på någon del av bränslesystemet. Rök inte, och se till att det inte förekommer någon eld eller nakna glödlampor i närheten av arbetsområdet. Arbeta inte i ett garage där det finns en stadsgasanläggning med tändlåga (t.ex. varmvattenberedare). Eftersom bensin är cancerframkallande bör du bära gummihandskar vid risk för kontakt med bränsle. Tvätta genast med tvål och vatten om du skulle spilla bränsle på huden. Torka upp eventuellt spill omedelbart och förvara inte trasor som är fuktiga av bränsle där de kan antändas. Bränslesystemet är under konstant tryck, så om några bränslerör ska kopplas loss måste systemets bränsletryck först utjämnas. Använd skyddsglasögon när du arbetar med bränslesystemet och se till att ha en lämplig brandsläckare (klass B) till hands.*

Motorer utan VVT-i

1 Ta bort bränsletankens påfyllningslock.

3.6 Skruva loss fästbultarna från pump-/givarenhetens kåpa

3.8 Dra bort pumpens nedre del från fästbygeln

3.4 Bänd upp åtkomstkåpan över bränslepumpen

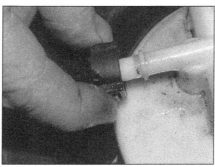

3.5b Tryck in lossningsknapparna och dra bort bränsleröret från pumpkåpan

2 Koppla loss kabeln från batteriets minuspol (se kapitel 5A).

3 Ta bort baksätets sittdyna och lyft upp mattan under den (se kapitel 11).

4 Bänd försiktigt upp täcklocket över

3.7 Lyft försiktigt bort pump-/givarenheten från tanken

3.13 Koppla loss bränsleslangen och anslutningskontakten från pumpen (se pilar)

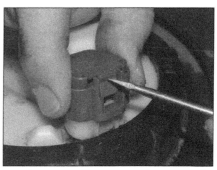

3.5a Tryck ner klämmorna och koppla ifrån pumpens/givarens anslutningskontakt

3.5c På vissa modeller finns det två bränsleanslutningar på pumpkåpan – en för matning och en för retur

bränslepumpen/-nivågivaren med hjälp av något bredbladigt verktyg **(se bild)**.

5 Koppla loss det elektriska kontaktdonet och bränslerören **(se bilder)**.

6 Skruva loss fästbultarna till bränslepumpens/-nivågivarens täcklock **(se bild)**.

7 Lyft försiktigt ut bränslepumps-/givarenheten ur bränsletanken **(se bild)**.

8 Bänd loss bränslepumpens nedre ände från hållaren **(se bild)**.

9 Ta bort gummikudden från den nedre änden av bränslepumpen.

10 Ta bort klämman som håller fast insugsfiltret mot pumpen.

11 Ta bort filtret och undersök om det är nedsmutsat. Byt om det är smutsigt.

12 Om du bara byter bränslepumpens insugsfilter monterar du det nya filtret, klämman och gummikudden, trycker tillbaka den nedre änden av pumpen in i hållaren och sätter in pump-/givarenheten i bränsletanken.

13 Byter du bränslepumpen lossar du slangklämman i övre änden av pumpen och kopplar loss pumpen från slangen **(se bild)**.

14 Koppla loss kablarna från pumpanslutningarna och ta bort pumpen.

15 Montera i omvänd ordningsföljd mot demonteringen.

Motorer med VVT-i

Av fabrikat TMC (Toyota Motor Co)

16 Ta bort bränsletankens påfyllningslock.

17 Koppla loss kabeln från batteriets minuspol (se kapitel 5A).

18 Ta bort baksätets sittdyna och lyft upp mattan under den (se kapitel 11).

19 Bänd försiktigt upp täcklocket över

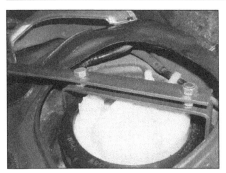

3.46 Tillverka ett verktyg för att skruva loss plastkragen

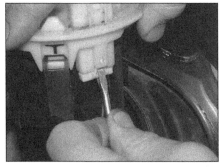

3.47 Tryck ihop klämman och koppla ifrån givarenhetens anslutningskontakt

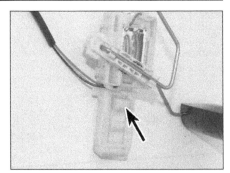

3.48 Tryck in klämman (se pil) och skjut givarenheten uppåt, från tanken

bränslepumpen/-nivågivaren med hjälp av något bredbladigt verktyg **(se bild 3.4)**.
20 Koppla loss det elektriska kontaktdonet och bränslerören **(se bilderna 3.5a, 3.5b och 3.5c)**.
21 Skruva loss fästbultarna till bränslepumpen/bränslenivågivaren **(se bild 3.6)**.
22 Lyft försiktigt ut bränslepumps/bränslegivarenheten ur bränsletanken.
23 Lossa skruven och koppla loss jordkabeln från pumpens jordklämma.
24 Koppla loss pumpens kontaktdon, lirka därefter försiktigt ut pumpen ur hållaren och ta bort gummikudden från hållaren.
25 Koppla loss bränsleslangen och ta bort pumpen.
26 Bänd ut klämman och ta bort filtret från pumpens nederdel.
27 Montera i omvänd ordningsföljd mot demonteringen.

Av fabrikat Denso

28 Ta bort bränsletankens påfyllningslock.
29 Koppla loss kabeln från batteriets minuspol (se kapitel 5A).
30 Ta bort baksätets sittdyna och lyft upp mattan under den (se kapitel 11).
31 Bänd försiktigt upp täcklocket över bränslepumpen/-nivågivaren med hjälp av något bredbladigt verktyg **(se bild 3.4)**.
32 Koppla loss det elektriska kontaktdonet och bränslerören **(se bilderna 3.5a, 3.5b och 3.5c)**.
33 Skruva loss givarenhetens fästkrage av plast med hjälp av ett par stora korslagda skruvmejslar eller tillverka ett hemgjort verktyg **(se bild 3.46)**. Gör inställningsmarkeringar

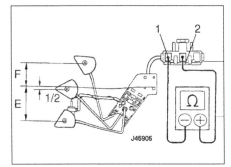

4.8 Anslut en ohmmätare till givarenhetens anslutningar

mellan kragen och tanken för att underlätta återmonteringen.
34 Lyft försiktigt upp givar-/pumpenheten från dess plats.
35 Bänd försiktigt loss plasthållaren från enhetens nedre ände och ta bort gummikudden.
36 Dra loss bränsletrycksregulatorn och ta vara på O-ringen.
37 Ta bort klämman och avlägsna filtret från pumpens nederdel.
38 Lossa klämmorna som håller fast enhetens övre "sugplatta" och koppla sedan loss bränslepumpens kontaktdon. Ta vara på O-ringstätningen.
39 Dra loss bränslepumpen.
40 Montera i omvänd ordningsföljd mot demonteringen. På modeller där pump-/givarenheten hålls fast med en låskrage, måste låskragen dras åt till samma punkt som före demonteringen.

Tillverkad av Bosch

41 Ta bort bränsletankens påfyllningslock.
42 Koppla loss kabeln från batteriets minuspol (se kapitel 5A).
43 Ta bort baksätets sittdyna och lyft upp mattan under den (se kapitel 11).
44 Bänd försiktigt upp täcklocket över bränslepumpen/-nivågivaren med hjälp av något bredbladigt verktyg **(se bild 3.4)**.
45 Koppla loss det elektriska kontaktdonet och bränslerören **(se bilderna 3.5a, 3.5b och 3.5c)**.
46 Skruva loss givarenhetens fästkrage av plast med hjälp av ett par stora korslagda skruvmejslar eller tillverka ett hemgjort verktyg **(se bild)**. Gör inställningsmarkeringar mellan kragen och tanken för att underlätta ihopsättningen.
47 Lyft försiktigt ut pumpenheten och koppla loss givarenhetens anslutningskontakt **(se bild)**.
48 Tryck in låsfliken och dra givarenheten uppåt ut ur tanken **(se bild)**.
49 Ytterligare isärtagning rekommenderas inte.
50 Montera i omvänd ordningsföljd mot demonteringen. På modeller där pump-/givarenheten hålls fast med en låskrage, måste låskragen dras åt till samma punkt som före demonteringen.

4 Bränslenivågivare – kontroll och byte

> **Varning: Bensin är mycket brandfarligt, så extra säkerhetsåtgärder måste vidtas vid arbete på någon del av bränslesystemet. Rök inte,** och se till att det inte förekommer någon eld eller nakna glödlampor i närheten av arbetsområdet. Arbeta inte i ett garage där det finns en stadsgasanläggning med tändlåga (t.ex. varmvattenberedare). Eftersom bensin är cancerframkallande bör du bära gummihandskar vid risk för kontakt med bränsle. Tvätta genast med tvål och vatten om du skulle spilla bränsle på huden. Torka upp eventuellt spill omedelbart och förvara inte trasor som är fuktiga av bränsle där de kan antändas. Bränslesystemet är under konstant tryck, så om några bränslerör ska kopplas loss måste systemets bränsletryck först jämnas ut. Använd skyddsglasögon när du arbetar med bränslesystemet och se till att ha en lämplig brandsläckare (klass B) till hands.

Kontroll

1 Fyll tanken helt innan du utför några kontroller av bränslenivågivaren.
2 Ta bort baksätet och bränslepumpens/-givarens täcklock **(se bild 3.4)**.
3 Koppla loss bränslenivågivarens elektriska kontaktdon som sitter ovanpå bränsletanken.
4 Sätt ohmmätarens mätspetsar mot det elektriska kontaktdonets anslutningar (anslutning 1 och 2) och mät resistansen **(se bild 4.8)**. Använd skalan upp till 200 ohm på ohmmätaren.
5 När bränsletanken är helt fylld bör resistansen vara ca 4,0 ohm.
6 Återanslut det elektriska kontaktdonet och kör bilen tills tanken är nästan tom (eller slanga över bränslet till en godkänd bränsledunk med hjälp av en hävert och sugpump – sug inte med munnen!).
7 Kontrollera resistansen. Resistansen hos givarenheten bör nu vara ca 110 ohm.
8 Byt givarenheten om mätvärdena inte stämmer. **Observera:** *Det går också att utföra kontrollen med bränslenivågivaren demonterad*

från bränsletanken. Kontrollera med hjälp av en ohmmätare resistansen hos givarenheten när flottörarmen hänger fritt (tanken tom) resp. lyfts uppåt (tanken full) *(se bild)*. Resistansen bör förändras kontinuerligt från 62 ohm till ca 2,0 ohm.

Byte

9 Lyft ut bränslepumps-/givarenheten ur bränsletanken (se avsnitt 3).
10 Vinkla försiktigt ut givarenheten ur öppningen utan att skada bränslenivåflottören som sitter undertill på enheten **(se bild 3.7)**. **Observera:** *På enheter av märket Bosch lossas givaren från behållaren inuti tanken – se avsnitt 3.*
11 Koppla loss de elektriska kontakterna från givarenheten.
12 Lossa skruven från sidan av givarenhetens hållare och ta bort givaren från enheten.
13 Montera i omvänd ordningsföljd mot demonteringen.

5 Bränslerör och rörkopplingar – kontroll och byte

⚠️ **Varning: Bensin är mycket brandfarligt, så extra säkerhetsåtgärder måste vidtas vid arbete på någon del av bränslesystemet. Rök inte, och se till att det inte förekommer någon eld eller nakna glödlampor i närheten av arbetsområdet. Arbeta inte i ett garage där det finns en stadsgasanläggning med tändlåga (t.ex. varmvattenberedare). Eftersom bensin är cancerframkallande bör du bära gummihandskar vid risk för kontakt med bränsle. Tvätta genast med tvål och vatten om du skulle spilla bränsle på huden. Torka upp eventuellt spill omedelbart och förvara inte trasor som är fuktiga av bränsle där de kan antändas. Bränslesystemet är under konstant tryck, så om några bränslerör ska kopplas loss måste systemets bränsletryck först utjämnas. Använd skyddsglasögon när du arbetar med bränslesystemet och se till att ha en lämplig brandsläckare (klass B) till hands.**

Kontroll

1 Ibland behöver du lyfta bilen för att kunna komma åt någon komponent (avgasrörets fästen, t.ex.). Passa då alltid på att undersöka om det finns skador eller ålderstecken på bränslerören eller deras kopplingar och anslutningar.
2 Kontrollera att det inte finns sprickor, veck, deformationer eller stopp i några slangar eller rör.
3 Kontrollera att alla rör och slangar sitter stadigt fast mot bilens underrede i sina resp. rör- eller slangklämmor.
4 Kontrollera att alla slangklämmor som håller fast gummislangar mot rörändar av metall sitter tillräckligt tätt.

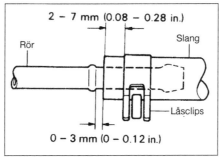

2 – 7 mm (0.08 – 0.28 in.)

Rör   Slang

Låsclips

0 – 3 mm (0 – 0.12 in.)

5.6 När du ansluter en gummislang till en metallbränsleledning, se till att det överlappar enligt bilden

Byte

5 Vid byte av skadade delar ska du alltid använda originalslangar eller originalrör, tillverkade av exakt samma material som den ersatta delen. Använd inte ersättningar av sämre eller olämpligt material, eftersom det kan leda till bränsleläckage eller brand.
6 Anteckna alltid hur alla rör och slangar är dragna och placeringen av alla klämmor innan du kopplar loss eller demonterar någon del av bränslesystemet. Det hjälper dig att montera nya partier på exakt samma sätt. Anslut slangarna till metallrören med överlappning som på bilden **(se bild)**.
7 Innan någon del av bränslesystemet kopplas loss måste du vara noga med att utjämna trycket i bränsleledningarna och tanken genom att ta bort bränslepåfyllningslocket och koppla loss batteriets negativa anslutning (se kapitel 5A). Täck över de rörkopplingar som kopplas loss med en trasa för att suga upp eventuellt bränsle som sprutar ut.

6 Bränsletank – demontering och montering

⚠️ **Varning: Bensin är mycket brandfarligt, så extra säkerhetsåtgärder måste vidtas vid arbete på någon del av bränslesystemet. Rök inte, och se till att det inte förekommer någon eld eller nakna glödlampor i närheten av arbetsområdet. Arbeta inte i ett garage där det finns en stadsgasanläggning**

med tändlåga (t.ex. varmvattenberedare). *Eftersom bensin är cancerframkallande bör du bära gummihandskar vid risk för kontakt med bränsle. Tvätta genast med tvål och vatten om du skulle spilla bränsle på huden. Torka upp eventuellt spill omedelbart och förvara inte trasor som är fuktiga av bränsle där de kan antändas. Bränslesystemet är under konstant tryck, så om några bränslerör ska kopplas loss måste systemets bränsletryck först utjämnas. Använd skyddsglasögon när du arbetar med bränslesystemet och se till att ha en lämplig brandsläckare (klass B) till hands.*

Demontering

1 Denna åtgärd är mycket enklare att utföra när bränsletanken är tömd. På vissa modeller kan det finnas en avtappningsplugg för det ändamålet. Om avtappningspluggen av någon anledning inte går att lossa får du vänta med arbetet tills tanken blivit tom, eller slanga över bränslet till en godkänd bränsledunk med hjälp av en hävertpump (finns i de flesta biltillbehörsbutiker).

⚠️ **Varning: Försök inte suga igång hävertverkan med munnen.**

2 Ta bort bränslepåfyllningslocket för att utjämna trycket i bränsletanken. Utjämna trycket i bränslesystemet (se avsnitt 2).
3 Lyft upp bilen och ställ den stadigt på pallbockar (se Lyftning och stödpunkter).
4 Demontera det mellersta avgasröret och värmeisolatorn (se avsnitt 15).
5 Stötta upp bränsletanken med en garagedomkraft. Skydda tanken genom att placera en grov brädbit mellan tanken och domkraftens lyftsadel.
6 Koppla loss bränsleröret/-rören och bränslepåfyllningsslangen **(se bild)**. **Observera:** *Var noga med att plugga slangarna för att förhindra läckage och föroreningar i bränslesystemet.*
7 Skruva loss bultarna från bränsletankens hållare av bandjärn **(se bild)**.
8 Sänk ner tanken tillräckligt för att kunna koppla loss det elektriska kontaktdonet och jordflätan från bränslepumps/bränslegivarenheten, om du inte redan gjort det.
9 Ta bort tanken från bilen.

Montering

10 Montera i omvänd ordningsföljd mot demonteringen.

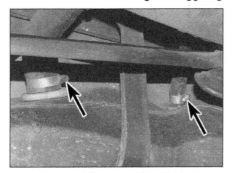

6.6 Lossa klämmorna (se pilar) och koppla ifrån bränslepåfyllnings- och ventilationsslangarna

6.7 Ta bort bultarna från bränslefästbandet (vänster bult märkt med pil)

7 Rengöring och reparation av bränsletanken – allmän information

1 Alla reparationer på bränsletanken och påfyllningsröret bör utföras av en professionell reparatör med erfarenhet av detta kritiska och riskfyllda arbete. Även om bränslesystemet är rengjort och ursköljt, kan explosiva ångor finnas kvar och antändas när tanken repareras.

2 Om bränsletanken demonteras från fordonet får den inte placeras på ställen där ångorna från tanken kan antändas av gnistor eller öppen låga. Var särskilt försiktig inne i garage med stadsgasanläggning, eftersom tändlågan där kan orsaka en explosion.

8 Luftrenare – demontering och montering

Demontering

1 Lossa klämmorna och demontera luftfilter-kåpan och filtret (se bilder).

2 Skruva loss de tre bultarna och ta bort luftrenaren från motorrummet samtidigt som du kopplar loss insugningsslangen (se bilder).

Montering

3 Montera i omvänd ordningsföljd mot demonteringen.

9 Gasvajer – demontering, montering och justering

Demontering

1 Lossa låsmuttern på den gängade delen av gasvajern vid gasspjällshuset (se bild).

2 Vrid gasspjällsarmen och för ut vajeränden genom skåran på sidan av armens cirkel-segment (se bild). Lossa vajern från fästklämmorna/-byglarna i motorrummet.

3 Ta bort den nedre instrumentbrädans panel på förarsidan enligt beskrivningen i kapitel 11.

8.1a Lossa luftrenarens kåpklämmor – modeller med enkel strålkastare . . .

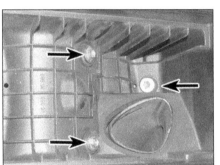

8.2a Skruva loss de tre bultarna från luftrenarhuset (se pilar) . . .

4 Kläm ihop fästklämmornas ändar, dra loss plastmuffen/-beslaget från gaspedalen och ta bort kabeln (se bild). Skruva loss de två bultar som fäster vajerhållaren mot mellanväggen.

5 Dra vajern genom mellanväggen inifrån bilen.

Montering och justering

6 Montera i omvänd ordningsföljd mot demonteringen. Se till att vajerhöljets ändhylsa sitter ordentligt på plats mot mellanväggen.

7 För att justera vajern, tryck gaspedalen i botten och kontrollera att gasspjället öppnas helt.

8 Är spjället inte helt öppet lossar du låsmuttrarna, trycker ner gaspedalen och justerar vajern tills gasspjället står helt öppet.

9 Dra åt låsmuttrarna och kontrollera inställningen på nytt. Kontrollera att gasspjället stängs helt när du släpper upp pedalen.

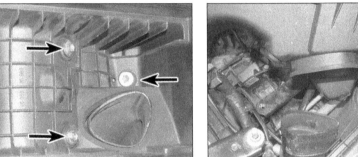

8.1b . . . och med dubbla strålkastare

8.2b . . . och koppla loss insugningsslangen

10 Bränsleinsprutningssystem – allmän information

Dessa modeller är försedda med ett system för sekvensstyrd elektronisk bränsleinsprutning (SEFI). SEFI-systemet består av tre grundläggande delsystem: bränslesystemet, luftintagssystemet och det elektroniska styrsystemet.

Bränslesystem

En elektrisk bränslepump placerad i bränsletanken matar bränsle under konstant tryck till bränslefördelarskenan, varifrån det fördelas jämnt till alla insprutningsventilerna. Från bränslefördelarskenan sprutas bränslet in i insugsportarna alldeles ovanför insugsventilerna genom insprutnings-

9.1 Lossa låsmuttern på gasvajern

9.2 Ta bort vajerändbeslaget från spåret på armen

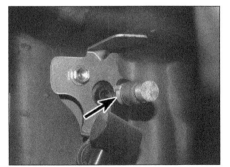

9.4 Tryck ihop ändarna på fästklämman (se pil) och dra bort plastmuffen/beslaget från pedalen

11.6 Använd förgasarrengöring, en borste och en trasa för att rengöra gasspjällshuset – öppna plattan för att rengöra bakom den

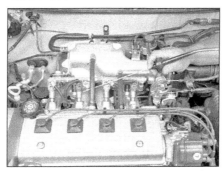

11.7 Insprutningsventilerna ska ge ifrån sig ett klickande ljud som stiger och sjunker med motorvarvtalet

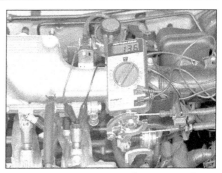

11.8 Använd en ohmmätare och mät resistansen i insprutningsventilens anslutningar

munstycken. Mängden bränsle som matas fram genom insprutningsventilerna styrs noga av en elektronisk styrmodul (ECM). En tryckregulator styr trycket i systemet i förhållande till undertrycket i insugsgrenröret (motorer utan VVT-i). Endast motorer utan VVT-i är försedda med ett bränslefilter mellan bränslepumpen och bränslefördelarskenan till skydd för systemets komponenter.

Luftintagssystem

Luftintagssystemet består av ett luftfilterhus, gasspjällshuset och kanalen som förbinder dem. På motorer utan VVT-i övervakas insugsluftens temperatur av en temperaturgivare (IAT-givare), medan en vakuumgivare (VS – Vacuum Sensor) övervakar undertrycket i insugsgrenröret och därmed också motorns belastning. På motorer med VVT-i sitter en luftmängdmätare – som också mäter lufttemperaturen – i luftfiltrets utloppskanal. Den informationen hjälper styrmodulen att bestämma hur mycket bränsle som insprutningsventilerna ska spruta in.

Gasspjällsplattan inuti gasspjällshuset regleras av föraren. När gasspjällsplattan öppnas, ökar hastigheten hos den inströmmande luften, vilket i sin tur sänker temperaturen hos luften varvid (under)trycket i grenröret sjunker ytterligare. Givarna skickar denna information till styrmodulen, som signalerar till insprutningsventilerna att öka mängden bränsle som avges till insugsportarna.

Elektroniskt styrsystem

Datorstyrsystemet reglerar den elektroniska

11.10a På motorer utan VVT-i sitter diagnoskontakten bredvid vänster framfjädrings lager

bränsleinsprutningen och övriga system genom en elektronisk styrmodul (ECM), som utnyttjar en mikrodator. Styrmodulen tar emot signaler från flera olika givare, som övervakar sådana variabler som insugsluftens temperatur, gasspjällsvinkel, kylvätsketemperatur, motorvarvtal, fordonets hastighet och avgasernas syrehalt. Dessa signaler hjälper styrmodulen att avgöra hur länge insprutningen ska pågå för att förhållandet luft/bränsle ska bli optimalt. Somliga av dessa givare och deras ECM-styrda reläer är inte placerade i den elektroniska bränslestyrningens komponenter utan sitter på olika ställen i motorrummet.

11 Bränsleinsprutningssystem – kontroll och justering

1 Kontrollera att jordkabelanslutningarna sitter fast ordentligt. Kontrollera alla kablar och elanslutningar som hör till systemet. Lösa elanslutningar och dålig jordning kan orsaka många problem som påminner om mer allvarliga fel.
2 Kontrollera att batteriet är fulladdat. Styrenheten och givarna kräver exakt matningsspänning för att kunna dosera bränslet riktigt.
3 Kontrollera luftfiltret – ett smutsigt eller delvis igensatt filter försämrar motorns prestanda och bränsleekonomi avsevärt (se kapitel 1).
4 Om en säkring har gått så byt den och se om den går på nytt. Leta i så fall efter en jordad kabel i systemets kabelhärva.

11.10b På motorer med VVT-i sitter den 16-poliga diagnoskontakten under instrumentbrädan, på förarsidan

5 Undersök om det finns några läckor i luftintagskanalen från luftrenarhuset till insugsgrenröret som gör bränsleblandningen alltför mager. Kontrollera också skicket hos vakuumslangarna till insugsgrenröret.
6 Demontera luftintagskanalen från gasspjällshuset och undersök om det finns avlagringar av sot och spill. Tvätta bort eventuell smuts med förgasarrengöring på sprayflaska (kontrollera att texten på flaskan säger att medlet är oskadligt för lambdasonder och katalysatorer) och en tandborste (se bild).
7 Låt motorn gå och håll ett stetoskop mot en av insprutningsventilerna i taget. Lyssna efter ett klickande ljud som visar att ventilen arbetar (se bild). Har du inte tillgång till ett motorstetoskop kan du i stället använda en lång skruvmejsel. Placera skruvmejselns spets mot insprutningsventilhuset och tryck örat mot handlagets ände.
8 Stäng av motorn och koppla loss bränsleinsprutningsventilernas elkontakter. Mät sedan motståndet hos var och en av insprutningsventilerna (se bild). Motståndet hos insprutningsventilerna ska ligga mellan 13,4 och 14,2 ohm. I annat fall är insprutningsventilen troligen defekt.
9 De återstående systemkontrollerna ska utföras av en märkesverkstad eller annan lämplig verkstad, eftersom det finns en risk att styrenheten kan skadas om åtgärderna inte utförs korrekt.
10 Alla modeller har ett avancerat självdiagnossystem, där eventuella fel lagras som koder i motorstyrningsmodulen. Genom att ansluta en lämplig felsökningsutrustning till den aktuella kontakten (se bilder) kan den sparade koden tas fram och felet identifieras. Kontakta återförsäljaren eller märkesverkstaden.

12 Bränsleinsprutningssystem – kontroll och byte av komponenter

⚠️ *Varning: Bensin är mycket brandfarligt, så extra säkerhetsåtgärder måste vidtas vid arbete på någon del av bränslesystemet. Rök inte, och se till att det inte förekommer någon*

4A•8 Bränsle- och avgassystem

12.10a Gasspjällshusets fästbultar (se pil)
– motorer utan VVT-i

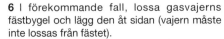

12.10b Gasspjällshusets fästbultar (se
pilar) – motorer med VVT-i

12.11 Montera en ny
gasspjällshuspackning/tätning

eld eller nakna glödlampor i närheten av arbetsområdet. Arbeta inte i ett garage där det finns en stadsgasanläggning med tändlåga (t.ex. varmvattenberedare). Eftersom bensin är cancerframkallande bör du bära gummihandskar vid risk för kontakt med bränsle. Tvätta genast med tvål och vatten om du skulle spilla bränsle på huden. Torka upp eventuellt spill omedelbart och förvara inte trasor som är fuktiga av bränsle där de kan antändas. Bränslesystemet är under konstant tryck, så om några bränslerör ska kopplas loss måste systemets bränsletryck först utjämnas. Använd skyddsglasögon när du arbetar med bränslesystemet och se till att ha en lämplig brandsläckare (klass B) till hands.

Gasspjällshus

Kontroll

1 Kontrollera att gasspjällets länkage fungerar som det ska.
2 Starta motor, koppla loss varje vakuumslang och använd en vakuummätare och kontrollera att det inte finns vakuum vid tomgång, men att det alltid finns vakuum annars.

Byte

⚠️ *Varning: Börja inte proceduren förrän motorn har svalnat helt.*

3 Tappa av kylsystemet (se kapitel 1).
4 Lossa slangklämmorna och ta bort luftintagskanalen, skruva sedan loss muttrarna, bänd ut de båda bakre fästena ta bort plastkåpan från motorns övre del (i förekommande fall).
5 Koppla loss gasvajern från gasspjällsarmen (se avsnitt 9).

6 I förekommande fall, lossa gasvajerns fästbygel och lägg den åt sidan (vajern måste inte lossas från fästet).
7 Om bilen har automatväxellåda, lossa gasspjällsvajern (TV) från gasspjällets länksystem (se kapitel 7B), koppla loss TV-vajerfästena från motorn och lägg vajern och fästena åt sidan.
8 Ta bort alla vakuum-, kylvätske- och ventilationsslangar från gasspjällshuset och märk dem tydligt.
9 Koppla loss elkontaktdonet från gasspjällets lägesgivare (TPS), och tomgångsventilen på gasspjällshusets undersida (i förekommande fall)
10 Ta bort gasspjällshusets fästbultar och muttrar **(se bilder)**.
11 Lossa gasspjällshuset och packningen **(se bild)** från insugsgrenröret. Kasta packningen eftersom en ny måste monteras.
12 Använd en mjuk borste och förgasarrengöring och rengör gasspjällshusets gjutgods noggrant, blås sedan igenom alla passager med tryckluft.
Varning: Rengör inte gasspjällets lägesgivare med något medel. Torka försiktigt av den med en ren, mjuk trasa.
13 Återmonteringen av gasspjällshuset utförs i motsatt ordning mot borttagningen, kom ihåg att använda en ny packning.
14 Momentdra gasspjällshusets fästbultar till det moment som anges i det här kapitlets Specifikationer. Fyll på kylsystemet (se kapitel 1).

Gasspjällets lägesgivare (TPS)

Kontroll

15 Koppla loss elkontaktdonet från gasspjällets lägesgivare (TPS).

16 Använd en ohmmätare och mät resistansen mellan de angivna anslutningsparen. Resistanserna ska vara följande **(se bild)**:

Gasspjälls- läge	Mellan anslutningar	Resistans- värde
Helt stängt	VTA och E2	0,2 till 5,7 kΩ
Helt öppet	VTS och E2	2,0 till 10,2 kΩ
Alla lägen	VC och E2	2,5 till 5,9 kΩ

17 Om resistansvärdena inte stämmer med vad som anges, byt givaren.

Byte

18 Skruva loss skruvarna och ta bort givaren **(se bilder)**.
19 Monteringen utförs i omvänd ordningsföljd mot demonteringen.

Bränsletrycksregulator

Byte – motorer utan VVT-i

20 Utjämna trycket i bränslesystemet (se avsnitt 2).
21 Koppla loss vakuumgivarslangen från regulatorn.
22 På 1,3-litersmotorer, byt bränslereturslangens banjobult och brickor, koppla sedan loss returslangen från regulatorn. På 1,6-litersmotorer, låt klämman glida ner längs med slangen och ta bort bränslereturslangen från regulatorn.
23 Ta bort tryckregulatorns fästbultar **(se bild)** och koppla loss tryckregulatorn från bränslefördelarskenan.
24 Använd en ny O-ring och kontrollera att tryckregulatorn är korrekt monterad på bränslefördelarskenan **(se bild)**.
25 Återstoden av återmonteringen utförs i

 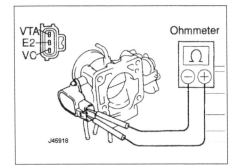

12.16 Identifiering av gasspjällshusets
kontaktdonsanslutning (se text)

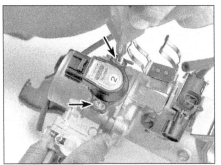

12.18a Skruvar till gasspjällets lägesgivare
(se pilar) – motorer utan VVT-i

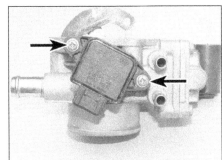

12.18b Skruvar till gasspjällets lägesgivare
(se pilar) – motorer med VVT-i

12.23 Koppla loss bränslereturslangen och ta bort de båda fästbultarna (se pilar)

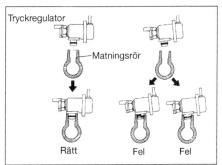

12.24 Om bränsletrycksregulatorn deformeras vid återmonteringen sluter den inte tätt

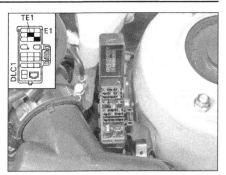

12.27 Använd en startkabel eller ett gem och koppla ihop TE1 och E1

12.32a Fästskruvar till tomgångsstyrningsventilen (ISC) – motorer utan VVT-i

12.32b Fästskruvar till tomgångsstyrningsventilen (ISC, se pilar) – motorer med VVT-i

12.38 Numrera varje insprutningsventils elkontakt innan den kopplas loss från bränslefördelarskenan

omvänd ordningsföljd mot demonteringen. På 1,3-litersmotorer, använd nya kopparbrickor på var sida om banjoanslutningen.

Byte – motorer med VVT-i

26 På dessa motorer är bränsletrycksregulatorn inbyggd i bränslepumpen/nivågivarenheten i bränsletanken. Se kapitel 3 för mer information.

Tomgångsstyrningsventil (ISC)

Kontroll – motorer utan VVT-i

27 Använd en startkabel och koppla ihop anslutningarna TE1 och E1 på testkontaktdonet **(se bild)**.
28 Starta motorn. Motorvarvtalet ska öka till cirka 1 000 till 1 200 varv/min i fem sekunder och sedan återgå till normalt tomgångsvarvtal.
a) Om motorvarvtalet ändras enligt

12.41 Ta bort bultarna (se pilar) som fäster bränslefördelarskenan på insugsgrenröret

beskrivningen är ISC-ventilen okej.
b) Om motorvarvtalet inte ändras enligt beskrivningen, ta bort ventilen enligt beskrivningen nedan.
29 Med ventilen borttagen, återanslut anslutningskontakten.
30 Slå på tändningen. Ventilen ska gå från helt öppen till helt stängd, och sedan till halvvägs stäng i den ordningen, med 0,5 sekunder mellan varje läge. Om den inte öppnas enligt anvisningarna, byt ventilen.

Byte – motorer utan VVT-i

31 Ta bort gasspjällshuset (se avsnitt 3 till 11). **Observera:** *ISC-ventilen och enheten är svåra att nå, vi rekommenderar därför att du tar bort gasspjällshuset så att den nya ISC-ventilenheten kan monteras korrekt.*
32 Ta bort fästskruvarna och koppla loss ISC-ventilen och packningen **(se bilder)**.
33 Om ISC-enheten har bytts, montera tempe-

12.42 Lyft bort bränslefördelarskenans enhet från motorn. Var beredd på bränslespill

raturvakuumventilen (TVV) från orginalenheten på den nya enheten (i förekommande fall).
34 Återmonteringen av ISC-ventilen utförs i motsatt ordning mot borttagningen. Använd en ny packning när du monterar ISC-ventilen.

Bränslefördelarskena och bränsleinsprutare

Kontroll

35 Se metoden för kontroll av bränsleinsprutningssystem (se avsnitt 11).

Byte – motorer utan VVT-i

36 Utjämna trycket i bränslesystemet (se avsnitt 2).
37 Ta bort PCV-slangen från topplocket och insugsgrenröret.
38 Märk varje insprutningsventilskontakt noggrant med en filtpenna eller lack **(se bild)**. Koppla ifrån bränsleinsprutarens elkontaktdon och lägg insprutningsventilens kablage åt sidan. På 1,3-litersmotorer, ta bort bulten och kablaget från staget till luftintagets utjämningskammare. Ta bort muttern och bulten, ta sedan bort staget.
39 Koppla loss vakuumgivarslangen från bränsletrycksregulatorn.
40 Koppla bort bränslerören från bränsletrycksregulatorn och bränslefördelarskenan.
41 Ta bort bränslefördelarskenans fästbultar **(se bild)**.
42 Ta bort bränslefördelarskenan med bränsleinsprutarna kvar **(se bild)**.
43 Ta bort bränsleinsprutarna från bränslefördelarskenan och lägg dem åt sidan i en tydligt märkt behållare.

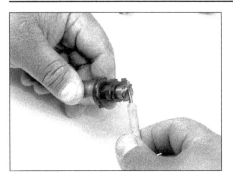

12.44a Ta bort O-ringen från insprutningsventilen

12.44b Ta bort genomföringen från insprutningsventilens övre del

12.44c Ta bort O-ringarna från spåren på insugsgrenröret

12.49 Tyck ihop klämman (se pil) och koppla ifrån ventilens anslutningskontakter

12.51a Låt klämman glida av bränsleslangsanslutningen . . .

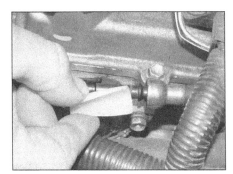

12.51b . . . ta sedan en bit hård plast . . .

44 Om du vill återanvända insprutningsventilerna, byt muffarna och O-ringarna **(se bilder)**.
45 Återmonteringen av bränsleinsprutarna utförs i motsatt ordning mot borttagningen.
46 Momentdra bränslefördelarskenans

fästbultar till det moment som anges i det här kapitlets Specifikationer.

Byte – motorer med VVT-i
47 Utjämna trycket i bränslesystemet (avsnitt 2).

48 Ta bort PCV-slangen från ventilkåpan.
49 Koppla loss anslutningskontakterna från insprutningsventilernas övre del **(se bild)**.
50 Skruva loss bulten som fäster bränsleröret på topplocket.
51 Koppla bort bränsletillförselröret från bränslefördelarskenan genom att låta klämman glida av röret, använd sedan en bit hård plast för att lossa de inre klämmorna inuti anslutningen **(se bilder)**.
52 Skruva loss de båda fästbultarna och ta bort bränslefördelarskenan, tillsammans med insprutningsventilerna**(se bild)**.
53 Ta bort de båda distansbrickorna och de 4 muffarna, dra sedan bort insprutningsventilerna från bränslefördelarskenan **(se bilder)**.
54 Om du vill återanvända insprutningsventilerna, byt muffarna och O-ringarna **(se bild)**.
55 Återmonteringen av bränsleinsprutarna utförs i motsatt ordning mot borttagningen.

12.51c . . . och lossa de inre spärrarna och koppla ifrån bränsleslangen

12.52 Skruva loss de båda fästbultarna från bränslefördelarskenan (se pilar)

12.53a Ta loss mellanläggsbrickorna från topplocket . . .

12.53b . . . och dra bort genomföringarna från insprutningsventilens lopp

12.54 Byt insprutningsventilens O-ringar och genomföringar (se pilar)

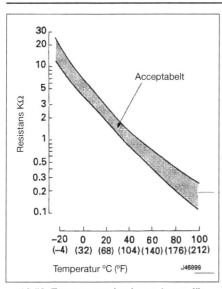

12.59 Temperatur-/resistanskurva för insugsluftens temperaturgivare

56 Momentdra bränslefördelarskenans fästbultar till det moment som anges i det här kapitlets Specifikationer.

Insugsluftens temperaturgivare

Kontroll – motorer utan VVT-i

57 Ta bort givaren enligt beskrivningen nedan.

58 Anslut en ohmmätares ledningar till givarens anslutningar och sänk ner givaren i en behållare med vatten.

59 Placera en termometer i vattnet och mät sedan temperaturen och resistansen, och jämför värdena med de som visas (se bild).

60 Om motståndet inte är som angivet kan det tyda på att givaren är defekt.

Byte – motorer utan VVT-i

61 Koppla loss anslutningskontakten från givaren, som sitter i luftrenarkåpan.

62 Dra bort givaren från kåpan (se bilder).

63 Monteringen utförs i omvänd ordningsföljd mot demonteringen.

Vakuumgivare (MAP)

Kontroll – motorer utan VVT-i

64 Det finns ingen kontrollmetod för givaren.

12.70 Luftmängdmätaren sitter i luftfiltrets utloppskanal

12.62a Insugsluftens temperaturgivare – 1,3-liters 4E-FE-motor (se pil)

12.65 Vakuumgivaren sitter på motorrummets mellanvägg

Låt undersöka motorstyrningsmodulens självdiagnossystem och leta efter sparade felkoder som rör givaren (se avsnitt 11).

Byte – motorer utan VVT-i

65 Givaren sitter på mellanväggen i motorrummets bakre del. Koppla ifrån givarens anslutningskontakt samt vakuumslangen (se bild).

66 Lossa kablageklämman, skruva loss fästbulten och ta bort givaren tillsammans med fästbygeln.

67 Monteringen utförs i omvänd ordningsföljd mot demonteringen.

Luftmängdmätare

Kontroll – motorer med VVT-i

68 Anslut en ohmmätarens ledningar till anslutningarna E2 och THA på givaren (se bild).

12.76 Styrmodulens fästbultar (se pilar)

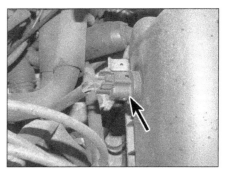

12.62b Insugsluftens temperaturgivare – 1,6-liters 4A-FE-motor (se pil)

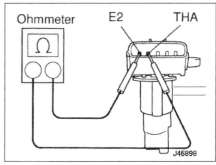

12.68 Anslut en ohmmätare till luftmängdmätarens anslutningar enligt bilden

69 Vid -20 °C ska resistansen i anslutningarna vara 13,6 till 18,4 kΩ, vid 20 °C ska den vara 2,21 till 2,69 kΩ och vid 60 °C 0,49 till 0,67 kΩ.

Byte – motorer med VVT-i

70 Luftmängdmätaren sitter i luftfiltrets utloppskanal. Koppla ifrån givarens anslutningskontakt (se bild).

71 Skruva loss de båda skruvarna och dra bort givaren från kanalen. Kasta O-ringen eftersom en ny måste monteras.

72 Montera givaren på kanalen, använd en ny O-ringtätning och dra åt skruvarna ordentligt.

Motorstyrningsmodul

Kontroll

73 Låt undersöka motorstyrningsmodulens självdiagnossystem och leta efter sparade felkoder som rör styrmodulen (se avsnitt 11).

Demontering

74 Koppla loss batteriets minusledare (se kapitel 5A). Observera: Om batteriet kopplas ifrån raderas eventuella felkoder i styrmodulen. Vi rekommenderar att modulens felkodsminne genomsöks med en särskild testutrustning innan batteriet kopplas ifrån. Överlämna detta till en Toyota-verkstad eller annan lämplig specialist med rätt utrustning.

75 Ta bort hela mittkonsolen enligt beskrivningen i kapitel 11.

76 Skruva loss de tre bultarna och ta bort styrmodulen (se bild).

12.77 Lossa låsspärren (se pil) och koppla ifrån styrmodulens anslutningskontakt

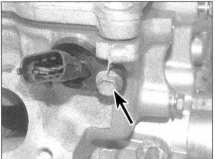

12.82 Kamaxelgivarens fästbult (se pil)

12.87 Anslutningskontakt till vevaxelns lägesgivare (se pil)

77 Lossa spärren och koppla ifrån styrmodulens anslutningskontakter **(se bild)**.

Montering

78 Monteringen utförs i omvänd ordningsföljd mot demonteringen. **Observera:** *Om en ny modul har monterats kan den behöva kodas om med hjälp av den särskilda testutrustningen. Överlämna detta till en Toyota-verkstad eller annan lämplig specialist med rätt utrustning. När batteriet har återanslutits måste bilen köras i flera kilometer så att styrmodulen kan lära in grundinställningarna. Om motorn fortfarande går ojämnt, kan en Toyota-återförsäljare eller verkstad återställa dem med särskild diagnostikutrustning.*

Kamaxelgivare

Kontroll – motorer med VVT-i

Observera: *Följande anvisningar gäller endast för givare som är tillverkade av Denso. Det finns ingen information om givare från Bosch.*
79 Givaren sitter på topplockets främre, vänstra sida. Koppla loss givarens anslutningskontakt och anslut en ohmmätares ledningar på givarens anslutningar.
80 Med en kall motor ska resistansen vara 835 till 1 400 Ω. Med en varm motor ska resistansen vara 1 060 till 1 645 Ω.

Byte – motorer med VVT-i

81 Koppla ifrån givarens anslutningskontakt.
82 Skruva loss fästbulten och dra bort givaren **(se bild)**. Kasta O-ringstätningen eftersom en ny måste monteras.
83 Sätt dit givaren på topplocket, med en ny O-ringstätning.

84 Momentdra fästbulten till angivet moment och återanslut anslutningskontakten.

Vevaxelns läges-/hastighetsgivare

Kontroll – 1,3-liters 4E-FE-motorer

85 Koppla loss anslutningskontakten från givaren och anslut ledningarna från en ohmmätare till givarens anslutningar.
86 Mät resistansen i givaren och jämför de avlästa värdena med de som anges i Specifikationer i början av det här kapitlet.

Byte – 1,3-liters 4E-FE-motorer

87 Koppla ifrån givarens anslutningskontakt och lossa den från fästbygeln bredvid oljemätstickan **(se bild)**.
88 Ta bort drivremmarna enligt beskrivningen i kapitel 1.
89 Ta bort vevaxelns remskiva och kamrems-kåporna enligt beskrivningen i kapitel 2A.
90 Skruva loss bulten och ta bort givaren från fästbygeln **(se bild)**.
91 Monteringen utförs i omvänd ordningsföljd mot demonteringen. Dra åt givarens bult till angivet moment.

Kontroll – motorer med VVT-i

92 Ta bort generatorn enligt beskrivningen i kapitel 5A.
93 Givaren sitter bredvid vevaxelns remskiva på motorns framsida. Följ kablarna bakåt från givaren och koppla loss dem vid anslutningskontakten **(se bild)**.
94 Anslut ledningarna från en ohmmätare till givarens anslutningar och mät givarens

resistans. Jämför resultaten med de som anges i Specifikationer i början på detta kapitel.

Byte – motorer med VVT-i

95 Utför åtgärderna som beskrivs i avsnitt 92 och 93.
96 Skruva loss bulten som fäster fästbygeln till givarens kablage på motorblocket.
97 Skruva loss fästbulten och ta bort givaren **(se bild)**. Kasta givarens O-ringstätning eftersom en ny måste monteras.
98 Sätt dit givaren med en ny O-ringstätning.
99 Momentdra fästbulten till angivet moment och återanslut anslutningskontakten.

13 Insugsgrenrör – demontering och montering

Demontering

Motorer utan VVT-i

Observera: *Om insugsgrenröret endast ska lossas för borttagning av topplocket, kan insugsgrenröret helt enkelt lossa från topplocket och skjutas framåt, mot mellanväggen, utan att några av slangarna, kablarna eller länkagen kopplas ifrån. Följande anvisningar gäller för fullständig borttagning av grenröret från bilen.*
1 Ta bort gasspjällshuset enligt beskrivningen i avsnitt 12.
2 Märk och koppla loss PCV- och vakuum-slangarna som är anslutna på insugsgrenröret,

12.90 Skruva loss bulten (se pil) och ta bort vevaxelns lägesgivare

12.93 Vevaxelns lägesgivare sitter bredvid vevaxelns remskiva (se pil)

12.97 Skruva loss bulten och dra bort givaren från kamkedjekåpan. Byt O-ringen (se pil)

13.2 De olika slangarna ska märkas för att säkerställa korrekt återmontering

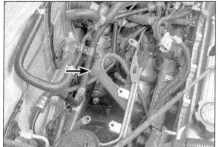

13.5 Arbeta under bilen och ta bort bulten som fäster stödet (se pil) till insugsgrenröret

13.6a Skruva loss kablaget (höger pil), ta sedan bort de nedre grenrösbultarna (vänster pil anger en av de fyra bultarna)

inklusive de som går från vakuumgivaren, vakuumservoenheten och luftkonditioneringens tomgångsaktuator – i förekommande fall **(se bild)**.

3 Insugsgrenröret kan tas bort med insprutningsventilerna och bränslefördelar-skenan på plats. Om insprutningsventilerna ska tas bort från insugsgrenröret, se avsnitt 12.

4 Koppla bort tomgångsventilens elkontakt-don och slangarna från luftröret på grenrörets bakre del.

5 Skruva loss den övre delen av staget mellan insugsgrenröret och motorblocket (nås från bilens undersida) och det övre grenrörsstaget, i förekommande fall **(se bild)**.

6 Ta bort jordledningen och fästmuttrarna/-bultarna. Koppla sedan loss grenröret från motorn **(se bilder)**. Observera: *Under bilen måste man skruva loss kablaget, insugsgrenrörets nedre bultar samt de båda muttrar som håller fast de båda stålrören på undersidan av insugsgrenröret.*

Motorer med VVT-i

7 Ta bort gasspjällshuset enligt beskrivningen i avsnitt 12.

8 Lossa klämmorna som fäster motorns kablage på de 2 fästbyglarna ovanpå grenröret, koppla sedan loss kamaxelgivarens kontakt och flytta kablaget åt sidan.

9 Skruva loss de båda bultarna och lossa slangens fästbygel från grenröret **(se bild)**.

10 Koppla bort bromsservons vakuumrör och PCV-slangen (positiv vevhusventilation) från grenröret **(se bild)**.

11 Skruva loss de tre bultarna och de två muttrarna, ta bort de båda fästbyglarna, ta sedan bort insugsgrenröret **(se bild)**. Ta vara på insugsgrenrörets O-ringstätningar. Lossa kabelhärvans klämma när du tar bort grenröret.

Montering

12 Rengör fogytorna på insugsgrenröret och topplockets fästyta med bromsrengörings-medel eller lämpligt lösningsmedel. Om packningen visar tecken på att läcka, låt en verkstad kontrollera om grenröret har blivit skevt, och ytbehandla det vid behov.

13 På 1,6-liters 4A-FE-motorer består grenröret av två delar, och ett nytt packningsset

13.6b Ta bort insugsgrenrörets bultar/ muttrar och ta bort insugsgrenröret

kan innehålla packningen för luftkammarens kåpa. Om inte motorn har gått väldigt långt eller om du misstänker ett vakuumläckage vid fogytorna, skruva inte loss luftkammarens kåpa. Om packningen måste bytas, skruva loss kåpan, rengör ytorna, passa in den nya packningen och sätt tillbaka kåpan.

14 Montera en ny packning/O-ringstätning, passa sedan in grenröret på topplocket och sätt tillbaka muttrarna/bultarna.

15 Dra åt muttrarna/bultarna i tre eller fyra steg till det åtdragningsmoment som anges i det här kapitlets Specifikationer. Arbeta från mitten och utåt för att undvika att grenröret blir skevt.

16 Montera återstående delar i omvänd ordning mot demonteringen.

17 Innan du startar motorn, kontrollera att gasspjällets länkage fungerar som det ska.

18 Starta motorn och kontrollera kylvätske- och vakuumläckor.

13.10 Lossa klämmorna och koppla ifrån servovakuumslangen (höger pil) och PCV-slangen (vänster pil)

13.9 Skruva loss de båda bultarna (se pilar) och ta bort slangens fästbygel

19 Gör ett landsvägsprov och kontrollera att tillbehör fungerar som de ska.

14 Avgasgrenrör – demontering och montering

⚠️ **Varning: Motorn måste vara helt sval innan denna åtgärd kan påbörjas.**

Demontering

1 Ta bort den övre värmeskölden från grenröret **(se bild)**. Observera: *det kan även finnas en nedre värmesköld, men den är fäst vid grenröret från undersidan och behöver inte tas bort.*

2 Stryk på smörjolja på avgasgrenrörets fästmuttrar-/bultar och de muttrar/bultar som fäster avgasröret på grenröret. När muttrarna/bultarna har smorts in, ta bort muttrarna/

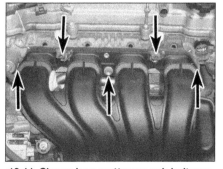

13.11 Skruva loss muttrarna och bultarna (se pilar) och ta bort insugsgrenröret

bultarna som fäster avgasröret på grenröret **(se bilder).**

3 Skruva loss avgasgrenrörets stöd i förekommande fall.

4 Där grenröret har en lambdasond, spåra kablaget från givaren tillbaka till kontaktdonet och koppla loss det.

5 Ta bort muttrarna/bultarna och koppla loss grenröret och packningen.

Montering

6 Använd en avskrapare och ta bort alla spår av gammalt packningsmaterial och sotavlagringar från grenrörets och topplockets fogytor. Om packningen läckte, låt en verkstad kontrollera om grenröret har blivit skevt, och ytbehandla det vid behov.

7 Placera en ny packning över topplockets pinnbultar. **Observera:** *Markeringarna på packningen ska vara vända utåt (bort från topplocket) och pilen ska peka mot växellådsänden av motorn.*

8 Montera grenröret och gänga dit fästmuttrarna/-bultarna.

9 Arbeta från mitten och utåt, dra åt muttrarna/bultarna till det åtdragningsmoment som anges i det här kapitlets Specifikationer i tre eller fyra likadana steg.

10 Montera återstående delar i omvänd ordning mot demonteringen.

11 Starta motorn och sök efter avgasläckage.

15 Avgassystem – demontering och montering

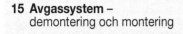

⚠ **Varning: Kontroll och reparationer av avgassystemets delar ska endast utföras när systemet har svalnat helt.**

1 Avgassystemet består av avgasgrenröret, katalysatorn, ljuddämparen, avgasröret och alla anslutande rör, fästbyglar, gummifästen och klämmor. Avgassystemet är fäst på karossen med fästbyglar och gummikrokar **(se bild).** Om någon av dessa delar är skadad eller förstörd överförs oljud och vibrationer till karossen.

2 Regelbundna kontroller av avgassystemet håller det helt och tyst. Leta efter skadade eller böjda delar, öppna fogar, hål, lösa anslutningar, stora korrosionsangrepp eller

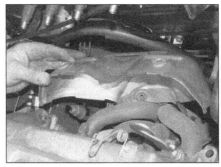

14.1 Ta bort den övre värmeskölden från grenröret

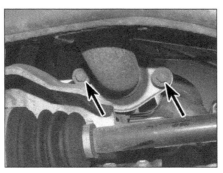

14.2b Bultar mellan avgasrör och grenrör (se pilar) – motorer med VVT-i

andra fel, som kan göra att avgaser tränger in i bilen. Skadade delar av avgassystemet ska inte repareras – de ska bytas.

3 Om delar av avgasyssystemet är mycket angripna av korrosion eller har rostat ihop måste de antagligen skäras loss från avgassystemet. Det enklaste sättet att utföra detta är att låta en specialist ta bort de korroderade delarna med skärbrännare. Om du vill spara pengar genom att utföra arbetet själv och du inte har tillgång till en oxy/acetylen-svets med en skärbrännare, skär du helt enkelt av de gamla delarna med en metallsåg. Har du tillgång till tryckluft finns det särskilda mejslar som kan användas. Om du bestämmer dig för att utföra arbetet själv, använd alltid ögonskydd för att skydda ögonen från metallspån samt arbetshandskar för att skydda händerna.

4 Här följer några enkla riktlinjer för reparationer av avgassystemet:

 a) Börja i avgassystemets bakre ände

14.2a Ta bort den övre bulten som fäster stödet (övre pil) och lossa bultarna mellan stödet och motorblocket (nedre pilar)

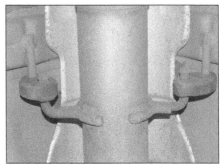

15.1 Avgassystemet är fäst på karossen med gummikrokar

 och arbeta dig framåt när du tar bort avgassystemets delar.

 b) Applicera smörjolja på avgassystemets fästen för att de ska vara lättare att ta bort.

 c) Använd nya packningar, gummifästen och klämmor när du monterar avgassystemets delar.

 d) Stryk på antikärvmedel på gängorna på avgassystemets alla fästen vid ihopsättningen.

 e) Lämna tillräckligt spel mellan nya delar och alla punkter på underredet för att undvika att golvplattan överhettas och mattan och isoleringen i kupén skadas. Håll särskilt noga uppsikt över katalysatorn och dess värmesköld.

 ⚠ ***Varning: Katalysatorn arbetar med mycket höga temperaturer och tar lång tid att svalna. Vänta tills den är helt kall innan du försöker att ta bort katalysatorn. Annars finns risk för allvarliga brännskador.***

Kapitel 4 Del B:
Avgasreningssystem

Innehåll

Svårighetsgrad

Enkelt, passar novisen med lite erfarenhet	**Ganska enkelt,** passar nybörjaren med viss erfarenhet	**Ganska svårt,** passar kompetent hemmamekaniker	**Svårt,** passar hemmamekaniker med erfarenhet	**Mycket svårt,** för professionell mekaniker

Specifikationer

Allmänt

Motorkoder:
1,3-liters motor (1 332 cc) utan VVT-i 4E-FE
1,4-liters motor (1 398 cc) med VVT-i 4ZZ-FE
1,6-liters motor (1 587 cc) utan VVT-i 4A-FE
1,6-liters motor (1 598 cc) med VVT-i 3ZZ-FE

Åtdragningsmoment
Nm

Lambdasond:
Motorer utan VVT-i 20
Motorer med VVT-i 44

---

1 Allmän information

För att minska nedsmutsningen av atmosfären på grund av ofullständigt förbrända och avdunstade gaser, och för att upprätthålla goda köregenskaper och bra bränsleekonomi, används ett antal avgasreningssystem på bilarna, enligt marknadens krav. Här ingår:
Positivt vevhusventilationssystem (PCV).
System för avdunstningsreglering (EVAP)
Trevägskatalysatorsystem (TWC).
Det här kapitlet omfattar allmänna

beskrivningar, kontrollmetoder inom ramen för en hemmamekanikers kompetens samt metoder för komponentbyten (där det är möjligt) för de ovannämnda systemen.
Innan du utgår ifrån att det är fel på ett avgasreningssystem, kontrollera bränsle- och tändsystemen noggrant (se kapitel 4A och 5A). Felsökningen av vissa avgasreningsenheter kräver särskilda verktyg, utrustning och utbildning. Om kontroller och underhåll är för svårt att utföra eller om en åtgärds ligger utanför din kompetens, kontakta märkesverkstaden eller en annan lämplig verkstad.
Detta betyder emellertid inte att avgas-

reningssystemen är särskilt svåra att underhålla och reparera. Du kan snabbt och enkelt utföra många kontroller och det mesta av rutinunderhållet hemma med hjälp av vanlig utrustning och vanliga handverktyg. **Observera:** *Den vanligaste orsaken till avgasproblem är en lös eller trasig elkontakt eller vakuumslang, kontrollera alltid elkontakterna och vakuumslangarna först.*
Följ eventuella särskilda instruktioner i det här kapitlet noggrant. Observera att illustrationerna av de olika systemen kanske inte exakt överensstämmer med systemet i just din bil eftersom tillverkaren kan genomföra ändringar från år till år.

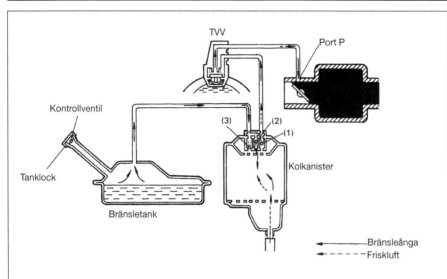

ECT	TVV	Trottel position	Kanisterkontrollventil			Kontroll-ventil i påfylln-ingsröret	Förångat bränsle
Under 35°	Stängd	–	–	–	–	–	HC från tank är upptaget i kanistern
Över 54°	Öppen	Under port P	Stängd	–	–	–	
		Över port P	Öppen	–	–	–	HC från kanistern återleds till insugningskammaren
Högt tryck i tanken	–	–	–	Öppen	Stängd	Stängd	HC från tank är upptaget i kanistern
Högt vakuum i tanken	–	–	–	Stängd	Öppen	Öppen	Luft leds in i bränsletanken

2.2a Typiskt system för avdunstningsreglering och funktionsschema – modeller utan VVT-i

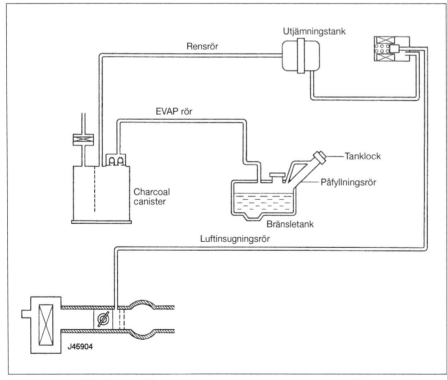

2.2b System för avdunstningsreglering – modeller med VVT-i

2 System för avdunstnings-reglering (EVAP)

Allmän beskrivning

1 Det här systemet är utformat för att fånga in och förvara bränsle som avdunstar från bränsletanken, gasspjällshuset och insugsgrenröret och som normalt skulle släppas ut i luften i form av kolväte (HC).

2 Avdunstningsregleringen (EVAP) för motorer utan VVT-i består av en kolfylld kanister, ledningarna som ansluter kanistern till bränsletanken, temperaturvakuumventilen (TVV) samt en backventil (se bild). På motorer med VVT-i består systemet av en kolfylld kanister, rören som ansluter kanistern till bränsletanken, vakuumbrytarventilen (VSV) och en utjämningsbehållare (se bild).

3 Bränsleångor överförs från bränsletanken och gasspjällshuset till en kanister där de förvaras när motorn inte är igång. är motorn är igång töms bränsleångorna ut från kanistern av insugsluftflödet och förbränns i den vanliga förbränningsprocessen.

4 Kolkanistern har en backventil med tre kulor. Beroende på arbetsvillkoren och trycket i bränsletanken öppnar och stänger kulorna passagerna till TVV/VSV (följaktligen gasspjällshuset) och bränsletanken.

Kontrollera

5 Felaktig tomgång, tjuvstopp och dåliga köregenskaper kan bero på en felaktig backventil, en skadad kanister, spruckna eller trasiga slangar eller slangar som är anslutna till fel delar. Kontrollera om bränslepåfyllningslockets packning är skadad eller deformerad.

6 tecken på bränsleförlust eller bränslelukt kan bero på att det läcker flytande bränsle från bränsleslangarna, en sprucken eller skadad kanister, en felaktig backventil eller frånkopplade, feldragna, vikta, skadade eller förstörda ång- eller kontrollslangar.

7 Undersök alla slangar som är anslutna till kanistern, sök efter veck, läckor och sprickor längs hela slangen. Reparera eller byt efter behov.

8 Sök efter bränsleläckage från kanisterns botten. Om det läcker ut bränsle, byt kanistern och kontrollera slangarna och slangdragningen.

9 Undersök kanistern. Om den är sprucken eller skadad ska den bytas ut.

10 Leta efter ett igensatt filter eller en backventil som kärvar. Använd tryckluft med lågt tryck och blås in i kanisterns tankrör (se bild). Luften ska flöda fritt från de andra rören. Om det finns ett problem, byt kanistern.

11 På en motor utan VVT-i, kontrollera att TVV fungerar som den ska. När motorn är helt kall, använd en handpump och rikta luft mot öppning A (se bild). Luften ska inte gå igenom TVV:n. Värm nu upp motorn till arbetstemperatur (över 53 °C) och kontrollera

2.10 Anbringa lufttryck i luftningsstyr-ventilen A (inlopp) och bekräfta att ventilen låter luft passera till kolkanistern

2.11 Anbringa lufttryck till öppningen A på temperaturvakuumventilen (övre öppning) och bekräfta att luften inte passerar när temperaturen är under 53 °C

2.15 Lyft på kåpan (se pil) och märk sedan slangarna innan de kopplas bort

att det strömmar luft genom TVV:n. Byt ventilen om testresultaten inte stämmer.

12 På en motor med VVT-i, koppla ifrån VSV-ventilens (tömning) anslutningskontakt (sitter på baksidan av luftfilterhuset) och anslut en ohmmätarens ledningar till ventilernas anslutningar. Den korrekta resistansen ska ligga mellan 27 och 33 Ω vid 20 °C.

Kolfilter (kolkanister), byte

13 Märk vakuumslangarna tydligt och lossa dem sedan från kanistern (sitter bakom luftfilterhuset).
14 På motorer utan VVT-i, ta bort fästklämmornas bultar, sänk ner kanistern med fästbygeln, koppla loss slangarna från backventilen och ta bort den från bilen.
15 På motorer med VVT-i, lyft bort locket från kanisterns övre del (sitter bakom luftfilterhuset), märk och koppla loss slangarna från kanistern (se bild). Lossa klämmorna och lyft bort kanistern.
16 Montera i omvänd ordningsföljd mot demonteringen.

3 Positivt vevhusventilations-system (PCV)

Allmän beskrivning

1 Det positiva vevhusventilationssystemet (PCV) minskar kolväteutsläppen genom att spola ut vevhusgaser. Det görs genom att friskluft från luftrenaren cirkuleras igenom vevhuset där den blandas med genomblåsningsgaser och leds sedan genom en PCV-ventil till insugsgrenröret (se bilder).
2 Huvudkomponenterna i PCV-systemet är PCV-ventilen, ett friskluftsintag och vakuumslangarna som ansluter dessa delar med motorn.
3 För att bibehålla tomgångskvaliteten begränsar PCV-ventilen flödet när insugsgrenrörets vakuum är högt. Om onormala arbetsförhållanden uppstår (t.ex. kolvringsproblem), är systemet utformat så att överflödiga mängder genomblåsningsgaser leds tillbaka genom vevhusets ventilationsrör till luftrenaren där de förbränns vid den

normala förbränningen.
4 Det här systemet riktar genomblåsningen in i gasspjällshuset vilket, med tiden, kan ge upphov till oljiga avlagringar i området nära gasspjällsplattan. Följaktligen är det en bra idé att då och då ta bort avlagringarna från gasspjällshuset. Se kapitel 4A för information om rengöringsmetoden.

Kontrollera

5 När du ska kontrollera ventilen, dra först ut den ur genomföringen i ventilkåpan (motorer utan VVT-i), eller skruva loss den från kåpan (motorer med VVT-i) och skaka ventilen. Den ska skallra, vilket tyder på att den inte är igensatt av avlagringar. Om ventilen inte skallrar, byt den.

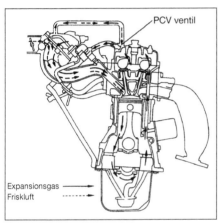

3.1a Diagram av PCV-systemet – motorer med VVT-i

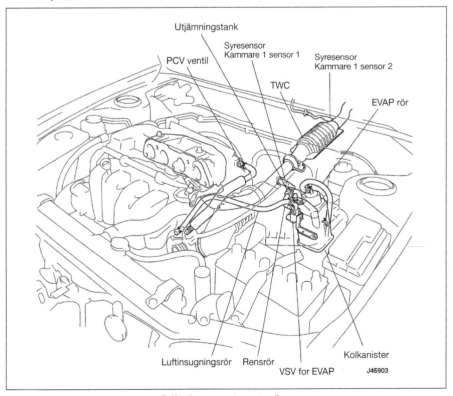

3.1b Avgassystemets rör – motorer med VVT-i

3.9 Koppla ifrån slangen och skruva loss PCV-ventilen

6 Starta motorn och låt den gå på tomgång, placera sedan ditt finger över ventilöppningen. Om du känner vakuumet fungerar PCV-ventilen som den ska. Om du inte känner något vakuum kan det vara fel på PCV-ventilen eller så kan slangen vara igentäppt. Sök även efter vakuumläckor vid ventilen, påfyllningslocket och alla slangarna.

Byte

Motorer utan VVT-i

7 Dra ventilen rakt uppåt (sitter i ventilations-slangen, fäst på ventilkåpan) för att ta bort den. Kontrollera gummigenomföringen, leta efter sprickor och vridningar. Om den är skadad, byt den.

Motorer med VVT-i

8 Skruva loss de båda muttrarna, bänd ut plastfästena på baksidan och ta bort kåpan från motorns övre del.
9 Lossa klämman, koppla ifrån slangen och skruva loss ventilen från ventilkåpans vänstra sida **(se bild)**.

Alla motorer

10 Om ventilen är igensatt är slangen antagligen också igentäppt. Ta bort slangen och rengör den med lösningsmedel.
11 När du har rengjort slangen, kontroller om den är skadad eller sliten. Se till att den passar precis på beslagen.
12 Montera en ny PCV-ventil vid behov.
13 Montera en ren PCV-slang. Se till att PCV-ventilen och slangen är ordentligt fästa.

4 Katalysator

Allmän beskrivning

1 För att minska utsläppen av kolväte, kolmonoxid och kväveoxider har alla bilar ett trevägskatalysatorsystem som oxiderar och minskar mängden av dessa ämnen genom att omvandla dem till ofarligt kväve, koldioxid och vatten.
2 Katalysatorn sitter i avgassystemet, ungefär som en ljuddämpare **(se bild)**.

Kontrollera

3 Undersök med jämna mellanrum flänsar och bultar mellan katalysatorn och avgasröret. Se till att det inte finns några lösa bultar eller läckage mellan flänsarna.
4 Leta efter bucklor eller skador på katalysatorns skydd **(se bild)**. Om någon del av skyddet är så skadad eller bucklig att den tar i omvandlaren, reparera eller byt skyddet.
5 Undersök om värmeisolatorn är skadad. Se till att det finns tillräckligt spel mellan värmeisolatorn och katalysatorn **(se bild)**.

Byte

6 Om du vill byta katalysatorn, se kapitel 4A.

Föreskrifter

a) ANVÄND INTE blyad bensin eller bensin med blyersättning – blyet lägger sig ovanpå ädelmetallerna och minskar deras katalytiska förmåga, vilket slutligen förstör katalysatorn.
b) Underhåll alltid tändnings- och bränsle-systemen regelbundet enligt tillverkarens underhållsschema (se kapitel 1).
c) Om motorn börjar misstända ska bilen inte köras alls (eller åtminstone så lite som möjligt) tills felet är åtgärdat.
d) Bilen får INTE knuffas igång eller bogseras eftersom katalysatorn då dränks i oförbränt bränsle och kommer att överhettas när motorn startas.
e) Stäng INTE av tändningen vid höga motorvarvtal, d.v.s. tryck inte ner gaspedalen alldeles innan tändningen vrids av.
f) Använd INTE tillsatser för bränsle eller motorolja – dessa kan innehålla ämnen som är skadliga för katalysatorn.
g) FORTSÄTT INTE att köra bilen om motorn bränner olja så att den lämnar blå rök efter sig.
h) Tänk på att katalysatorn arbetar med mycket höga temperaturer. Parkera därför INTE bilen i torr undervegetation, i högt gräs eller över lövhögar efter en längre körsträcka.
i) Kom ihåg att katalysatorn är KÄNSLIG. Slå inte på den med verktyg vid underhållsarbetet.
j) I vissa fall kan det lukta svavel (som ruttna ägg) om avgaserna. Detta är vanligt hos många bilar med katalysator. När bilen har kört några hundra mil borde problemet försvinna – prova att byta bensinmärke så länge.
k) Katalysatorn i en välunderhållen och välkörd bil bör hålla i mellan 90 000 och 150 000 km. Om katalysatorn inte längre är effektiv måste den bytas.

4.2 Spraya smörjolja på katalysatorns fästbultar/-muttrar innan du försöker att skruva loss dem

4.4 Undersök värmeskölden regelbundet (i förekommande fall) och sök efter bucklor och andra skador

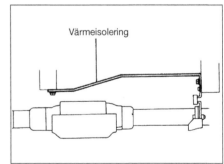

4.5 Undersök värmeisoleringspanelerna regelbundet, kontrollera att spelet är tillräckligt

Värmeisolering

Kapitel 5 Del A:
Start- och laddningssystem

Innehåll

Svårighetsgrad

| **Enkelt,** passar novisen med lite erfarenhet | **Ganska enkelt,** passar nybörjaren med viss erfarenhet | **Ganska svårt,** passar kompetent hemmamekaniker | **Svårt,** passar hemmamekaniker med erfarenhet  | **Mycket svårt,** för professionell mekaniker |

Specifikationer

Allmänt
Motorkoder:
1,3-liters motor (1 332 cc) utan VVT-i	4E-FE
1,4-liters motor (1 398 cc) med VVT-i	4ZZ-FE
1,6-liters motor (1 587 cc) utan VVT-i	4A-FE
1,6-liters motor (1 598 cc) med VVT-i	3ZZ-FE

Laddningssystem
Laddningsspänning	13,9 till 15,1 V
Standardströmstyrka:	
Alla lampor och tillbehör avstängda	Mindre än 10 A
Strålkastare (helljus) och värmefläktmotor påslagna	30 A eller mer
Generatorborstens exponerade längd:	
Denso-generator:	
Standard	9,5 till 11,5 mm
Minimum	1,5 mm
Bosch-generator:	
Standard	11,0 till 13,6 mm
Minimum	1,5 mm

1 Allmän information

Allmän information

Motorns elsystem består i huvudsak av laddnings- och startsystemen. Eftersom dessa fungerar tillsammans med motorn behandlas de separat från övriga elektriska funktioner som belysning, instrument etc. (som tas upp i kapitel 12). Se del B för information om tändsystemet.

Systemet är ett 12 volts elsystem med negativ jordning.

Batteriet är av lågunderhållstyp eller "underhållsfritt" (livstidsförseglat) och laddas av generatorn, som drivs av en rem från vevaxelns remskiva.

Startmotorn är föringreppad med en inbyggd solenoid. Vid start för solenoiden drevet mot svänghjulets startkrans innan startmotorn ges ström. När motorn startat förhindrar en envägskoppling att startmotorn drivs av motorn tills drevet släpper från svänghjulet.

Föreskrifter

Detaljinformation om de olika systemen ges i relevanta avsnitt i detta kapitel. Även om vissa reparationsmetoder beskrivs här är det normala tillvägagångssättet att byta ut defekta komponenter. Ägare som är intresserade av mer än enbart komponentbyte rekommenderas boken Bilens elektriska och elektroniska system från detta förlag.

Det är nödvändigt att iakttaga extra försiktighet vid arbete med elsystem för att undvika skador på halvledarenheter (dioder och transistorer) och personskador. Utöver föreskrifterna i Säkerheten främst! i början av den här handboken. Observera följande när du arbetar med systemet:

• Ta alltid av ringar, klockor och liknande före arbete med elsystemet. En urladdning kan inträffa, även med batteriet urkopplat, om en komponents strömstift jordas genom ett metallföremål. Detta kan ge stötar och allvarliga brännskador.

• Kasta inte om batteripolerna. Komponenter som växelströmsgeneratorer, elektroniska styrenheter och andra komponenter med halvledarkretsar kan totalförstöras så att de inte går att reparera.

• Om motorn startas med hjälp av startkablar och ett laddningsbatteri ska batterierna anslutas plus-till-plus och minus-till-minus (se Starthjälp). Detta gäller även vid inkoppling av en laddare.

• Koppla aldrig loss batteripolerna, växelströmsgeneratorn, elektriska ledningar eller testutrustning när motorn är igång.

• Låt aldrig motorn dra runt generatorn när den inte är ansluten.

• Testa aldrig om generatorn fungerar genom att "gnistra" med spänningskabeln mot jord.

• Testa aldrig kretsar eller anslutningar med en ohmmätare av den typ som har en handvevad generator.

• Kontrollera alltid att batteriets negativa anslutning är bortkopplad vid arbete i det elektriska systemet.

• Koppla ur batteriet, generatorn och komponenter som bränsleinsprutningens/tändningens elektroniska styrenhet för att skydda dem från skador, innan elektrisk bågsvetsningsutrustning används på bilen.

• När batteriet kopplas loss raderas eventuella felkoder som minneslagrats i motorstyrningens styrmodul. Om du misstänker att några fel föreligger bör du inte koppla loss batteriet förrän en Toyota-handlare eller specialist har läst av felkoderna.

• Flera system i bilen kräver batteriström för att kunna fungera hela tiden, antingen för kontinuerlig funktion (t.ex. klockan) eller för att spara säkerhetskoder i styrmodulernas minnen, vilka skulle raderas om batteriet kopplades ur. För att undvika oförutsedda händelser bör du först läsa Koppla ifrån batteriet i handbokens referensavsnitt.

2 Batteri – kontroll och laddning

Kontroll

Standard- och lågunderhållsbatteri

1 Om bilen endast körs en kort sträcka varje år är det mödan värt att kontrollera elektrolytens specifika vikt var tredje månad för att avgöra batteriets laddningsstatus. Använd en hydrometer till kontrollen och jämför resultatet med tabellen nedan: Observera att densitetskontrollen förutsätter att elektrolyttemperaturen är 15 °C. För varje 10 °C under 15 °C, dra ifrån 0,007. För varje 10 °C över 15 °C, lägg till 0,007.

	Över 25 °C	Under 25 °C
Fullt laddat	1,210 till 1,230	1,270 till 1,290
70 % laddat	1,170 till 1,190	1,230 till 1,250
Urladdat	1,050 till 1,070	1,110 till 1,130

2 Om batteriet misstänks vara defekt, kontrollera först elektrolytens specifika vikt i varje cell. En variation som överstiger 0,040 eller mer mellan celler är tecken på elektrolytförlust eller nedbrytning av de inre plattor.

3 Om de specifika vikterna har avvikelser på 0,040 eller mer ska batteriet bytas ut. Om variationen mellan cellerna är tillfredsställande men batteriet är urladdat ska det laddas enligt beskrivningen längre fram i detta avsnitt.

Underhållsfritt batteri

4 Om det monterade batteriet är livstidsförseglat och underhållsfritt kan elektrolyten inte testas eller fyllas på. Batteriets skick kan därför bara kontrolleras med en batteriindikator eller en voltmätare.

5 Vissa modeller innehåller ett särskild typ av underhållsfritt batteri med en inbyggd indikator för laddningstillstånd. Indikator är placerad ovanpå batterikåpan och anger batteriets skick genom att ändra färg. Om indikatorn visar grönt är batteriet i gott skick. Om indikatorn visar svart behöver batteriet laddas enligt beskrivningen senare i detta avsnitt. Om indikatorn är blå är elektrolytnivån för låg och batteriet måste bytas ut.
Varning: Försök inte ladda eller hjälpstarta ett batteri då indikatorn är ofärgad eller gul.

6 Om du testar batteriet med en voltmätare ska du ansluta voltmätaren över batteriet och jämför resultatet med dem i punkt 7. Testet ger endast korrekta resultat om batteriet inte har blivit laddat på något sätt under de senaste sex timmarna. Om så inte är fallet, tänd strålkastarna under 30 sekunder och vänta sedan fyra till fem minuter innan batteriet kontrolleras. Alla andra kretsar ska vara frånslagna, kontrollera att dörrar och baklucka verkligen är stängda när kontrollen görs.

7 Om den uppmätta spänningen understiger 12,2 volt är batteriet urladdat, medan en spänning mellan 12,2 och 12,4 volt indikerar delvis urladdning.

8 Om batteriet ska laddas, ta bort det från bilen (avsnitt 3) och ladda det enligt beskrivningen senare i detta avsnitt.

Laddning

Observera: *Följande är endast avsett som hjälp. Följ alltid tillverkarens rekommendationer (finns ofta på en tryckt etikett på batteriet) innan batteriladdning utförs.*

Standard- och lågunderhållsbatteri

9 Ladda batteriet med 3,5 till 4 ampere och fortsätt ladda batteriet tills ingen ytterligare ökning av batteriets specifika vikt noteras under en fyratimmarsperiod.

10 Alternativt kan en underhållsladdare som laddar med 1,5 ampere användas över natten.

11 Speciella snabbladdare som påstås kunna ladda batteriet på 1-2 timmar är inte att rekommendera, eftersom de kan orsaka allvarliga skador på batteriplattorna genom överhettning.

12 Observera att elektrolytens temperatur aldrig får överskrida 37,8 °C när batteriet laddas.

Underhållsfritt batteri

13 Denna batterityp tar avsevärt längre tid att ladda fullt än standardtypen. Hur lång tid det tar beror på hur urladdat batteriet är, men det kan ta ända upp till tre dagar.

14 En laddare av konstantspänningstyp krävs. Den ska ställas till mellan 13,9 och 14,9 volt med en laddström som underskrider 25 A. Med denna metod bör batteriet vara användbart inom 3 timmar med en spänning på 12,5 volt, men detta gäller ett delvis urladdat batteri. Full laddning kan som sagt ta avsevärt längre tid.

15 Om batteriet ska laddas från att ha varit helt urladdat (mindre än 12,2 volt), bör du överlåta laddningen åt en bilverkstad eller en Toyota-återförsäljare, eftersom laddströmmen är högre och batteriet måste övervakas konstant under laddningen.

3.1 Lossa muttern och koppla loss ledningen från batteriets minuspol

3.2 Skruva loss muttern och bulten (se pilar), ta sedan bort batteriets fästklämma

3 Batteri – demontering och montering

Observera: *När batteriet kopplas loss raderas eventuella felkoder som minneslagrats i motorstyrningens styrmodul. Om du misstänker att några fel föreligger bör du inte koppla loss batteriet förrän en Toyota-handlare eller specialist har läst av felkoderna.*

Demontering

1 Börja med den negativa batterikabeln **(se bild)** och koppla loss båda kablarna från batteripolerna.
Varning: Om bildstereon är utrustad med ett stöldskyddssystem, se till att du har rätt aktiveringskod innan du kopplar ifrån batteriet.
2 Ta bort batteriets fästklämma **(se bild)**.
3 Lyft ut batteriet. Var försiktig, det är tungt.
4 När du har tagit bort batteriet, lyft ut plastfacket och undersök om fästbygeln har utsatts för korrosion.
5 Om du byter batteri, se till att du byter det mot ett identiskt batteri med samma dimensioner, spänningskapacitet, kallstartskapacitet etc.

Montering

6 Återmonteringen utförs i omvänd ordningsföljd mot demonteringen, men stryk vaselin på polerna efter att ha återanslutit ledningarna för att motverka korrosion, och återanslut alltid den positiva kabeln först, följt av den negativa.

4 Laddningssystem– allmän information och föreskrifter

Allmän information

Laddningssystemet innefattar generatorn, en intern spänningsregulator, en laddningsindikator, batteriet, en smältinsats

och kablarna mellan alla dessa delar. Laddningssystemet tillför elektrisk ström till tändningssystemet, belysningen, radion etc. Generatorn drivs av en drivrem till höger om motorn.

Syftet med spänningsregulatorn är att begränsa generatorns spänning till ett förinställt värde. Detta förhindrar ojämnheter i strömförsörjningen, överbelastning av kretsen etc. vid förhöjd spänningseffekt.

Smältinsatsen sitter i säkringsdosan i motorrummet **(se bild)**.

Instrumentens varningslampa bör tändas när startnyckeln vrids till Start, för att därefter släckas. Om den inte släcks är det fel i laddningssystemet. Vissa bilar har också en spänningsmätare. Om spänningsmätaren anger onormalt hög eller låg spänning, kontrollera laddningssystemet (se avsnitt 5).

Föreskrifter

Var försiktig när du ansluter elkretsar till ett fordon med generator och observera följande:
a) *När du återansluter kablar från batteriet till generatorn, se till att polariteten blir rätt.*
b) *Innan du använder bågsvetsutrustning för att reparera någon del av bilen, koppla bort kablarna från generatorn och batteripolerna.*
c) *Starta aldrig motorn med en batteriladdare ansluten.*
d) *Koppla alltid ifrån båda batterikablarna innan du använder en batteriladdare.*

4.1 Huvudsmältsäkring (se pil)

e) *Generatorn drivs av en motordrivrem som kan orsaka allvarliga personskador om du fastnar med handen, håret eller kläderna i den när motorn är igång.*
f) *Eftersom generatorn är ansluten direkt till batteriet kan den avge en ljusbåge eller orsaka brand om den överbelastas eller kortsluts.*
g) *Linda en plastpåse över generatorn och fäst den med gummiband innan motorn rengörs med ånga.*

5 Laddningssystem – test

Observera: *Se varningarna i "Säkerheten främst!" och i avsnitt 1 i detta kapitel innan arbetet påbörjas.*
1 Om tändningens varningslampa inte tänds när tändningen slås på, kontrollera först att generatorns kabelanslutningar sitter ordentligt. Om detta är fallet, kontrollera att varningsglödlampan är hel och att lamphållaren sitter ordentligt på plats i instrumentpanelen. Om lampan fortfarande inte tänds, kontrollera att det inte är något ledningsbrott på varningslampans matningskabel från generatorn till lamphållaren. Om allt fungerar, men lampan fortfarande inte tänds, är generatorn defekt och ska bytas eller tas till en bilelektriker för test och reparation eller bytas ut.
2 Om tändningens varningslampa tänds när motorn är igång, stanna motorn och kontrollera att drivremmen är korrekt spänd (se kapitel 1) och att generatorns anslutningar sitter ordentligt. Om allt är okej så här långt, låt en specialist på bilel kontrollera generatorn och reparera den vid behov.
3 Om generatorns arbetseffekt misstänks vara felaktig även om varningslampan fungerar som den ska, kan regulatorspänningen kontrolleras på följande sätt:
4 Anslut en voltmeter över batteripolerna och starta motorn.
5 Öka motorvarvtalet tills voltmätarutslaget är

stabilt. Den bör visa cirka 12 till 13 volt och inte mer än 14,2 volt.

6 Sätt på så många elektriska tillbehör som möjligt (t.ex. strålkastare, bakrutedefroster, och värmefläkt), och kontrollera att generatorn håller regulatorspänningen runt 13 till 14 volt.

7 Om regulatorspänningen ligger utanför de angivna värdena kan felet bero på utslitna generatorborstar, svaga borstfjädrar, en defekt spänningsregulator, en defekt diod, en bruten fasledning eller slitna eller skadade släpringar. Generatorn ska bytas eller lämnas in till en specialist på bilel för kontroll och reparation.

6 Generator – demontering och montering

Demontering

1 Koppla loss kabeln från batteriets minuspol (se avsnitt 3).
2 Koppla loss elanslutningarna från generatorn **(se bilder)**.

Motorer utan VVT-i

3 Lossa generatorns justerings- och styrbultar samt låsbultarna och koppla loss drivremmen.
4 Ta bort justerings- och låsbultarna från generatorns justeringsfästbygel.
5 Skilj generatorn och fästbygeln från motorn.

Motorer med VVT-i

6 Ta bort drivremmen enligt beskrivningen i kapitel 1.
7 Skruva loss de båda fästbultarna och ta bort generatorn **(se bild)**.

7.2a Ta bort de tre muttrarna från den bakre kåpan (generator från Denso)

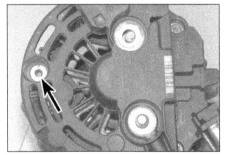

7.2c Skruva loss båda muttrarna och skruva loss skruven (se pil), lyft sedan bort den bakre kåpan (generator från Bosch)

6.2a Generatoranslutningar – 1.3-litersmotor utan VVT-i

6.2c Generatoranslutningar – modeller med VVT-i

Alla motorer

8 Om du ska byta generatorn, ta med den gamla när du köper en ny. Se till att den nya eller renoverade enheten är identisk med den gamla generatorn. Kontrollera anslutningarna. De ska ha samma antal, storlek och placering

7.2b Ta bort muttern, brickan och isolatorn från anslutning B och ta bort den bakre kåpan (generator från Denso)

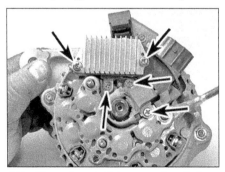

7.3a Skruva loss de 5 skruvarna (se pilar) . . .

6.2b Generatoranslutningar – 1,6-litermotor utan VVT-i

6.7 Generatorns fästbultar (se pilar) – modeller med VVT-i

som anslutningarna på den gamla generatorn. Kontrollera till sist identifieringsmarkeringarna. De är instansade på huset eller tryckta på en etikett eller skylt som är fäst på huset. Se till att dessa nummer är identiska på de båda generatorerna.
9 Många nya/renoverade generatorer har ingen remskiva, så du måste kanske flytta remskivan från den gamla enheten till den nya/renoverade. När du köper en generator, ta reda på var verkstaden har för policy för återmontering av remskivor – vissa verkstäder utför detta gratis.

Montering

10 Monteringen utförs i omvänd ordningsföljd mot demonteringen. Dra åt bultarna ordentligt.
11 När du har monterat generatorn, justera drivremmens spänning (se kapitel 1).
12 Kontrollera laddningsspänningen för att kontrollera att generatorn fungerar som den ska (se avsnitt 5).

7 Generatorns regulator/ borstpaket – byte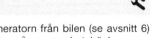

1 Ta bort generatorn från bilen (se avsnitt 6) och placera den på en ren arbetsbänk.
2 Ta bort de bakre kåpmuttrarna, skruv- och anslutningsisolatorn samt den bakre kåpan **(se bild)**.
3 Skruva loss de 5 skruvarna (Denso-generator) eller 3 skruvarna (Bosch-generator) och ta bort borsthållaren samt regulatorn från den bakre ramen **(se bilder)**.

7.3b . . . ta bort borsthållaren . . .

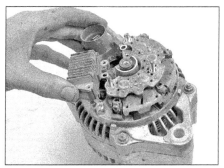

7.3c . . . och regulatorn (generator från Denso)

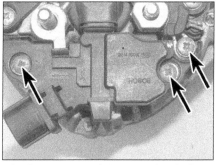

7.3d Skruva loss de 3 skruvarna (se pilar) och ta bort borsthållaren (generator från Bosch)

4 Mät varje borstes exponerade längd **(se bild)** och jämför den med minimilängden i det här kapitlets Specifikationer. Om någon av borstarna är kortare än minimilängden byter du borst- och borsthållarenheten. **Observera:** *På vissa modeller kan man behöva löda fast de nya borstarna.*
5 Se till att alla borstar löper smidigt i hållarna.
6 Sätt dit delarna i motsatt ordning mot borttagningen, observera följande:
7 På generatorer av märket Denso, montera borsthållaren genom att trycka ihop varje borste med en liten skruvmejsel för att frigöra skaftet **(se bild)**.
8 Montera spänningsregulatorn och borsthållarens skruvar i den bakre ramen.
9 Montera den bakre kåpan och dra åt muttrarna/skruvarna ordentligt.
10 Montera anslutningens isolator och dra åt den med muttern (i förekommande fall).
11 Sätt tillbaka generatorn.

8 Generator – kontroll och översyn

Om du misstänker att det är fel på generatorn bör den tas bort från bilen och lämnas till en bilelektriker för översyn. De flesta bilelektriker kan ta hem och montera borstar till en rimlig kostnad. Kontrollera dock reparationskostnaderna först, det kan vara billigare med en ny eller begagnad generator.

9 Startsystem – allmän information och föreskrifter

Allmän information

Startsystemets funktion är att vrida runt motorn tillräckligt snabbt för att den ska starta.
Systemet består av batteriet, startmotorn, startmotorns solenoid och elkretsen som kopplar ihop delarna. Solenoiden är fäst direkt på startmotorn **(se bild)**.
Enheten solenoid/startmotor är monterad på motorns övre del, bredvid balanshjulskåpan.

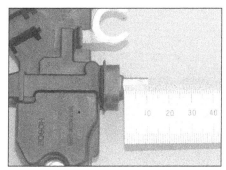

7.4 Mät varje borstes exponerade längd

När startnyckeln vrids till läge Start aktiveras startmotorns solenoid via startmotorns styrkrets. Startmotorns solenoid ansluter batteriet till startmotorn. Batteriet förser startmotorn med energi, vilket drar runt motorn.
På en bil med manuell växellådan kan startmotorn endast användas när kopplingspedalen är nedtryckt. Startmotorn på bilar med automatväxellåda kan endast

7.7 På generatorer från Denso, tryck ihop vara borste med en liten skruvmejsel för att underlätta monteringen

aktiveras när växelväljaren är i läget Park eller Neutral.

Föreskrifter

Vidta alltid följande försiktighetsåtgärder när du arbetar med startsystemet:
a) Överdriven användning av startmotorn kan leda till överhettning och allvarliga skador. Kör aldrig startmotorn längre än 15 sekunder åt gången utan att låta den svalna i minst två minuter.

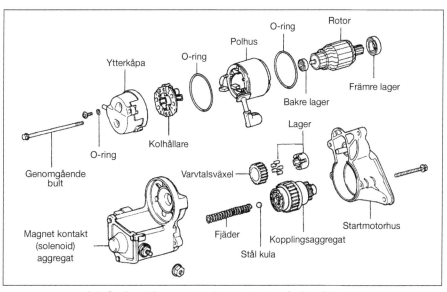

9.1 Sprängskiss av en typisk startmotor-/solenoidenhet

11.2 Koppla loss kablaget från startmotorn/solenoiden

b) Startmotorn har en anslutningskabel direkt till batteriet och kan orsaka en ljusbåge eller brand om den missbrukas, överbelastas eller kortsluts.

c) Koppla alltid loss kabeln från batteriets minuspol innan du utför något arbete på startsystemet (se avsnitt 3).

10 Startmotor –
test i bilen

Observera: Innan du felsöker problem i startmotorn, se till att batteriet är fulladdat.
1 Om startmotorn inte går runt alls när nyckeln vrids runt, se till att växelväljaren på modeller med automatväxellådan är i läget Neutral eller Parkering. På bilar med en manuell växellåda ska kopplingspedalen vara nedtryckt.
2 Se till att batteriet är fulladdat, och att alla ledningar är hela och åtdragna, vid både batteriets och startmotorsolenoidens anslutningar.
3 Om startmotorn snurrar men motorn inte dras igång, slirar bendixdrevet i startmotorn, som då måste bytas.
4 Om omställaren styrs ut men startmotorn inte rör sig alls men solenoiden klickar beror problemet antingen på batteriet, huvudsolenoidkontakterna eller själva startmotorn (eller så kärvar motorn).
5 Om solenoidkolven inte hörs när omställaren styrs ut är det fel på batteriet, smältsäkringen är bränd (kretsen är öppen), är det fel på startmotorns relä eller på själva startmotorns solenoid.
6 När du ska kontrollera solenoiden ansluter du en testkabel mellan batteriets pluspol (+) och tändningslåsets anslutning (den lilla anslutningen) på solenoiden. Om startmotorn fungerar nu är solenoiden OK och problemet ligger i tändningslåset, neutrallägets startkontakt eller i kablaget.

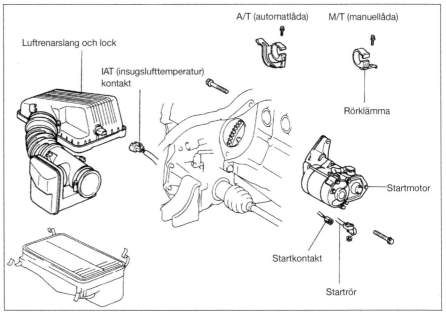

11.3a Startmotorns fästdetaljer – motorer utan VVT-i

7 Om startmotorn fortfarande inte fungerar, ta bort startmotor-/solenoidenheten för isärtagning, kontroll och reparation. Lämna in startmotorn till en verkstad som är specialister på bilel för kontroll. De flesta bilelektriker kan ta hem och montera borstar till en rimlig kostnad. Kontrollera dock reparationskostnaderna först, eftersom det kan vara billigare med en ny eller begagnad motor.
8 Om startmotorn drar runt motorn ovanligt långsamt, se först till att batteriet är laddat och att alla polanslutningar är åtdragna. Om motorn har skurit delvis eller om motoroljan har fel viskositet går den runt långsamt.

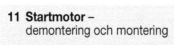

11 Startmotor –
demontering och montering

Observera: Startmotor-/solenoidenheten kan inte repareras genom att enstaka delar byts. Om det är fel på enheten måste hela startmotor-/solenoidenheten bytas mot en ny eller renoverad enhet.

Demontering

1 Koppla loss kabeln från batteriets minuspol (se avsnitt 3).
2 Koppla loss de elektriska kontaktdonen från startmotor-/solenoidenheten **(se bild)**. Observera att på motorer utan VVT-i sitter

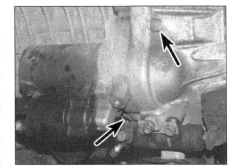

11.3b Startmotorns fästbultar (se pilar) – motorer med VVT-i

startmotorn på baksidan av motorblocket, medan startmotorn på motorer med VVT-i sitter på motorblockets framsida.
3 Ta bort startmotorns fästbultar **(se bilder)**.
4 På motorer utan VVT-i, ta bort fästbygeln från den övre delen av startmotor-/solenoidenheten. **Observera:** En eller två av fästbygelns bultar måste lossas för att startmotor-/solenoidenheten ska kunna sänkas ner delvis för åtkomst till fästbygelenhetens återstående bultar och metalldelar.

Montering

5 Montera i omvänd ordningsföljd mot demonteringen.

Kapitel 5 Del B:
Tändsystem

Innehåll

Svårighetsgrad

Enkelt, passar novisen med lite erfarenhet	**Ganska enkelt,** passar nybörjaren med viss erfarenhet	**Ganska svårt,** passar kompetent hemmamekaniker	**Svårt,** passar hemmamekaniker med erfarenhet	**Mycket svårt,** för professionell mekaniker

Specifikationer

Allmänt
Motorkoder:
  1,3-liters motor (1 332 cc) utan VVT-i 4E-FE
  1,4-liters motor (1 398 cc) med VVT-i 4ZZ-FE
  1,6-liters motor (1 587 cc) utan VVT-i 4A-FE
  1,6-liters motor (1 598 cc) med VVT-i 3ZZ-FE

Tändningsinställning (endast motorer 4A-FE)
Med testanslutningarna TE1 och E1 jordade . . . . $10 \pm 2°$ före övre dödpunkt

Tändföljd
Alla modeller. . . . . 1 – 3 – 4 – 2

Tändspolens resistans (kall)
Motor 4E-FE
  Primär resistans . . . . Ingen uppgift
  Sekundär resistans . . . . 9,7 till 16,7 kΩ
Motor 4A-FE:
  Primär resistans . . . . 1,11 till 1,75 Ω
  Sekundär resistans . . . . 9,0 till 15,7 kΩ
Motor 4ZZ-FE och 3ZZ-FE. . . . . Ingen uppgift

Tändkablar
Resistans . . . . max. 25 kΩ

Fördelare (endast 4A-FE)
Luftgap . . . . 0,2 till 0,4 mm
Upptagarspolens resistans:
  Kall:
    G+ till G- . . . . 185 till 275 Ω
    NE+ till NE- . . . . 370 till 550 Ω

Åtdragningsmoment
Nm
Tändspole till topplock:
  Motor 4E-FE 20
  Motor 4ZZ-FE och 3ZZ-FE. 7
Knacksensor:
  Motor 4E-FE 45
  Motor 4ZZ-FE:
    Pinnbult. 10
    Mutter 20
  Motor 3ZZ-FE. 39

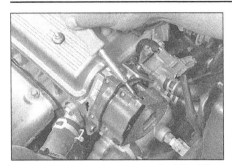

2.3 Bänd försiktigt ut plastskyddet från låsfliken för att lossa den från tändspolen

1 Allmän information

Det finns tre möjliga typer av tändsystem på de modeller som den här handboken gäller.

Den första typen som sitter på 1,6-litersmotorn 4A-FE har en fördelare på vänster sida av topplocket, där tändningens upptagargivare sitter som övervakar kamaxelns läge och hastighet, och följaktligen tändordningen. Motorstyrningsmodulen använder informationen från givarna för att beräkna det exakta ögonblick då strömmen till den primära tändspolen ska brytas, vilket gör att den sekundära tändspolen skapar högspänning som går genom tändkabeln till fördelarlocket. Den går sedan vidare till rätt tändkabel via den snurrande rotorn och ger vid tändstiftselektroderna en gnista som antänder luft-/bränsleblandningen. Den här typen av system, där tändspolen och tändmodulen är inbyggda i fördelaren, kallar Toyota för Integrated Ignition Assembly (IIA), integrerad tändenhet.

Den andra typen, som sitter på 1,3-litersmotorn 4E-FE, är ett fördelarlöst tändningssystem. Här övervakas vevaxelns hastighet och läge av en givare som sitter bredvid vevaxelns remskiva på motorn högra del. Motorstyrningsmodulen beräknar det bästa tillfället att utlösa gnistan och avbryter sedan den primära signalen till en av de båda tändspolarna på topplockets vänstra del. Plus- och minusändarna på sekundärspolen är anslutna till tändstiften på cylinder 1 och 4, samt 2 och 3. När primärströmmen avbryts genererar sekundärspolen en gnista vid de båda cylindrar som den är ansluten till. Det är emellertid endast en av dessa gnistor som skapas under förbränningstakten och ger upphov till tändning, den andra gnistan uppstår under avgastakten och har ingen effekt. Det finns även en knacksensor som övervakar tecken på förtändning. Om några sådana tecken registreras förskjuter styrmodulen tändningsinställningen gradvis tills symptomen försvinner.

Den tredje typen, som sitter på 1,4-litersmotorn 4ZZ-FE och 1,6-litersmotorn 3ZZ-FE har en tändspole per cylinder, precis ovanför varje tändstift. Motorstyrningsmodulens information från vevaxeln och kamaxelgivaren används för att beräkna den bästa tidpunkten för att skapa en gnista för varje cylinder sekventiellt. Det finns även en knacksensor som övervakar tecken på förtändning. Om några sådana tecken registreras förskjuter styrmodulen tändningsinställningen gradvis tills symptomen försvinner.

Föreskrifter

Vidta följande åtgärder när du arbetar med tändsystemet:
a) *Vrid inte runt tändningsnyckeln i mer än 10 sekunder om motorn inte startar.*
b) *Anslut alltid varvräknaren enligt tillverkarens anvisningar. Vissa varvräknare kanske inte är kompatibla med det här tändsystemet. Kontakta återförsäljarens serviceavdelning innan du köper en varvräknare till den här bilen.*

c) *Låt aldrig tändspolens anslutningar komma i kontakt med jord. Om spolen jordas kan det orsaka skador på tändmodulen och/eller tändspolen.*
d) *Koppla inte ifrån batteriet när motorn är igång.*

2 Tändspole – test och byte

Kontroll

1 Se till att tändningen är avstängd.

4A-FE-motor

2 Skruva loss skruvarna och ta bort fördelarlocket **(se bild 3.4)**.
3 Ta bort plastskölden från spolen **(se bild)**.
4 Ta bort fästbultarna från spolens elektriska kontaktdon och anslut ohmmätarens ledningar.
5 Använd en ohmmätare:
a) *Mät resistansen mellan spolens plus- och minusanslutningar* **(se bild)**. *Jämför dina avlästa värden med spolens angivna primärresistans i det här kapitlets Specifikationer.*
b) *Mät resistansen mellan pluspolen och högspänningsanslutningen* **(se bild)**. *Jämför dina avlästa värden med spolens angivna sekundärresistans i det här kapitlets Specifikationer.*
6 Om något av ovanstående kontroller ger resistansvärden utanför det angivna intervallet kan det vara fel på spolen.

4E-FE-motor

7 Observera deras lägen och koppla sedan loss tändkablarna från tändspolarna **(se bild)**.
8 Använd en ohmmätare och mäter resistansen mellan plus- och minusändanslutningarna på varje spole **(se bild)**.

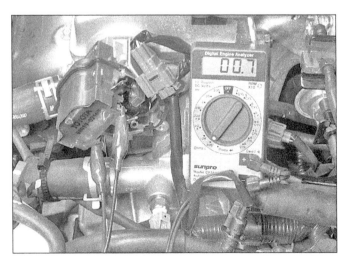

2.5a Mät mellan plus- och minusanslutningen på spolen för att kontrollera den primära resistansen

2.5b Mät mellan plusanslutningen och högspänningsanslutningen för att kontrollera spolens sekundärresistans

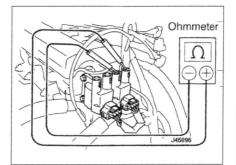

2.7 Lyft upp klämman, dra sedan bort tändhattarna från tändspolarna

2.8 Mät resistansen mellan den positiva och negativa tändledningsanslutnigen på varje spole

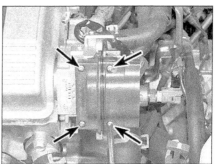

2.14 Ta bort fästskruvarna (se pilar) och lyft bort spolen från fördelarhuset

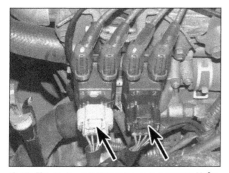

2.16 Tryck ihop klämman och koppla ifrån tändspolens anslutningskontakter (se pilar)

2.17 Skruva loss de båda bultarna (se pilar) och koppla loss tändspolen från fästbygeln

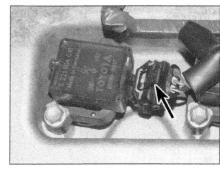

2.21 Tryck ner klämman (se pil) och koppla ifrån tändspolens anslutningskontakter

9 Om resistansen som uppmäts för varje spole ligger utanför de värden som anges i Specifikationer, kan det vara fel på spolarna.

Motor 4ZZ-FE och 3ZZ-FE

10 I skrivande stund finns det inga testspecifikationer för de här motorerna.

Byte

11 Se till att tändningen är avstängd.

4A-FE-motor

12 Ta bort fördelarlocket, ta sedan bort värmeskölden från spolen (se bild 2.3).
13 Märk och koppla loss kablaget från spolanslutningarna.
14 Skruva loss spolens fästskruvar (se bild).
15 Monteringen utförs i omvänd ordningsföljd mot demonteringen.

4E-FE-motor

16 Notera tändkablarnas lägen och koppla sedan ifrån dem (se bild 2.7) och anslutningskontakterna (se bild) från tändspolarna.
17 Skruva loss bultarna och skilj spolarna från fästbygeln (se bild).
18 Skruva loss de båda bultarna och en av muttrarna som fäster spolens fästbygel på topplocket vid behov.
19 Montera i omvänd ordningsföljd mot demonteringen.

Motor 4ZZ-FE och 3ZZ-FE

20 Skruva loss de båda muttrarna, bänd

ut plastfästena på baksidan och ta bort plastkåpan från motorns övre del.
21 Koppla loss anslutningskontakterna från tändspolarna (se bild).
22 Skruva loss bultarna och dra sedan tändspolarna från tändstiftens övre del (se bild). Ta loss dammtätningen (i förekommande fall).
23 Monteringen utförs i omvänd ordningsföljd mot demonteringen.

3 Fördelare – demontering och montering

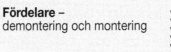

Observera: *Denna procedur gäller endast 1,6-liters 4A-FE-motor.*

Demontering

1 Se till att tändningen är avstängd.
2 Koppla loss anslutningskontakten från fördelaren.
3 Leta efter den upphöjda siffran 1 på fördelarlocket. Den markerar platsen för cylinder nr 1:s tändkabelsanslutning. Om locket inte har någon markering för anslutning nr 1, leta reda på tändstift nummer 1 och spåra anslutningen tillbaka till anslutningen på locket.
4 Skruva loss de båda skruvarna och ta bort fördelarlocket (se bild).
5 Vrid motorn tills tändningsinställningsmärket på vevaxelns remskiva är linjerat med markeringen 0 på skalan bredvid remskivan, och fördelarens rotor pekar på tändstiftsanslutning nr 1. Gör en markering

2.22 Skruva loss bulten och dra bort spolen från ventilkåpan

3.4 Skruva loss de båda skruvarna (se pilar) och ta bort fördelarlocket

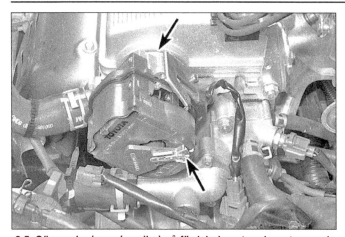

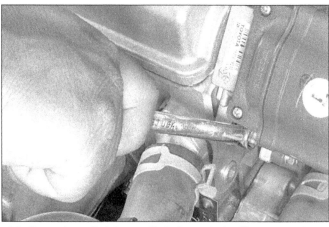

3.5 Gör markeringar (se pilar) på fördelarhuset under rotorn, och över ventilkåpan och fördelardosan

3.6 Skruva loss fördelarens fästbultar och dra fördelaren rakt ut

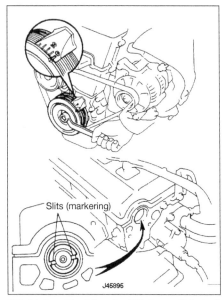

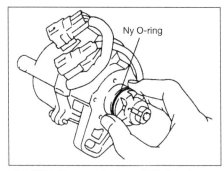

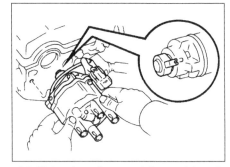

3.7 Linjera tändningsinställningsmärket på remskivan med markeringen 0 på skalan. Spåret på kamaxelns ände ska vara nästa horisontellt

3.8 Sätt dit en ny O-ring på fördelarhuset

3.9 Linjera kopplingens utskurna del med spåret i fördelarhuset

på kanten av fördelarens fot, rakt under rotorspetsen och i linje med den. Gör även en markering på fördelarens fot och ventilkåpan för att säkerställa att fördelaren återmonteras korrekt **(se bild)**.

6 Skruva loss de båda fästbultarna och ta bort fördelaren **(se bild)**.

Montering

Observera: *Om vevaxeln har flyttats när fördelaren är borttagen, ta fram den övre dödpunkten (ÖD) för cylinder nummer 1 (se kapitel 2A) och placera fördelaren och rotorn enligt detta.*

7 Vrid vevaxeln så att spåret på kamaxelns ände är nästan horisontellt, och tändningsinställningsmärket på vevaxelns remskiva linjeras med markeringen 0 på skalan bredvid remskivan **(se bild)**. I det här

läget ska motorn vara i ÖD-läget för cylinder nr 1 (motorns högra del).

8 Sätt dit en ny O-ring på fördelarhuset **(se bild)**.

9 Linjera den utskurna biten av drevkopplingen med den utstickande delen på fördelarhuset **(se bild)**.

10 Linjera fördelardrevet med spåret i kamaxelns ände och passa in fördelaren på topplocket utan att vrida det.

11 Dra åt fördelarens fästbultar något och återanslut tändkablarna. Se till att kablarna sätts tillbaka på originalplatserna.

12 Sätt tillbaka fördelarlocket och återanslut fördelarens anslutningskontakt.

13 Kontrollera tändningsinställningen (se

avsnitt 4) och dra åt fördelarens fästbultar ordentligt.

4 Tändningsinställning – kontroll och justering

Observera: *Denna procedur gäller endast 1,6-liters 4A-FE-motor. På alla andra motorer kan tändningen inte ställas in.*

1 Anslut en varvräknare enligt tillverkarens anvisningar **(se bild)**.

2 Leta reda på diagnosuttaget och placera en startkabel mellan anslutning E1 och TE1 **(se bild)**.

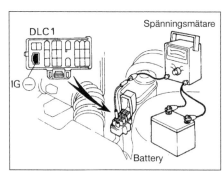

4.1 Anslut varvräknarens kabel till IG-anslutningen på testkontakten

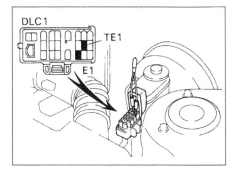

4.2 Anslut en startkabel mellan anslutningarna E1 och TE1 på testkontakten

4.3 De verktyg som behövs för att kontrollera och justera tändningsinställningen

1 **Vakuumpluggar** – *Vakuumslangar måste i de flesta fall kopplas ifrån och pluggas igen. Det finns pluggar med olika former och storlekar för detta ändamål*
2 **Tändningsinställningslampa med induktiv tång** – *Blinkar med ett starkt, koncentrerat sken när tändstift nummer ett tänds. Anslut ledningarna enligt anvisningarna som medföljde lampan*
3 **Fördelarnyckel** – *Ibland kan det vara svårt att nå fördelarens fästbultar med vanliga nycklar*

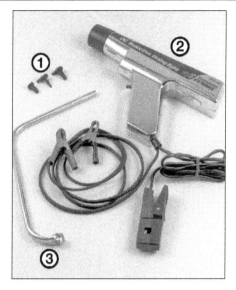

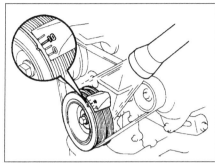

4.5 Rikta tändningsinställningslampan mot märkena med motorn på tomgång

3 Med tändningen avslagen, anslut en tänd-ningsinställningslampa enligt tillverkarens anvisningar **(se bild)**. De flesta tändningsinställningslampor drivs av batteriet. En induktiv tång placeras på cylinder nummer etts tändstiftskabel.
4 Leta reda på tändningsinställningsmärkena på den främre kåpan och vevaxelns remskiva.
5 Starta motorn och låt den värma upp till normal arbetstemperatur (övre kylarslang varm). Kontrollera att motorns tomgång är korrekt (se kapitel 4A, Specifikationer). Rikta tändningsinställningslampan på inställnings-skalan på motorkåpan **(se bild)**. Märket på vevaxelns remskiva ska vara i linje med 10-gradersmärket på skalan. Lossa fördelarens fästbultar om det behövs och vrid fördelaren långsamt tills tändningsinställningsmärkena är linjerade. Dra åt fästbultarna och kontrollera tändningsinställningen igen.
6 Ta bort startkabeln från diagnosuttaget och bekräfta att tändningsinställningen förskjuts enligt värdena i det här kapitlets Specifikationer.
7 Slå av motorn och ta bort varvräknaren och tändningsinställningslampan.

5 Fördelarens upptagarspole – test och byte

Observera: *Denna procedur gäller endast 1,6-liters 4A-FE-motor.*
1 Se till att tändningen är avstängd.

Kontroll att upptagarspole

2 Koppla loss det elektriska kontaktdonet från fördelaränden och använd en ohmmätare för att mäta resistansen mellan upptagarspoles anslutningar **(se bild)**.
3 Jämför de uppmätta värdena med värdena i det här kapitlets Specifikationer. Om resistansen inte stämmer med det som anges kan du behöva byta hela fördelarhuset eftersom det i skrivandets stund inte verkar som att de ingående delarna finns att köpa separat.

Kontroll av luftgap

4 Skruva loss bultarna och ta bort fördelar-locket.
5 Använd ett mässingsbladmått och mät avståndet mellan signalrotorn och upptagar-spolens utgående delar **(se bild)**. Jämför det uppmätta värdet med luftgapet som anges i det här kapitlets Specifikationer. Om luftgapet inte stämmer, byt fördelaren eftersom luftgapet inte kan justeras. Ett för stort luftgap är vanligtvis ett tecken på slitage i fördelaraxelns bussning.

Byte

6 I skrivandets stund verkar det inte finnas några delar till fördelaren. Kontrollera med din Toyota-återförsäljare eller en specialist.

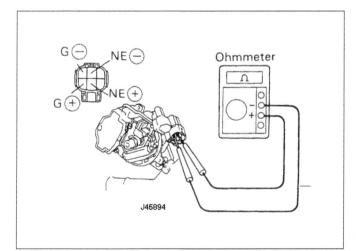

5.2 Anslut en ohmmätare till upptagarspolens anslutningar och jämför resistansvärdena med de som anges i Specifikationer

5.5 Mät luftgapet mellan signalrotorn och upptagarspolens uppskjutande del

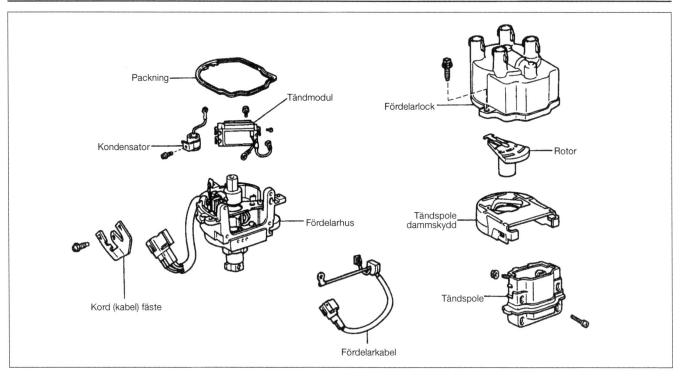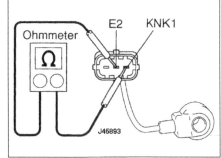

6.3 Sprängskiss av fördelaren – endast 1,6-liters motor 4A-FE

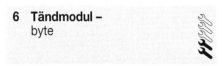

6 Tändmodul – byte

1 Ta bort tändspolen från fördelaren enligt beskrivningen i avsnitt 2.
2 Koppla loss anslutningskontakten från tändmodulen.
3 Ta bort skruvarna från tändmodulsenheten och dra bort tändmodulen/fästbygeln (se bild).
4 Monteringen utförs i omvänd ordningsföljd mot demonteringen.

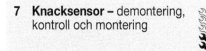

7 Knacksensor – demontering, kontroll och montering

Demontering

Motor 4ZZ-FE och 3ZZ-FE

1 Ta bort insugsgrenröret enligt beskrivningen i kapitel 4A.
2 Koppla ifrån givarens anslutningskontakt,

7.2 Skruva loss muttern och ta bort knacksensorn från motorblocket (motor 4ZZ-FE visas)

skruva sedan loss givaren (motor 3ZZ-FE) eller skruva loss muttern och dra bort givaren (motor 4ZZ-FE) från motorblocket (se bild).

4E-FE-motor

3 Koppla ifrån givarens anslutningskontakt under insugsgrenröret.
4 Skruva loss givaren från motorblocket.

Kontroll

5 På motor 3ZZ-FE och 4E-FE ansluter du en

7.6 På motor 4ZZ-FE, anslut ohmmätaren på anslutningar E2 och KNK1 på knacksensorns kontakt

ohmmätares ledningar på givaranslutningen och givarens metallkropp. Det ska inte finnas någon förbindelse. Om det finns förbindelse kan det vara fel på givaren.
6 På motor 4ZZ-FE ansluter du en ohmmätares ledningar mellan anslutningarna E2 och KNK1 på givarens kontakt. Resistansen ska vara lägre än 1 MΩ (se bild). Om resistansen inte stämmer med de angivna värdena kan det vara fel på givaren.

Kapitel 6
Koppling

Innehåll

Svårighetsgrad

Enkelt, passar novisen med lite erfarenhet	**Ganska enkelt**, passar nybörjaren med viss erfarenhet 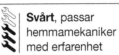	**Ganska svårt**, passar kompetent hemmamekaniker 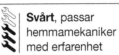	**Svårt**, passar hemmamekaniker med erfarenhet 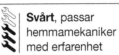	**Mycket svårt**, för professionell mekaniker

Specifikationer

Koppling
Vätsketyp . . . . se *Smörjmedel och vätskor* på sidan 0•17
Pedalhöjd:
  Högerstyrd . . . . 141,1 – 151,1 mm
  Vänsterstyrd . . . . 138,4 – 148,4 mm
Pedalspel . . . . 1,0 – 5,0 mm

Åtdragningsmoment
Nm
Bultar kopplingskåpa – svänghjul. 19
Fästbultar kopplingens huvudcylinder 12
Fästbultar urkopplingscylinder. 12

1 Allmän information

Kopplingen består av en lamell, en kopplingskåpa, ett urkopplingslager och en urkopplingsgaffel. Alla dessa delar sitter i svänghjulskåpans stora block av en aluminiumlegering, inklämd mellan motorn och växellådan. Urkopplingsmekanismen är hydraulisk på alla modeller **(se bild)**.

Lamellen sitter mellan svänghjulet och kopplingskåpan och kan glida på räfflorna på växellådans ingående axel.

Kopplingskåpan är fäst med bultar vid motorns svänghjul. När motorn är igång överförs drivningen från vevaxeln via svänghjulet till lamellen (dessa delar hålls samman av kopplingskåpan) och från lamellen till växellådans ingående axel.

För att avbryta drivningen måste trycket på fjädern släppas. Detta sker med hjälp av

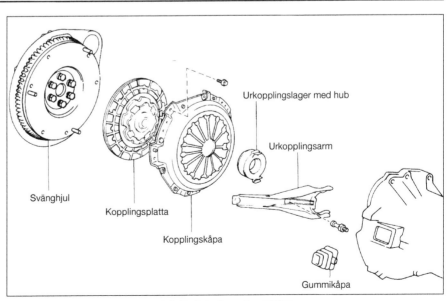

1.1 Typiska kopplingsdelar

urkopplingslagret som sitter i mitten runt växellådans ingående axel. Lagret trycks på kopplingskåpan med urkopplingsgaffeln som styrs ut av tryckstången i kopplingens slavcylinder.

Kopplingspedalen är förbunden med kopplingens huvudcylinder via en kort tryckstång. Huvudcylindern sitter på mellanväggen på motorsidan framför föraren och får sin hydraulvätska från bromshuvudcylinderns behållare. När man trycker ner kopplingspedalen flyttas kolven i huvudcylindern framåt och tvingar hydraulvätskan genom kopplingens hydraulrör till slavcylindern. Kolven i slavcylindern rör sig framåt när vätskan kommer in och aktiverar urkopplingsgaffeln med hjälp av en kort tryckstång. Urkopplingsgaffeln vrids på sin fästbult och den andra änden av gaffeln pressar urkopplingslagret mot kopplingskåpans fjäderfingrar. Detta gör att fjädrarna ändrar form och släpper kopplingskåpan.

På alla modeller är kopplingsmekanismen självjusterande, det krävs inga manuella inställningar.

2 Kopplingens hydraulsystem – luftning

Varning: Hydrauloljan är giftig. Tvätta noggrant bort vätskan omedelbart vid hudkontakt och sök omedelbar läkarhjälp om vätska sväljs eller hamnar i ögonen. Vissa typer av bromsvätska är brandfarliga och kan antändas när de kommer i kontakt med varma delar. Vid arbete med hydraulsystem är det alltid säkrast att anta att oljan verkligen är brandfarlig, och att vidta samma försiktighetsåtgärder mot brand som när bensin hanteras. Bromsvätska är även ett effektivt färgborttagningsmedel och angriper plast. Vid spill ska vätskan sköljas bort omedelbart med stora mängder rent vatten. Vid påfyllning eller byte ska alltid rekommenderad typ användas och den måste komma från en nyligen öppnad förseglad förpackning.

1 Hydraulsystemet måste luftas helt när någon del av systemet har tagits bort eller om vätskenivån har sjunkit så lågt att luft har sugits in i huvudcylindern. Proceduren liknar luftningen av bromssystemet.
2 Fyll huvudcylindern med ny bromsvätska av angiven typ.
Varning: Återanvänd ingen vätska från systemet under luftningen och använd ingen vätska som har varit i en öppen behållare en längre stund.
3 Höj bilen och placera den stabilt på pallbockar för att komma åt urtrampningscylindern som sitter på kopplingshusets framsida.
4 Placera luftningsskruven på urkopplingscylindern (bredvid hydraulvätskerörets

2.4 Urkopplingscylinderns luftningsskruv (se pil) sitter bredvid hydraulröret

koppling) **(se bild)**. Ta bort dammkåpan som sitter över luftningsskruven och tryck en bit plastslang över ventilen. Placera den andra änden av slangen i en genomskinlig behållare fylld med tillräckligt med vätska för att täcka slangens ände.
5 Be en medhjälpare trycka ner kopplingspedalen och hålla den nere. Öppna luftningsskruven på urkopplingscylindern så att vätska kan rinna genom slangen. Stäng luftningsskruven när det inte kommer något mer vätska ur slangen. När den har stängts, be medhjälparen släppa upp pedalen.
6 Upprepa denna procedur tills all luft har tömts ur systemet, vilket märks på ett fullt och jämnt vätskeflöde från luftningsskruven varje gång och att inga luftbubblor finns i slangen eller behållaren. Kontrollera vätskenivån i huvudcylinderbehållaren noggrant. Om nivån blir för låg kommer luft att sugas tillbaka i systemet och processen måste börjas om igen.
7 Montera dammkåpan och sänk ner bilen. Kontrollera noggrant att åtgärden har utförts korrekt innan bilen tas i bruk igen.

3 Kopplingens delar – demontering, kontroll och montering

 Varning: Dammet från kopplingsslitage som avlagrats på kopplingskomponenterna kan

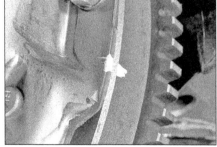

3.5 Markera förhållandet mellan kopplingskåpan och svänghjulet (om du ska återanvända samma kopplingskåpa)

innehålla hälsovådlig asbest. Blås INTE bort dammet med tryckluft och andas INTE in det. Använd INTE bensin eller andra petroleumbaserade lösningsmedel för att avlägsna dammet. Rengöringsmedel för bromssystem ska användas för att spola ner dammet i en avtappningsbehållare. När kopplingens komponenter har torkats rena med trasor måste trasorna och rengöringsmedlet kastas i en märkt, sluten behållare.

Demontering

1 Normalt kommer man åt kopplingens delar genom att ta bort växellådan och lämna motorn i bilen. Om motorn tas bort för större översyn bör man ta tillfället i akt att kontrollera om kopplingen är sliten och byta slitna delar vid behov. Eftersom kopplingens delar är så billiga jämfört med den tid och det arbete som krävs för att komma åt dem är det dock lika bra att byta dem varje gång motorn eller växellådan tas bort, om de inte är nya eller i så gott som perfekt skick. Följande metod förutsätter att motorn sitter kvar i bilen.
2 Ta bort urkopplingscylindern (se avsnitt 6). Se till att den är ur vägen – man behöver inte koppla loss slangen.
3 Ta bort växellådan från bilen (se kapitel 7A). Stötta upp motorn när växellådan är borta. Det bästa är att använda en motorlyft för att hålla i den uppifrån. **Observera:** *Om en domkraft används under motorn, se till att det finns en träkloss mellan domkraften och oljesumpen för att sprida vikten.*
Varning: Oljepumpens upptagare sitter väldigt nära oljesumpens botten. Om sumpen böjs eller deformeras på något sätt kan det bli problem med oljematningen.
4 Du kan låta urkopplingsgaffeln och urkopplingslagret sitta kvar på växellådan för tillfället.
5 Kontrollera inställningsmarkeringarna på svänghjulet och kopplingskåpan noggrant. Markeringarna är oftast ett X, O eller en vit bokstav. Om du inte hittar några markeringar, gör egna så att kopplingskåpan och svänghjulet kan placeras i samma läge vid återmonteringen **(se bild)**.
6 Lossa långsamt bultarna som fäster kopplingskåpan vid svänghjulet. Arbeta diagonalt och lossa varje bult lite i taget tills allt fjädertryck har släppt. Håll sedan kopplingskåpan ordentligt och ta bort bultarna helt, följt av kopplingskåpan och lamellen.

Kontroll

7 Oftast beror problem med kopplingen på slitage i kopplingens drivna skiva (lamellen). Alla delar bör dock kontrolleras.
8 Undersök om svänghjulet har några sprickor, repor eller andra skador. Om det rör sig om mindre skador kan en verkstad slipa det så att det blir plant och slätt. I kapitel 2A finns information om hur svänghjulet demonteras.

3.9 Undersök lamellen

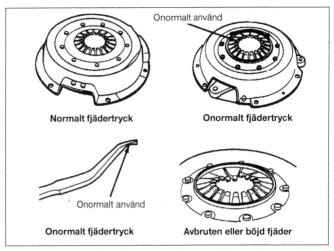

Onormalt använd

Normalt fjädertryck   Onormalt fjädertryck

Onormalt använd

Onormalt fjädertryck   Avbruten eller böjd fjäder

3.11a Byt kopplingskåpan om något av villkoren inte uppfylls

9 Undersök beläggen på lamellen. Beläggen ska vara minst 0,3 mm över nithuvudena. Kontrollera om det finns några lösa nitar, deformeringar, sprickor, trasiga fjädrar eller andra synliga skador **(se bild)**. Som nämnts ovan ska lamellen bytas som en standardåtgärd, så om du är osäker på dess skick, byt den.

10 Urkopplingslagret ska bytas samtidigt som lamellen (se avsnitt 4).

11 Kontrollera den slipade ytan och tallriksfjäderns fingrar på kopplingskåpan **(se bilder)**. Om ytan är repad eller skadad på andra sätt, byt hela kopplingskåpan. Sök även efter synliga skador, deformeringar, sprickor etc. Lättare blankslipning kan tas bort med smärgelduk eller sandpapper. Om en ny kopplingskåpa behövs kan man köpa en ny eller en fabriksrenoverad.

Montering

12 Före återmontering, torka försiktigt rent svänghjulets och kopplingskåpans slipade ytor. Det är viktigt att det inte finns någon olja eller fett på dessa ytor eller på lamellens belägg. Var ren om händerna när du handskas med dessa delar.

13 Placera lamellen och kopplingskåpan. Håll kopplingen på plats med ett inpassningsverktyg **(se bild)**. Se till att den är korrekt monterad (de flesta nya lameller har markeringen "svänghjulssida" eller liknande. Om det inte finns några markeringar, montera lamellen med dämparfjädrarna eller bussningen mot växellådan).

14 Dra åt bultarna som fäster kopplingskåpan vid svänghjulet med handkraft. Arbeta runt kopplingskåpan.

15 Centrera lamellen genom att se till att inpassningsverktyget går genom det räfflade navet och in i spåret i vevaxeln. Vicka verktyget uppåt och nedåt eller från sida till sida så att verktyget kommer i botten. Dra åt bultarna som fäster kopplingskåpan vid svänghjulet lite i taget. Arbeta korsvis så att kåpan inte deformeras. När alla bultarna är

3.11b Undersök kopplingskåpans friktionsyta med avseende på märken, sprickor och tecken på överhettning (blå fläckar)

åtdragna, dra åt dem till det vridmoment som anges i specifikationerna i det här kapitlet. Ta bort inpassningsverktyget.

16 Använd kopplingsfett och smörj det inre spåret i urkopplingslagret (se avsnitt 4). Stryk även på fett på urkopplingsarmens kontaktytor och lagerhållaren till växellådans ingående axel.

17 Montera urkopplingslagret (se avsnitt 4).

18 Montera växellådan, urkopplingscylindern och alla borttagna delar. Dra åt alla fixturer till angivet vridmoment.

4 Urkopplingslager och arm – demontering, kontroll och montering

⚠️ **Varning: Dammet från kopplingsslitage som avlagrats på kopplingskomponenterna kan innehålla hälsovådlig asbest. Blås INTE bort dammet med tryckluft och andas INTE in det. Använd INTE bensin eller andra petroleumbaserade lösningsmedel för att avlägsna dammet. Rengöringsmedel för bromssystem ska användas för att spola ner det i en avtappningsbehållare. När kopplingens komponenter har torkats**

3.13 Centrera lamellen i kopplingskåpan med ett inpassningsverktyg för kopplingar

rena med trasor måste trasorna och rengöringsmedlet kastas i en märkt, sluten behållare.

Demontering

1 Ta bort växellådan (se kapitel 7A).

2 Ta bort urkopplingsarmen från kulbulten och ta sedan bort lagret från armen **(se bild)**.

Kontroll

3 Håll lagret i den yttre lagerbanan och vrid den inre lagerbanan medan du anbringar ett

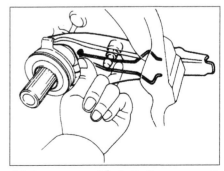

4.2 Lossa armen från kulbulten genom att dra i fjädern och ta sedan bort armen och lagret

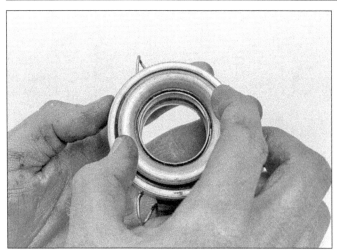

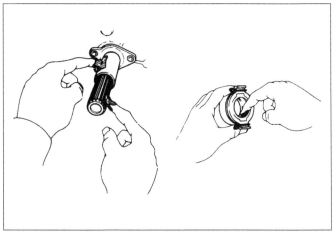

4.3 Håll lagret i den yttre lagerbanan och vrid den inre lagerbanan medan du anbringar ett tryck. Lagret ska gå runt friktionsfritt

4.4 Stryk på ett tunt lager kopplingsfett på styrhylsan till växellådans lager och fyll även urkopplingslagrets spår

tryck **(se bild)**. Om lagret inte roterar fritt eller om det låter, byt enheten nav - lager. Torka av lagret med en ren trasa och undersök om det är skadat, slitet eller sprucket. Doppa inte lagret i lösningsmedel. Det är permanent förslutet och om man gör det förstörs det. Kontrollera även om urkopplingsarmen är sprucken eller böjd.

Montering

4 Fyll det inre spåret i urkopplingslagret med kopplingsfett. Stryk även på ett tunt lager av samma fett på räfflorna på växellådans ingående axel och lagrets styrhylsa **(se bild)**.

5 Smörj urkopplingsarmens kultappskål, armändarna och urkopplingscylinderns tryckstångshylsa med kopplingsfett **(se bild)**.
6 Anslut urkopplingslagret till urkopplingsarmen.
7 Låt urkopplingslagret glida på den främre lagerhållaren för växellådans ingående axel samtidigt som du för urkopplingsarmens ände genom öppningen i kopplingshuset. Tryck dit urkopplingsarmen på kulbulten så att den sitter ordentligt.
8 Stryk på ett tunt lager kopplingsfett på urkopplingslagrets yta där det kommer i kontakt med kopplingskåpans membranfingrar.

9 Återstoden av återmonteringen utförs i omvänd ordningsföljd mot demonteringen.

5 Kopplingens huvudcylinder – demontering, översyn och montering

Observera: Innan du påbörjar detta arbete, fråga en lokal motorspecialist eller återförsäljare om du kan få köpa en fabriksrenoverad eller ny huvudcylinder. Delarnas tillgänglighet och kostnad kan styra om cylindern ska renoveras eller bytas. Om du bestämmer dig för att renovera cylindern, undersök loppet enligt beskrivningen i punkt 11 innan du köper delarna.

Demontering

1 Ta bort den nedre instrumentbrädans panel på förarsidan enligt beskrivningen i kapitel 11.
2 Arbeta under förarsidan av instrumentbrädan. Skruva loss de fyra muttrarna som håller fast bromsservoenheten vid mellanväggen och dra sedan bort servon från mellanväggen något, för att skapa tillräckligt med utrymme mellan servon och kopplingens huvudcylinder.
3 Under instrumentbrädan, lossa returfjädern och koppla loss tryckstången från kopplingspedalens ovansida. Den hålls på plats av en gaffelbult. För att ta bort gaffelbulten, ta bort klämman **(se bilder)**.
4 Koppla loss hydraulröret vid kopplingens huvudcylinder. Använd en U-ringnyckel, om du har tillgång till en sådan, så att inte kopplingen rundfasas. Ha trasor till hands eftersom vätska kan rinna ut när röret tas bort.
Varning: Låt inte kopplingsoljan komma i kontakt med lacken, eftersom den kan skadas.
5 Arbeta under instrumentbrädan och ta bort muttrarna som håller fast huvudcylindern vid mellanväggen **(se bild)**. Ta bort huvudcylindern. Var åter försiktig så att ingen vätska rinner ut.

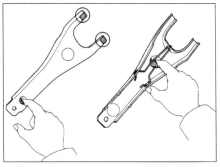

4.5 Stryk på kopplingsolja på de angivna områdena på urkopplingsarmen

5.3a Haka loss kopplingspedalens returfjäder (se pil)

5.3b Ta bort klämman och dra ut gaffelbulten

5.5 Huvudcylinderns fästmuttrar (se pilar)

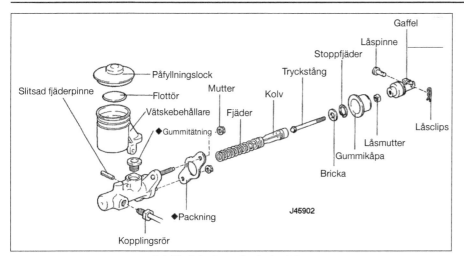

5.6 Typiska huvudcylinderdelar

5.8 Vänd på cylindern och knacka den mot en träkloss för att ta ut kolven

Renovering

6 Ta bort behållarens lock och töm ut all vätska från huvudcylindern. Pressa ut fjädersprinten **(se bild)** med en hammare och en körnare och bänd sedan försiktigt bort behållaren.

7 Ta bort damasken, tryck ner tryckstången och ta bort låsringen med en låsringstång. Dra ut tryckstången och brickan.

8 Knacka huvudcylindern mot en träkloss för att ta ut kolvenheten inifrån loppet **(se bild)**. *Observera: Om renoveringssatsen innehåller en hel kolvenhet, ignorera de punkter som inte är tillämpbara.*

9 Skilj fjädern från kolven.

10 Ta försiktigt bort tätningen från kolven.

11 Undersök huvudcylinderns lopp med avseende på djupa skrapmärken, repor och kanter. Ytan måste kännas jämn. Om loppet inte är helt slätt måste huvudcylindern bytas mot en ny eller en fabriksrenoverad enhet.

12 Om du ska bygga upp cylindern utifrån en renoveringssats, använd de nya delarna i satsen och följ alla särskilda anvisningar som följer med. Rengör alla delar som ska återanvändas med bromsrengöringsmedel eller ren bromsvätska. Använd INTE petroleumbaserade lösningsmedel.

13 Fäst tätningen vid kolven. Tätningens läppar måste vara riktade bort från kolvens tryckstångsände.

14 Sätt ihop fjädern på den andra sidan av kolven.

15 Smörj cylinderloppet och tätningarna med rikligt med bromsvätska.

16 För försiktigt in kolvenheten i loppet. Se till att inte skada tätningarna. Se till att fjäderns ände monteras först, med kolvens tryckstångsände närmast öppningen.

17 Montera tryckstången och brickan, tryck ner tryckstången och montera en ny låsring. Se till att den kommer in helt i sitt spår. Montera en ny damask.

18 Montera vätskebehållaren med en ny muff. För in fjädersprinten med en liten hammare och en körnare. Se till att sprinten sticker ut cirka 2,0 mm på vardera sidan om behållarens fästbygel.

Montering

19 Placera huvudcylindern på mellanväggen och återmontera fästmuttrarna med handkraft.

20 Anslut hydraulröret till huvudcylindern, flytta cylindern något om det behövs för att skruva kopplingen korrekt i loppet. Korsgänga inte kopplingen vid monteringen.

21 Dra åt fästmuttrarna och hydraulrörets koppling ordentligt.

22 Anslut tryckstången till kopplingspedalen.

23 Fyll behållaren till kopplingens huvudcylinder med ny bromsvätska av angiven typ och lufta kopplingssystemet (se avsnitt 2).

24 Kontrollera kopplingspedalens höjd och spel (se kapitel 1).

6 Urkopplingscylinder – demontering, översyn och montering

Observera: Innan du påbörjar detta arbete, fråga en lokal motorspecialist eller återförsäljare om du kan få köpa en fabriksrenoverad eller ny urkopplingscylinder. Delarnas tillgänglighet och kostnad kan styra om cylindern ska renoveras eller bytas. Om du bestämmer dig för att renovera cylindern, undersök loppet enligt beskrivningen i punkt 7 innan du köper delarna.

Demontering

1 Lyft upp bilen och ställ den stadigt på pallbockar (se *Lyftning och stödpunkter*). Skruva loss skruvarna och ta bort motorns undre skyddskåpa (i förekommande fall).

2 Koppla loss hydraulröret vid urkopplingscylindern. Använd en U-ringnyckel på kopplingen, om du har tillgång till en sådan eftersom kopplingen då inte rundfasas **(se bilder)**. Ha en

6.2a Använd en U-ringnyckel på hydraulrörets koppling (se den vänstra pilen) och ta sedan bort fästbultarna (se de högra pilarna) – modeller utan VVT-i

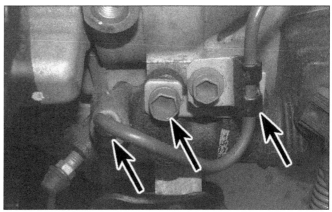

6.2b Rörkopplingens och urkopplingscylinderns fästbultar (se pilar) – modeller med VVT-i. Den högra bulten är bakom rörfästet

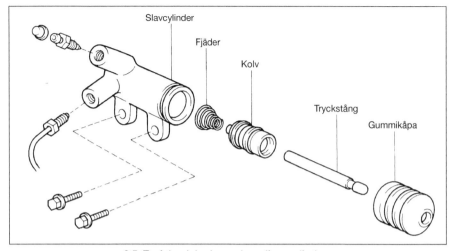

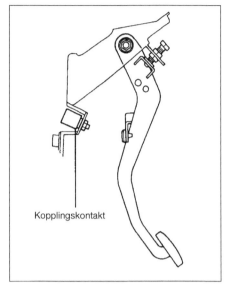

6.5 Typiska delar hos urkopplingscylindern

liten burk och trasor till hands, eftersom en del vätska kommer att rinna ut när röret tas bort.
3 Ta bort urkopplingscylinderns fästbultar.
4 Ta bort urkopplingscylindern.

Renovering

5 Ta bort tryckstången och damasken (se bild).
6 Knacka cylindern mot en träkloss för att ta ut kolven och tätningen. Ta bort fjädern från cylinderns insida.
7 Undersök cylinderns lopp noggrant. Kontrollera om det finns djupa skrapmärken, repor eller kanter. Loppet måste kännas jämnt. Om du upptäcker några defekter måste urkopplingscylindern bytas.
8 Använd de nya delarna i renoveringssatsen och sätt samman delarna med rikligt med ny bromsvätska för smörjning. Notera fjäderns och tätningens monteringsriktning.

Montering

9 Montera urkopplingscylindern på kopplingshuset. Se till att tryckstången sitter i urkopplingsgaffelns urtag.
10 Anslut hydraulröret till urkopplingscylindern. Dra åt anslutningen.
11 Fyll kopplingens huvudcylinder med ny bromsvätska av angiven typ.
12 Lufta systemet (se avsnitt 2).
13 Sänk ner bilen.

7 Kopplingens startbrytare – kontroll och byte

Observera: *Alla modeller har inte en startbrytare för kopplingspedalen.*

Kontrollera

1 Kontrollera kopplingspedalens höjd och spel, och tryckstångens spel (se kapitel 1).
2 Kontrollera att motorn inte startar när kopplingspedalen är uppsläppt. Kontrollera att motorn startar när kopplingspedalen är helt nedtryckt.
3 Om kopplingens startbrytare inte uppför sig enligt beskrivningen, justera den och, om det behövs, byt den.
4 Lokalisera brytaren (se bild) och koppla loss det elektriska kontaktdonet.
5 Kontrollera att det finns förbindelse mellan anslutningarna till kopplingens startbrytare när brytaren är tillslagen (pedalen nedtryckt) (se bild).
6 Kontrollera att det inte finns någon förbindelse mellan brytarens anslutningar när brytaren är frånslagen (pedalen uppsläppt).
7 Om något av testerna ger fel resultat, byt den aktuella brytaren.

7.4 Kopplingens startbrytare sitter under instrumentbrädan på en fästbygel framför kopplingspedalen

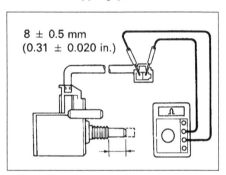

7.5 Kontrollera startbrytaren med en ohmmätare

Byte

8 Ta bort muttern närmast brytarens tryckkolvsände och skruva loss brytaren. Koppla loss det elektriska kontaktdonet.
9 Montera i omvänd ordningsföljd mot demonteringen. Brytaren är självjusterande så det behövs ingen justering.
10 Kontrollera igen att motorn inte startar när kopplingspedalen är uppsläppt och startar när pedalen är nedtryckt.

Kapitel 7 Del A:
Manuell växellåda

Innehåll

Svårighetsgrad

 Enkelt, passar novisen med lite erfarenhet

 Ganska enkelt, passar nybörjaren med viss erfarenhet

 Ganska svårt, passar kompetent hemmamekaniker

 Svårt, passar hemmamekaniker med erfarenhet

 Mycket svårt, för professionell mekaniker

Specifikationer

Åtdragningsmoment

	Nm
Nedre bultar mellan växellåda och motor	23
Backljuskontakt	40
Förstärkningsplåtens bultar	23
Övre bultar mellan växellåda och motor (se bild 5.28):	
Bultar A	64
Bult B	46

1 Allmän information

De bilar som behandlas i denna handbok är utrustade med antingen en 5- eller 6-växlad manuell växellåda eller en 3- eller 4-växlad automatväxellåda. Information om den manuella växellådan finns i denna del av kapitel 7. Servicearbeten för automatväxellådan beskrivs i kapitel 7B.

Växellådan innesluts av ett hölje i gjuten aluminiumlegering som är fäst med bultar vid motorns vänstersida. Den består av växellådan och slutväxelns differential – ofta kallad transaxel.

Drivkraften överförs från vevaxeln via kopplingen till den ingående axeln, vars förlängning har längsgående räfflor (splines) som griper in i kopplingslamellens centrumhål och roterar i tätade kullager. Från den ingående axeln överförs drivkraften till den utgående axeln, på vilken högeränden roterar i ett rullager och vänsteränden i ett tätat kullager. Från den utgående axeln överförs

drivkraften till differentialens kronhjul, som roterar med differentialhuset och planethjulen och på så vis driver solhjulen och drivaxlarna. Planetväxlarnas rotation på axlarna gör att det inre hjulet kan rotera långsammare än det yttre hjulet när bilen svänger.

De ingående och utgående axlarna sitter sida vid sida, parallellt med vevaxeln och drivaxlarna, så att kuggarna på deras drev hela tiden griper in i varandra. I friläget roterar

2.1 Bänd ut klämmorna och lossa växlingsvajrarna från väljararmarna

den utgående axelns växeldrev fritt, så att kraften inte kan överföras till kronhjulet.

Växlingen sker via en golvmonterad spak och en vajermekanism. Väljar-/växlingsvajrarna gör att rätt väljargaffel flyttas till sin respektive synkroniseringshylsa på axeln så att växeldrevet låses vid synkroniseringsnavet. Eftersom synkroniseringsnaven är förbundna med den utgående axeln med splines låses kugghjulet vid axeln så att kraften kan överföras. För att växlingen ska kunna ske snabbt och tyst är ett synkroniseringssystem monterat på alla växlar framåt. Detta består av balkringar och fjäderbelastade fingrar, samt växeldreven och synkroniseringsnaven. Synkroniseringskonorna är en del av fogytorna på balkringarna och växeldreven.

2 Växlingsvajrar – demontering och montering

Demontering

1 Ta bort fästklämmorna och brickorna i motorrummet och koppla loss växlingsvajrarna från väljararmarna **(se bild)**.

2.2 Dra ut vajrarnas fästklämmor (se pilar)

2.4 Dra vajerklämmorna uppåt

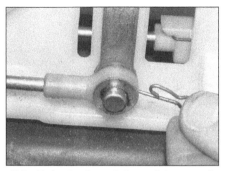

2.5a Ta bort vajersprinten och ta vara på brickan

2.5b Bänd växlingsvajern nedåt för att lossa den

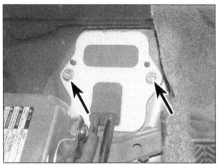

2.7 Skruva loss de två bultarna (pilar) och demontera enheten med fästplatta/kabelgenomföring

2 Lossa vajrarnas fästklämmor från fästbygeln (se bild).
3 Demontera mittkonsolen i bilen (se kapitel 11).
4 Lossa vajrarnas fästklämmor från växelspakens underrede (se bild).
5 Ta bort fästsprintarna och brickorna från vajerändarna (se bilder) och lossa vajrarna från växelspaksenheten.
6 Dra vajerhöljena uppåt från växel-spakshuset.
7 Följ vajrarna till mellanväggen, skruva loss bultarna och demontera fästplattan med den tätande genomföringen (se bild). Dra vajerenheten genom mellanväggen.

Montering

8 Montera i omvänd ordningsföljd mot demonteringen.

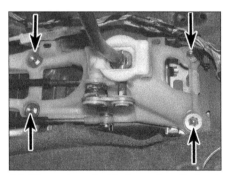

3.3 Skruva loss de 4 bultarna (se pilar) och demontera växelspakens underrede

3 Växelspak – demontering och montering

Demontering

1 Demontera mittkonsolen (se kapitel 11).
2 Demontera växlingsvajerhållarna och koppla loss båda vajrarna från växelspaken (se avsnitt 2).
3 Skruva loss fästbultarna från växelspakens underrede (se bild) och demontera växelspaken från bilen.

Montering

4 Montera i omvänd ordningsföljd mot demonteringen.

4 Backljuskontakt – test och byte

Kontrollera

1 Backljuskontakten sitter på växellådans ovansida.
2 Slå på tändningen och flytta växelspaken till backläget. Kontakten bör sluta backljuskretsen så att backljusen tänds.
3 I annat fall, kontrollera backljussäkringen (se kapitel 12).
4 Om säkringen är hel, kontrollerar du (med tändningen påslagen) att det finns spänning på kontaktens batterisida.

5 Finns det ingen spänning på batterisidan av kontakten, kontrollerar du kabeln mellan säkringen och kontakten; finns det spänning, lägger du i backen och kontrollerar om det finns spänning även på kontaktens jordsida.
6 Byt kontakten om det saknas spänning på dess jordsida (se nedan). Finns det spänning, kontrollerar du om båda eller bara det ena av backljusen är ur funktion.
7 Är bara en av glödlamporna trasig så byt den. Är båda backljusen ur funktion kan glödlamporna vara trasiga, men det är troligare att det finns ett kretsbrott någonstans i kabeln mellan kontakten och glödlamporna.

Byte

8 Koppla loss det elektriska kontaktdonet från backljuskontakten (se bild).
9 Skruva loss den gamla kontakten. Ta vara på tätningsbrickan (där så är tillämpligt).
10 För att testa den nya kontakten innan den monteras kontrollerar du den elektriska förbindelsen mellan dess anslutningar: när kontaktkolven är intryckt ska det finnas förbindelse; när kontaktkolven är uppsläppt ska det inte finnas förbindelse.
11 Kontrollera skicket hos tätningsbrickan (om en sådan finns monterad) och byt den vid behov. Skruva i den nya kontakten och dra åt den till angivet moment.
12 Anslut det elektriska kontaktdonet.
13 Kontrollera backljuskontakten för att se om kretsen fungerar som den ska.

4.8 Backljuskontakten (se pil) sitter på växellådans ovansida

5 Manuell växellåda – demontering och montering

Demontering

1 Koppla loss batteriets minusledning (se kapitel 5A).
2 Ta bort luftfilterenheten (se kapitel 4A).
3 Lossa framhjulsbultarna, lyft upp framvagnen och ställ den stadigt på pallbockar (se *Lyftning och stödpunkter*). Demontera framhjulen.
4 Lossa skruvarna och ta bort motorns undre skyddskåpor.
5 Demontera urkopplingscylindern och kopplingens hydraulrör (se kapitel 6).
6 Anteckna hur de sitter och koppla sedan loss de elektriska kontaktdonen från växellådan.
7 Leta rätt på jordkabeln på växellådans ovansida. Skruva loss kabelns fästbult och ta bort jordkabeln från växellådan.
8 Koppla loss växlingsvajrarna från växellådan (se avsnitt 2).
9 Demontera startmotorn enligt beskrivningen i kapitel 5A.
10 Skruva loss de två bultarna upptill och samt bulten framtill mellan växellådan och motorn. Underlätta återmonteringen genom att anteckna var alla eventuella jordanslutningar och fästbyglar sitter.
11 Demontera staget och fästbulten från vänster sidas motorfäste **(se bilder)**.
12 Stötta motorn. Det kan göras uppifrån med hjälp av en motorlyft, eller genom att placera en verkstadsdomkraft (med en träkloss som mellanlägg) under oljesumpen. Motorn måste alltid hållas stöttad när växellådan är demonterad.
13 Tappa av växellådsoljan (se kapitel 1).
14 Demontera drivaxlarna (se kapitel 8) och skruva loss skyddsplåten (om en sådan finns) över den högra drivaxelns inre drivknut.
15 Demontera det främre avgasröret (se kapitel 4A).
16 Demontera motorns främre fäste **(se bild)**.
17 Demontera motorns bakre fäste **(se bild)**.
18 Demontera mittstödbalken **(se bild)**.
19 Skruva (i förekommande fall) loss bultarna som fäster den bakre motorskyddsplåten eller

5.11a Demontera fästets stag (se pil) . . .

5.11b . . . och motorfästets genomgående bult (se pil)

sumpens förstärkningsparti (förstärkningsplåt) mot växellådan **(se bild)**.
20 Demontera vänster sidas motorfäste **(se bild)**.
21 Stötta växellådan med en domkraft (helst en specialdomkraft för detta ändamål). Använder du en garagedomkraft så placera en träkloss mellan lyftsadeln och växellådan för att skydda huset i aluminiumgods. Växellådan kan fixeras på domkraften med hjälp av säkringskedjor.
22 Skruva loss de återstående bultar som håller fast växellådan vid motorn.
23 Gör en sista kontroll av att alla kablar och slangar har kopplats loss från växellådan.
24 Sänk ner vänster ände av motorn och dra försiktigt garagedomkraften och växellådan mot bilens vänstersida. När den ingående axeln går fri från räfflorna i kopplingsnavet kan

du sänka ner växellådan och dra fram den från undersidan av bilen. Försök att luta växellådan så lite som möjligt.
Varning: Trampa inte ner kopplingspedalen när växellådan är demonterad från bilen.
25 Kopplingsdelarna kan nu undersökas (se kapitel 6). I de flesta fall bör kopplingsdelarna bytas som en rutinåtgärd när växellådan demonteras.

Montering

26 Om kopplingsdelarna har tagits bort sätter du dit dem (se kapitel 6).
27 Håll växellådan säkrad på domkraften som vid demonteringen. Lyft den i läge och skjut den försiktigt framåt så att den ingående axelns splines griper in i motsvarande spår i kopplingsnavet. Använd inte för mycket kraft för att sätta tillbaka växellådan. Om den

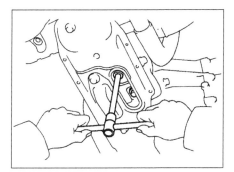

5.16 Demontera det främre motorfästet

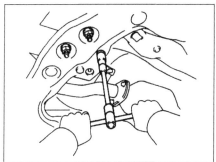

5.17 Demontera det bakre motorfästet

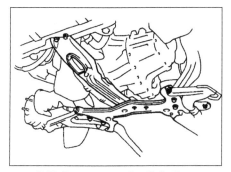

5.18 Demontera mittstödbalken

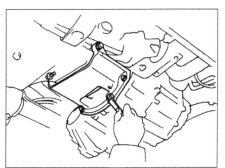

5.19 Demontera förstärkningsplåten på 1,6-litersmotorer utan VVT-i

5.20 Demontera vänster sidas motorfäste (se pil)

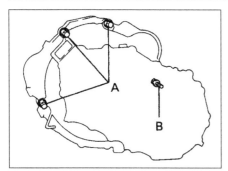

5.28 Dra åt bultarna A och B till det moment som anges under Specifikationer

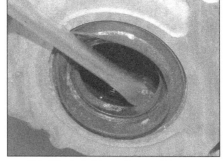

7.2 Bänd ut drivaxelns packbox ur växellådshuset med hjälp av en stor spårskruvmejsel

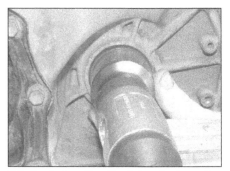

7.3 Använd en lämplig rörformig dorn eller hylsa som endast ligger an mot den nya packboxens hårda ytterkant

ingående axeln inte glider på plats justerar du vinkeln på växellådan så att den hamnar på rätt nivå, och/eller vrider den ingående axeln så att räfflorna griper in som de ska i kopplingen.

28 Sätt tillbaka bultarna mellan växellådan och motorn **(se bild)**. Dra åt bultarna till det moment som anges i det här kapitlets Specifikationer.

29 Sätt tillbaka bultarna och muttrarna till växellådans fäste. Dra åt alla muttrar och bultar ordentligt.

30 Sätt tillbaka alla fjädringskomponenter som lossats eller demonterats. Dra åt alla muttrar och bultar till det vridmoment som anges under Specifikationer i kapitel 10.

31 Ta bort domkrafterna som stöttar växellådan och motorn.

32 Sätt tillbaka alla delar som tidigare tagits bort. Se kapitel 4A för uppgifter om avgasröret, kapitel 5A för startmotorn och kapitel 8 för drivaxlarna.

33 Se till att kabelhärvans kontaktdon för backljuskontakten, hastighetsgivaren och övriga eventuella elektriska komponenter är anslutna. Se också till att sätta tillbaka alla kabelhärvans fästklämmor på motorn och/eller växellådan.

34 Om växellådans olja har tappats av, fyll på till rätt nivå med angivet smörjmedel (se kapitel 1).

35 Sänk ner bilen.

36 Anslut växlingsvajrarna (se avsnitt 2).

37 Anslut batteriets minusledning (se kapitel 5A). Gör ett landsvägsprov för att kontrollera att växellådan fungerar som den ska och inte läcker någonstans.

6 Översyn av manuell växellåda – allmän information

1 Översyn av en manuell växellåda är ett svårt och invecklat jobb för hemmamekanikern. Förutom isärtagning och ihopmontering av många små komponenter kräver det exakt uppmätning av toleranser och, vid behov, justering av dem med mellanlägg och

distansbrickor. Reservdelar till växellådans inre delar är ofta svåra att få tag på och i många fall mycket dyra. Därför är det bäst att överlåta växellådan till en specialist eller byta ut den om den går sönder eller börjar låta illa.

2 Trots allt är det ändå inte omöjligt för en erfaren hemmamekaniker att renovera en växellåda, förutsatt att specialverktyg finns att tillgå och att arbetet utförs på ett metodiskt sätt så att ingenting glöms bort.

3 De verktyg som krävs för en översyn är låsringstänger för inre och yttre låsringar, lageravdragare, glidhammare, en uppsättning drivdornar, indikatorklocka och möjligen en hydraulisk press. Dessutom krävs en stor, stadig arbetsbänk och ett skruvstäd.

4 Anteckna noga hur alla komponenter är placerade medan växellådan tas isär, det underlättar en korrekt återmontering.

5 Det underlättar om du vet ungefär var felet sitter innan växellådan tas isär. Vissa problem kan härledas till specifika områden i växellådan, vilket kan underlätta undersökning och byte av komponenter. Se avsnittet *Felsökning* för ytterligare information.

7 Packboxar – byte

Drivaxlarnas packboxar

1 Demontera den aktuella drivaxeln enligt beskrivningen i kapitel 8.

2 Bänd försiktigt ut packboxen ur växellådan med hjälp av en stor spårskruvmejsel **(se bild)**.

3 Torka bort all smuts runt tätningssätet och stryk sedan lite fett på den nya packboxens yttre tätningsläpp. Placera den nya packboxen mot tätningssätet och pressa den rakt in på plats tills den tar i botten. Använd en lämplig rörformig dorn (t.ex. en mutterhylsa) som bara ligger an mot packboxens hårda ytterkant. Om det medföljer en skyddshylsa av plast till packboxen ska den sitta kvar tills drivaxeln monterats tillbaka **(se bild)**.

4 Stryk ett tunt lager fett på packboxens tätningsläpp.

5 Montera drivaxeln enligt beskrivningen i kapitel 8.

Ingående axelns packbox

Observera: *Den 5-växlade C60-växellåda som sitter på många 1,4-litersmodeller efter oktober -99 har en inbyggd styrhylsa till urtrampningslagret och en packbox monterad inuti växellådshuset. Eftersom växellådan måste tas isär för att det ska gå att byta packboxen, bör detta arbete överlåtas till en Toyota-verkstad eller annan specialverkstad med lämplig utrustning.*

6 Demontera växellådan enligt beskrivningen i avsnitt 5 och urkopplingsmekanismen enligt beskrivningen i kapitel 6.

7 Skruva loss de tre bultar som håller urkopplingslagrets styrhylsa på plats och dra loss hylsan från den ingående axeln. Ta vara på alla eventuella mellanlägg eller tryckbrickor som kan ha fastnat på bakre delen av styrhylsan och sätt tillbaka dem på den ingående axeln.

8 Bänd försiktigt ut packboxen från växellådshuset med hjälp av en lämplig spårskruvmejsel.

9 Innan en ny packbox monteras bör du kontrollera den ingående axelns glidyta mot tätningen. Finns det tecken på grader, repor eller andra skador som kan ha förstört den gamla packboxen? Smärre sådana skador går iblanda att putsa bort med fint slippapper. Allvarligare defekter, däremot, kräver att den ingående axeln byts. Se till att den ingående axeln är ren och infettad så att tätningsläpparna skyddas vid monteringen.

10 Doppa den nya packboxen i ren olja och montera den i växellådshuset.

11 Trä en ny tätningsring eller packning (beroende på vad som är tillämpligt) på bakre änden av styrhylsan och för sedan försiktigt in hylsan på den ingående axeln. Sätt tillbaka fästbultarna och dra åt dem ordentligt.

12 Passa på att kontrollera kopplingens delar och det inte redan gjorts (kapitel 6). Montera slutligen växellådan enligt beskrivningen i avsnitt 5.

Kapitel 7 Del B:
Automatväxellåda

Innehåll

Svårighetsgrad

Enkelt, passar novisen med lite erfarenhet	**Ganska enkelt,** passar nybörjaren med viss erfarenhet	**Ganska svårt,** passar kompetent hemmamekaniker	**Svårt,** passar hemmamekaniker med erfarenhet	**Mycket svårt,** för professionell mekaniker

Specifikationer

Åtdragningsmoment

	Nm
Manuell ventil	10
Neutrallägets startkontakt:	
Växellådor med 4 växellägen	6
Växellådor med 3 växellägen	13
Hastighetsgivare (A245E – växellåda med 4 växlar)...............	11
Bultar mellan momentomvandlare och drivplatta	26
Bultar mellan motor och växellåda:	
Övre bultar	64
Nedre bultar	46
Ventilhus	10

1 Allmän information

Alla bilar som behandlas i denna handbok är utrustade med antingen en 5- eller 6-växlad manuell växellåda eller en 3- eller 4-växlad automatväxellåda. All information om de automatiska växellådorna finns i denna del av kapitel 7. Uppgifter om de manuella växellådorna finns i del A i detta kapitel.

A132L är en treväxlad automatväxellåda och A240L en fyrväxlad låda. Deras växlingspunkter styrs av regulatorn och gasspjället. A245E är en 4-växlad automatväxellåda med elektroniskt styrda växlingspunkter som bestäms av gasspjällets läge och hastigheten. I alla växellådorna utnyttjas en låsbar momentomvandlare.

På grund av automatlådornas komplicerade uppbyggnad och behovet av specialutrustning vid utförandet av de flesta servicearbeten, beskriver detta kapitel bara sådana åtgärder som gäller allmänna diagnoser, rutinmässigt underhåll, justering, demontering och montering.

Kräver växellådan större reparationer bör dessa överlåtas till en märkesverkstad eller annan professionell bilreparatör eller växellådsspecialist. Du kan dock demontera och montera växellådan själv för att spara pengar, även om själva reparationen utförs av en växellådsverkstad.

2 Diagnos – allmän

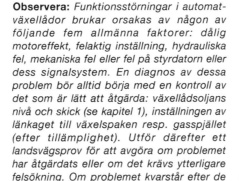

Observera: *Funktionsstörningar i automatväxellådor brukar orsakas av någon av följande fem allmänna faktorer: dålig motoreffekt, felaktig inställning, hydrauliska fel, mekaniska fel eller fel på styrdatorn eller dess signalsystem. En diagnos av dessa problem bör alltid börja med en kontroll av det som är lätt att åtgärda: växellådsoljans nivå och skick (se kapitel 1), inställningen av länkaget till växelspaken resp. gasspjället (efter tillämplighet). Utför därefter ett landsvägsprov för att avgöra om problemet har åtgärdats eller om det krävs ytterligare felsökning. Om problemet kvarstår efter de preliminära kontrollerna och justeringarna bör en fördjupad diagnos utföras av en märkesverkstad eller växellådsspecialist. Se*

avsnittet "Felsökning" längst bak i denna handbok för information om felsymptom hos växellådor.

Förberedande kontroller

1 Kör en stund med bilen för att värma upp växellådan till normal arbetstemperatur.
2 Kontrollera vätskenivån enligt beskrivningen i kapitel 1:
  a) Är vätskenivån onormalt låg får du fylla på ny vätska upp till det avsedda området på mätstickan. Kontrollera sedan om det finns någon synlig läcka (se nedan).
  b) Är vätskenivån onormalt hög får du tappa av överskottet. Kontrollera sedan om den avtappade oljan är förorenad av kylvätska. Förekomst av motorkylvätska i automatväxeloljan tyder på läckage i de invändiga skiljeväggar i kylaren som skiljer kylvätskan från växellådsoljan (se kapitel 3).
  c) Finns det skumbildning i vätskan bör du tömma och fylla på växellådan med ny olja. Kontrollera sedan om det finns kylvätska i oljan eller om nivån är för hög.
3 Kontrollera motorns tomgångsvarvtal.
Observera: *Fungerar inte motorn, får de preliminära kontrollerna vänta tills den har reparerats och går normalt igen.*

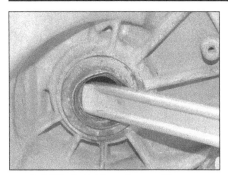

3.4 Bänd ut drivaxelns packbox ur växellådshuset

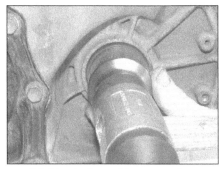

3.6 Knacka in packboxen med en rörformig dorn som bara ligger an mot packboxens hårda ytterkant

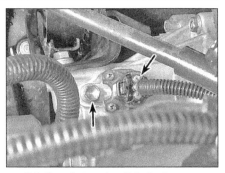

3.9 Koppla loss hastighetsgivarens elektriska kontaktdon (se pil), skruva loss bulten (se pil) och dra ut hastighetsgivaren

4 Kontrollera att gasvajern rör sig obehindrat. Justera den vid behov (se avsnitt 4). **Observera:** *Gasvajern kan fungera som den ska så länge motorn är avstängd och kall, men kärva när motorn blivit varm. Kontrollera den både när motorn är kall och när den har uppnått normal arbetstemperatur.*
5 Undersök växelvajern (se avsnitt 5). Se till att den är rätt inställd och att vajern fungerar smidigt.

Diagnos av vätskeläckage

6 De flesta vätskeläckage går lätt att hitta vid en okulärbesiktning. Reparationen brukar vanligen innebära byte av en tätning eller packning. Är en läcka svår att hitta kan du göra på följande sätt.
7 Fastställ vätsketypen. Förvissa dig om att det är växellådsolja och inte motorolja eller bromsvätska (automatväxelolja har en mörkröd färg).
8 Försök att lokalisera exakt var läckan finns. Kör bilen någon mil och parkera den sedan över en stor pappskiva eller liknande. Efter ett par minuter bör du kunna lokalisera läckan med ledning av var vätskan droppar på pappskivan.
9 Gör en noggrann okulär kontroll av den misstänkta komponenten och det intilliggande området. Var särskilt noga vid fogytor med packningar. En spegel är ofta till stor hjälp när man letar läckor på ställen som är svåra att se.
10 Om det ändå inte går att hitta läckan får du rengöra det misstänkta området noga med avfettning eller lösningsmedel och sedan torka det noga.
11 Kör bilen någon mil vid normal arbetstemperatur och med varierande hastighet. Gör en ny okulär kontroll av den misstänkta komponenten efter körningen.
12 När läckan väl har lokaliserats måste orsaken fastställas innan den kan lagas. Byter man en packning och tätningsflänsen är skev, kommer den nya packningen inte att stoppa läckan. Den böjda flänsen måste planas till.
13 Kontrollera att inte någon av följande faktorer behöver rättas till innan du försöker laga ett läckage. I annat fall kan det börja läcka på nytt. **Observera:** *Några av de nedanstående felen går inte att åtgärda utan specialverktyg och expertkunskaper. Sådana*

fel måste överlämnas till en växellådsspecialist eller märkesverkstad.

Läckande packningar

14 Kontrollera oljetråget regelbundet. Se till att bultarna är åtdragna, inga bultar saknas, packningen är i gott skick och att oljetråget är plant (bucklor i tråget kan tyda på att ventilkroppen inuti är skadad).
15 Om oljetrågets packning läcker kan det bero på att växellådans oljenivå eller oljetryck är för högt, ventilationen är igensatt, trågets bultar dragits åt för hårt, trågets tätningsfläns har blivit skev, växellådshusets tätningsyta är skadad, packningen är skadad eller godset i växellådan är spräckt eller poröst. Om fogen mellan oljetråget och växellådan har tätats med tätningsmedel i stället för med packningsmaterial kan det vara fel typ av tätningsmedel.

Läckande packboxar

16 Om en packbox i växellådan läcker, kan det bero på att oljenivån eller -trycket är för högt, ventilationen är igensatt, packboxens säte är skadat, själva packboxen är skadad eller felaktigt monterad, ytan på axeln som går genom packboxeln är skadad eller att glapp i ett lager orsakar för stor axelrörelse.
17 Kontrollera att tätningen till oljestickans rör är i gott skick och att röret sitter i ordentligt. Kontrollera regelbundet att det inte finns läckage i området kring hastighetsmätarens drev och givare. Hittar du läckande växellådsolja så kontrollera om O-ringen är skadad.

Läckande växellådshus

18 Om läckan verkar komma från själva huset, är godset poröst och måste lagas eller bytas.
19 Kontrollera att oljekylarens slangkopplingar är täta och i gott skick.

Vätska från ventilationsröret eller påfyllningsröret

20 Detta kan bero på att växellådan är överfylld, det har kommit kylvätska i oljan, växellådshuset är poröst, mätstickan är defekt, ventilationen är igensatt eller returflödeshålen har täppts till.

3 Byte av packboxar

1 Oljeläckage uppstår ofta på grund av slitage i drivaxlarnas packboxar och/eller packboxen och O-ringarna till hastighetsmätarens drev. Det är relativt lätt att byta dessa tätningar eftersom arbetet vanligen kan utföras utan att man behöver ta bort växellådan från bilen.

Drivaxlarnas packboxar

2 Drivaxlarnas packboxar sitter på sidorna av växellådan, där de inre ändarna av drivaxlarna är fästade med splines i differentialens sidodrev. Om du misstänker att en packbox till drivaxeln läcker, så hissa upp bilen och stöd den säkert på pallbockar (se *Lyftning och stödpunkter*). Om packboxen läcker syns det smörjmedel på sidan av växellådan, nedanför packboxen.
3 Demontera drivaxeln (se kapitel 8).
4 Bänd försiktigt ut packboxen ur sätet i växellådshuset med hjälp av en skruvmejsel eller ett bräckjärn **(se bild)**.
5 Om det inte går att få ut packboxen med en skruvmejsel eller ett bräckjärn kan det bli nödvändigt att använda ett demonteringsverktyg för packboxar (finns hos motorspecialister).
6 Sätt i den nya packboxen med hjälp av ett monteringsverktyg eller genom att använda en rörstump med stor diameter eller en stor djup mutterhylsa som drivdorn. Pressa in den i rät vinkel i urborrningen och se till att den bottnar helt **(se bild)**. På 3-växlade lådor ligger en helt inpressad packbox i liv med ytan på växellådshuset; på 4-växlade lådor är en packbox på vänster sida som bottnar helt indragen ca 5,3 mm, en packbox på höger sida ca 3,1 mm.
7 Smörj den nya packboxens tätningsläpp med universalfett och montera sedan tillbaka drivaxeln (se kapitel 8). Var försiktig så att tätningsläppen på den nya packboxen inte skadas.

Hastighetsgivarens O-ring

8 Hastighetsgivaren sitter på växellådshusets ovansida. Leta efter spår av smörjmedel runt givarhuset för att fastställa om O-ringen är otät.
9 Koppla loss det elektriska kontaktdonet och skruva loss hastighetsgivaren från växellådan **(se bild)**.

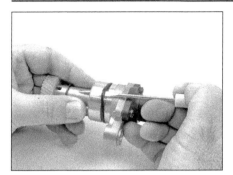

3.10 Ta bort O-ringen; undvik att repa sensorns yta eller skada O-ringsspåret

10 Dra med hjälp av en rits eller en liten skruvmejsel av O-ringen från givaren **(se bild)** och montera en ny O-ring. Smörj den nya O-ringen med automatväxelolja för att skydda den vid tillbakamonteringen av givaren.
11 Montera i omvänd ordningsföljd mot demonteringen.

4 Gasvajer – kontroll, justering och byte

Kontrollera

1 Demontera kanalen mellan luftrenaren och gasspjällshuset (se kapitel 4A).
2 Låt en medhjälpare trampa gaspedalen i botten och hålla kvar den där medan du mäter avståndet mellan damaskens ände och vajerns stoppnippel.
3 Ligger det uppmätta avståndet inom det angivna intervallet **(se bild)** är vajern rätt justerad. Ligger det utanför intervallet justerar du det på nedanstående sätt.

Justering

4 Låt din medhjälpare fortsätta att hålla pedalen nedtryckt medan du lossar justeringsmuttrarna och flyttar dem på vajerns gängade ändhylsa tills avståndet mellan gummidamaskens ände och stoppnippeln hamnar inom det angivna intervallet.
5 Dra åt justeringsmuttrarna ordentligt och kontrollera ännu en gång spelrummet och att gasspjället öppnar helt när gaspedalen trampas i botten.

Byte

6 Lossa vajerns låsmutter och koppla loss vajern från fästbygeln vid gasspjällshuset.
7 Koppla loss vajern från gasspjällets länksystem.
8 Koppla loss vajern från fästbygeln på växellådan.
9 Följ vajern ner till framsidan av växellådan, där den går in i växellådshuset alldeles bakom neutrallägets startkontakt. Ta bort vajerns fästbult.
10 Tappa av växellådsoljan (se kapitel 1). Skruva från undersidan av bilen bort bultarna och demontera växellådans oljetråg. Ta sedan bort filtret.

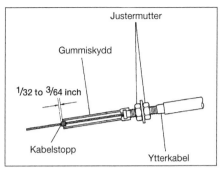

4.3 Gasvajerns justeringsdetaljer

1/32 till 3/64 tum = 0,78 till 1,19 mm

11 Skruva loss de två bultarna till oljerörens fästbygel och demontera oljerören **(se bilder)**.
12 På A240L-modeller kopplas magnetventilernas elektriska kontaktdon bort.
13 Demontera den manuella spärrfjädern **(se bild)**.
14 Är växellådan av modell A132L så demontera den manuella ventilen. Demontera därefter, på alla modeller, ventilhuset **(se bilder)**. På A132L-modeller hålls ventilhuset fast med 14 bultar, på A240L-modeller med 12 bultar. Anteckna de olika bultarnas längd och placering.
15 Koppla loss gasvajern från nocken överst på ventilhuset **(se bild)**.
16 Montera i omvänd ordningsföljd mot demonteringen. Var noga med att i förekommande fall dra åt ventilhusets, den manuella ventilens och spärrfjäderns bultar till det moment som anges under Specifikationer i detta kapitel. I kapitel 1 anges

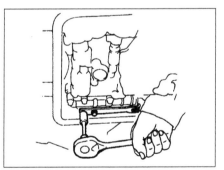

4.13 Demontera den manuella spärrfjädern (A132L-växellåda)

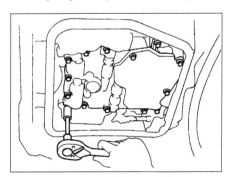

4.14b . . . skruva loss ventilhusets fästbultar och ta bort ventilhuset

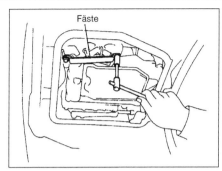

4.11a Skruva loss de två bultar som fäster rörens fästbygel, demontera sedan bygeln . . .

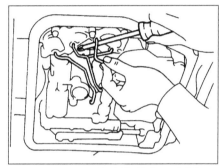

4.11b . . . och bänd försiktigt ut båda ändarna på alla fyra oljerören – se till att du inte böjer eller knickar rören (A132L-växellåda)

åtdragningsmomentet för oljesumpens bultar samt vilken typ och mängd av växellådsolja som krävs vid påfyllning av växellådan.

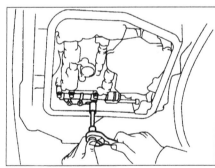

4.14a På A132L-modeller demonterar du den manuella ventilen . . .

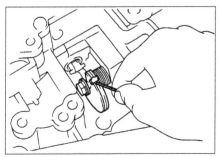

4.15 Lossa nippeln i den nedre änden av gasvajern från nocken ovanpå ventilhuset

5.1a Skruva loss muttern och koppla loss gasvajern från armen

5.1b Dra bort vajerns fästklämma

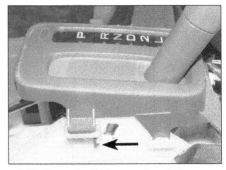

5.3a Lossa indikatorpanelens klämmor (se pil)

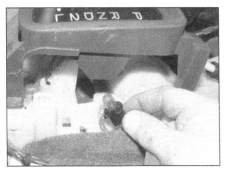

5.3b Ta ut glödlampan och dess hållare ur panelen

5.4 Lossa växelvajern från väljararmen

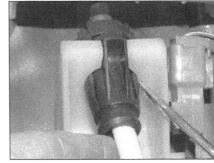

5.5 Tryck in klämmorna på sidorna och dra ut vajerhöljet från växelväljarens underrede

5 Växelvajer – demontering, montering och justering

Demontering och montering

1 Koppla loss växelvajern från den manuella växelväljararmen på växellådan och lossa den från fästbygeln på framsidan av växellådan (se bilder).
2 Demontera mittkonsolen (se kapitel 11).
3 Lossa klämmorna, lyft upp växelväljarens indikatorpanel och ta ut glödlampan ur panelen (se bilder). Bind upp indikatorpanelen i växelväljarens handtag så att du får fritt arbetsutrymme.
4 Bänd loss växelvajeränden från växelväljaren (se bild).
5 Tryck ner de två fästklämmorna och dra loss växelvajerns hölje från framkanten av växelväljarens underrede (se bild).

6.4 Lägg i friläget och kontrollera förbindelsen med en ohmmätare

6 Dra vajern genom genomföringen i torpedväggen.
7 Montera i omvänd ordningsföljd mot demonteringen.
8 Avsluta med att justera växelvajern.

Justering

9 Lossa muttern på den manuella väljararmen vid växellådan (se bild 5.1a).
10 Tryck armen så långt det går mot höger sida av bilen och släpp sedan tillbaka den två hack till neutralläget.
11 Flytta växelväljarspaken till neutralläge inne i bilen.
12 Håll spaken med ett lätt tryck mot backläget och dra åt muttern ordentligt.
13 Kontrollera att växellådan fungerar i alla växelväljarlägen (försök att starta motorn i varje växelläge – startmotorn ska bara fungera i parkerings- och neutralläge).

6 Neutrallägets startkontakt – kontroll, justering och byte

Justering

1 Om motorn går att starta med växelväljarspaken i något annat läge än Parkering eller Neutral måste neutrallägets startkontakt justeras.
2 Dra åt handbromsen och klossa bakhjulen. Lyft upp framvagnen och placera den säkert på pallbockar (se *Lyftning och stödpunkter*). Lägg i friläget.

3-växlade lådor och 4-växlade A240L-växellådor

3 Koppla loss det elektriska kontaktdonet från kontakten och lossa kontaktens fästbultar.
4 Håll ohmmätarens testspetsar mot kontaktpolerna inuti det elektriska kontaktdonet och vrid kontakten tills det uppstår förbindelse mellan polerna. Kontakten står då i neutralläge (se bild). Dra åt bultarna ordentligt.

A245E 4-växlad växellåda

5 Koppla loss startkontaktens kontaktdon.
6 Kontrollera om det finns förbindelse mellan kontaktens poler när växelväljarspaken flyttas till de olika lägena (se bild).

Växelväljarläge	Förbindelse mellan pol nummer
P	1 och 3, 6 och 9
R	2 och 3
N	3 och 5, 6 och 9
D	3 och 7
2	3 och 4
L	3 och 8

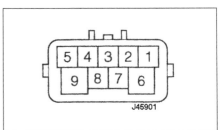

6.6 Numrering av stiften, kontaktdon till neutrallägets startkontakt på växellåda 245E

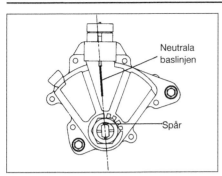

6.15 Vrid kontakten tills grundlinjen för neutralläget står i linje med spåret och dra sedan åt bultarna

7 Byt ut kontakten om förbindelsen avviker från den beskrivna.

Byte

8 Lägg i friläget (N).
9 Skruva loss muttern och lyft av växelväljararmen.
10 Koppla loss det elektriska kontaktdonet.
11 Bänd med hjälp av en skruvmejsel tillbaka fliken på låsbrickan under muttern som fäster kontakten mot väljaraxeln.
12 Skruva loss muttern och ta vara på låsbrickan och mellanlägget/mellanläggen.
13 Skruva loss fästbultarna och lyft bort kontakten från axeln
14 Vid montering, håll kontakten så att de plana ytorna på väljaraxeln kommer parallellt med de plana ytorna i kontakten och trä kontakten på axeln. Sätt tillbaka mellanlägget/-läggen, låsbrickan och fästmuttern. Dra åt fästmuttern och böj upp låsbrickans flik.
15 Vrid kontakten tills grundlinjen för neutralläget står i linje med spåret **(se bild)**. Dra åt bultarna ordentligt och anslut det elektriska kontaktdonet.
16 Montera väljararmen, anslut batteriets minuskabel och kontrollera att motorn inte kan starta när väljararmen står i något annat läge än P eller N. Vid behov, justera enligt beskrivningen ovan.

7 Växellådsfäste – kontroll och byte

Kontrollera

1 Stick in en stor skruvmejsel eller ett bräckjärn mellan växellådans fäste och hus och försök bända bort fästet från huset.
2 Växellådsfästet bör inte gå att rucka särskilt mycket. Sitter fästet löst, byt det.

Byte

3 För att byta ett fäste, stötta växellådan med en garagedomkraft, skruva loss bultarna och byt fästet. Det kan bli nödvändigt att lyfta växellådan en aning för att fästet ska gå att demontera.
4 Montera i omvänd ordningsföljd mot demonteringen.

8.4 Skruva loss bultarna mellan fästet och växellådshuset (pilar = bakre bultar)

8 Automatväxellåda – demontering och montering

Demontering

1 Koppla loss kabeln från batteriets minuspol (se kapitel 5A).
2 Tänker du använda samma växellåda på nytt tar du bara bort vajerfästklämman från fästbygeln och kopplar loss gasvajern från länksystemet på gasspjällshuset. Tänker du byta växellåda kopplar du bort gasvajern från gasspjällshuset (i båda fallen, se avsnitt 4).
Observera: *Det sitter inget gasspjäll monterat på A245E-växellådor.*
3 Ta bort luftfilterhuset (se kapitel 4A).
4 Skruva loss bultarna från växellådans vänstra fäste **(se bild)**.
5 Anteckna hur de ska sitta och koppla sedan loss alla elektriska kontaktdon från växellådan. Ta också bort alla kabelhärvsklämmor från växellådan och flytta kabelhärvorna åt sidan.
6 Skruva loss de övre bultarna mellan växellådan och motorn **(se bild)**. Skruva loss den övre bulten mellan växellådan och startmotorn (se kapitel 5A).
7 Lyft upp bilen och ställ den stadigt på pallbockar (se *Lyftning och stödpunkter*).
8 Lossa skruvarna och ta bort motorns undre skyddskåpor.
9 Koppla loss växelvajern från växellådan (se avsnitt 5).
10 Demontera avgasrörsdelen mellan avgasgrenröret och katalysatorn (se kapitel 4A).

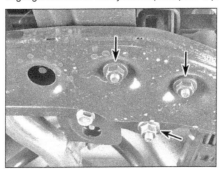

8.14b . . . de tre bultarna till det bakre stödstaget (se pilar) . . .

8.6 Skruva loss bultarna mellan växellådan och motorn (se pilar). Den högra bulten fäster startmotorn på modeller utan VVT-i

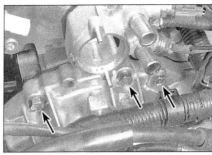

8.14a Skruva loss det främre stödstagets fyra bultar (se pilar) . . .

11 Tappa av växellådsoljan och – på treväxlade modeller – differentialoljan (se kapitel 1).
12 Demontera drivaxlarna (se kapitel 8).
Observera: *Att demontera drivaxlarna helt är inte alldeles nödvändigt. Det räcker att koppla loss de inre drivknutarna och binda upp dem så att de är ur vägen. Du får dock bättre med plats att arbeta på om du demonterar hela drivaxlarna. Det här är ett bra tillfälle att undersöka om drivknutarnas damasker är spruckna eller har åldrats, och att – vid behov – packa om drivknutarna med nytt drivknutsfett (se kapitel 8).*
13 Stötta motorn med en lyft från ovansidan eller med en garagedomkraft och en träkloss under oljesumpen för att fördela tyngden.
14 Skruva loss de bultar och muttrar som fäster det mellersta stödstaget och fjädringsbalken vid fordonet **(se bilder).**

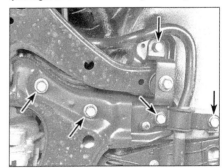

8.14c . . . och de fem bultarna (se pilar) från vardera fjädringsbalken

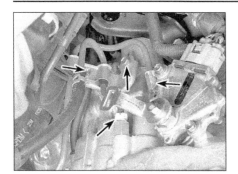

8.16 Skruva loss bultarna till oljekylarrörens klämmor (se pilar) från växellådan och skruva loss rörkopplingarna (se pilar)

8.19 Skruva loss muttern och den genomgående bulten (se pilar) från det främre och bakre fästet (bilden visar det främre fästet, det bakre är likartat)

8.20 Märk ut momentomvandlarens läge i förhållande till drivplattan för att kunna montera tillbaka den med rätt dynamisk balans

15 Lossa startmotorns kablar, skruva loss den nedre bulten mellan startmotorn och växellådan och ta bort startmotorn (se kapitel 5A).
16 Koppla loss oljekylarrörens fästklämmor från växellådan och koppla sedan loss de två rörarmaturerna från växellådan **(se bild)**.
17 Lossa oljestickans rör från växellådan genom att först skruva loss fästbygelns mutter från framsidan av svänghjulskåpan och sedan dra röret rakt uppåt.
18 Stötta växellådan med en domkraft – helst en specialdomkraft för detta ändamål. Växellådan kan fixeras på domkraften med hjälp av säkringskedjor.
19 Skruva loss de återstående bultarna från växellådans vänstra fäste. Skruva loss bultarna från det främre och bakre motorfästet **(se bild)** så att motorn kan lutas en aning åt vänster, för att underlätta demonteringen och monteringen av växellådan.
20 Ta bort momentomvandlarens inspektionslucka. Märk ut momentomvandlarens läge i förhållande till drivplattan, så att de kan monteras tillbaka i samma läge **(se bild)**. Skruva loss momentomvandlarens sex fästbultar. Vrid vevaxeln så att du kommer åt dem en i taget.
21 Demontera de nedre bultarna mellan motorn och växellådan: de tre nedersta bultarna visas på **bild 8.20** och det finns ytterligare en bult på baksidan av motorn, alldeles nedanför den nedre startmotorbulten. Skruva loss den nedre bulten mellan växellådan och motorn på framsidan av växellådan **(se bild)**.
22 Dra växellådan åt sidan så att den lossnar från motorblockets styrtappar. Se till att momentomvandlaren släpper från drivplattan. Fäst momentomvandlaren vid växellådan så

att den inte faller ur vid demonteringen. Sänk ner växellådan från bilen.

Montering

23 Se till att momentomvandlaren griper in ordentligt i växellådan innan den monteras tillbaka.
24 Fäst växellådan vid domkraften och lyft den i läge. Var noga med att hålla den vågrätt så att momentomvandlaren inte glider framåt. Anslut kylarledningarna.
25 Skjut försiktigt växellådan på plats tills såväl styrstiften som momentomvandlaren hakar i.
26 Vrid momentomvandlaren så att hålen för bultarna kommer i linje med hålen i drivplattan. De tidigare gjorda inställningsmärkena (se punkt 20) på momentomvandlaren och drivplattan måste stämma överens.
27 Sätt i de nedre bultarna mellan växellådan och motorn och dra åt dem till det moment som angivits under Specifikationer i detta kapitel.
28 Sätt i bultarna mellan momentomvandlaren och drivplattan. Dra åt dem till det moment som anges i specifikationerna för det här kapitlet. Sätt tillbaka momentomvandlarens inspektionslucka.
29 Montera stödstaget och fjädringsbalken. Dra åt muttrarna och bultarna ordentligt.
30 Ta bort domkrafterna som stöttar växellådan och motorn.
31 Montera startmotorn (se kapitel 5A). (Det är lättare att sätta tillbaka den övre bulten när bilen sänkts ner till marken.)
32 Sätt i oljestickans rör i växellådan och fäst mätstickans fästbygel vid växellådan.
33 Anslut oljekylarens rörkopplingar och

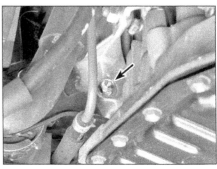

8.21 Skruva loss denna främre, nedre bult mellan växellådan och motorn (se pil)

klämmorna som håller fast ledningarna till växellådan.
34 Montera och/eller anslut drivaxlarna till växellådan (se kapitel 8).
35 Montera och justera neutrallägets startkontakt (se avsnitt 6).
36 Anslut och justera växelvajern (se avsnitt 5) och gasvajern (se avsnitt 4).
37 Återanslut alla elektriska kontaktdon. Var noga med att dra kabelhärvorna rätt och fästa dem med klämmor vid växellådshuset.
38 Montera tillbaka avgasröret mellan avgasgrenröret och katalysatorn (se kapitel 4A).
39 Ta bort pallbockarna och sänk ner bilen.
40 Sätt tillbaka växellådans övre bultar och dra åt dem till det moment som anges under Specifikationer i detta kapitel. Skruva fast startmotorns övre bult, om du inte redan gjort det.
41 Fyll på växellådan med rätt typ och mängd av olja (se kapitel 1). Kör en sväng med bilen och kontrollera sedan att den inte läcker.

Kapitel 8
Drivaxlar

Innehåll

Svårighetsgrad

Enkelt, passar novisen med lite erfarenhet	**Ganska enkelt,** passar nybörjaren med viss erfarenhet 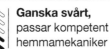	**Ganska svårt,** passar kompetent hemmamekaniker 	**Svårt,** passar hemmamekaniker med erfarenhet 	**Mycket svårt,** för professionell mekaniker

Specifikationer

Drivaxelns drivknutar

Smörjfettskapacitet:

T.o.m. oktober 1999 (modeller med enkel strålkastare):

Inre drivknut	180 till 190 g
Yttre drivknut	120 till 130 g

Fr.o.m. oktober 1999 (modeller med dubbla strålkastare):

Inre drivknut	80 g
Yttre drivknut	108,5 g

Drivaxelns längd

Vänster drivaxel	541,3 ± 5,0 mm
Höger drivaxel	855,8 ± 5,0 mm

Åtdragningsmoment

	Nm
Drivaxel/navmutter..	216
Hjulmuttrar	103

1 Allmän information

1 Kraften överförs från växellådan till hjulen via ett par drivaxlar. Varje drivaxels inre ända har räfflor som passar i differentialens sidodrev. Ytterändarna har räfflor som passar på axelspindlarna och hålls på plats av en stor mutter.

2 Drivaxlarnas inre ändar har glidande CV-knutar (drivknutar) som kan röra sig både i vinkel och axiellt. Varje inre drivknutsenhet består av ett trebensknutslager och ett packningshus (yttre bana) där knuten kan glida in och ut när drivaxeln rör sig upp och ner med hjulet. Knutarna kan tas isär och rengöras vid fel på damasken (se avsnitt 3), men om någon del har skadats måste hela drivknuten bytas.

3 De yttre drivknutarna är av typen Rzeppa, som består av kullager som löper mellan en inre bana och en yttre kulhållare, kan röra sig i vinkel men inte axiellt. De yttre drivknutarna ska rengöras, kontrolleras och packas om, men de kan inte tas isär. Om en yttre drivknut skadas måste den bytas tillsammans med drivaxeln (den yttre drivknuten och drivaxeln säljs som en enda del).

4 Damaskerna ska kontrolleras med jämna mellanrum, sök efter skador och smörj-medelsläckage. Trasiga drivknutsdamasker måste bytas omedelbart, annars kan knutarna skadas. Byte av damasker innebär borttagning av drivaxeln (se avsnitt 2). **Observera:** *Vissa motordelsförsäljare har "delade" bytesdamasker, som kan monteras utan att drivaxeln tas bort från bilen. Detta är ett praktisk alternativ. Men drivaxeln bör ändå tas bort och drivknuten demonteras och rengöras för att du ska vara säker på att knuten inte är nedsmutsad eller fuktig, vilket ökar slitaget på drivknuten.* Det vanligaste tecknet på slitna eller skadade drivknutar är, förutom smörjmedelsläckage, ett klickande ljud vid svängningar, ett dunkande ljud när du gasar efter att tidigare ha släppt upp gaspedalen och vibrationer vid körning i motorvägshastigheter. När du ska leta efter slitage i drivknutarna och drivaxlarna, ta tag i drivaxeln (en i taget) och vrid den i båda riktningar samtidigt som du håller i drivknutshusen, känn efter spel som tyder på slitna splines eller lösa drivknutar. Kontrollera även om drivaxlarna är spruckna, buckliga eller vridna.

2.2a Ta bort saxsprinten . . .

2.2b . . . och låskåpan

2.3 Använd en stor hävarm för att hålla navet stilla när du lossar drivaxelmuttern

2.4 Använd en mässingskörnare för att lossa drivaxelns spårning från navet

2 Drivaxlar – demontering och montering

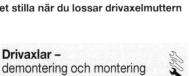

Demontering

1 Lossa de främre hjulmuttrarna, lyft upp bilen och stöd den ordentligt på pallbockar (se *Lyftning och stödpunkter*). Ta bort hjulet.

2 Ta bort saxsprinten och låskåpan från drivaxels navmutter **(se bilder)**.

3 Ta bort drivaxelns navmutter och bricka. För att förhindra navet från att snurra, kila in en spak mellan två av hjulbultarna och låt spaken vila mot marken eller bilens golv **(se bild)**.

4 När du ska lossa drivaxeln från navräfflorna, knacka på drivaxelns ände med en mjuk hammare eller en hammare och mässingsdorn **(se bild)**. **Observera:** *Försök inte att skjuta drivaxelns ände genom navet än. Om du använder för stor kraft på drivaxelns ände kan du, förutom att bryta loss den från navet, skada drivaxeln eller växellådan. Om drivaxeln*

har fastnat i navräfflorna och inte kan röra på sig kan bromsskivan behöva tas bort (se kapitel 9) och tryckas bort från navet med en avdragare efter det att åtgärden i avsnitt 6 har utförts.

5 Lossa skruvarna och ta bort motorns undre skyddskåpor. Placera ett avrinningskärl under växellådan för att fånga upp smörjmedlet som rinner ut när drivaxlarna tas bort.

6 Ta bort muttrarna och bulten som fäster kulleden på styrarmen, bänd sedan ner styrarmen för att separera delarna (se kapitel 10)

7 Dra hjulspindeln utåt och lossa drivaxeln från navet **(se bild)**. Låt inte drivaxeln hänga i den inre drivknuten efter det att den yttre änden har kopplats loss från hjulspindeln, eftersom den inre drivknuten då kan skadas. Håll uppe drivaxelns yttre ände med en bit ståltråd, om det behövs.

8 Bänd försiktigt ut den inre drivknuten från växellådan – du kan behöva slå till hävarmen ganska hårt med en mjuk hammare **(se bild)**.

9 Se kapitel 7A eller 7B för information om hur du byter drivaxelns oljetätning.

Montering

10 Återmonteringen utförs i omvänd ordning mot borttagningen, men med följande tillägg:

a) *Tryck in drivaxeln kraftigt för att placera den inre drivknutens fasthållningsring i spåret på differentialens sidodrev.*

b) *Momentdra drivaxelns navmutter till det moment som anges i det här kapitlets Specifikationer, montera sedan låskåpan och en ny saxsprint.*

c) *Sätt tillbaka hjulet och muttrarna, sänk ner bilen och momentdra muttrarna till det moment som anges i Specifikationerna.*

d) *Kontrollera växellådans eller differentialens smörjmedel och fyll vid behov på (se kapitel 1).*

2.7 Dra ut hjulspindeln och låt drivaxelns ände glida ur navet

2.8 När du ska skilja drivaxelns ände från växellådan, ta stöd mot drivknutens hus

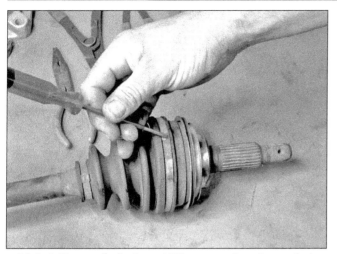

3.3 Lyft flikarna på alla damaskklämmor med en skruvmejsel, öppna sedan klämmorna

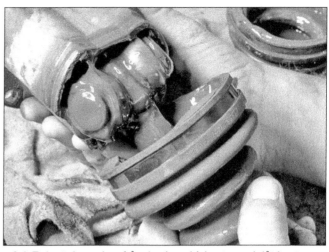

3.4 Ta bort damasken från den inre drivknuten och låt knutens hus från trebensknuten

3 Byte av drivaxeldamask och kontroll av drivknut

Observera: *Om drivknutarna måste ses över (vanligtvis på grund av trasiga damasker), undersök vilka alternativ som finns innan du påbörjar arbetet. Kompletta renoverade drivaxlar finns att köpa som reservdelar, vilket underlättar arbetet och förkortar arbetstiden. Oavsett vilket alternativ du väljer, ta reda på kostnaden och tillgängligheten av delar innan du plockar isär bilen.*

1 Ta bort drivaxeln (se avsnitt 2).

Demontering

2 Placera drivaxeln i ett skruvstäd med träklädda käftar (för att förhindra skador på drivaxeln). Kontrollera att drivknuten inte har för stort spel i radiell riktning, det tyder på slitna delar. Kontrollera att alla drivknutar fungerar som de ska under arbetets gång. Om någon damask är trasig, rengör delarna och leta efter skador om kan ha uppstått på grund av för lite smörjmedel och eventuell nedsmutsning.
3 Arbeta på den inre drivknuten, använd en

liten skruvmejsel och bänd ut fästflikarna på klämmorna för att lossa den och låt dem glida av **(se bild)**.
4 Använd en skruvmejsel och bänd försiktigt upp den yttre damaskens kant och tryck bort den från drivknuten. Gamla och slitna damasker kan skäras bort. Dra den bort den inre drivknutens damask från huset och låt huset glida av trebensknuten **(se bild)**.
5 Märk trebensknuten och drivaxeln för att se till att de monteras rätt.
6 Ta bort trebensknutens låsring med en låsringstång **(se bild)**.
7 Använd en hammare och en mässingskörnare för att driva ut trebensknuten från drivaxeln. Var försiktig så att du inte skadar lagerytorna eller spårningen på skaftet **(se bild)**.
8 Ta bort båda damaskerna om du inte redan har gjort det. Om du arbetar på höger drivaxel måste du även skära av klämman till den dynamiska dämparen och låta dämparen glida av, efter att först ha markerat dess läge för återmonteringen.
9 Ta inte isär den yttre drivknuten.

Kontrollera

10 Rengör alla delar ordentligt med lösnings-

medel, inklusive den yttre drivknutsenheten tills allt det gamla drivknutsfettet är borta. Undersök lagerytorna på de inre trebensknutarna och husen, leta efter sprickor, punktkorrosion, revor och andra tecken på slitage. Det är mycket svårt att undersöka lagerytorna på de inre och yttre lagerbanorna på den yttre drivknuten, men dt kan åtminstone kontrollera ytorna på själva kullederna. Om de är i gott skick är lagerbanorna antagligen också det. Om de inte är i gott skick är lagerbanorna inte heller det. Om den inre drivknuten är sliten kan du köpa en ny inre drivknut och montera den på den gamla drivaxeln. Om den yttre drivknuten är sliten måste du köpa en ny yttre drivknut *och* drivaxel (de säljs monterade).

Ihopsättning

11 Linda in spårningen på drivaxelns ände med eltejp för att skydda damaskerna från spårningens vassa kanter **(se bild)**. Låt klämmor och damasker glida på drivaxeln, placera sedan trebensknuten på axeln.
Observera: *Om du arbetar på höger drivaxel, montera den dynamiska dämparen och en ny klämma innan du monterar den inre drivknuten. Smörj in trebensknutsenheten och*

3.6 Ta bort låsringen med en låsringstång

3.7 Driv bort trebensknuten från drivaxeln med en mässingskörnare och en hammare

3.11a Linda in drivaxelns räfflade delar med tejp för att förhindra att damaskerna skadas

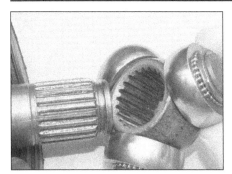

3.11b Passa in trebensknuten med den sneda delen mot drivaxeln

3.11c Stryk på det medföljande fettet på drivknutens hus

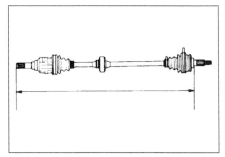

3.12 Drivaxelns standardlängd ska justeras innan damaskklämmorna dras åt

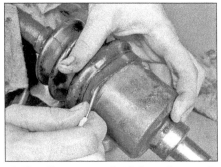

3.13a Jämna ut trycket i damasken med en skruvmejsel mellan damasken och huset

3.13b Använd en tång . . .

3.13c . . . för att dra åt damaskklämmorna

husets insida. För in trebensknuten i huset och packa resten av fettet runt trebensknuten **(se bilder)**.

12 Låt damasken glida på plats, se till att båda ändarna hamnar rätt i spåren. Justera drivaxelns längd till det mått som anges i det här kapitlets Specifikationer **(se bild)**.
13 Jämna ut trycket i damasken, dra sedan åt och fäst damaskens klämmor **(se bilder)**.

Kapitel 9
Bromssystem

Innehåll

Svårighetsgrad

Enkelt, passar novisen med lite erfarenhet	**Ganska enkelt,** passar nybörjaren med viss erfarenhet	**Ganska svårt,** passar kompetent hemmamekaniker	**Svårt,** passar hemmamekaniker med erfarenhet 	**Mycket svårt,** för professionell mekaniker

Specifikationer

Skivbromsar fram

Typ	Skiva, glidande bromsok med enkel kolv
Skivtjocklek:	
1,6-litersmodeller:	
Ny	22,0 mm
Minimum	20,0 mm
Alla andra modeller:	
Ny	18,0 mm
Minimum	16,0 mm
Maximalt kast	0,05 mm
Bromsklossbeläggets tjocklek:	
Ny	13,0 mm
Minimum	1,0 mm

Bakre skivbromsar

Typ	Skiva, med glidande bromsok med enkel kolv och inbyggd handbromsmekanism
Skivtjocklek:	
Ny	9,0 mm
Minimum	8,0 mm
Maximalt kast	0,15 mm
Bromsklossbeläggets tjocklek:	
Ny	10,0 mm
Minimum	1,0 mm

Trumbromsar bak

Trummans diameter:	
Ny	200,0 mm
Maximalt	201,0 mm
Bromsbackbeläggets tjocklek:	
Ny	4,0 mm
Minimum	1,0 mm

Bromspedal

Höjd från golvet till pedalklossens mitt:

Vänsterstyrd . . . .   148,6 till 158,6 mm
Högerstyrd . . . .   138,7 till 148,7 mm

Åtdragningsmoment   Nm

Främre bromsok:
Styrsprintbultar   34
Fästbultar   88
Handbromsspakens muttrar   15
Anslutningsmuttrar till hydrauslang/-rör   15
Huvudcylinderns fästmuttrar   13
Bakre bromsok:
Styrsprintbultar:
    T.o.m. oktober 1999 (modeller med enkel strålkastare)   20
    Fr.o.m. oktober 1999 (modeller med dubbla strålkastare)   27
    Fästbygel   47
Bakhjulscylinderns bultar   10
Hjulbultar   103
Vakuumservoenhetens fästmuttrar   13
Vakuumservoenhetens tryckstångsmutter   25
Hjulhastighetsgivare   8

1 Allmän information

Bromssystemet har servo och ett tvåkretshydraulsystem. Hydraulsystemet fungerar så att varje krets sköter en främre och en bakre broms från en tandemhuvudcylinder. Under normala omständigheter verkar båda kretsarna tillsammans. Vid ett eventuellt hydrauliskt fel i en krets kan bilen fortfarande bromsas med full kraft på två hjul.

Alla modeller är utrustade med främre skivbromsar och kan ha trum- eller skivbromsar på bakhjulen. ABS har monterats som standard (se avsnitt 22 för mer information om ABS-funktionen).

Skivbromsarna drivs av glidande bromsok med enkel kolv, vilket ger ett jämnt tryck på varje skivas bromskloss. De bakre trumbromsarna drivs av en hjulcylinder med dubbla kolvar på varje hjul vilket påverkar bromsbackarna.

På alla modeller är handbromsen ett fristående, mekaniskt sätt att använda den bakre bromsen. Modeller med bakre skivor har monterats med bakre bromsok med en inbyggd handbromsfunktion. Handbromsvajern styr en hävarm på bromsoket som tvingar kolven att pressa bromsklossen mot skivans yta. Det finns en inbyggd självjusterande mekanism som kompenserar för bromsklosslitage. På modeller med bakre trumbromsar har handbromsvajern en utvidgningsbar länk mellan de två bromsbackarna, vilket tvingar dem mot bromstrummans insida.

Observera: *Arbeta noggrant och metodiskt när någon del av systemet servas. Iakttag alltid fullständig renlighet när någon del av hydraulsystemet ses över. Byt alltid ut delar (på* båda sidor där så är möjligt) om deras skick kan ifrågasättas. Använd enbart äkta Toyotadelar, eller åtminstone delar som är av erkänt god kvalitet. Observera de varningar som finns i "Säkerhetens främst! "och relevanta punkter i detta kapitel som rör asbestdamm och hydraulvätska.

2 Hydraulsystem – luftning

⚠ **Varning: Hydrauloljan är giftig.** *Tvätta noggrant bort vätskan omedelbart vid hudkontakt och sök omedelbar läkarhjälp om vätska sväljs eller hamnar i ögonen. Vissa typer av bromsvätska är brandfarliga och kan antändas när de kommer i kontakt med varma delar. Vid arbete med hydraulsystem är det alltid säkrast att anta att oljan är brandfarlig, och att vidta samma försiktighetsåtgärder mot brand som när bensin hanteras. Bromsvätska är även ett effektivt färgborttagningsmedel och angriper plast. Vid spill ska vätskan sköljas bort omedelbart med stora mängder rent vatten. Den är också hygroskopisk (den absorberar fukt från luften) – gammal vätska kan vara förorenad och är därför inte lämplig att använda. Vid påfyllning eller byte ska alltid rekommenderad typ användas och den måste komma från en nyligen öppnad förseglad förpackning.*

Varning: Se till att tändningen är avslagen innan luftningsproceduren sätts igång, för att undvika att den hydrauliska modulatorn förses med spänning innan luftningsproceduren är avslutad. Batteriet ska helst vara frånkopplat. Om modulatorn förses med spänning innan luftningsproceduren är avslutad kommer detta att tappa av modulatorns hydraulvätska, vilket gör att enheten inte kan repareras. Försök därför inte "köra" modulatorn för att lufta bromsarna.

Allmänt

1 Ett hydraulsystem kan inte fungera som det ska förrän all luft har avlägsnats från komponenterna och kretsen. Detta görs genom att systemet luftas.

2 Tillsätt endast ren, oanvänd hydraulvätska av rekommenderad typ under luftningen. Återanvänd aldrig vätska som redan har tömts ur systemet. Se till att det finns tillräckligt med vätska i beredskap innan luftningen påbörjas.

3 Om det finns någon möjlighet att fel typ av olja finns i systemet måste bromsarnas komponenter och kretsar spolas ur helt med ren olja av rätt typ, och alla tätningar måste bytas.

4 Om hydraulolja har läckt ur systemet eller om luft har trängt in på grund av en läcka måste läckaget åtgärdas innan arbetet fortsätter.

5 Parkera bilen på ett jämnt underlag, slå av motorn och lägg i ettan eller backen, klossa därefter hjulen och lossa handbromsen.

6 Kontrollera att alla rör och slangar sitter säkert, att anslutningarna är ordentligt åtdragna och att luftningsskruvarna är stängda. Tvätta bort all smuts runt luftningsskruvarna.

7 Skruva loss huvudcylinderbehållarens lock och fyll på behållaren till maxmarkeringen. Montera locket löst. Kom ihåg att oljenivån aldrig får sjunka under MIN-nivån under arbetet, annars är det risk för att ytterligare luft tränger in i systemet.

8 Det finns ett antal enmans gör-det-själv-luftningssatser att köpa i motortillbehörsbutiker. Vi rekommenderar att en sådan sats används, eftersom den i hög grad förenklar arbetet och dessutom minskar risken för att avtappad olja och luft sugs tillbaka in i systemet. Om det inte går att få tag på en sådan sats återstår bara den vanliga tvåmansmetoden som beskrivs i detalj nedan.

9 Om en luftningssats ska användas, förbered bilen enligt beskrivningen ovan och följ sedan luftningssatstillverkarens instruktioner, eftersom metoden kan variera något mellan olika luftningssatser. I allmänhet är metoden den som beskrivs i relevant underavsnitt.

10 Oavsett vilken metod som används måste ordningen för luftning (se punkt 11 och 12) följas för att systemet garanterat ska tömmas på all luft.

Luftning

Ordningsföljd

11 Om systemet endast kopplats ur delvis och åtgärder vidtagits för att minimera oljespill, ska bara den aktuella delen av systemet behöva luftas (d.v.s. primär- eller sekundärkretsen).
12 Om hela systemet ska luftas ska det göras i följande ordningsföljd:
a) Vänster frambroms.
b) Höger frambroms.
c) Vänster bakbroms.
d) Höger bakbroms.

Grundläggande luftning (för två personer)

13 Skaffa en ren glasburk, en plast- eller gummislang med lagom längd som sluter tätt över avluftningsskruven och en ringnyckel som passar skruven **(se bild)**. En medhjälpare behövs också.
14 Ta bort dammkåpan från den första skruven i ordningsföljden. Montera nyckeln och slangen på skruven. Placera slangens andra ände i glasburken och häll i så mycket vätska att slangänden täcks.
15 Se till att oljenivån i huvudcylinderbehållaren överstiger linjen för miniminivå under hela arbetets gång.
16 Låt medhjälparen trycka ner bromspedalen helt flera gånger för att öka trycket, håll sedan kvar trycket vid den sista nedtryckningen.
17 Med pedaltrycket intakt, skruva loss luftningsskruven (ungefär ett varv) och låt den komprimerade vätskan och luften flöda in i behållaren. Medhjälparen ska behålla pedaltrycket, följa det ner till golvet om det behövs och inte släppa det förrän instruktioner ges. När flödet tar slut, dra åt luftningsskruven igen, låt medhjälparen släppa upp pedalen långsamt, och kontrollera åter igen behållarens vätskenivå.
18 Upprepa stegen i punkt 16 och 17 till dess att oljan som kommer ut från luftningsskruven är fri från luftbubblor. Om huvudcylindern har tömts och fyllts på igen och den luftas via den första skruven i ordningsföljden, låt det gå ungefär fem sekunder mellan cyklerna innan huvudcylindern går över till påfyllning.
19 Dra åt luftningsskruven ordentligt när inga fler bubblor förekommer. Ta sedan bort slangen

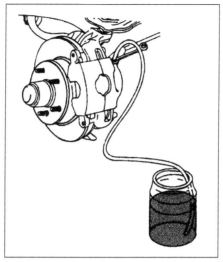

2.13 När du luftar bromsarna är en slang ansluten till luftningsskruven på bromsoket eller hjulcylindern

och nyckeln, och montera dammkåpan. Dra inte åt luftningsskruven för hårt.
20 Upprepa proceduren på de kvarvarande skruvarna i ordningsföljden tills all luft har tömts ur systemet och bromspedalen känns fast igen.

Med hjälp av en luftningssats med backventil

21 Dessa luftningssatser består av en bit slang försedd med en envägsventil för att förhindra att luft och vätska dras tillbaka in i systemet. Vissa satser levereras även med en genomskinlig behållare som kan placeras så att luftbubblorna lättare ses flöda från slangänden.
22 Satsen är ansluten till luftningsskruven, som sedan öppnas. Återvänd till förarsätet, tryck ner bromspedalen mjukt och stadigt och släpp sedan långsamt upp den igen. Detta upprepas tills vätskan som rinner ut är fri från luftbubblor.
23 Observera att dessa luftningssatser underlättar arbetet så mycket att man lätt glömmer huvudcylinderbehållarens

3.1 Använd en slangklämma för att täta de böjbara gummislangarna

vätskenivå. Se till att nivån hela tiden ligger över minmarkeringen.

Med hjälp av en tryckluftssats

24 De tryckluftsdrivna avluftningssatserna drivs ofta av tryckluften i reservdäcket. Observera dock att trycket i reservhjulet antagligen behöver minskas till under den normala nivån. Se instruktionerna som följer med luftningssatsen.
25 Om man ansluter en trycksatt, vätskefylld behållare till huvudcylinderbehållaren kan luftningen utföras genom att man helt enkelt öppnar skruvarna i tur och ordning (i den angivna ordningsföljden) och låter vätskan flöda ut tills den inte längre innehåller några luftbubblor.
26 En fördel med den här metoden är att den stora vätskebehållaren ytterligare förhindrar att luft dras tillbaka in i systemet under luftningen.
27 Luftning med tryckluftssats lämpar sig särskilt för luftning av "svåra" system, eller för luftning av hela system vid rutinmässiga oljebyten.

Alla metoder

28 När luftningen är avslutad och pedalen känns fast, tvätta bort eventuellt oljespill, dra åt avluftningsskruvarna ordentligt och montera dammskydden.
29 Kontrollera hydrauloljenivån i huvudcylinderbehållaren och fyll på om det behövs (se *Veckokontroller*).
30 Kassera all hydraulvätska som har tappats ur systemet. Den lämpar sig inte för återanvändning.
31 Kontrollera känslan i bromspedalen. Om den känns "svampig" finns det luft kvar i systemet och ytterligare luftning behövs. Om systemet inte är helt luftat efter ett rimligt antal upprepningar av luftningen kan det bero på slitna huvudcylindertätningar.

3 Hydraulrör och slangar – byte

Observera: *Innan du börjar, läs anmärkningen i början av avsnitt 2 om riskerna med hydraulvätska.*
1 Om ett rör eller en slang måste bytas ut, minimera oljespillet genom att först ta bort huvudcylinderbehållarens lock och sedan skruva på det igen över en bit plastfolie så att det blir lufttätt. Alternativt kan mjuka slangar tätas, vid behov, med en bromsslangklämma **(se bild)**. Bromsrörsanslutningar i metall kan pluggas igen eller täckas över direkt när de kopplas loss. Var då noga med att inte låta smuts tränga in i systemet. Placera trasor under alla anslutningar som ska kopplas loss för att fånga upp vätskespill.
2 Om en slang ska kopplas loss, skruva loss muttern till bromsrörsanslutningen

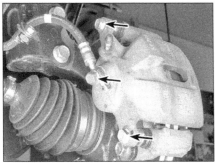

3.2a Skruva loss bromsrörets gängade beslag med en U-ringnyckel för att skydda anslutningens hörn från att bli avrundade

innan fjäderklämman som fäster slangen i monteringskonsolen tas bort **(se bilder)**.
3 Använd helst en bromsrörsnyckel (U-ringnyckel) av lämplig storlek när anslutningsmuttrarna skruvas loss. Sådana finns att köpa i de flesta större motortillbehörsbutiker. Finns ingen sådan nyckel tillgänglig måste en tättsittande öppen nyckel användas, även om det innebär att hårt sittande eller korroderade muttrar kan runddras om nyckeln slinter. Skulle det hända är ofta en självlåsande tång det enda sättet att skruva loss en envis anslutning, men i så fall måste röret och de skadade muttrarna bytas ut vid ihopsättningen. Rengör alltid anslutningen och området runt den innan den kopplas loss. Om en komponent med mer än en anslutning kopplas loss ska noggranna anteckningar göras om anslutningarna innan de rubbas.

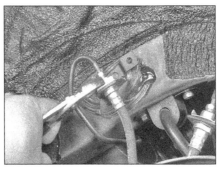

3.2b Dra bort anslutningsklämman med en tång

4 Om ett bromsrör måste bytas ut kan ett nytt köpas färdigkapat, med muttrar och flänsar monterade, hos en Toyota-verkstad. Allt som sedan behöver göras innan det nya röret kan monteras är att böja det till rätt form med det gamla röret som mall. Alternativt kan de flesta tillbehörsbutiker tillhandahålla bromsrör, men det kräver extremt noggranna mätningar av originalet för att det nya röret ska få rätt längd. Det bästa är oftast att ta med sig originalröret till butiken som mall.
5 Dra inte åt anslutningsmuttrarna för hårt vid återmonteringen. Man behöver inte använda överdrivet mycket kraft för att få en ordentlig tätning.
6 Se till att rören och slangarna dras korrekt, utan veck, och att de monteras ordentligt i klamrar och fästen. När du har monterat delarna, ta bort plastfolien från behållaren och

lufta hydraulsystemet enligt instruktionerna i avsnitt 2. Tvätta bort eventuella vätskespill och kontrollera noggrant att inga läckage har uppstått.

4 Främre bromsklossar – byte

> **Varning: Byt ut båda främre bromsklossuppsättningarna på en gång – byt aldrig bromsklossar bara på ena hjulet eftersom det kan ge ojämn bromsverkan. Observera att dammet som uppstår p.g.a. slitage på bromsklossarna kan innehålla hälsovådlig asbest. Blås aldrig bort det med tryckluft och andas inte in det. En godkänd skyddsmask bör bäras vid arbete med bromsarna. Använd INTE bensin eller petroleumbaserade lösningsmedel för att rengöra bromskomponenter. Använd endast bromsrengöringsmedel eller T-sprit.**

1 Dra åt handbromsen ordentligt, lossa framhjulsbultarna, lyft upp framvagnen och ställ den på pallbockar (se *Lyftning och stödpunkter*). Ta bort framhjulen.
2 Skjut in kolven i dess läge genom att dra bromsoket utåt.

Modeller med enkel strålkastare

3 Följ respektive foto **(bild 4.3a till 4.3s)** för själva proceduren för bromsklossbyte. Följ bilderna i ordning, och läs bildtexten under varje bild.

4.3a Ta bort bultarna (övre och nedre pilar). Slanganslutningen (mittenpil) ska inte skruvas loss förrän bromsoket tas bort

4.3b Ta bort bromsoket . . .

4.3c . . . och häng den i spiralfjädern med en bit ståltråd. Låt den inte hänga i bromsslangen

4.3d Ta bort den övre dämpfjäderplattan . . .

4.3e . . . och den nedre dämpfjäderplattan

4.3f Ta bort det yttre mellanlägget . . .

4.3g . . . och, i förekommande fall, det inre mellanlägget från den yttre bromsklossen

4.3h Ta bort den yttre bromsklossen

4.3i Ta bort det yttre mellanlägget . . .

4.3j . . . och, i förekommande fall, det inre mellanlägget från den inre bromsklossen

4.3h Ta bort den inre bromsklossen

4.3l Ta bort de fyra stödplattorna till bromsklossarna. Undersök plattorna för att se om de är skadade och byt dem om det behövs (bra plattor ska "klicka" på plats i fästplattan. Om de är svaga eller missformade, byt dem)

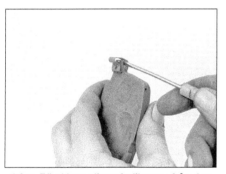

4.3m Bänd loss slitageindikatorn från den gamla inre bromsklossen och sätt den på den nya inre bromsklossen istället (om slitageindikatorn är sliten eller böjd, byt den)

4.3n Sätt dit bromsklossarnas stödplattor, därefter nya inre bromsklossar och mellanlägg. Se till att "handtagen" på bromsklossen sitter fast ordentligt i stödplattorna

4.3o Montera bromsklossarnas stödplattor, den yttre bromsklossen och mellanläggen

4.3p Montera den övre och den nedre dämpfjäderplattan. Se till att båda är ordentligt fasthakade i bromsklossarna, enligt bilden

4.3q Dra ut de övre och nedre glidstiften och rengör dem (om någon av damaskerna är skadad, ta bort den genom att bända flänsen på den bussning som håller fast damasken) . . .

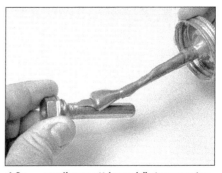

4.3r . . . applicera ett lager högtemperaturfett på bromsokets glidstift innan du sätter dit dem

4.3s Montera bromsoket och dra åt bromsokets bultar till angivet moment

Modeller med dubbla strålkastare

4 Följ respektive foto **(bild 4.4a till 4.4k)** för själva proceduren för bromsklossbyte. Följ bilderna i ordning, och läs bildtexten under varje bild.

Alla modeller

5 Om nya bromsklossar ska monteras måste bromsokskolven tryckas tillbaka in i cylindern för att de ska få plats. Använd antingen en G-klämma eller liknande, eller använd lämpliga träbitar som hävverktyg. Kläm ihop den böjliga bromsslangen som leder till bromsoket och anslut sedan en luftningssats till bromsokets luftningsnippel. Öppna luftningsnippeln

när kolven är tillbakadragen. Överflödig bromsvätska kommer då att samlas upp i luftningssatsens kärl **(se bild 4.4j)**. Stäng luftningsnippeln precis innan bromsokets kolv är helt intryckt i bromsoket. På så sätt hindras luft från att komma in i hydraulsystemet.

Observera: *ABS-enheten innehåller hydrauliska komponenter som är mycket känsliga för orenheter i bromsvätskan. Även de minsta partiklar kan få systemet att sluta fungera. Den metod som beskrivs här för borttagning av bromsklossar hindrar smuts i bromsvätskan som lossnat från bromsoket att komma in i ABS-hydraulenheten, samt förhindrar skador på huvudcylindertätningarna.*

4.4a Ta bort bromsokets nedre styrsprintbult (se pil)

4.4b Sväng undan bromsoket och häng det i spiralfjädern med en bit ståltråd eller snöre

4.4c Ta bort den inre och den yttre bromsklossen från bromsokets fästbygel

4.4d Kontrollera bromsklossens stödplattor (se pilar) i bromsokets fästbygel. Om de är slitna eller missformade, byt dem

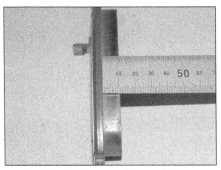

4.4e Mät tjockleken på bromsklossens belägg. Om det är mindre än 2,0 mm, byt alla fyra bromsklossarna

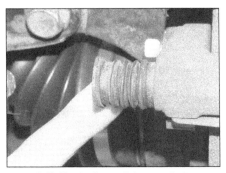

4.4f Kontrollera att bromsokets styrsprintar glider lätt och att gummidamaskerna inte är skadade

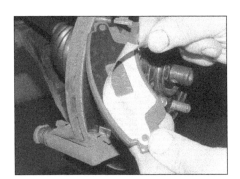

4.4g Dra bort skyddsöverdraget från baksidan av de nya bromsklossarna

4.4h Sätt dit bromsklossarna i bromsokets fästbygel och se till att "handtagen" är ordentligt fasthakade i bromsklossarnas stödplattor

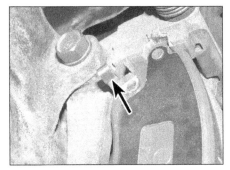

4.4i Bromsklossen med hörbar slitageindikator (se pil) ska passas in på insidan av fästbygeln

6 Tryck ner bromspedalen flera gånger, tills bromsklossarna trycks ordentligt mot bromsskivan och normalt pedaltryck (utan hjälp) uppstår.

7 Upprepa ovanstående procedur med det andra främre bromsoket.

8 Montera hjulen. Sänk sedan ner bilen till marken och dra åt hjulbultarna till angivet moment.

9 Kontrollera hydrauloljenivån enligt beskrivningen i *Veckokontroller*.

Varning: Nya bromsklossar ger inte full bromseffekt förrän de har körts in. Var beredd på det, och undvik hårda inbromsningar i mesta möjliga mån i de första 170 km efter bromsklossbytet.

5 Bakre bromsklossar – byte

⚠️ *Varning: Byt ut båda bakre bromsklossuppsättningarna på en gång – byt aldrig bromsklossar bara på ena hjulet eftersom det kan ge ojämn bromsverkan. Observera att dammet som uppstår p.g.a. slitage på bromsklossarna kan innehålla hälsovådlig asbest. Blås aldrig bort det med tryckluft och andas inte in det. En godkänd skyddsmask bör bäras vid arbete med bromsarna. Använd INTE bensin eller petroleumbaserade lösningsmedel för att rengöra bromskomponenter. Använd endast bromsrengöringsmedel eller T-sprit.*

1 Klossa framhjulen, lossa bakhjulsbultarna, lyft upp framvagnen och ställ den på pallbockar (se *Lyftning och stödpunkter*). Ta bort bakhjulen.

2 Skruva loss bromsokets nedre styrsprintbult och sväng upp bromsoket runt den övre styrsprintbulten och fäst det.

3 Ta bort de inre och de yttre bromsklossarna från bromsokets fästbygel, tillsammans med dämpningsskivorna **(se bild)**.

4 Ta loss de övre och de nedre fästplattorna till bromsklossen från bromsokets fästbygel.

5 Mät först tjockleken på belägget på varje bromskloss. Om någon kloss är sliten ner till angiven minimitjocklek eller mindre, måste alla fyra klossar bytas. Dessutom ska klossarna bytas ut om de är förorenade med olja eller fett. Det finns inget bra sätt att avfetta belägg när det väl har blivit smutsigt. Om någon av bromsklossarna är ojämnt sliten eller nedsmutsad med olja eller fett, fastställ orsaken och åtgärda den före ihopsättningen.

6 Om bromsklossarna fortfarande är användbara, rengör dem noga med en fin stålborste eller liknande, och var extra noga med stödplattans kanter och baksida. Rengör beläggets spår och plocka bort eventuella stora bitar smuts eller skräp. Rengör bromsklossplatserna i bromsokshuset/ fästbygeln noga.

7 Innan du sätter dit bromsklossarna, kontrollera att styrsprintarna kan röra sig fritt i bromsoket och kontrollera att styrsprintarnas

4.4j Om nya bromsklossar har satts dit, före återmonteringen av bromsoket, skjut tillbaka bromsokets kolv medan du öppnar luftningsskruven. Detta är för att förhindra att smuts/skräp tvingas tillbaka upp i hydraulkretsen i ABS-modulatorn

4.4k Stäng luftningsskruven så snart som kolven har dragits tillbaka och montera sedan tillbaka bromsoket och dra åt bultarna till angivet moment

gummidamasker är oskadda. Borsta bort dammet och smutsen från bromsoket och kolven, men andas **inte** in det, eftersom det innebär en hälsorisk. Undersök dammtätningen runt kolven och leta efter tecken på skador, och undersök kolven efter tecken på vätskeläckage, korrosion eller skador. Om någon av dessa komponenter måste åtgärdas, se avsnitt 9.

8 Om nya bromsklossar ska monteras måste bromsokskolven tryckas tillbaka in i cylindern för att de ska få plats. För att kolven ska kunna dras tillbaka måste den vridas medurs

när den skjuts in i bromsoket. Toyota-verktyg nr SST 09719-14020 kan användas för att dra tillbaka kolvar, liksom flera andra verktyg som finns hos bra återförsäljare av reservdelar och tillbehör. Kläm ihop den böjliga bromsslangen som leder till bromsoket och anslut sedan en luftningssats till bromsokets luftningsnippel. Öppna luftningsnippeln när kolven dras tillbaka, överflödig bromsvätska samlas upp i luftningskärlet. Sätt kolven under tryck och vrid den medurs samtidigt, tills den roterar fritt. Linjera därefter kolvens "stoppspår" med bromsokets utstick. Stäng luftningsnippeln

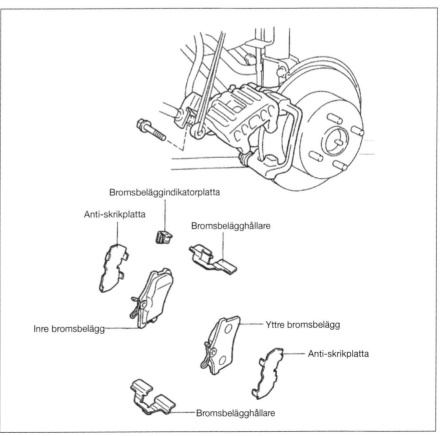

5.3 Bakre bromskloss – detaljer

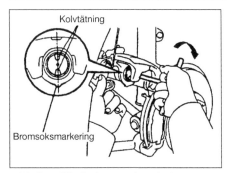

Kolvtätning

Bromsoksmarkering

5.8 Dra tillbaka bromsokets kolv genom att vrida den medurs tills den rör sig fritt. Linjera sedan stoppspåren och bromsokets utstick

precis innan bromsokets kolv är helt intryckt i bromsoket **(se bild)**. På så sätt hindras luft från att komma in i hydraulsystemet

Observera: *ABS-enheten innehåller hydrauliska komponenter som är mycket känsliga för orenheter i bromsvätskan. Även de minsta partiklar kan få systemet att sluta fungera. Den metod som beskrivs här för borttagning av bromsklossar hindrar smuts i bromsvätskan som lossnat från bromsoket att komma in i ABS-hydraulenheten, samt förhindrar skador på huvudcylindertätningarna.*

9 Sätt tillbaka bromsklossens fästplattor på bromsokets fästbygel, placera sedan bromsklossarna i rätt läge i bromsoket och se till att belägget på varje bromskloss vetter mot bromsskivan. Passa in dämpningsskivorna på baksidan av varje bromskloss och se till att de sitter som de ska.

6.3 Använd en mikrometer för att mäta skivans tjocklek

6.6a Skruva loss bromsokets två fästbygelbultar (se pilar)

10 Lossa bromsoket och sänk det så att det hamnar på plats. Sätt i bromsokets nedre styrsprintbult och dra åt den till angivet moment.

11 Tryck ner bromspedalen flera gånger, tills bromsklossarna trycks ordentligt mot bromsskivan och normalt pedaltryck (utan hjälp) uppstår.

12 Upprepa ovanstående procedur med det andra bakre bromsoket.

13 Kontrollera handbromsens funktion och, om det behövs, följ den justeringsprocedur som beskrivs i avsnitt 17.

14 Montera hjulen, sänk ner bilen och dra åt hjulbultarna till angivet moment.

15 Kontrollera hydrauloljenivån enligt beskrivningen i *Veckokontroller*.

Varning: Nya bromsklossar ger inte full bromseffekt förrän de har körts in. Var beredd på det, och undvik hårda inbromsningar i mesta möjliga mån i de första 170 km efter bromsklossbytet.

6 Främre bromsskiva – kontroll, demontering och montering

Observera: *Innan du börjar, läs anmärkningen i början av avsnitt 4 om riskerna med asbestdamm.*

Kontroll

Observera: *Om någon av skivorna behöver bytas bör du byta BÅDA samtidigt för att undvika ojämn bromsverkan. Nya bromsklossar bör också monteras.*

1 Dra åt handbromsen ordentligt, lossa framhjulsbultarna, lyft upp framvagnen och

6.4 För att kontrollera skivans skevhet, sätt dit en indikatorklocka och vrid på skivan

6.6b Häng bromsoket i spiralfjädern med ett buntband eller snöre. Låt den inte hänga i bara bromsslangen

ställ den på pallbockar (se *Lyftning och stödpunkter*). Demontera relevant framhjul.

2 Rotera bromsskivan långsamt så att hela ytan på båda sidor kan kontrolleras. Ta bort bromsklossarna om det krävs bättre åtkomst till den inre ytan. Viss spårning är normalt i det område som bromsklossarna sveper över, men om det finns överdriven spårning eller sprickor måste skivan bytas ut.

3 Det är normalt att det finns en kant med rost och bromsdamm runt skivan. Denna kan skrapas bort om så önskas. Om en kant har bildats p.g.a. överdrivet slitage på det område som bromsklossen sveper över, måste skivans tjocklek mätas med en mikrometer. Ta måtten på flera ställen runt skivan, på insidan och utsidan av det område som bromsklossen sveper över. Om skivan på något ställe har nötts ner till den angivna minimitjockleken eller under denna, måste skivan bytas **(se bild)**.

4 Om skivan misstänks vara skev, kan man göra ett skevhetstest. Använd antingen en mätklocka fastsatt på en lämplig fast punkt, medan skivan roterar långsamt, eller bladmått för att mäta (på flera ställen runt skivan) spelrummet mellan skivan och en fast punkt, som exempelvis bromsokets fästbygel **(se bild)**. Om de mått du får överensstämmer med det angivna maximimåttet eller överstiger det, är skivan överdrivet skev och måste bytas. Det är hur som helst värt att först kontrollera att navlagret är i gott skick (kapitel 1). Försök också att ta bort skivan och vrida den 180° för att åter passa in den på navet. Om skivan fortfarande är märkbart skev måste den bytas ut.

5 Leta efter sprickor på skivan, i synnerhet runt hjulbultarnas hål, och eventuellt annat slitage eller skada. Byt delen om det behövs.

Demontering

6 Skruva loss de två bultar som håller fast bromsokets fästbygel vid hjulspindeln. Skruva loss den bult som håller fast bromsslangen vid fästbygeln på fjäderbenet. Ta bort enheten från skivan och bind fast den på spiralfjädern med en bit ståltråd eller snöre, för att undvika slitage på den hydrauliska bromsslangen **(se bilder)**.

7 Använd krita eller färg för att markera hur skivan förhåller sig till navet. Ta sedan bort skivan. Om den sitter hårt, slå försiktigt på dess baksida med en skinn- eller plastklubba.

Montering

8 Montera i omvänd ordningsföljd mot demonteringen. Tänk på följande:

  a) *Se till att skivans och navets fogytor är rena och plana.*

  b) *Justera efter märkena du gjorde vid demonteringen (efter tillämplighet).*

  c) *Om en ny skiva har monterats, använd ett lämpligt lösningsmedel för att torka bort eventuellt skyddsmedel från skivan innan du sätter tillbaka bromsoket.*

  d) *Montera tillbaka hjulet, sänk ner bilen och dra åt hjulbultarna till angivet moment. Använd fotbromsen flera gånger för att tvinga tillbaka bromsklossarna mot skivan innan du kör bilen.*

7 Bakre bromsskiva – kontroll, demontering och montering

Observera: *Innan du börjar, läs anmärkningen i början av avsnitt 5 om riskerna med asbestdamm.*

Kontroll

Observera: *Om någon av skivorna behöver bytas bör du byta BÅDA samtidigt för att undvika ojämn bromsverkan. Nya bromsklossar bör också monteras.*

1 Klossa framhjulen ordentligt, lossa de relevanta bakhjulsbultarna, lyft upp bakvagnen och ställ den på pallbockar (se *Lyftning och stödpunkter*). Lyft av det relevanta bakhjulet.
2 Undersök skivan enligt beskrivningen i avsnitt 6.

Demontering

3 Skruva loss de två bultar som håller fast bromsokets fästbygel vid hjulspindeln. Ta bort enheten från skivan och bind fast den på spiralfjädern med en bit ståltråd eller snöre, för att undvika slitage på den hydrauliska bromsslangen.
4 Använd krita eller färg för att markera hur skivan förhåller sig till navet. Dra sedan bort skivan från navet. Om det behövs, slå försiktigt på skivan bakifrån och lossa den från navet.

Montering

5 Montera i omvänd ordningsföljd mot demonteringen. Tänk på följande:
a) Se till att skivans och navets fogytor är rena och plana.
b) Justera efter märkena du gjorde vid demonteringen (efter tillämplighet).
c) Om en ny skiva har monterats, använd ett lämpligt lösningsmedel för att torka bort eventuellt skyddsmedel från skivan innan du sätter tillbaka bromsoket.
d) Montera tillbaka hjulet, sänk ner bilen och dra åt hjulbultarna till angivet moment. Tryck ner bromspedalen flera gånger för att tvinga tillbaka bromsklossarna mot skivan.

8 Främre bromsok – demontering, översyn och montering

Varning: *Se till att tändningen är avslagen innan du kopplar loss någon av bromssystemets hydrauliska anslutningar, och slå inte på den igen förrän hydraulsystemet är tömt. Om du inte gör detta kan luft komma in i regulatorns enhet.*
Observera: *Innan du börjar arbeta, se anmärkningen i början av del 2 angående farorna med hydraulvätska, och varningen i början av del 4 angående farorna med asbestdamm.*

Demontering

1 Dra åt handbromsen ordentligt, lossa

de relevanta framhjulsbultarna, lyft upp framvagnen och ställ den på pallbockar (se *Lyftning och stödpunkter*). Demontera det relevanta hjulet.
2 Minimera eventuellt oljespill genom att först skruva av huvudcylinderbehållarens lock och sedan skruva på det igen över en bit plastfolie, så att det blir lufttätt. Alternativt, använd en bromsslangklämma, en G-klämma eller ett liknande verktyg för att klämma fast den mjuka slangen **(se bild 3.1)**.
3 Rengör området runt bromsokets slanganslutning. Lossa sedan anslutningen.
4 Skruva loss de övre och den nedre styrsprintbultar på bromsoket **(se bilder 4.3a eller 4.4a)**. Lyft bort bromsoket från bromsskivan, skruva sedan loss bromsoket från bromsslangens ände. Observera att bromsklossarna inte behöver röras utan att de kan lämnas kvar i bromsokets fästbygel.
5 Vid behov kan bromsokets fästbygel skruvas loss från hjulspindeln.

Renovering

Observera: *Kontrollera att det finns renoveringssatser till bromsoket före isärtagningen.*
6 När bromsoket ligger på bänken ska du torka bort alla spår av damm och smuts, men *undvika att andas in dammet, eftersom det utgör en hälsorisk.*
7 Dra bort den delvis utskjutna kolven från bromsokshuset och ta bort dammskyddet. Dammtätningen hålls fast av en låsring **(se bild).**

 Om kolven inte kan dras ut för hand kan den tryckas ut med hjälp av tryckluft som kopplas till bromsslangens anslutningshål. Det tryck man får från en fotpump bör räcka för att få bort kolven. När kolven skjuts ut, var försiktig så att dina fingrar inte fastnar mellan kolven och bromsoket.

8 Dra ut kolvens hydrauliska tätning med en liten skruvmejsel och var försiktig så att du inte skadar bromsokets lopp.
9 Rengör alla komponenter noggrant och endast med T-sprit, isopropylalkohol eller ren hydraulvätska som rengöringsmedel. Använd

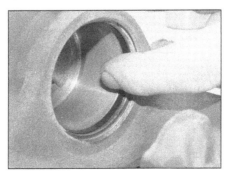

8.14 Sätt dit tätningen i spåret i bromsokets lopp

8.7 Ta bort dammtätningen från kolven

aldrig mineralbaserade lösningsmedel som bensin eller fotogen eftersom de angriper hydraulsystemets gummidelar. Torka omedelbart av delarna med tryckluft eller en ren, luddfri trasa. Använd tryckluft för att blåsa rent i vätskepassagerna.
10 Kontrollera alla komponenter och byt ut dem som är utslitna eller skadade. Kontrollera särskilt cylinderloppet och kolven. Dessa ska bytas (observera att detta innebär ett byte av hela enheten) om de är repade, slitna eller korroderade. Kontrollera styrsprintarna och deras damasker på samma sätt. Båda sprintarna ska vara oskadda och (när de är rengjorda) ha en någotsånär snäv skjutpassning i bromsoket fästbygel. Om det råder minsta tvivel om skicket på någon komponent ska den bytas ut.
11 Om enheten fortfarande kan användas, skaffa en lämplig renoveringssats. Komponenter bör vara tillgängliga i olika kombinationer hos Toyota-återförsäljare. Alla gummitätningar ska bytas. Dessa får aldrig återanvändas.
12 Se till att alla delar är rena och torra vid ihopsättningen.
13 Blötlägg kolven och den nya kolvtätningen (flytande) i ren bromsvätska. Stryk ren vätska på cylinderloppets yta.
14 Sätt dit den nya kolvtätningen (flytande) och använd endast dina fingrar (inga verktyg) för att passa in den i cylinderloppets spår **(se bild)**.
15 Sätt dit den nya dammtätningen på baksidan av kolven och placera tätningens yttre läpp i bromsokets spår. Passa försiktigt in kolven rakt i cylinderloppet med en vridrörelse **(se bilder)**. Tryck in kolven helt på

8.15a Sätt dit tätningen på baksidan av kolven och den yttre läppen på bromsoksenhetens spår . . .

8.15b ... skjut och vrid sedan in kolven i loppet

dess plats och placera dammtätningens inre läpp i kolvens spår. Sätt dit den låsring som håller fast dammtätningen.
16 Om styrsprintarna byts ut, smörj in sprint-skaften med det specialfett som följer med renoveringssatsen och sätt dit damaskerna vid sprintspåren. Sätt dit sprintarna i bromsokets fästbygel och placera damaskerna korrekt i fästbygelns spår.

Montering

17 Om bromsokets fästbygel tidigare har tagits bort, sätt tillbaka den på hjulspindeln och dra åt de nya bultarna till angivet moment.
18 Skruva fast bromsokshuset helt på den böjbara slanganslutningen.
19 Se till att bromsklossarna sitter som de ska i bromsokets fästbygel och sätt tillbaka bromsoket (se avsnitt 4).
20 Sätt dit den nedre styrsprintsbulten, tryck sedan in bromsoket i dess läge och sätt dit den övre styrsprintsbulten. Dra åt båda styrsprintsbultarna till angivet moment.
21 Dra åt bromsslangens anslutningsmutter till angivet moment, ta sedan bort bromsslangklämman eller plastfolien (i förekommande fall).
22 Lufta hydraulsystemet enligt beskrivningen i avsnitt 2. Observera att, under förutsättning att föreskrifterna har följts för att minimera förlust av bromsvätska, endast den relevanta främre bromsen behöver luftas.
23 Montera hjulet. Sänk sedan ner bilen på marken och dra åt hjulbultarna till angivet moment.

10.2 Använd två bultar på 8 mm för att dra bort trumman från dess plats

9 Bakre bromsok – demontering, översyn och montering

Varning: Se till att tändningen är avslagen innan du kopplar loss någon av bromssystemets hydrauliska anslutningar, och slå inte på den förrän hydraulsystemet är tömt. I annat fall kan luft komma in i regulatorenheten och enheten måste tömmas (se avsnitt 2).
Observera: *Innan du börjar arbeta, se anmärkningen i början av del 2 angående farorna med hydraulvätska, och varningen i början av del 5 angående farorna med asbestdamm.*

Demontering

1 Klossa framhjulen, lossa de relevanta bakhjulsbultarna, lyft upp bakvagnen och ställ den på pallbockar (se *Lyftning och stödpunkter*). Lyft av det relevanta bakhjulet.
2 Bänd loss klämman och ta bort den sprint som håller fast handbromsens inre vajer vid bromsokets hävarm. Ta sedan bort klämman och dra vajern från stödfästet.
3 Minimera eventuellt oljespill genom att först skruva av huvudcylinderbehållarens lock och sedan skruva på det igen över en bit plastfolie, så att det blir lufttätt. Alternativt, använd en bromsslangklämma, en G-klämma eller ett liknande verktyg för att klämma fast den böjbara slangen på närmaste lämpliga ställe på bromsoket.
4 Torka bort alla spår av smuts runt bromsslangens anslutning på bromsoket. Skruva loss anslutningsmuttern och koppla loss bromsröret från bromsoket. Plugga igen rörets och bromsokets anslutningar för att minimera vätskeförlust och förhindra att det kommer in smuts.
5 Skruva loss styrsprintbultarna. Ta bort bromsoket från bilen.

Renovering

6 I skrivande stund finns det inga delar till renovering av den bakre bromsoksenheten, med undantag av styrsprintbultarna, styrsprintarna och styrsprintdamaskerna. Kontrollera att styrsprintarna och deras damasker är i gott

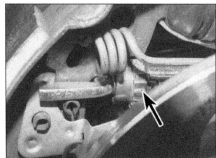

10.6 Vrid inställningshjulet (se pil) för att förkorta justerstaget och dra tillbaka bromsbackarna

skick. Båda sprintarna ska vara oskadda och (när de är rengjorda) ha en någotsånär snäv skjutpassning i bromsoket fästbygel. Om det råder minsta tvivel om skicket på någon komponent ska den bytas ut.

Montering

7 Montera bromsoket och dra åt styrsprint-bultarna till angivna momentinställningar.
8 Återanslut bromsröret till bromsoket och dra åt bromsslangens anslutningsmutter till angivet moment. Ta bort bromsslangklämman eller plastfolien (i förekommande fall).
9 Montera handbromsvajern på stödfästet och fäst den med fästklämman.
10 Linjera änden på handbromsens inre vajer med hävarmen på bromsoket och sätt sedan tillbaka sprinten och fästklämman.
11 Lufta hydraulsystemet enligt beskrivningen i avsnitt 2. Observera att, under förutsättning att föreskrifterna har följts för att minimera förlust av bromsvätska, endast den relevanta bakre bromsen behöver luftas.
12 Montera hjulet, sänk ner bilen och dra åt hjulbultarna till angivet moment.

10 Bakre bromstrumma – demontering, kontroll och montering

Demontering

1 Klossa framhjulen, lossa de relevanta bakhjulsbultarna, lyft upp bakvagnen och ställ den på pallbockar (se *Lyftning och stödpunkter*). Lyft av det relevanta bakhjulet.
2 Se till att handbromsen är lossad och dra sedan bort bromstrumman från dess plats. Om bromsbackarna fastnar, slå försiktigt på dem med en hammare med mjuk yta medan du samtidigt drar i trumman. Om det behövs, använd två bultar på 8 mm för att dra bort trumman **(se bild)**.

Kontroll

3 Borsta bort smuts och damm från bromsoket och var noga med att inte andas in partiklarna.
4 Undersök trummans invändiga friktionsyta. Om den är riktigt repig eller så sliten att trummans spår når upp till bromsbackarna måste båda trummorna bytas.
5 Det kan vara möjligt att borra om friktionsytan, om den maximala diameter som anges i Specifikationer inte överskrids, men observera att båda bakre trummorna måste borras om till en identisk diameter.

Montering

6 Montera bromstrumman över broms-backarna. Om det behövs, dra bort inställningshjulet på fjäderbenet tills trumman hamnar över bromsbackarna **(se bild)**.
7 Justera bromsarna genom att trycka på fotbromsen ett antal gånger. Ett klickande ljud kommer att höras när den automatiska justeraren är igång. När klickandet upphör är justeringen slutförd.
8 Sätt tillbaka hjulet och sänk ner bilen till marken.

11 Bakre bromsbackar – byte

⚠️ *Varning: Byt ut båda bromsback-uppsättningarna på en gång – byt aldrig bromsbackar bara på ena hjulet eftersom det kan ge ojämn bromsverkan. Observera att dammet som uppstår p.g.a. slitage på bromsbackarna kan innehålla hälsovådlig asbest. Blås aldrig bort det med tryckluft och andas inte in det. En godkänd skyddsmask bör bäras vid*

arbete med bromsarna. Använd INTE bensin eller petroleumbaserade lösningsmedel för att rengöra bromskomponenter. Använd endast bromsrengöringsmedel eller T-sprit.

1 Ta bort bromstrumman enligt beskrivningen i avsnitt 10.

2 Följ föreskrifterna om att inte inandas damm, ta bort bromsdammet från bromstrumman, bromsbackarna och bromsskölden. Vi rekommenderar användning av aerosolbroms-rengöringsmedel som finns hos de flesta återförsäljare av bildelar och tillbehör.

3 Mät beläggets tjocklek på flera ställen. Om en bromsback är nedsliten till angiven

minimitjocklek eller mindre på något ställe måste alla fyra bromsbackarna bytas ut tillsammans (se bild). Bromsbackarna ska också bytas om de är nedsmutsade med olja eller fett, eftersom det inte finns något bra sätt att avfetta belägget.

4 Observera hur alla komponenter är placerade och riktade före isärtagningen eftersom det underlättar ihopsättningen.

Modeller med enkel strålkastare

5 Följ de medföljande bilderna för bromsbackarnas bytesprocedur (se bilder 11.5a till 11.5cc). Följ bilderna i ordning, och läs bildtexten under varje bild.

11.3 Mät tjockleken på bromsbackens belägg

11.5a Innan demontering, placera en dräneringsbricka under enheten och rengör bromsarna med aerosolbromsrengöringsmedel

11.5b Haka loss returfjädern från hålet i den främre bromsbacken ...

11.5c ... dra sedan ut den andra änden ur hålet i den bakre bromsbacken och ta bort justeraren och fjädern

11.5d Med ett fästfjäderverktyg (eller tång), ta bort fästfjädern genom att trycka in och vrida ett 1/4 varv ...

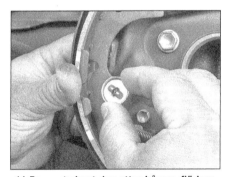
11.5e ... ta bort den yttre kåpan, fjädern och den inre kåpan ...

11.5f ... och dra sprinten genom stödplattan

11.5g Ta bort den främre bromsbacken och ta loss ankarfjädern från den bakre bromsbacken

11.5h Ta bort den bakre bromsbackens fästfjäder, kåpor och sprint

11.5i Vänd på den bakre bromsbacken, tvinga tillbaka fjädern från handbromsspaken enligt bilden . . .

11.5j . . . och lossa vajern från handbromsspaken

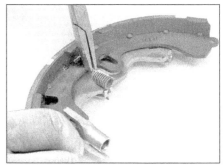

11.5k Haka loss justeringsspakens fjäder från den bakre bromsbacken

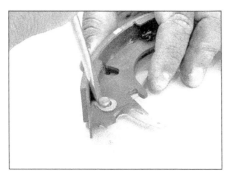

11.5l Bänd loss spolaren (tappa inte bort mellanlägget under) . . .

11.5m . . . och ta bort handbromsspaken och justeringsspaken från den gamla, bakre bromsbacken

11.5n Anslut handbromsspaken och justeringsspaken till den nya bakre bromsbacken och fäst dem med en ny spolare (glöm inte mellanlägget)

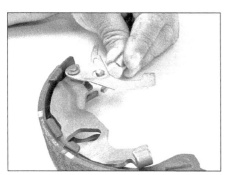

11.5o Haka i den bakre delen av justeraren i bromsbackens hävarm, enligt bilden . . .

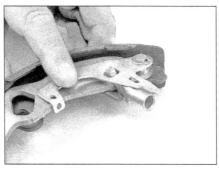

11.5p . . . vrid bromsbackens hävarm mot den bakre bromsbacken . . .

11.5q . . . haka fast den korta änden på justeringsspakens fjäder i bromsbackens hävarm . . .

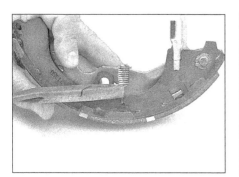

11.5r . . . och haka fast fjäderns långa ände i hålet på den bakre bromsbacken

11.5s Applicera högtemperaturfett på stödplattans friktionspunkter

11.5t För sprinten till den bakre bromsbackens fästklämma genom hålet i fästplattan

11.5u Anslut vajern till handbromsspaken

11.5v Sätt den bakre bromsbacken på plats, för fästsprinten genom bromsbacken, montera den inre kåpan på sprinten . . .

11.5w . . . montera låsfjädern och den yttre kåpan . . .

11.5x . . . tryck ihop fjädern, vrid den yttre kåpan 1/4 varv och lås fast den

11.5y Sätt justeringsenheten på plats och för in den i den bakre delen av justeraren som du satte dit på den bakre bromsbacken

11.5z Anslut fjäderfästet till den bakre bromsbacken . . .

11.5aa . . . anslut det till den främre bromsbacken . . .

11.5bb . . . sätt den främre bromsbacken på plats och haka fast returfjäderns båda ändar i de respektive hålen på den främre och bakre bromsbacken

11.5cc Sätt tillbaka den främre broms- backens fästsprint, fjädern och inre och yttre kåpor och lås fast fästenheten på dess plats

6 Med en skruvmejsel i stödplattans inställningshål (se bild), vrid på juste- rarens stjärnhjul tills bromsbackarna släpar på bromstrumman när trumman roteras. Dra sedan tillbaka starthjulet tills bromsbackarna inte släpar emot längre.

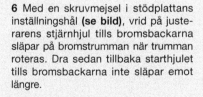

11.6 Vrid på justerarens stjärnhjul med en skruvmejsel

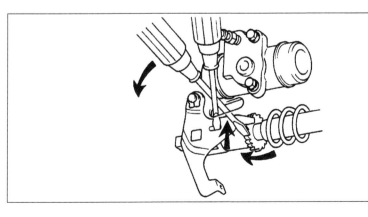

Modeller med dubbla strålkastare

7 Följ de medföljande bilderna för bromsbackarnas bytesprocedur **(se bilder 11.7a till 11.7o).** Följ bilderna i ordning, och läs bildtexten under varje bild.

8 Installera bromsbackens fästsprint och sätt sedan dit klämman. Pressa samman klämman och för den under sprintens huvud. Släpp den sedan långsamt **(se bild 11.7a).**

9 Ta bort det elastiska bandet eller buntbandet från hjulcylindern. Se till att båda bromsbackarna sitter som de ska på hjulcylinderns kolvar.

11.7a Tryck ner klämman och dra bort den från sprinten

11.7b Dra bromsbackarnas ändar från det nedre fästet . . .

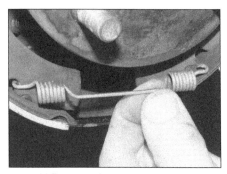

11.7c . . . och ta bort den nedre returfjädern

11.7d Placera bromsbackenheten över navet

11.7e Vänd på bromsbacken, tvinga fjädern bakåt och lossa handbromsvajern från bromsspaken

11.7f Sätt ett starkt elastiskt band runt hjulcylinderns kolvar för att hålla kvar dem

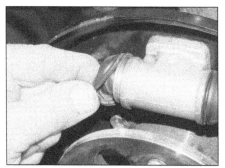

11.7g För undan hjulcylinderns gummidamasker och leta efter läckor

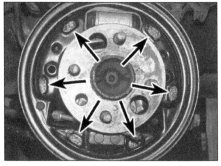

11.7h Applicera antikärvningsfett på hjulcylinderns kolvytor och på fästplattan enligt bilden (se pilar)

11.7i Passa in den bakre bromsbacken och för fästsprinten genom hålet (se pil) i fästplattan

11.7j Sätt dit justeringsspaken och fjädern på den främre bromsbacken

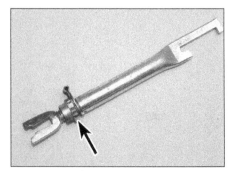

11.7k Vrid på justeringshjulet (se pil) för att ställa in fjäderbenet så att det blir så kort som möjligt

Alla modeller

10 Sätt tillbaka bromstrumman enligt beskrivningen i avsnitt 10.

11 Upprepa åtgärden på den broms som återstår.

12 När båda bakre bromsbackuppsättningarna har bytts ut, med handbromsen helt lossad, justera spelrummet mellan belägget och trumman genom att upprepade gånger trycka ner bromspedalen minst 20 till 25 gånger. Låt en medhjälpare lyssna på de bakre trummorna när du trycker ner pedalen för att kontrollera att justerstaget fungerar som det ska. Om det gör det ska ett klickande ljud höras när pedalen är nedtryckt.

13 Kontrollera handbromsen och justera den vid behov enligt beskrivningen i avsnitt 17.

Varning: Nya bromsbackar ger inte full bromseffekt förrän de har körts in. Var beredd på det, och undvik hårda inbromsningar i mesta möjliga mån i de första 170 km efter bromsbackbytet.

12 Bakhjulscylinder –
demontering, översyn och montering

Varning: Se till att tändningen är avslagen innan du kopplar loss någon av bromssystemets hydrauliska anslutningar, och slå inte på den förrän hydraulsystemet är tömt. I annat fall kan luft komma in i regulatorenheten och enheten måste tömmas (se avsnitt 2).

Demontering

1 Ta bort bromstrumman enligt beskrivningen i avsnitt 10.

2 Minimera eventuellt oljespill genom att först skruva av huvudcylinderbehållarens lock och sedan skruva på det igen över en bit plastfolie, så att det blir lufttätt. Alternativt, använd en bromsslangklämma, en G-klämma eller ett liknande verktyg för att klämma fast den böjbara slangen på närmaste lämpliga ställe på hjulcylindern **(se bild 3.1)**.

3 Torka bort eventuella spår av smuts runt bromsrörets anslutningsmutter på baksidan av hjulcylindern och skruva loss muttern. Lirka försiktigt ut röret ur cylindern och plugga igen eller tejpa över dess ände för att förhindra

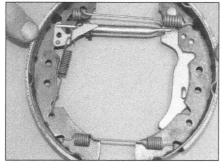

11.7l Bromsbacksenhet

11.7n . . . se till att fjäderbenets bakre ände placeras i urtaget på handbromsspaken

att det kommer in smuts **(se bild)**. Torka upp eventuell spilld vätska omedelbart.

4 Skruva loss fästbultarna från baksidan av bromsskölden och ta bort hjulcylindern. Var försiktig så att inte överflödig hydraulvätska smutsar ner bromsbackarnas friktionsbelägg **(se bild)**.

Renovering

Observera: *Kontrollera att det finns en renoveringssats till hjulcylindern före isärtagningen.*

5 Borsta bort smutsen och dammet från hjulcylindern. Vi rekommenderar användning av aerosolbromsrengöringsmedel som finns hos de flesta återförsäljare av bildelar och tillbehör.

6 Dra bort dammtätningarna i gummi från cylinderhusets inre ändar **(se bild)**.

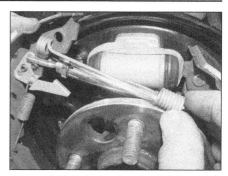

11.7m Sätt dit justerstaget och fjädern på den främre bromsbacken . . .

11.7o Haka fast returfjädrarna på plats, använd sedan en stor skruvmejsel för att placera den främre bromsbacken över änden på hjulcylindern och det nedre fästet

7 Kolvarna skjuts normalt ut p.g.a. spiralfjäderns tryck, men om de inte gör det drar du bara ut dem från deras plats. Om de sitter fast, tillför lågt lufttryck (t.ex. från en fotpump) i hydraulvätskeanslutningens hål för att få kolvarna att komma ut ur sina lopp, åtföljda av fjädern.

8 Undersök ytorna på kolvarna och deras lopp i cylinderhuset och leta efter repor eller spår av kontakt mellan metallytor. Byt hela hjulcylindern om det behövs.

9 Om kolvarna och loppen är i gott skick, kasta tätningarna och skaffa en reparations-/renoveringssats som innehåller allt nödvändigt som behöver förnyas.

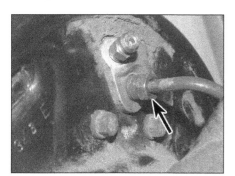

12.3 Skruva loss röranslutningen (se pil) från hjulcylindern

12.4 Skruva loss de två bultarna och ta bort hjulcylindern

12.6 Dra bort dammtätningarna i gummi från cylindern

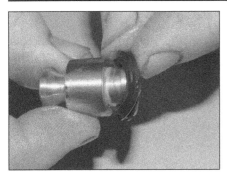

12.10a Placera tätningen . . .

12.10b . . . på kolven

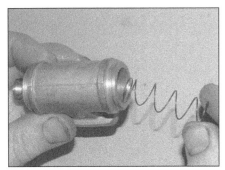

12.11a Sätt dit fjädern . . .

12.11b . . . följt av kolven

10 Smörj in kolvtätningarna med ren broms-vätska och passa sedan in dem på kolvarna **(se bilder)**.
11 Applicera lite ren bromsvätska på cylinderloppet, kolvarna och tätningarna och sätt sedan dit fjädern, åtföljt av

kolvarna, i cylinderloppet **(se bilder)**. För in kolvtätningarna i loppet med en tumnagel eller ett trubbigt plastverktyg.
12 Sätt dit dammtätningarna i gummi och kontrollera att kolvarna kan röra sig fritt i sina lopp.

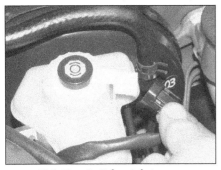

13.1 Koppla ifrån nivågivarens anslutningskontakt

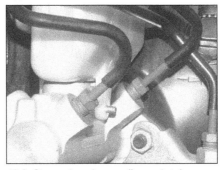

13.3 Skruva loss bromsrörsanslutningarna från huvudcylindern

13.4 Huvudcylinderns mutter (pil vid vänster mutter)

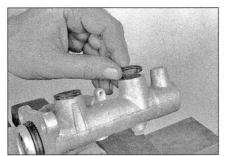

13.5a Dra bort muffarna från huvudcylindern. Om de är hårda, spruckna eller skadade, eller om de har läckt, byt dem

Montering

13 Se till att bromsskölden och hjulcylinderns fogytor är rena, fördela sedan bromsbackarna och för in hjulcylindern på plats.
14 Sätt i bromsröret och skruva i anslutnings-muttern två eller tre varv för att se till att gängningen har hakat i.
15 Sätt i hjulcylinderns fästbultar och dra åt dem till angivet moment. Dra sedan åt röranslutningen ordentligt.
16 Se till att hjulcylinderns luftningsskruv är stängd och ta sedan bort klämman från den böjbara bromsröret eller plastfolien från huvudcylindern.
17 Se till att bromsbackarna sitter som de ska mot cylinderkolvarna.
18 Sätt tillbaka bromstrumman enligt beskrivningen i avsnitt 10.
19 Lufta bromshydraulsystemet enligt beskrivningen i avsnitt 2. Endast relevant bakhjul ska behöva luftas under förutsättning att åtgärder vidtagits för att minimera vätskespill.

13 Huvudcylinder – demontering, översyn och montering

Varning: Se till att tändningen är avslagen innan du kopplar loss någon av bromssystemets hydrauliska anslutningar, och slå inte på den förrän hydraulsystemet är tömt. I annat fall kan luft komma in i regulatorenheten och enheten måste tömmas (se avsnitt 2).
Observera: *Innan du börjar, läs varningen i början av avsnitt 2 om riskerna med hydraulvätska.*

Demontering

1 Koppla ifrån vätskenivågivarens anslut-ningskontakt **(se bild)**.
2 Ta bort huvudcylinderbehållarens lock och filter och sifonera hydraulvätskan från behållaren. **Observera:** *Sifonera inte vätskan med munnen eftersom den är giftig. Använd en bollspruta eller en gammal testare för frostskyddsmedel.* Alternativt, öppna en lämplig avluftningsskruv och pumpa försiktigt med bromspedalen för att tappa ur oljan genom en plastslang kopplad till skruven tills behållaren är tömd (se avsnitt 2).
3 Observera deras fästlägen, skruva sedan loss bromsrörens anslutningar från huvudcylindern **(se bild)**. Var beredd på vätskespill. Plugga igen eller tejpa över rörens ändar och huvudcylinderns öppningar för att minimera förlusten av bromsvätska och för att förhindra att det kommer in smuts i systemet. Tvätta omedelbart bort allt oljespill med kallt vatten.
4 Skruva loss muttrarna och dra bort huvudcylindern från bromsservoenheten **(se bild)**. Ta loss packningen mellan cylindern och bromsservon.
5 Skruva loss skruven och dra behållaren uppåt från huvudcylindern. Ta loss de två gummigenomföringarna från huvudcylinderns portar **(se bild)**. Observera att på modeller

som är tillverkade efter december 1999 med Toyota Motor Co-tillverkade huvudcylindrar, hålls behållaren på plats genom att dess fästbygel fästs på en sprint **(se bild)**.

Renovering

6 Huvudcylinder kan renoveras efter det att den rätta renoveringssatsen erhållits från en Toyota-återförsäljare. Se till att renoveringssatsen stämmer för den huvudcylinder som ska åtgärdas. Notera platserna för alla komponenter för att se till att de sätts tillbaka korrekt, och smörj in den nya tätningarna med ren bromsvätska. Följ renoveringssatsens instruktioner för ihopsättning.

Montering

7 Avlägsna alla spår av smuts från huvudcylindern och servoenhetens fogytor och kontrollera att packningen är i gott skick – byt om det behövs.
8 Sätt dit huvudcylindern på servoenheten. Sätt tillbaka huvudcylinderns fästmuttrar och dra åt dem till angivet moment.
9 Torka rent bromsrörens anslutningar och sätt tillbaka dem på huvudcylinderns portar. Dra åt dem till angivet moment.
10 Tryck in fästtätningarna helt i huvud-cylinderns portar och för därefter försiktigt vätskebehållaren på plats. Sätt tillbaka och dra åt fästskruven eller sätt tillbaka fästklämman om det är tillämpligt.
11 Återanslut nivågivarens anslutnings-kontakt.
12 Fyll på huvudcylinderbehållaren med ny

14.2a Haka loss bromspedalens returfjäder (se pil) . . .

14.2b . . . och dra sedan ut servotryckstångens gaffelbult (se pil)

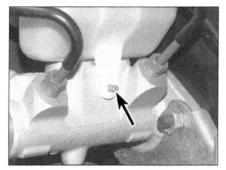

13.5b På modeller som tillverkats efter 1999 kan behållaren fästas med en fästbygel över sprinten (se pil)

vätska. Lufta hela hydraulsystemet enligt beskrivningen i avsnitt 2.

14 Bromspedal – demontering och montering

Demontering

1 Ta bort den nedre instrumentbrädans panel på förarsidan enligt beskrivningen i kapitel 11.
2 Lossa returfjädern, ta bort fästklämman och gaffelbulten som håller fast servons tryckstång vid pedalen **(se bilder)**.
3 Skruva loss styrbulten och muttern **(se bild)** och ta bort bromspedalen från bilen. För ut distansbrickan (i förekommande fall) från pedaltappen. Undersök alla komponenter för att se om det finns tecken på slitage eller skada, byt dem om det behövs.

Montering

4 Applicera en klick flerfunktionsfett på distansbrickan och sätt i den mitt i pedal-tappen.
5 Sätt pedalen på plats och se till att den hakar i tryckstången ordentligt. Sätt dit styrbulten. Sätt tillbaka muttern på styrbulten och dra åt den ordentligt.
6 Linjera pedalen med tryckstången och sätt dit gaffelbulten. Fäst den på dess plats med fästklämman.
7 Dra tillbaka mattan och mät avståndet från pedalklossens mitt till metallgolvet.

14.3 Skruva loss muttern (se pil) och ta bort bromspedalens styrbult (för tydlighetens skull är instrumentbrädan borttagen på bilden)

Jämför det mått du får med det mått som anges i Specifikationer. Lossa låsmuttern på servons tryckstång och justera längden på tryckstången om det behövs **(se bild)**.
8 Sätt tillbaka den nedre panelen på instrumentbrädan.

15 Vakuumservoenhet – kontroll, demontering och montering

Kontroll

1 Testa servoenhetens funktion genom att trycka ner fotbromsen flera gånger för att släppa ut vakuumet. Starta sedan motorn medan bromspedalen hålls fast nedtryckt. När motorn startar ska pedalen ge efter märkbart medan vakuumet byggs upp. Låt motorn gå i minst två minuter och stäng sedan av den. Om bromspedalen nu trycks ned ska den kännas normal men fler tryckningar ska göra att den känns fastare med allt kortare pedalväg för varje nedtryckning.
2 Om servon inte fungerar enligt ovan, kontrollera först servons backventil enligt beskrivningen i avsnitt 16.
3 Om servon fortfarande inte fungerar som den ska finns felet i själva servoenheten. Det går inte att reparera enheten – om den är felaktig måste den bytas.

Demontering

4 Demontera huvudcylindern enligt beskriv-ningen i avsnitt 13.
5 Lossa fästklämman (beroende på typ av fästklämma), koppla sedan loss vakuumröret från servoenhetens backventil.
6 Vid arbete i fotbrunnen på passagerarsidan,

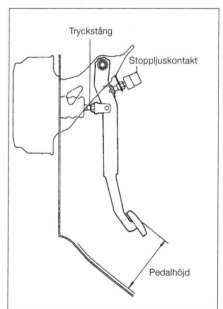

Tryckstång
Stoppljuskontakt
Pedalhöjd

14.7 Bromspedalens höjd är avståndet mellan pedalen och metallgolvet när pedalen är uppsläppt

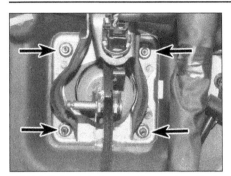

15.10 Ta bort de fyra muttrarna (se pilar) som håller fast servon vid mellanväggen

16.2 Servons backventil (se pil)

17.3 Lossa låsmuttern (se övre pil) och vrid på justeringsmuttern (se nedre pil)

bänd loss centrumsprintarna, bänd ut hela de elastiska nitarna och ta bort panelen under handskfacket på passagerarsidan.
7 Koppla loss pedalens returfjäder (se bild 14.2a).
8 Ta bort klämman och dra ut servotryck-stångens gaffelbult från länksystemet (se bild 14.2b).
9 På högerstyrda modeller med manuell växellåda, demontera kopplingens huvud-cylinder enligt beskrivningen i kapitel 6.
10 Skruva loss de fyra muttrarna som håller fast servo vid mellanväggen (se bild).
11 För servoenheten ur läge, tillsammans med packningen som sitter mellan servon och mellanväggen. Byt packningen om det finns tecken på skada.

Montering
12 Monteringen utförs i omvänd ordningsföljd mot demonteringen, och tänk på följande.
 a) Smörj länksystemets alla styrbultspunkter med flerfunktionsfett.
 b) Dra åt servoenheten och fästmuttrarna och bultarna till angivna momentinställningar.
 c) Montera huvudcylindern enligt beskrivningen i avsnitt 13 och lufta hela hydraulsystemet enligt beskrivningen i avsnitt 2.

16 Backventil för vakuum-servoenhet – demontering, kontroll och montering

Demontering
1 Lossa fästklämman (beroende på typ av fästklämma), koppla sedan loss vakuum-slangen från servoenhetens backventil.
2 Ta bort ventilen från dess gummitätningsmuff med en drag- och vridrörelse (se bild). Ta bort muffen från servon.

Kontroll
3 Undersök om backventilen är skadad och byt ut den om det behövs. Ventilen kan testas genom att man blåser luft genom den i båda riktningarna. Luften ska endast kunna komma igenom ventilen i ena riktningen – när man

blåser från den ventilsida som är vänd mot servoenheten. Byt ventilen om så inte är fallet.
4 Undersök om gummitätningsmuffen och den mjuka vakuumslangen är skadade eller åldrade och byt ut dem om det behövs.

Montering
5 Passa in tätningsmuffen på plats i servo-enheten.
6 Passa försiktigt in backventilen i dess läge och var mycket försiktig så att du inte förskjuter eller skadar muffen. Återanslut vakuumslangen till ventilen och dra åt fästklämman ordentligt om det behövs.
7 Avsluta med att starta motorn och kontrollera om det finns några luftläckor i anslutningen mellan backventilen och servoenheten.

17 Handbroms – justering

1 För att kontrollera handbromsens inställning, dra handbromsspaken med normalt ryck så långt det går och räkna det antal klickljud som hörs från handbromsens spärrmekanism. Om inställningen stämmer ska handbromsen vara helt ilagd efter 4 till 7 (på modeller med trumbroms bak) eller 5 till 8 (på modeller med bromsskiva bak) klickljud. Om så inte är fallet, justera på följande vis.
2 Demontera den bakre delen av mittkonsolen enligt beskrivningen i kapitel 11.
3 Lossa låsmuttern och vrid sedan justerings-muttern tills du får rätt inställning. Dra åt låsmuttern (se bild).
4 Montera mittkonsolen.

18 Handbromsspak – demontering och montering

Demontering
1 Klossa framhjulen, lyft upp bakvagnen med hjälp av en domkraft och stöd den på pallbockar (se Lyftning och stödpunkter).
2 Se avsnitt 17, lossa handbromsspaken och

dra bort justeringsmuttern för att få maximalt spel i vajern.
3 Ta bort mittkonsolen enligt beskrivningen i kapitel 11.
4 Koppla loss kontaktdonet från ljuskontakten till handbromsens varningslampa.
5 Skruva loss låsmuttern och justeringsmuttern, lossa sedan handbromsvajern från spaken.
6 Skruva loss spakens fästmuttrar och ta bort spaken från bilen (se bild).

Montering
7 Monteringen utförs i omvänd ordningsföljd mot demonteringen. Dra åt spakens fäst-muttrar till angivet moment och justera handbromsen (se avsnitt 17).

19 Handbromsvajrar – byte

Vajer mellan utjämnaren och handbromsen
1 Klossa framhjulen ordentligt, lossa de relevanta bakhjulsbultarna, lyft upp bakvagnen och ställ den på pallbockar (se Lyftning och stödpunkter). Ta bort bakhjulet.
2 Se till att handbromsen är helt lossad och, på modeller med trumbroms, ta bort relevant bromstrumma (se avsnitt 10).
3 På modeller med trumbroms, ta bort bromsbackarna och koppla ifrån vajern från hävarmen på bromsbacken (se avsnitt 11).

18.6 Skruva loss de två bultarna (se pilar) och ta bort handbromsspaken

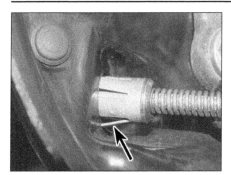

19.3 Tryck ihop tängerna på fästklämman (se pil) och dra bort vajern från fästplattan

Kläm ihop fästklämmans kontaktbleck och dra vajern genom stödplattan **(se bild)**.
4 På modeller med bakre skivbroms, koppla loss vajern vid bromsokets ände genom att ta bort sprintklämman och sedan dra ut hela sprinten medan du drar i handbromsens vev. Ta bort vajerhöljets fästklämma och vajern.
5 Skruva loss kabelklämman nära fjädringsstaget.
6 Skruva loss kabelklämman från golvplattan, precis till vänster om mittunneln **(se bild)**.
7 Ta bort avgasrörets och katalysatorns värmesköldar (se kapitel 4A).
8 Lossa vajern från den bakre fästbygeln och dra ut nylonbussningen ur den främre fästbygeln och koppla loss vajern från utjämnaren **(se bild)**.
9 Monteringen utförs i omvänd ordningsföljd mot demonteringen. Justera handbromsen enligt beskrivningen i avsnitt 17.

Utjämnare-till-handbromsspaken

10 Ta bort mittkonsolen enligt beskrivningen i kapitel 11.
11 Se till att handbromsspaken är helt lossad och ta sedan bort låsmuttern och justeringsmuttern (se avsnitt 17), och koppla loss vajern från spaken.
12 Klossa framhjulen ordentligt, lossa de relevanta bakhjulsbultarna, lyft upp bakvagnen och ställ den på pallbockar (se *Lyftning och stödpunkter*). Ta bort bakhjulet.
13 Ta bort avgasrörets och katalysatorns värmesköldar (se kapitel 4A).
14 Vrid vajerns ände 90° och koppla loss den från utjämnaren **(se bild 19.8)**.

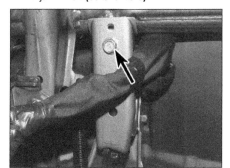

20.3 Skruva loss bulten (se pil) och ta bort plattan för att komma åt bromsljuskontakten

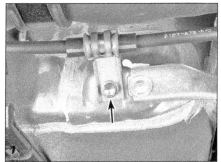

19.6 Ta bort bulten (se pil) och koppla loss vajerns fästbygel från golvet

15 Bänd ut gummimuffen och dra vajern genom hålet.
16 Monteringen utförs i omvänd ordningsföljd mot demonteringen. Applicera ett tunt lager fett på den del av vajeränden som sitter fast i utjämnaren och stryk silikontätningsmedel på tätningskanten på gummimuffen för att se till att den förblir vattentät.
17 Justera handbromsen enligt beskrivningen i avsnitt 17.

20 Bromsljuskontakt –
demontering, montering och justering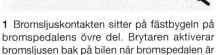

1 Bromsljuskontakten sitter på fästbygeln på bromspedalens övre del. Brytaren aktiverar bromsljusen bak på bilen när bromspedalen är nedtryckt.

Demontering

2 Ta bort den nedre instrumentbrädans panel på förarsidan enligt beskrivningen i kapitel 11.
3 Skruva loss bulten och ta bort metallplattan under brytaren **(se bild)**.
4 Koppla loss kablaget, skruva sedan loss låsmuttern och skruva loss brytaren från fästbygeln **(se bild)**.

Montering och justering

5 Skruva i brytaren i pedalens fästbygel och sätt dit låsmuttern löst.
6 Fortsätt att skruva i brytaren tills tryckkolven har lätt kontakt med pedalen. Vrid sedan brytaren moturs ett helt varv. Dra åt låsmuttern.

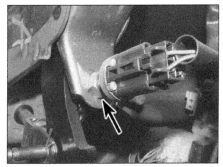

20.4 Skruva loss låsmuttern (se pil) och skruva loss bromsljuskontakten

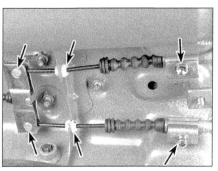

19.8 Ta bort fästbulten (se de högra pilarna), bänd loss bussningen ur fästbygeln (se mittenpilarna) och lossa vajern från utjämnaren (se de vänstra pilarna)

7 Kontrollera spelrummet mellan brytaren och pedalen **(se bild)**.
8 Återanslut kontaktdonet och kontrollera bromsljusens funktion. Sätt tillbaka metallplattan och instrumentbrädans panel.

21 Belastningsavkännarventil –
demontering och montering

Observera: *P.g.a. den specialutrustning som krävs för att kontrollera och justera bromsvätsketrycket korrekt efter återmonteringen (eller återanslutningen) av ventilen är det bäst om du vänder dig till en Toyota-återförsäljare eller lämplig specialist. Följande procedur gäller då uppgiften måste utföras, men det är ytterst viktigt att bromsvätsketrycket kontrolleras och justeras om det behövs när arbetet är slutfört.*

⚠️ **Varning: Om vätsketrycket inte kontrolleras och justeras korrekt kan bromssystemets prestanda försämras avsevärt.**

Demontering

1 Placera bilen över en smörjgrop eller höj den på ett sådant sätt att vikten är jämnt fördelad på hjulen.
2 För att minimera vätskespill, ta bort huvudcylinderbehållarens påfyllningslock och sätt en bit plastfolie över påfyllningsröret. Fäst

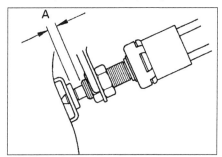

20.7 Spel A mellan änden på ljusbrytarenheten och pedalen ska vara 0,5 till 2,4 mm

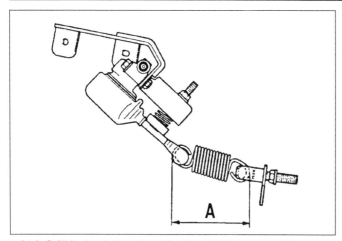

21.8 Ställ in den belastningskänsliga fördelningsventilfjäderns längd A till det ursprungliga avståndet på 105 mm

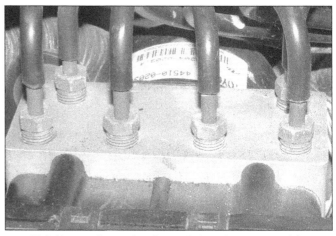

23.6 Notera rörens plats innan du kopplar loss dem från regulatorn

plastfolien med ett elastiskt band och se till att det är lufttätt.

3 Skruva loss anslutningarna på bromsrörens ändar där de går in i fördelningsventilen.

4 Dra bort bromsrören från ventilen och plugga igen ändarna för att förhindra nedsmutsning.

5 Ta bort låsmuttern och justeringsmuttern, ta sedan bort fästbygelns fjäder från fjädringsbalken.

6 Ta bort de tre bultarna och ta bort ventilen och fästbygelenheten.

Montering

7 Montera ventilen och dra åt de tre bultarna ordentligt.

8 Montera fästfjädern och dra åt låsmuttern tillfälligt under justeringsmuttern. Vrid justeringsmuttern och låsmuttern för att ställa in fjäderns längd till det ursprungliga måttet på cirka 105 mm **(se bild)**.

9 Återanslut bromsrören och lufta systemet (se avsnitt 2).

10 Sänk ner bilen och låt en Toyota-återförsäljare kontrollera bromsvätsketrycket.

22 Låsningsfria bromsar (ABS) – allmän information

ABS har monterats på alla modeller som standard, systemet innefattar en hydraulisk regulatorenhet och de fyra hjulgivarna. Regulatorenheten innefattar den elektroniska styrenheten (ECU), de hydrauliska magnetventilerna och den elektriskt drivna returpumpen. Syftet med systemet är att förhindra att hjulet(hjulen) låser sig vid kraftig inbromsning. Detta uppnås genom att bromsen lossas automatiskt på relevant hjul, följt av att man bromsar igen.

Magnetventilerna styrs av ECU:n som får signaler från de fyra hjulgivarna (de främre givarna är monterade på naven och de bakre givarna är monterade på bromsokets fästbyglar eller axeltappenhet), som

övervakar varje hjuls rotationshastighet. Genom att jämföra dessa signaler kan ECU:n fastställa bilens hastighet. Den kan sedan använda denna hastighet för att fastställa när ett hjul minskar farten på ett onormalt sätt, jämfört med bilens hastighet, och därför förutse när ett hjul är på väg att låsa sig. Vid normal funktion fungerar systemet på samma sätt som ett bromssystem utan ABS.

Om ECU:n känner av att ett hjul är på väg att låsas stänger den relevanta utloppsmagnetventiler i hydraulenheten, som sedan isolerar relevanta broms(ar) på hjulet (hjulen) som är på väg att låsas från huvudcylindern. Det hydrauliska trycket stängs alltså in.

Om hjulets rotationshastighet fortsätter att minska med onormal takt öppnar ECU:n insugningsmagnetventilerna på relevant(a) broms(ar) och styr ut den elektriskt drivna returpumpen som pumpar tillbaka hydraulvätska i huvudcylindern, vilket gör att bromsen släpper. När hjulets rotationshastighet återgår till en acceptabel takt stannar pumpen. Magnetventilerna slås på igen, vilket gör att det hydrauliska huvudcylindertrycket återvänder till bromsen.

Magnetventilernas och returpumpens arbete skapar pulser i hydraulkretsen. När ABS-systemet är igång kan man känna dessa pulser genom bromspedalen.

ABS-systemets funktion beror helt på elektriska signaler. För att förhindra att systemet svarar på eventuella felaktiga signaler övervakas alla signaler som mottas av ECU:n av ett inbyggt säkerhetssystem. Om en felaktig signal eller låg batterispänning upptäcks, stängs ABS-systemet automatiskt av och varningslampan på instrumentpanelen tänds för att varsko föraren om att ABS-systemet inte fungerar. Det ska dock fortfarande vara möjligt att bromsa normalt.

Om ett fel utvecklas i något av dessa system måste bilen tas till en Toyota-återförsäljare eller till en lämplig specialist för feldiagnos och reparation.

23 Låsningsfria bromsar (ABS), komponenter – demontering och montering

Regulatorenhet

Varning: Koppla ifrån batteriet (se kapitel 5A) innan du kopplar loss regulatorns hydrauliska anslutningar och återanslut inte batteriet förrän hydraulsystemet har luftats. Se också till att enheten förvaras upprätt (i samma läge som den är monterad i bilen) och inte tippas på sidan eller upp och ner.

Observera: *Innan du börjar, läs varningen i början av avsnitt 2 om riskerna med hydraulvätska.*

Demontering

1 Koppla ifrån batteriet (se kapitel 5A).

2 Lossa de högra framhjulsbultarna, lyft upp framvagnen och ställ den stadigt på pallbockar (se *Lyftning och stödpunkter*). Demontera hjulet.

3 Skruva loss de fem skruvarna/klämmorna och ta bort höger framhjuls hjulhusfoder.

4 Ta bort spolarvätskebehållaren enligt beskrivningen i kapitel 12.

5 Koppla loss regulatorns anslutningskontakt.

6 Märk ut placeringen för hydraulvätskerören för att se till att de återmonteras korrekt, skruva sedan loss anslutningsmuttrarna och koppla ifrån rören från regulatorenheten **(se bild)**. Var beredd på vätskespill och plugga igen de öppna ändarna på rören och regulatorn, för att förhindra ytterligare vätskespill och att det kommer in smuts.

7 Skruva loss regulatorns fästmuttrar och ta bort enheten från motorrummet. Om det behövs, kan fästbygeln skruvas loss och tas bort från bilen. Byt regulatorns fästen om de bär tecken på slitage eller skada.

Montering

8 För in regulatorn på plats och placera den i fästbygeln. Sätt tillbaka fästmuttrarna och dra åt dem ordentligt.

9 Återanslut hydraulrören till de rätta anslutningarna på regulatorn och dra åt anslutningsmuttrarna till angivet moment.

10 Återanslut kontaktdonet till regulatorn och anslut jordledningen (i förekommande fall). Dra åt fästmuttern ordentligt.

11 Lufta hela hydraulsystemet enligt beskrivningen i avsnitt 2. När systemet har luftats på rätt sätt, sätt tillbaka hjulhusfodret, hjulet och återanslut batteriet.

Elektronisk styrenhet (ECU)

12 ECU:n är inbyggd i regulatorenheten och finns inte att köpa separat.

Hjulhastighetsgivare

Demontering

13 Se till att tändningen är avstängd.

14 Dra åt handbromsen, lossa de relevanta hjulbultarna, lyft upp fram-/bakvagnen (efter tillämplighet) och ställ den på pallbockar (se *Lyftning och stödpunkter*). Demontera relevant hjul.

15 Följ kablaget från givaren och lossa det från alla relevanta klämmor och knutar samtidigt som du noterar dess rätta dragning, och koppla ifrån kontaktdonet.

16 Skruva loss fästbulten och avlägsna givaren från hjulspindeln, bromsokets fästbygel eller axeltappenheten, på lämpligt vis **(se bild)**.

Montering

17 Se till att fogytorna på givaren och svängnavet är rena och applicera lite antikärvningsfett på hjulspindelns lopp före återmonteringen.

18 Se till att givarens spets är ren och för in den på dess plats i hjulspindeln.

19 Montera fästbulten och dra åt den till angivet moment.

20 Arbeta dig igenom givarens kablage och

23.16 Skruva loss bulten (se pil) och dra bort givaren från hjulspindeln

se till att det är korrekt draget och fäst det på dess plats med alla relevanta klämmor och knutar. Återanslut kontaktdonet.

21 Sätt tillbaka hjulet, sänk sedan bilen och dra åt hjulbultarna till angivet moment.

Kapitel 10
Fjädrings- och styrningssystem

Innehåll

Svårighetsgrad

Enkelt, passar novisen med lite erfarenhet		Ganska enkelt, passar nybörjaren med viss erfarenhet		Ganska svårt, passar kompetent hemmamekaniker		Svårt, passar hemmamekaniker med erfarenhet		Mycket svårt, för professionell mekaniker	

Specifikationer

Allmänt

Motorkoder:

1,3-liters motor (1332 cc) utan VVT-i	4E-FE
1,4-liters motor (1398 cc) med VVT-i	4ZZ-FE
1,6-liters motor (1587 cc) utan VVT-i	4A-FE
1,6-liters motor (1598 cc) med VVT-i	3ZZ-FE

Framhjulsinställning

Toe-inställning	0°06' ± 12' toe-in
Cambervinkel	-0°13' ± 45'
Castervinkel	1°24' ± 45'

Bakhjulsinställning

Toe-inställning	0°24' ± 12' toe-in
Cambervinkel	-1°00' ± 45'

Åtdragningsmoment

Nm

Framfjädring

Spindelled:
Bultar/muttrar mellan spindelled och länkarm 142
Mutter mellan spindelled och hjulspindel 124
Länkarm:
Främre styrbult 215
Bakre styrbult 175
Bakre styrbultar till monteringsfästen 147
Främre krängningshämmare:
Klämma:
Krängningshämmare av vikt typ:
Bakre bult 225
Främre bult 147
Krängningshämmare av rak typ:
Bakre bult 50
Främre bult 147
Fjäderben fram:
Bultar/muttrar mellan fjäderben och hjulspindel 274
Övre fästmuttrar till fjäderben 39
Mutter till fjäderbenets kolvstång 47
Hjulmuttrar 103

Bakfjädring

Nr 1 (fram) muttrar/bultar till länkarm 125
Nr 2 (bak) muttrar/bultar till länkarm 125
Bakre nav och lager till hjulspindel 80
Bakre krängningshämmare:
Länkmuttrar 44
Klämbultar 19
Fjäderben bak:
Bultar/muttrar mellan fjäderben och hjulspindel 150
Övre fästmuttrar till fjäderben 39
Mutter till fjäderbenets kolvstång 49
Hjulmuttrar 103
Muttrar/bultar till fjäderbensstag 91

Styrning

Fästbultar/muttrar till rattstång 26
Bultar/muttrar till kuggstång 71
Rattmutter 34
Styrleder
Mutter mellan styrstagsände och hjulspindel 49
Styrstagsändens låsmutter 56
Klämbult mellan universalkoppling och kuggstång 35
Banjobultar till tryckröret i servostyrningen 54
Servostyrningspumpens fästbultar 39

1 Allmän information

Framfjädringen (se bild) är en fjäder-benskonstruktion av MacPherson-typ. Den övre änden på alla fjäderben/spiralfjädrar är ansluten till fordonets kaross. Den nedre änden på fjäderbenen är ansluten till den övre delen på hjulspindeln. Hjulspindeln är ansluten till en kulled som är fäst på den yttre änden av fjädringens länkarm. En krängningshämmare bidrar till att karossen kränger mindre.

Bakfjädringen (se bild) drar även nytta av fjäderbenen/spiralfjädrarna. Överdelen på alla fjäderben är ansluten till fordonets kaross. Den nedre delen på fjäderbenet är ansluten till en hjulspindel. Hållaren är monterad med ett par länkarmar på varje sida, och ett fjäderbensstag som är monterat längsgående mellan karossen och varje hållare.

Ställningen till kuggstångsstyrningen sitter bakom motorn/växellådan på mellanväggen och aktiverar styrstagen som i sin tur är anslutna till hjulspindlarna. Styrstagens inre ändar skyddas av gummidamasker som bör kontrolleras med jämna mellanrum. Vid kontrollen måste du undersöka om de är ordentligt anslutna, om de är hela och om det läcker smörjmedel.

Hjälpsystemet till servostyrningen består av en remdriven pump med tillhörande ledningar och slangar. Vätskenivån i servostyrningspumpens behållare bör kontrolleras med jämna mellanrum (se Veckokontroller).

Ratten styr rattstången som aktiverar kuggstången via universalkopplingar. Att styrningen sitter löst kan vara orsakat av slitage på styraxelns universalkopplingar, på kuggstången, på styrlederna och löst sittande fästbultar.

Föreskrifter

I många fall när du arbetar med komponenter på fjädringen eller styrningen stöter du på fästen som verkar omöjliga att lossa. Dessa fästen på bilens undersida utsätts ofta för vatten, vägsmuts, lera etc. och kan bli rostiga eller frysa vilket gör det svårt att ta bort dem. För att kunna skruva loss dessa envisa fästen utan att skada dem (eller andra delar), använd stora mängder genomträngande vätska och låt den sjunka in en stund. Du kan använda en

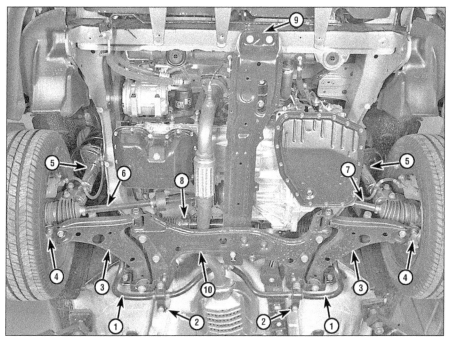

1.1 Framfjädringens komponenter

1 Främre krängnings-
  hämmare (modeller med
  VVT-i har en rak hämmare)
2 Krängningshämmarens
  klämma till bussningen

3 Länkarm fram
4 Spindelled
5 Fjäderben-/spiralfjäder-
  enhet (McPherson-
  fjäderben)

6 Höger drivaxel
7 Vänster drivaxel
8 Styrväxel
9 Fäststag
10 Framaxelbalk

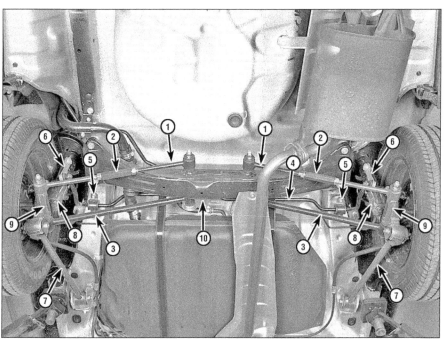

1.2 Bakfjädringens komponenter

1 Nedre länkarm bak bakre.
  Observera att vissa
  modeller är utrustade
  med ett stag mellan
  armarnas innerändar
2 Toe-justerare för arm nr 2

3 Nedre länkarm bak främre
4 Bakre krängningshämmare
5 Krängningshämmarens
  klämma till bussningen
6 Krängningshämmarens
  länk

7 Fjäderbenets stag
8 Fjäderben-/spiralfjäder-
  enhet (McPherson-
  fjäderben)
9 Hjulspindel
10 Bakaxelbalk

stålborste för att rengöra synliga gängor, vilket också underlättar borttagning av muttern eller bulten och hjälper till att förhindra skador på gängorna. Ibland kan ett kraftigt slag med en hammare och körnare bryta förbindelsen mellan en mutter och bultgängor, men se till att körnaren inte slinter från hållaren och förstör gängorna. Ibland kan det hjälpa att värma upp fästet som sitter fast och området kring fästet. Det är dock ingenting vi rekommenderar eftersom det av naturliga själ innebär en ökad brandrisk. Ibland kan vara lättare att först dra åt muttern eller bulten för att få loss dem. Fästen som är extremt svåra att ta bort bör alltid bytas.

Eftersom de flesta av procedurerna i det här kapitlet innebär att bilen måste lyftas med domkraft så att man kan arbeta under den kommer du att behöva ett par bra pallbockar. Det är bäst att använda en hydraulisk garagedomkraft för att lyfta upp bilen. Den kan även användas som stöd för vissa delar vid olika åtgärder.

⚠️ *Varning: Lita aldrig helt på en domkraft som stöd vid arbeten på bilen. När du lossar eller tar bort fästen till fjädringen eller styrningen måste du alltid kontrollera dessa och, vid behov, byta ut dem och använda delar med samma artikelnummer eller med samma kvalitet och utformning. För att ihopsättningen ska fungera riktigt och för att delarna ska sitta på plats måste de angivna vridmomenten följas. Försök aldrig att värma eller räta ut delar till fjädring eller styrning. Byt istället ut en böjd eller skadad del.*

2 Fjäderbensenhet (fram) – demontering, kontroll och montering

Demontering

1 Lossa hjulmuttrarna, lyft upp bilen och stöd den ordentligt på pallbockar (se *Lyftning och stödpunkter*). Ta bort hjulet.
2 Skruva loss fästbygeln till bromsslangen från fjäderbenet. Lossa klämman och koppla loss kablaget till hastighetsgivaren från fjäderbenet **(se bilder)**.

2.2a Skruva loss fästbygeln till bromsslangen från fjäderbenet . . .

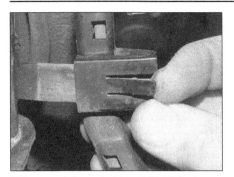

2.2b . . . och lossa kablaget till ABS-givaren

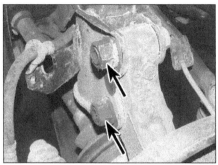

2.3 Skruva loss muttrarna (se pil) och ta bort bultarna mellan fjäderbenet och hjulspindeln

2.5 Skruva loss de tre muttrarna mellan fjäderben och kaross

3 Ta bort muttrarna mellan fjäderben och hjulspindel (se bild) och knacka ut bultarna med en hammare och en körnare.

4 Skilj fjäderbenet från hjulspindeln. Var försiktig så att du inte överbelastar den inre drivknuten. Låt dessutom inte hjulspindeln falla utåt och belasta bromsslangen.

5 Stöd fjäderbenet och fjädern med en hand och ta bort tre muttrarna mellan fjäderbenet och karossen (se bild). Ta bort enheten från hjulhuset.

Kontroll

6 Kontrollera fjäderbenshuset och titta efter läckande vätska, bucklor, sprickor och andra skador som kräver lagning eller byte.

7 Kontrollera spiralfjädern och titta efter spån eller sprickor på fjäderns ytskikt (detta orsakar att fjädern på ett för tidigt stadium slutar fungera på grund av rost). Kontrollera fjädersätet och titta efter jack och hårdheter. Notera även om det ser allmänt slitet ut.

8 Om det är något fel på sätet fortsätter du

med proceduren att demontera fjäderbenet (se avsnitt 3).

Montering

9 Styr upp fjäderbensenheten i hjulhuset och sätt i de övre fästpinnbultarna i hålen på karossen. När pinnbultarna sticker fram skruvar du dit muttrarna så att fjäderbenet inte ramlar bakåt. Ta hjälp av en medhjälpare med eftersom fjäderbenet är ganska tungt och svårhanterat.

10 För in hjulspindeln i fjäderbenets fläns och sätt i de två bultarna bakifrån. Sätt dit muttrarna och dra åt dem till det vridmoment som listas i detta kapitels specifikationer.

11 Anslut bromsslangens fästbygel på fjäderbenet och dra åt bulten ordentligt. Montera fästbygeln till kablaget för hastighetsgivaren.

12 Sätt dit hjul och muttrar och sänk sedan ner fordonet och dra åt muttrarna till det vridmoment som anges i detta kapitels specifikationer.

13 Dra åt de övre fästmuttrarna till det vridmoment som listas i detta kapitels specifikationer.

14 Vi rekommenderar att framhjulens inställning kontrolleras när fjäderbenen har monterats (se avsnitt 23).

3 Fjäderbens-/fjäderenhet – byte

1 Om fjäderbenen eller spiralfjädrarna uppvisar tecken på slitage (läckande vätska, minskad dämpningsfunktion, flisor, hängande eller spruckna spiralfjädrar) ska du se över alla möjligheter innan du påbörjar något slags arbete. Det går inte att reparera fjäderbenen/ stötdämparna och därför måste de bytas ut om ett problem uppstår. Det går dock att hitta fjäderbensenheter kompletta med fjädrar som gör bytet enklare och som sparar dig en hel del tid. Oavsett vilket alternativ du väljer, ta reda på kostnaden och tillgängligheten av delar innan du plockar isär bilen.

⚠️ **Varning: Att montera isär ett fjäderben kan vara farligt och du måste väldigt försiktig när du utför jobbet eftersom du annars löper risk att skadas. Använd enbart en fjäderkompressor av hög kvalitet och följ tillverkarens bifogade anvisningar noggrant. När du har tagit bort spiralfjädern från fjäderbenet, placerar du den på en säker avskild plats.**

Demontering

2 Ta bort fjäderbensenheten genom att följa anvisningen i aktuellt avsnitt. Montera fjäderbensenheten i ett skruvstäd. Sätt i träbitar eller trasor mellan skruvstädets käftar för att minska risken för skador på enheten och dra inte åt skruvstödet för hårt.

3 Följ verktygstillverkarens instruktioner, montera fjäderkompressorn (som finns att tillgå hos de flesta reservdelshandlare/ tillbehörsåterförsäljare eller företag som hyr ut verktyg) på fjädern och tryck ihop den tillräckligt för att ta bort allt tryck från det övre fjädersätet (se bild). Detta kan kontrolleras genom att vicka på fjädern.

Fjäderben fram

4 Lossa kolvstångsmuttern med en hylsa (se bild).

5 Lyft av det övre fästet, lagret och skumgummibrickan (se bilder). Kontrollera

3.3 Tryck ihop fjädern tills allt tryck har släppt från det övre fjädersätet

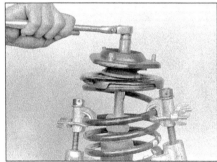

3.4 Lossa kolvstångsmuttern

3.5a Lyft bort det övre fästet/lagret . . .

3.5b . . . och skumgummibrickan

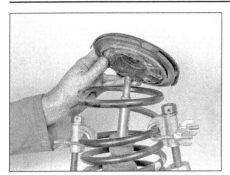

3.6 Ta bort det övre fjädersätet

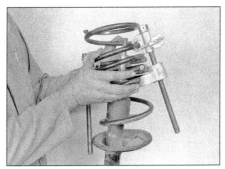

3.7 Lyft bort den hoptryckta fjädern från fjäderbenet

3.8 Ta bort stoppklacken från kolvstången

3.10 Skruva loss bakre fjäderbenets kolvstångsmutter och spara distansbrickan

3.11 Lyft bort det övre fjädersätet i ett stycke tillsammans med damasken

3.13 Ta bort stoppklacken från kolvstången

lagret i fästet och se att det fungerar som det ska. Om det inte går att vrida runt utan motstånd byter du ut fästet.

6 Ta bort det övre fjädersätet **(se bild)**. Kontrollera gummidelen på fjädringssätet och titta efter sprickor och allmänt slitage. Om gummit inte är helt intakt måste du byta ut det.

7 Lyft försiktigt upp den hoptryckta fjädern från enheten **(se bild)** och lägg den på ett säkert ställe.

8 Ta bort stoppklacken från kolvstången **(se bild)**.

9 Kontrollera den nedre gummiisolatorn/det nedre gummifästet och titta efter slitage, sprickor och hårdheter. Byt ut vid behov.

Fjäderben bak

10 Ta bort kolvstångsmuttern med en hylsa. Ta vara på mellanläggsbrickan **(se bild)**.

11 Ta bort det övre fjädersätet, komplett med damask **(se bild)**. Kontrollera gummidelen på fjädringssätet och titta efter sprickor och allmänt slitage. Om gummit inte är helt intakt måste du byta ut det.

12 Lyft försiktigt upp den hoptryckta fjädern från enheten och lägg den på ett säkert ställe.

13 Ta bort stoppklacken från kolvstången **(se bild)**.

14 Kontrollera den nedre isolatorn och titta efter slitage, sprickbildning och hårdheter. Byt ut den vid behov **(se bild)**.

Ihopsättning

15 Om den nedre isolatorn ska bytas ut, sätter du den på plats med den tappade delen i fästets nedersta del. Dra ut

kolvstången till dess fulla längd och montera gummistoppklacken **(se bild)**.

16 Placera försiktigt spiralfjädern på den nedre isolatorn med änden på fjädern vilande i isolatorns nedersta del **(se bild)**.

3.14 Kontrollera gummiisolatorn och titta efter tecken på slitage

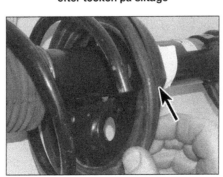

3.16 Änden på fjädern måste vila i isolatorns nedre del (se pil)

Fjäderben fram

17 Montera fjädersätets gummidel på fjäderns överdel och justera så att änden på fjäderspolen är i linje med steget i gummit **(se bild)**.

3.15 Isolatorns nedsänkta del måste passa i sätets nedre del (se pil)

3.17 Steget i gummit (se pil) måste vara i linje med änden av fjädern

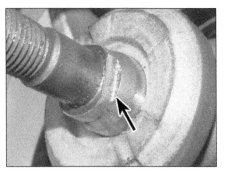

3.18a De platta delarna på kolvstången (se pil) måste vara i linje med de platta delarna på fjädersätets undersida

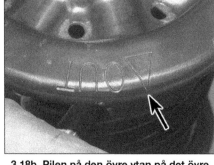

3.18b Pilen på den övre ytan på det övre fjädersätet måste peka mot utsidan av fordonet (se pil)

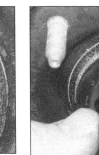

3.21 Se till att den platta delen på kolvstången är i linje med den platta delen på det övre fjädersätet (se pil)

18 Montera det övre fjäderfästet, se till att de platta delarna på undersidan är i linje med de platta slipade delarna på kolvstången och att pilen på den övre ytan pekar "utåt" (mot fjäderbenets navsida) **(se bilder)**.

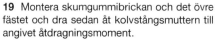

3.22 Sätt tillbaka mellanläggsbrickan

19 Montera skumgummibrickan och det övre fästet och dra sedan åt kolvstångsmuttern till angivet åtdragningsmoment.
20 Montera fjäderbensenheten genom att följa anvisningen i aktuellt avsnitt.

Fjäderben bak

21 Montera det övre fjädersätet och damask och se till att den platta delen i sätets hål överensstämmer med den platta ytan på kolvstången **(se bild)**.
22 Montera mellanläggsbrickan och muttern och dra åt den ordentligt **(se bild)**.
23 Montera fjäderbensenheten genom att följa anvisningen i aktuellt avsnitt.

4 Krängningshämmare och bussningar (fram) – demontering och montering

Demontering

1 Lossa de främre hjulmuttrarna. Lyft upp framvagnen och stöd den ordentligt på pallbockar (se *Lyftning och stödpunkter*). Dra åt handbromsen och blockera bakhjulen så att fordonet inte rullar av stödet. Demontera framhjulen.
2 Ta bort krängningshämmarens länk **(se bild)**. Om kulledsaxel vrids med muttern, använd en insexnyckel för att hålla fast axeln.
3 Skruva loss muttrarna och ta bort staget mellan de vänstra- och högra klämmorna till krängningshämmarbussningen **(se bild)**.
4 Skruva loss klämmorna till krängningshämmarbussningen **(se bild)**.
5 Två olika typer av krängningshämmare kan monteras. En "vikt" typ som monteras ovanför avgasröret och "rak" typ som går under avgasröret. På krängningshämmare av "vikt" typ skruvar du loss det främre avgasröret från flänsen framför katalysatorn (se kapitel 4A) och dra ner det tillräckligt långt så att du kan ta bort krängningshämmaren.
6 När krängningshämmaren inte längre sitter i fordonet trär du av gummibussningarna och kontrollerar dem **(se bild)**. Om de uppvisar sprickor eller för kraftigt slitage ska de bytas ut. Passa på att dessutom kontrollera krängningshämmarens länk. För att kontrollera den vänder du spindelled från sida till sida fem eller sex gånger **(se bild)** och sätter därefter dit muttern. Använd en momentnyckel, vrid muttern kontinuerligt ett varv varannan till var fjärde sekund och notera vridmomentet vid det femte varvet. Det bör vara ungefär 0,05 till 1,0 Nm. Om det inte är det ska du byta ut länkenheten.

4.2 Använd en insexnyckel för att hålla i krängningshämmarens länkaxel när muttern lossas

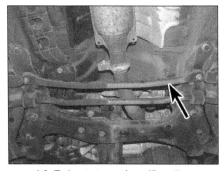

4.3 Ta bort staget (se pil) mellan krängningshämmarbussningens klämmor

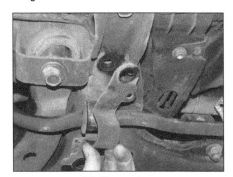

4.4 Skruva loss krängningshämmarbussningens klämmor

4.6a Dra av gummibussningarna från krängningshämmaren och kontrollera dem

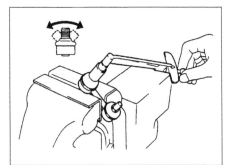

4.6b Kontrollera kulleden i krängningshämmarens länk enligt beskrivningen i texten

7 Rengör bussningsområdet på krängnings-hämmaren med en stel stålborste för att ta bort all rost eller smuts.

Montering

8 Smörj insidan och utsidan på den nya bussningen med vegetabilisk olja (som används vid matlagning) för att underlätta ihopsättningen.
Varning: Använd inte petroleum- eller mineralbaserat smörjmedel eller bromsvätska – dessa gör att bussningarna slits ut i förtid.
9 Montera i omvänd ordningsföljd mot demonteringen.

5 Länkarm (fram) – demontering, kontroll och montering

Demontering

1 Lossa på hjulmuttrarna på den sida som ska tas isär, lyft upp framvagnen, stöd den på pallbockar (se *Lyftning och stödpunkter*) och ta bort hjulet.
2 Koppla loss krängningshämmarens länk från länkarmen enligt beskrivningen i avsnitt 4.
3 Ta bort bulten och de två muttrarna som håller fast länkarmen i spindelleden. Använd en hävarm för att koppla loss länkarmen från spindelleden **(se bilder)**.
4 Ta bort den främre styrbulten till länkarmen **(se bild)**.
5 Ta bort den bakre styrbulten **(se bild)**.
6 Ta bort länkarmen.

Kontroll

7 Kontrollera länkarmen och titta efter vridningar och kontrollera bussningarna och titta efter slitage och byt ut delar om det behövs. Försök inte att räta ut en böjd länkarm.

Montering

8 Montera i omvänd ordningsföljd mot demonteringen. Dra åt alla hållare till det vridmoment som listas i detta kapitels specifikationer. **Observera:** *Innan du drar åt styrbultarna höjer du ytterändan på länkarmen med en garagedomkraft för att på så sätt simulera normal chassihöjd över marken eller dra enbart åt bultarna när fordonet är nedsänkt på backen.*
9 Sätt tillbaka hjulet och muttrarna, sänk ner bilen och dra åt muttrarna till det moment som anges i Specifikationerna.
10 Passa på att kontrollera framhjuls-inställningen och justera denna om det behövs efter det att detta jobb har utförts.

6 Spindelled – byte

1 Lossa hjulmuttrarna, lyft upp bilen och stöd den ordentligt på pallbockar (se *Lyftning och stödpunkter*). Ta bort hjulet.
2 Ta bort saxsprinten (i förekommande fall)

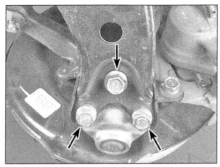
5.3a Skruva loss bulten och de två muttrarna (se pil) . . .

5.4 Ta bort den främre styrbulten från länkarmen (se pil)

från spindelled och lossa på muttern (men ta inte bort den än).
3 Skilj spindelleden från hjulspindeln med hjälp av en kulledsavdragare **(se bild)**. Smörj gummidamasken med fett och arbeta försiktigt så att du inte skadar damasken. Ta bort muttern till spindelled. Spelrummet mellan spindelled och drivknuten är mycket litet. För att ta bort pinnmuttern måste du växelvis dra tillbaka muttern ett eller två varv, dra ner spindelleden, vrida muttern ytterligare ett eller två varv etc., tills muttern lossnar.
4 Ta bort bulten och muttrarna som håller fast spindelleden i länkarmen. Skilj spindelleden från länkarmen med en hävarm **(se bild 5.3a och 5.3b)**.
5 För att montera en spindelled sätter du i kulleds-skaftet i hjulspindelns hål och sätter dit muttern men dra inte åt den än. Tryck inte upp kulledstappen hela vägen upp och igenom hålet; gänga istället på muttern på tappen så fort tappen sticker fram genom hålet och vrid sedan

6.3 Koppla loss spindelleden från hjul-spindeln med hjälp av en kulledsavdragare

5.3b . . . bänd sedan bort spindelleden från länkarmen

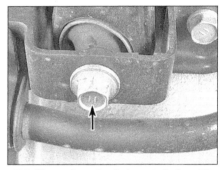
5.5 Skruva loss den bakre styrbulten till länkarmen (se pil)

muttern för att mata upp skaftet genom hålet.
6 Anslut spindelleden på länkarmen och sätt bulten och muttrarna och dra åt dem till vridmomentet som listas i detta kapitels specifikationer.
7 Dra åt muttern till kulledsskaftet till vridmomentet som listas i detta kapitels specifikationer och montera en ny saxsprint. Om saxsprinten inte är i linje med urtagen på muttern dra åt muttern mer tills sprinten är i linje – lossa inte på muttern för att sätta i saxsprinten.
8 Sätt tillbaka hjulet och muttrarna. Sänk ner bilen och dra åt muttrarna till det moment som anges i Specifikationer.

7 Hjulspindel och nav (fram) – demontering och montering

Varning: Dammet som broms-systemet bildar kan innehålla hälsovådlig asbest. Blås aldrig bort det med tryckluft och andas inte in det. Använd under inga omständigheter petroleumbaserade lösningsmedel vid rengöring av bromsdelar. Använd aerosolbromsrengöringsmedel.

Demontering

1 Lossa hjulmuttrarna, lyft upp bilen och stöd den ordentligt på pallbockar (se *Lyftning och stödpunkter*). Ta bort hjulet.
2 Ta bort saxsprinten och låskåpan från drivaxelns navmutter.
3 Ta bort drivaxelns navmutter och bricka. För att förhindra navet från att snurra, kila in en hävarm

mellan två av hjulbultarna och låt hävarmen vila mot marken eller bilens golvplatta.

4 När du ska lossa drivaxeln från navräfflorna, knacka på drivaxelns ände med en mjuk hammare eller en hammare och mässingsdorn. **Observera:** *Försök inte att skjuta drivaxelns ände genom navet än. Om du använder för stor kraft på drivaxelns ände kan du, förutom att bryta loss den från navet, skada drivaxeln eller växellådan*

5 Ta bort bromsoket och bromsskivan (se kapitel 9) och koppla loss bromsslangen från fjäderbenet.

6 Koppla loss och ta bort hastighetsgivaren.

7 Lossa men ta inte bort muttrarna och bultarna mellan fjäderbenet och hjulspindeln (se avsnitt 2).

8 Skilj styrleden från armen till hjulspindeln (se avsnitt 17).

9 Ta bort bultarna och muttrana mellan spindelleden och länkarmen **(se bilder 5.3a och 5.3b)**.

10 Ta bort drivaxeln från navet och stöd upp änden på drivaxeln med en bit ståltråd.

11 Använd en kulledsavdragare **(se bild 6.3)** eller en liten avdragare och ta bort spindelleden från hjulspindeln.

12 Bultarna mellan fjäderbenet och hjulspindeln kan nu tas bort.

13 Skilj försiktigt hjulspindeln från fjäderbenet.

Montering

14 Styr hjulspindeln och navenheten på plats och sätt i drivaxeln i navet.

15 Tryck i hjulspindeln i flänsen till fjäderbenet och sätt dit bultarna och muttrarna men dra inte åt dem än.

16 Om du har tagit bort spindelleden från den gamla hjulspindeln och planerar att använda den tillsammans med den nya hjulspindeln ansluter du spindelleden till hjulspindeln och drar åt kulledsskaftets mutter till det vridmoment som listas i detta kapitels specifikationer.

17 Anslut spindelleden till länkarmen (se avsnitt 5) men dra inte åt bulten och muttrarna än.

18 Anslut styrstaget till hjulspindelns arm (se avsnitt 17). Dra åt bultmuttrarna till fjäderbenet, bultarna och muttrarna mellan spindelled och länkarm och styrstagsmuttern till det vridmoment som listas i detta kapitels specifikationer.

19 Placera bromsskivan på navet och montera

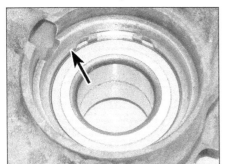

8.5 Ta bort lagrets låsring (se pil) från hjulspindeln

8.2 Driv navet från lagret med en lämplig slang eller ett drivdon

bromsoket enligt beskrivningen i kapitel 9.

20 Sätt dit brickan och muttern till drivaxeln/navet och dra sedan åt den till vridmomentet som listas i specifikationerna i kapitel 8. Sätt dit låskåpan och en ny saxsprint.

21 Montera hjulet och muttrarna.

22 Sänk ner bilen och dra åt muttrarna till det moment som anges i specifikationerna.

23 Kör fordonet till en inställningsverkstad där de kan kontrollera och justera framvagnsinställningen

8 Nav och lagerenhet (fram) – demontering och montering

Demontering

1 Ta bort hjulspindeln och navenheten enligt beskrivningen i avsnitt 7.

2 Navet måste nu tas bort från de inre lagerbanorna. Detta görs enklast med en hydraulisk press, men du kan driva ut navet med hjälp av en bit metallrör/metallhylsa med lämplig diameter **(se bild)**.

3 En del av den inre lagerbanan kan vara kvar på navet och denna bör tas bort med hjälp av en avdragare eller huggmejsel **(se bild)**.

4 Observera att när du byter navet måste även hjullagret bytas eftersom det kommer att skadas vid demonteringen.

5 Använd en låsringstång och ta bort låsringen som fäster lagret i hjulspindeln **(se bild)**.

6 Tryck eller driv ut lagret, använd en bit metallrör med en diameter som är något mindre än lagrets yttre lagerbana. Alternativt kan du

8.6a Montera tillbaka lagrets innerspår . . .

8.3 Om lagrets innerspår blir kvar på navet, ta bort det med en avdragare eller en huggmejsel

sätta tillbaka lagrets inre lagerbana och trycka mot det detta – det gör inget om skador uppstår på lagerkulorna/lagerbanorna det eftersom lagerenheten ändå ska bytas **(se bilder)**.

7 Rengör lagersätets ytor i hjulspindeln.

Montering

8 Använd en bit metallrör med en diameter som är något mindre än lagrets yttre lagerbana och tryck eller driv in det nya lagret in i hjulspindeln tills det sitter helt på plats. Tryck inte på den inre lagerbanan.

9 Placera låsringen i spåret på hjulspindeln.

10 Stöd den inre lagerbanan mot en bit metall-rör och tryck eller driv sedan navet helt in i lagret.

11 Montera tillbaka hjulspindeln och navenheten enligt beskrivningen i avsnitt 7.

9 Krängningshämmare och bussningar (bak) – demontering och montering

Observera: *Eftersom bränslepåfyllnings- och ventilationsslangarna måste kopplas loss under denna procedur ska du se till att bränslenivån i tanken är minimal.*

Demontering

1 Lossa de bakre hjulmuttrarna. Lyft upp fordonets bakre del och stöd den ordentligt på pallbockar (se *Lyftning och stödpunkter*). Demontera bakhjulen.

2 Ta bort muttrarna mellan krängningshämmare och länken **(se bild)**. Om spindelled vrids med muttern, använd en insexnyckel för att hålla fast axeln.

8.6b . . . och driv lagret bort från hjulspindeln

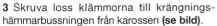

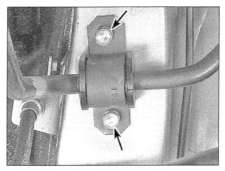

9.2 Använd en insexnyckel för att hålla i axeln när du skruvar loss krängningshämmarens länkmutter

9.3 Skruva loss krängningshämmaren klämmor från fordonets kaross (se pil)

9.4 Skruva loss bränsletankens stödbygel baktill och den vänstra främre bulten (se pil)

3 Skruva loss klämmorna till krängnings-hämmarbussningen från karossen **(se bild)**.
4 Stöd bränsletanken med en garagedomkraft och skruva sedan loss bultarna till bränsle-tankens bakre fästband. Skruva loss den främre vänstra bulten till remmen och ta bort remmen **(se bild)**.
5 Skruva loss klämmorna och koppla loss bränslepåfyllnings- och ventilationsslangarna från tanken **(se bild)**.
6 Du kan nu ta ner krängningshämmaren från fordonet. Dra av klämmorna från krängnings-hämmaren (om de inte redan har ramlat av).
7 Kontrollera bussningarna och titta efter slitage, hårdheter, skevheter, sprickbildning och andra tecken på åldrande. Byt ut dem vid behov **(se bild)**. Kontrollera även länkbussningarna och titta efter ovanstående tecken.
8 Med stålborste rengör du de områden på staget där bussningarna sitter. Återmonte-ringen utförs i omvänd ordningsföljd mot demonteringen. Om det behövs du stryka på ett tunt lager vegetabilisk olja för att på så sätt underlätta monteringen av bussningen och U-fästet (använd inte petroleumbaserade produkter eller bromsvätska eftersom dessa kan orsaka skador på gummit).
9 Se beskrivningen i punkt 6 i avsnitt 4 för mer information om hur kontrollerar länkarna.

Montering
10 Montera i omvänd ordningsföljd mot demonteringen.

10 Fjäderbensenhet (bak) – borttagning, kontroll och montering

Demontering
1 På modeller där baksätet är i en del tar du bort ryggstödet, på modeller med åtskilda baksätesdelar viker du baksätena framåt, på alla kombikupé-, sportkupé- och kombi-modeller bänder du upp och tar bort den bakre fjäderbenskåpan (plastpanelen ovanpå klädsel-panelen på sidan) (se kapitel 11) **(se bild)**.
2 Lossa de bakre hjulmuttrarna, lyft upp baksidan av fordonet och stöd det ordentligt på pallbockar (se *Lyftning och stödpunkter*). Ta bort hjulet.
3 Montera en slangklämma på böjliga broms-

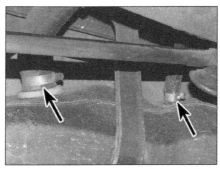

9.5 Lossa slangklamrarna och koppla loss påfyllnings- och ventilationsslangar (se pilar) från bränsletanken

slangen av gummi och skruva loss anslutningen mellan slangen och röret. Ta bort klämman och koppla loss bromsslangen från fästbygeln på fjäderbenet. Lossa klämmorna och koppla loss ABS-givarkabeln från fjäderbenet **(se bilder)**.

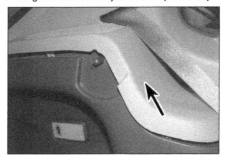

10.1 På kombikupéer, sportkupéer och kombimodeller, bänd loss plastpanelen (se pil) över det bakre fjäderbensfästets överdel

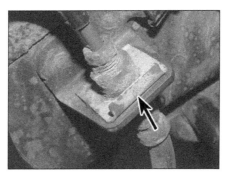

10.3b . . . skruva sedan loss slanganslutningen och dra ut fästklämman till slangen (se pil)

9.7 Kontrollera skicket på krängningshämmarens bussningar (se pil)

4 Koppla loss krängningshämmarens länk från fjäderbenet **(se bild 9.2)**.
5 Stöd hjulspindeln med en garagedomkraft.
6 Lossa bultmuttrarna mellan fjäderbenet och hjulspindeln **(se bild)**.

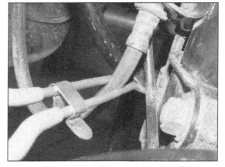

10.3a Använd en slangklämma på den flexibla gummibromsslangen . . .

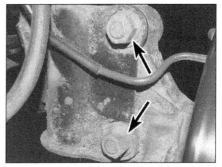

10.6 Lossa bultmuttrarna mellan fjäderbenet och spindeln (se pilar)

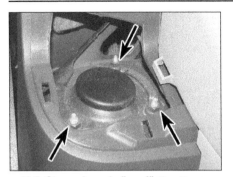

10.7 Skruva loss de övre fästmuttrarna mellan fjäderbenet och karossen (se pil)

7 Ta bort de tre övre fästmuttrarna mellan fjäderbenet och karossen (se bild).
8 Sänk ner hjulspindeln med domkraften och ta bort de två bultarna mellan fjäderbenet och navspindeln.
9 Ta bort fjäderbensenheten.

Kontroll

10 Följ instruktionerna i avsnitt 3. Om du bestämmer dig för att fjäderbensenheten måste demonteras för byte av fjäderben eller spiralfjäder följer du beskrivningen i avsnitt 3.
11 När du monterar ihop fjäderbenet måste du se till att det övre fästet till fjädringen är inställd som här visas (se bild).

Montering

12 Styr försiktigt upp fjäderbensenheten i hjulhuset och sätt i fästpinnbultarna i hålen på karossen. Sätt dit muttrarna med dra inte åt dem än.

11.2 Ta bort bulten mellan fjäderbensstag och hjulspindeln (se pilar)

11.3 Ta bort fästbulten mellan fjäderbensstaget och karossen (se pilar)

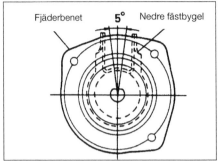

Fjäderbenet   5°   Nedre fästbygel

10.11 Montera fjäderbenets övre fäste så att det är i linje (inom 5°) med hjulspindelns fästbyglar på fjäderbenets nedre fästbygel

13 Tryck i hjulspindlarna i fjäderbenets nedre fäste och sätt dit bultarna och muttrarna och dra åt dem till det vridmoment som listas i detta kapitels specifikationer.
14 Anslut krängningshämmarens länk till fjäderbensfästet.
15 Anslut bromsslangen till fjäderbensfästet och montera klämman och återanslut sedan bromsslangen. Anslut ABS-kabeln till fjäderbenet.
16 Lufta kablarna enligt beskrivningen i kapitel 9.
17 Montera hjulet och muttrarna, sänk ner bilen och momentdra muttrarna till det moment som anges i Specifikationerna.
18 Dra åt fjäderbenets tre övre fästmuttrar till det vridmoment som listas i detta kapitels specifikationer.
19 Upprepa punkterna 1 till 18 för det andra fjäderbenet.
20 Montera tillbaka sätet, den bakre sidans ryggstöd och de bakre fjäderbenskåporna (se kapitel 11).

11 Fjäderbensstag –
demontering och montering

Demontering

1 Lossa hjulmuttrarna, lyft upp bilen och stöd den ordentligt på pallbockar (se *Lyftning och stödpunkter*). Ta bort hjulet.
2 Ta bort bulten mellan fjäderbensstaget och hjulspindeln (se bild).
3 Ta bort fästbulten mellan fjäderbensstaget

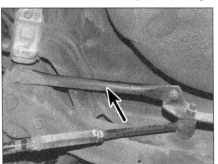

12.3 Ta bort staget (se pil) mellan fästbygeln och tvärbalken

och karossen (se bild) och koppla loss staget från fordonet.

Montering

4 Återmonteringen utförs i omvänd ordning mot borttagningen men dra inte åt bultarna innan fjädringen har hissats upp med en domkraft för att på så sätt simulera chassits normala höjd över marken eller innan fordonet står på hjulen. Se till att dra åt bultarna till det vridmoment som listas i detta kapitels specifikationer. Dra åt hjulmuttrarna till det moment som anges i Specifikationer.

12 Länkarm (bak) –
demontering och montering

Demontering

1 Lossa de bakre hjulmuttrarna, lyft upp baksidan av fordonet och stöd det ordentligt på pallbockar (se *Lyftning och stödpunkter*).
2 Blockera framhjulen och ta bort bakhjulet.

Nr 2 (bakre) länkarmar

3 På fordon tillverkade efter oktober 1999 skruvar du loss de två muttrarna och tar bort staget från fästbygeln som sitter på insidan av länkarmarnas ände till ytterkanten på tvärbalken (se bild). Om du tar bort länkarm nr 2 till höger, ta bort det bakre avgasröret enligt beskrivningen i kapitel 4A.
4 Där en belastningsavkännarventil är monterad skruvar du loss låsmuttern som håller fast den ventilens nedre fjäderfäste på länkarm nr 2, höger.
5 Var försiktig så att du inte ändrar positionen på justeringsmuttern som sitter alldeles ovanför. Vi rekommenderar att du märker justeringsmuttern och gängorna på fjäderfästet med snabbtorkande färg så att positionerna förblir de samma.
6 Ta bort muttern, brickan och den genomgående bulten från länkarmens ytterände vid hjulspindeln (se bild).
7 Ta bort muttrarna, brickorna och plattan (i förekommande fall) från länkarmarnas innerände vid bakaxelbalk (se bild).
8 Ta bort länkarm nr 2.
Varning: Lossa INTE låsmuttrarna eller vrid justeringsslangen; om du rör denna slang påverkas toe-justeringen på bakhjulet.

12.6 Skruva loss muttern och ta bort den genomgående bulten (se pil)

Nr 1 (främre) länkarmar

9 Lossa muttern och bulten som håller fast armarnas innerände **(se bild 12.7)**. Lossa även muttern och bulten som håller fast armarnas ytterändar i hjulspindeln **(se bild 12.6)**. Ta bort avgassystemets mellersta rör och isolatorn till avgasröret (se kapitel 4A). Där en belastningsavkännarventil är monterad kopplar du loss det nedre fjäderfästet (se punkt 5).

10 Stöd bakaxelbalk med en domkraft. Ta bort de två bultarna och pinnbulten som håller kvar tvärbalken på båda sidor **(se bild)**. Sänk tvärbalken så långt ner att den genomgående bulten på länkarmens innerände kan dras fram och ut ur tvärbalken.

11 Ta bort muttern och brickan mellan den framfjädringens arm och den bakre hjulspindeln.

12 Ta bort muttern och bulten mellan framfjädringens arm och bakaxelbalk.

13 Ta bort länkarm nr 1.

Montering

14 Montera i omvänd ordningsföljd mot demonteringen. Se till att dra åt fjädringens alla fästen till det vridmoment som listas i detta kapitels specifikationer.

15 Montera hjulet och muttrarna och sänk sedan ner bilen. Dra åt hjulmuttrarna till det moment som anges i Specifikationer.

16 Låt en lämpligt utrustad verkstad kontrollera bakhjulsinställningen.

13 Nav och lager (bak) – demontering och montering

⚠️ **Varning: Dammet som bromssystemet bildar kan innehålla hälsovådlig asbest. Blås aldrig bort det med tryckluft och andas inte in det. Använd inte petroleumbaserade lösningsmedel. Använd endast rengöringsmedel för bromssystem.**

Observera: *På grund av alla specialverktyg som krävs för att byta att lagret bör inte nav- och lagerenheterna tas isär av en hemmamekaniker. Du kan dock ta bort enheten och ta den till en märkesverkstad eller annan verkstad där de kan byta ut lagret.*

Demontering

1 Lossa hjulmuttrarna, lyft upp bilen och stöd den ordentligt på pallbockar (se *Lyftning och stödpunkter*). Ta bort hjulet.

2 Ta bort bromstrumman från navet (modeller med trumbroms) eller ta bort skivan och oket (modeller med skivbroms) (se kapitel 9).

3 Skruva loss bulten och ta bort ABS-givaren dess plats.

4 Ta bort de fyra bultarna mellan nav och hjulspindel som du kommer åt genom att vrida navflänsen så att den stora runda utskärningen vetter mot alla bultar **(se bild)**.

5 Ta bort nav- och lagerenheten från sätet och styr försiktigt ut den genom bromsenheten.

6 Ta bort O-ringen från hjulsätet.

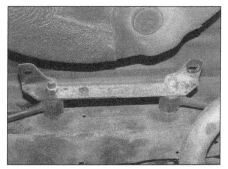

12.7 Ta bort plattan från länkarmarna innerände

7 På grund av de specialverktyg som krävs för att göra detta måste du ta med nav- och lagerenheten till en verkstad och låta dem ta bort det gamla lagret från navet och även låta dem sätta i ett nytt lager (du kan återanvända själva navet om det fortfarande är i bra skick).

Montering

8 Stryk på ett tunt lager med olja på den nya O-ringen och sätt dit den på den yttre omkretsen av det höjda navet i stödplattan.

9 Placera nav- och lagerenheten på axelhållaren och justera in hålen i stödplattan. Sätt dit bultarna. En magnet kan vara användbar när bultarna ska styras upp genom navflänsen och föras på plats. När alla fyra bultar har monterats drar du åt dem till det vridmoment som anges i specifikationerna i det här kapitlet.

10 Montera bromstrumman, eller skivan och oket och hjulet. Sänk ner bilen och dra åt muttrarna till det moment som anges i Specifikationer.

14 Bakre hjulspindel – demontering och montering

⚠️ **Varning: Dammet som bromssystemet bildar kan innehålla hälsovådlig asbest. Blås aldrig bort det med tryckluft och andas inte in det. Använd under inga omständigheter petroleumbaserade lösningsmedel vid rengöring av bromsdelar. Använd endast rengöringsmedel för bromssystem.**

13.4 Ta bort bultarna mellan navet och spindeln

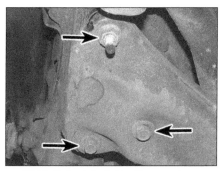

12.10 Ta bort de två bultarna och en mutter på varje sida (se pil). Dessa håller fast bakaxelbalk

Demontering

1 Lossa hjulmuttrarna, lyft upp bilen och stöd den på pallbockar (se *Lyftning och stödpunkter*). Blockera framhjulen och ta bort bakhjulet.

2 Ta bort den bakre bromstrumman (modeller med trumbroms) eller ta bort den bakre skivan och oket (modeller med skivbroms). Koppla loss bromsröret från fästet på fjäderbenet **(se bild 10.3)**.

3 Ta bort den bakre nav- och lagerenheten (se avsnitt 13).

4 Koppla loss stödplattan och den bakre bromsenheten (modeller med trumbroms) från hjulspindeln. Du behöver inte ta isär bromsbacksenheten eller koppla loss handbromsvajern från stödplattan. Häng upp stödplattan och bromsenheten från spiralfjädern med en bit ståltråd. Var försiktig så att du inte viker bromsledningen.

5 Ta bort hjulhastighetsgivaren från hjulspindeln.

6 Lossa, men ta inte bort bultarna mellan fjäderbenet och hjulspindeln **(se bild 10.6)**.

7 Ta bort bulten, muttern och brickorna mellan länkarmen och hjulspindeln och ta bort bulten mellan det bakre fjäderbensstaget och hjulspindeln **(se bilder 11.2 och 12.6)**.

8 Ta bort de lossade bultarna mellan fjäderben och hjulspindel medan du stöder fästet så att det inte ramlar ner och koppla sedan loss hjulspindeln från fjäderbensfästet.

Montering

9 Kontrollera spindelbussningen och titta efter sprickor, skevheter och andra tecken på slitage. Om den är utsliten tar du med den till en märkesverkstad eller annan lämplig verkstad där den gamla kan pressas ut och en ny kan sättas i.

10 Tryck i hjulspindeln i fjäderbensfästet och se till att de två bulthålen är i linje med varandra. Sätt i de två bultarna mellan fjäderben och spindel och dra åt dem till det vridmoment som anges i specifikationerna i det här kapitlet.

11 Montera bulten (framifrån), brickorna och muttern mellan länkarmen och hjulspindeln. Dra åt muttern för hand.

12 Anslut fjäderbensstaget till hjulspindeln och dra åt muttern och bulten för hand.

16.2 Sätt i en T30 torx-bit genom hålen på båda sidor om rattens nav och lossa fästskruvarna

16.3a Kontaktdon för krockkudde – modeller med enkel strålkastare (före oktober -99)

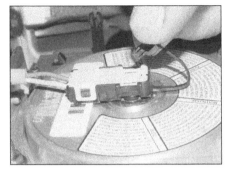

16.3b På modeller med dubbla strålkastare (efter oktober 99) och dra ut låsklämman . . .

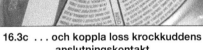

16.3c . . . och koppla loss krockkuddens anslutningskontakt

16.5 Ta bort rattmuttern

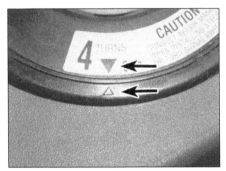

16.7 Se till att kontaktrullens pekare är i linje (se pilar)

13 Placera en domkraft under spindeln och höj den för att simulera chassits normala höjd till marken.

14 Dra åt bulten/muttern till länkarmen och bulten/muttern till fjäderbensstaget till det åtdragningsmoment som listas i detta kapitels specifikationer. Ta bort garagedomkraften från dess plats under den bakre hjulspindeln.

15 På modeller med ABS sätter du tillbaka hjulhastighetsgivaren på hjulspindeln.

16 Anslut bromsstödplattan till hjulspindeln, montera navet och dra åt de fyra bultarna till det vridmoment som listas i detta kapitels specifikationer.

17 Anslut bromsledningen till fjäderbensfästet och sätt ditt klämman. Se till att slangen inte vrids.

18 Montera den bakre bromstrumman eller -skivan och oket (se kapitel 9).

19 Sätt tillbaka hjulet och muttrarna.

20 Sänk ner bilen och dra åt muttrarna till det moment som anges i specifikationerna.

15 Styrning – allmän information

Alla modeller är utrustade med kuggstångs-styrning. Styrväxeln är fäst på motorrummets mellanvägg och aktiverar hjulspindlarna via styrstag. Styrstagens inre ändar skyddas av gummidamasker som bör kontrolleras med jämna mellanrum. Vid kontrollen måste du undersöka om de är ordentligt anslutna, om de är hela och om det läcker smörjmedel.

Alla modeller är utrustade med servo-styrning. Servostyrningen består av en rem-driven pump med tillhörande ledningar och slangar. Vätskenivån i servostyrningspumpens behållare bör kontrolleras med jämna mellanrum (se *Veckokontroller*).

Ratten styr rattstången som aktiverar kugg-stången via universalkopplingar. Att styrningen sitter löst kan vara orsakat av slitage på rattstångens universalkopplingar, på kuggstången, på styrlederna och löst sittande fästbultar.

16 Ratt – demontering och montering

> ⚠ **Varning: Dessa modeller är utrustade med krockkuddar. Krockkudden är aktiverad och kan utlösas (blåsas upp) när batteriet är anslutet. För att förhindra att den utlöses av misstag (med skaderisk som följd) bör du alltid vrida startnyckeln till läget LOCK och koppla loss den negativa batterikabeln när du arbetar i närheten av krockkuddekomponenter (se kapitel 5A). Vänta minst fem minuter efter att du har kopplat loss batteriet innan du börjar arbeta (systemet har en nödkondensator som måste ladda ur helt). Mer information finns i kapitel 12.**

Demontering

1 Vrid startnyckel till Off och koppla sedan loss kabeln från batteriets minuspol (se kapitel 5A), vänta sedan 5 minuter innan du fortsätter.

2 Vrid ratten så att hjulen pekar rakt framåt, bänd

ut täckmuffarna (i förekommande fall) och skruva loss torxskruven T30 på båda sidor av rattens nav som håller fast krockkudden. Du behöver inte ta bort skruvarna. Det räcker med att du skruvar ut dem till "lossad" position **(se bild)**.

3 Dra bort krockkuddsmodulen från ratten och koppla loss modulens elektriska kontaktdon **(se bilder)**.

> ⚠ **Varning: Sätt ner krockkudds-modulen med dekorsidan uppåt.**

4 Koppla loss farthållarens elektriska kontaktdon (i förekommande fall) och signalhornskontakten.

5 Ta bort rattens fästmutter och märk sedan ut förhållandet mellan rattstången och navet (om markeringar inte redan finns eller om de inte står i rätt förhållande till varandra) för att göra monteringen enklare och försäkra dig om att ratten är rätt inställd (se bild).

6 Ta bort ratten från rattstången genom att gunga den från sida till sida. Om det behövs, använd en avdragare för att lossa ratten från rattstången.

Montering

7 Se till att framhjulen pekar rakt framåt. Vrid den spiralformade kontaktrullen moturs för hand tills det blir svårare att vrida rullen. Vrid rullen medurs ungefär två varv och se att de två pekarna är i linje **(se bild)**.

8 För att montera ratten måste markeringen på rattnavet vara i linje med markeringen på skaftet. Sätt sedan dit ratten på skaftet. Sätt dit muttern och dra åt den till det vridmoment som listas i detta kapitels specifikationer.

9 Sätt i kontaktdonet till farthållare/signalhorn.

10 Sätt i det elektriska kontaktdonet till krockkuddsmodulen och vänd ner låsfliken.
11 Se till att krockkuddsmodulens elektriska kontaktdon sitter korrekt och att kablarna inte ligger an mot någonting och dra sedan åt torxfästskruvarna.
12 Anslut batteriets minusledning (se kapitel 5A).

17 Styrleder – demontering och montering

17.2 Ta bort saxsprinten från styrleder fästmutter

Demontering

1 Lossa hjulmuttrarna. Höj framvagnen, stöd den ordentligt på pallbockar (se *Lyftning och stödpunkter*), blockera bakhjulen och lägg i handbromsen. Ta bort framhjulet.
2 Ta bort saxsprinten **(se bild)** och lossa muttern på styrledens kulledsskaft.
3 Håll i styrstaget med en låstång eller nyckel och lossa låsmuttern tillräckligt mycket så att du kan markera styrledens position i förhållande till gängorna **(se bilder)**.
4 Koppla loss styrstaget från hjulspindels arm med en kulledsavdragare av universalmodell **(se bild)**. Ta bort muttern och koppla loss styrstaget.
5 Skruva loss styrleden från styrstaget.

Montering

6 Gänga styrleden till den markerade positionen och sätt i styrledsbulten i hjulspindelns arm. Dra åt låsmuttern ordentligt.
7 Montera kronmuttern på styrledsbulten och dra åt den till det vridmoment som listas i detta kapitels specifikationer. Montera en ny saxsprint. Om hålet till saxsprinten inte är i linje med något av spåren i muttern, vrid muttern tills de är i linje.
8 Sätt tillbaka hjulet och muttrarna. Sänk ner bilen och dra åt muttrarna till det moment som anges i Specifikationer.
9 Vi rekommenderar att en märkesverkstad eller en inställningsverkstad kontrollerar hjulinställningen.

18 Kuggstångsdamask – byte

1 Lossa muttrarna, lyft fordonet och stöd det på pallbockar (se *Lyftning och stödpunkter*). Ta bort hjulet.
2 Ta bort styrleden och låsmuttern (se avsnitt 17).
3 Ta bort den yttre klämman till kuggstångs-damasken med en tång. Lossa den inre klämman till damasken och ta bort damasken **(se bilder)**.
4 Innan du sätter dit en ny damask, linda gängorna och tandningarna på änden av styrstaget med ett lager tejp så att den övre

17.3b ... och markera sedan positionen på styrleder i förhållande till gängorna

vevstaksänden på den nya damasken inte skadas.
5 Skjut den nya damasken på plats på kuggstången tills den fastnar i styrstagets spår och montera nya klämmor (om det behövs).
6 Ta bort tejpen och montera styrleden (se avsnitt 17).
7 Sätt tillbaka hjulet och muttrarna. Sänk ner bilen och dra åt muttrarna till det moment som anges i Specifikationer.

19 Kuggstång – demontering och montering

⚠️ *Varning: Dessa modeller är utrustade med krockkuddar. Se till*

18.3a Damaskens ytterändar är fästa med bandklämmor. De kan lätt tas bort med en tång

17.3a Lossa låsmuttern ...

17.4 Koppla loss styrleder från armen till hjulspindeln med en avdragare

att rattstången inte vrids när kuggstången tas bort, annars kan krockkuddssystemet skadas. För att hindra att stången vrids, vrid startnyckeln till LOCK innan du påbörjar arbetet eller för säkerhetsbältet genom ratten och fäst det i bältesspännaren.

Demontering

1 Lossa framhjulsmuttrarna, höj framvagnen och stöd den ordentligt på pallbockar (se *Lyftning och stödpunkter*). Dra åt handbromsen och ta bort hjulen. Ta bort motorns undre skyddskåpor.
2 Skruva loss muttrarna/bultarna och ta bort värmesköldarna (i förekommande fall) från kuggstångens framsida **(se bild)**.
3 Placera ett avrinningskärl under kugg-stången. Koppla loss högtrycksledningar och returrör till servostyrningen **(se bild)** och täpp

18.3b Damaskernas innerändar hålls fast med klämmor som måste skäras av och kastas

19.2 Skruva loss muttrarna (se pil) och ta bort kuggstångens värmesköldar

19.3 Koppla loss vätsketrycks- och returrör (se pil)

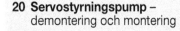

19.4a Ta bort kåpan över rattstångens universalkoppling . . .

13 Montera hjulen, sänk fordonet och lufta styrningen (se avsnitt 21). Dra åt hjulmuttrarna till det vridmoment som anges i specifikationerna.

20 Servostyrningspump – demontering och montering

Demontering

1 Använd en stor bollspruta, sug ut så mycket vätska som möjligt från servostyrningens vätskebehållare. Placera ett avrinningskärl under fordonet för att fånga upp all vätska som rinner ut när slangarna kopplas loss.

4E-FE-motorer

2 Lossa klämman och koppla loss vätskereturslangen från pumpen (se bild).
3 Skruva loss anslutningsmuttern mellan tryckröret och pumpen och koppla loss röret från pumpen.
4 Koppla loss de två vakuumledningarna från pumpens tryckluftstyrningsventil.
5 Lossa styrbulten (ovan) och justeringsbulten (nedan) och ta bort drivremmen (se kapitel 1). Ta bort styr- och justeringsbultar och ta sedan bort pumpen från fordonet.

4A-FE-motorer

6 Lossa klämman och koppla loss vätskereturslangen från pumpen (se bild).
7 Ta bort banjobulten mellan tryckröret och pumpen (se bild 20.6) och koppla sedan loss röret från pumpen. Ta bort och kasta

19.4b . . . skruva sedan loss klämbulten till mellanaxeln (se pil)

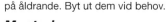

19.6 Skruva loss muttrarna och ta bort kuggstångens fästbygel (se pil)

igen ändarna för att förhindra att vätska rinner ut och att smuts kommer in.
4 Ta bort kåpan till universalkopplingen. Markera förhållandet mellan den nedre universalkopplingen och kuggstångens kugghjul och ta bort den nedre klämbulten till mellanaxeln **(se bilder)**.
5 Skilj styrlederna från hjulspindelns armar (se avsnitt 17).
6 Stöd kuggstången och ta bort fästbultarna/muttrarna mellan kuggstångsfästet och mellanväggen **(se bild)**. Skilj mellanaxeln från kuggstångens ingående axel och ta bort kuggstångsenheten genom det högra hjulhuset.

⚠️ **Varning: Vrid INTE ratten när du tar bort kuggstången. Om ratten vrids av misstag, ta bort ratten och den mittersta spiralkabeln (se avsnitt 16).**

7 Kontrollera kuggstångens fästmuffar och

titta efter överdrivet slitage eller andra tecken på åldrande. Byt ut dem vid behov.

Montering

8 Montera kuggstången och anslut universalkopplingen och se till att markeringarna är i linje med varandra.
9 Montera fästbyglar och bultar/muttrar och dra åt dem till det åtdragningsmoment som anges i det här kapitlets specifikationer.
10 Anslut styrlederna till hjulspindelns armar (se avsnitt 17).
11 Montera klämbulten till universalkopplingen och dra åt den till det vridmoment som anges i detta kapitels specifikationer.
12 Anslut servostyrningens tryckrör och returslangar till kuggstången och fyll på servostyrningspumpens behållare med rekommenderad vätska (se *Smörjmedel och vätskor*).

20.2 Servostyrningspumpens vätskereturslang (vänster pil, tryckrör (mellanpil) och vakuumrör (höger pil)

20.6 Servostyrningspumpens returslang (vänster pil) tryckrörets anslutningsbult (höger pil)

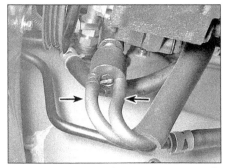

20.9 Jobba underifrån, koppla loss de två vakuumslangarna (se pil) från pumpen

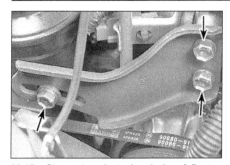

20.10a Skruva loss justeringsbulten (vänster pil): om du måste ta bort fästbygeln, skruva loss de två bultarna (de högra pilarna)

tätningsbrickorna av koppar. De måste bytas när pumpen monteras tillbaka.

8 Lyft upp framvagnen och placera den säkert på pallbockar (se *Lyftning och stödpunkter*).

9 Jobba underifrån på bilen, koppla loss de två vakuumledningarna från pumpen **(se bild)**.

10 Lossa styrbulten (under) och justerings-bulten (ovan) och ta bort drivremmen (se kapitel 1). Ta bort styr-, justering- och fästbultarna **(se bilder)** och ta sedan bort pumpen från fordonet.

Motor 4ZZ-FE och 3ZZ-FE

11 Demontera drivremmen enligt beskriv-ningen i kapitel 1.

12 Koppla loss anslutningskontakten till servostyrningens tryckbrytare och skruva sedan loss anslutningen och koppla loss tryckslangen från pumpen **(se bild)**.

13 Lossa klämman och koppla loss vätskereturslangen från pumpen **(se bild)**.

14 Pumpen är fäst i motorblocket med två bultar. Arbeta genom hålet i drivremskivan, skruva loss muttrarna och ta bort bultarna från pumpen och fästbygeln. Ta bort pumpen.

Montering

15 Montera i omvänd ordningsföljd mot demonteringen. Se till att du drar åt banjobulten på tryckröret till det vridmoment som listas i detta kapitels specifikationer. Justera spänningen på drivremmen genom att följa beskrivningen i kapitel 1.

16 Fyll på vätska till maxnivån i behållaren (se *Veckokontroller*) och lufta systemet (avsnitt 21).

21 Servostyrningssystem – lufta

1 Efter en åtgärd där servostyrningens oljeledningar har kopplats loss måste servosystemet luftas för att få bort all luft och för att styrningen ska fungera riktigt.

2 Låt framhjulen peka rakt fram, kontrollera servostyrningens vätskenivå och fyll vid behov på vätska av angiven typ (se *Smörjmedel och vätskor*) tills markeringen Cold har uppnåtts på mätstickan.

3 Starta motorn och låt den gå på snabb-tomgång. Kontrollera vätskenivån igen och

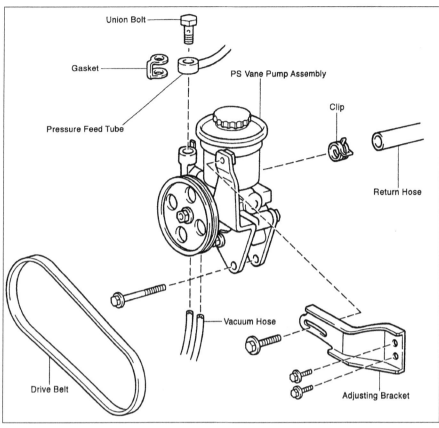

20.10b Sprängskiss över servostyrningspumpen och fästbygeln

fyll eventuellt på ytterligare tills vätskenivån är på samma nivå som markeringen Cold på mätstickan.

4 Lufta systemet genom att vrida hjulen från sida till utan att ge fullt rattutslag. På detta sätt hålls luften utanför systemet. Låt behållaren vara fylld med vätska när du gör detta.

5 När det inte längre finns kvar någon luft i systemet vrider du tillbaka hjulen så att de pekar rakt framåt. Låt bilen vara igång ett tag till innan du slår av den.

6 Gör ett landsvägsprov med bilen för att försäkra dig om att styrningssystemet fungerar normalt och utan missljud.

7 Kontrollera vätskenivån igen för att försäkra dig om att den befinner sig i linje med

markeringen Hot på mätstickan samtidigt som motorns arbetstemperatur är vid normal nivå. Tillsätt mer vätska om det behövs (se *Veckokontroller*).

22 Hjul och däck – allmän information

1 Alla bilar som tas upp i denna manual är utrustade med fiberglas i metermått eller radiella däck med stålbälten. Om däck av annan typ eller storlek används kan det påverka styrningen och hanteringen av fordonet. Blanda inte olika sorters däck som t.ex. radiella däck och däck med

20.12 Arbeta på motorns baksida och koppla loss anslutningskontakten till servostyrningens tryckbrytare

20.13 Lossa klämman och koppla loss vätskereturslangen från pumpen

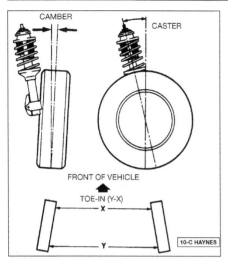

23.1 Cambervinkel, castervinkel och toe-in-vinklar

diagonalbältgördel på samma fordon eftersom köregenskaperna kan påverkas kraftigt av detta. Vi rekommenderar att däck byts i par på samma axel men om endast ett däck ska bytas måste du se till att det har samma storlek, struktur och mönster som det andra däcket.

2 Eftersom lufttrycket i däcket har stor betydelse för köregenskaperna och slitaget bör trycket i alla däck kontrolleras åtminstone en gång varje månad eller före längre resor (se *Veckokontroller*).

3 Hjulen måste bytas om de är böjda, buckliga, läcker luft, har utvidgade bulthål, är svårt ansatta av rost, inte är vertikalt symmetriska eller muttrarna inte sitter tillräckligt hårt fast. Hjulreparationer med svetsning eller kallhamring rekommenderas inte.

4 Däck- och hjulbalans är viktigt för de generella köregenskaperna, bromsningen och bilens prestanda. Obalanserade däck kan påverka såväl köregenskaper som däckens livslängd. När ett nytt däck monteras på ett hjul bör däcket och hjulet balanseras av en verkstad med riktig utrustning.

23 Hjulinställning – allmän information

Med hjulinställning menas de inställningar som görs på hjulen för att de ska stå i en korrekt vinkel i förhållande till fjädringen och marken. Hjul som inte är korrekt inställda påverkar inte enbart styrningen på fordonet utan ökar även däckslitaget. De främre vinklarna som normalt mäts upp är cambervinkel, castervinkel och toe-in **(se bild)**; enbart toe-in går att justera. Den justeringen som går att utföra baktill är toe-in. De andra vinklarna bör mätas för att kontrollera och titta efter böjda eller slitna fjädringsdelar.

Att få till rätt hjulinställning är en process som kräver extrem noggrannhet. Därför används ofta komplicerade och dyra maskiner

för ändamålet. På grund av detta måste du låta en mekaniker med riktig utrustning utföra dessa uppgifter. Vi kommer dock att använda detta utrymme för att ge dig grundprincipen för vad som görs vid en hjulinställning. Detta gör vi för att du lättare ska förstå processen och för att du på ett smidigt ska hantera processen med verkstaden som utför arbetet.

Toe-in är hjulens vridning. Avsikten med en toe-inställning är att se till att hjullen rullar parallellt. I ett fordon med noll toe-in kommer avståndet mellan hjulens främre kanter vara det samma som hjulens bakre kanter. Det faktiska toe-in är normalt sett bara en millimeter eller liknande. På den främre kanten styrs toe-in av styrledens position på styrstaget. På den bakre änden styrs det genom att längden på den bakre (nr 2) länkarmen ändras. Felaktigt toe-in gör att däcken slits på ett felaktigt sätt.

Cambervinkeln är hjulens lutning från lodrätt läge, sett från ena änden av fordonet. När hjulen lutar utåt i överkant, kan cambervinkeln sägas vara positiv (+). När hjulen lutar inåt i överkant är cambervinkeln negativ (-). Storleken på lutningen mäts i grader från vertikalt läge och detta mått kallas cambervinkel. Denna vinkel påverkar hur stor del av däckmönstret som är i kontakt med marken och som kompenserar för ändringar i fjädringen vid kurvtagning eller när fordonet körs över en vågformig yta.

Castervinkeln är lutningen på den främre styraxeln från vertikalt läge. En lutning bakåt innebär en positiv castervinkel och en lutning framåt är en negativ castervinkel.

Kapitel 11
Kaross och detaljer

Svårighetsgrad

Enkelt, passar novisen med lite erfarenhet	**Ganska enkelt,** passar nybörjaren med viss erfarenhet	 **Ganska svårt,** passar kompetent hemmamekaniker	**Svårt,** passar hemmamekaniker med erfarenhet	**Mycket svårt,** för professionell mekaniker

Specifikationer

Åtdragningsmoment
                                                        Nm

Säkerhetsbältets fästbultar 41
Bältessträckarens fästtapp på sätet 41
Sätets fästbultar 42

1 Allmän information

Ytterkarossen är gjord av sektioner av pressat stål. De flesta komponenter är sammansvetsade, men ibland används strukturlim.

Motorhuven, dörren och vissa andra känsligare delar är tillverkade av zinköverdragen metall och skyddas dessutom av ett lager skyddande primer före lackering.

Plastmaterial används i stor utsträckning, framförallt i inredningen, men även till yttre komponenter. Den främre och bakre stötfångaren samt den främre grillen är tillverkade i formsprutat syntetmaterial som är mycket starkt samtidigt som det är mycket lätt. Plastdelar som hjulhusfoder är monterade på bilens undersida för att förbättra karossens skydd mot korrosion.

2 Underhåll – kaross och underrede

1 Karossens allmänna skick påverkar bilens värde väsentligt. Underhållet är enkelt men måste utföras regelbundet. Underlåtenhet att sköta underhållet, speciellt efter smärre skador, kan snabbt leda till värre skador och dyra reparationer. Det är även viktigt att hålla ett öga på de delar som inte är direkt synliga, exempelvis underredet, under hjulhusen och de nedre delarna av motorrummet.

2 Tvättning utgör grundläggande underhåll av karossen – helst med stora mängder vatten från en slang. Detta tar bort all lös smuts som har fastnat på bilen. Det är viktigt att spola bort smutsen på ett sätt som förhindrar att lacken skadas. Hjulhusen och underredet måste tvättas rena från lera på samma sätt. Fukten som binds i leran kan annars leda till rostangrepp. Paradoxalt nog är det bäst att tvätta av underredet och hjulhuset när det regnar eftersom leran då är blöt och mjuk. Vid körning i mycket våt väderlek spolas vanligen underredet av automatiskt vilket ger ett tillfälle för kontroll.

3 Med undantag för bilar med vaxade underreden är det bra att regelbundet rengöra hela undersidan av bilen, inklusive motorrummet, med ångtvätt så att en grundligkontroll kan utföras för att se vilka åtgärder och mindre reparationer som behövs. Ångtvättar finns att få tag på hos bensinstationer och verkstäder och behövs när man ska ta bort de ansamlingar av oljeblandad smuts som ibland lägger sig tjockt i vissa utrymmen. Om det inte finns tillgång till ångtvätt finns det utmärkta fettlösningsmedel som penslas på. Sedan kan smutsen helt enkelt spolas bort. Observera att ingen av ovanstående metoder ska användas på bilar med vaxade underreden, eftersom de tar bort vaxet. Bilar med vaxade underreden ska kontrolleras årligen, helst på senhösten. Underredet ska då tvättas av så att skador i vaxbestrykningen kan hittas och åtgärdas. Helst ska ett helt nytt lager vax läggas på. Överväg även att spruta in vaxbaserat skydd i dörrpaneler, trösklar, balkar och liknande som ett extra rostskydd där tillverkaren inte redan åtgärdat den saken.

4 Torka av lacken med sämskskinn efter tvätten så att den får en fin yta. Ett lager med genomskinligt skyddsvax ger förbättrat skydd mot kemiska föroreningar i luften. Om lacken mattats eller oxiderats kan ett kombinerat rengörings-/polermedel återställa glansen. Detta kräver lite arbete, men sådan mattning orsakas vanligen av slarv med regelbundenheten i tvättningen. Metalliclacker kräver extra försiktighet och speciella slipmedelsfria rengörings-/polermedel krävs för att inte skada ytan. Kontrollera alltid att dräneringshål och rör i dörrar och ventilation är öppna så att vatten kan rinna ut. Kromade ytor ska behandlas på samma sätt som lackerade. Glasytor ska hållas fria från smutshinnor med hjälp av glastvättmedel. Vax eller andra medel för polering av lack eller krom ska inte användas på glas.

3 Underhåll – klädsel och mattor

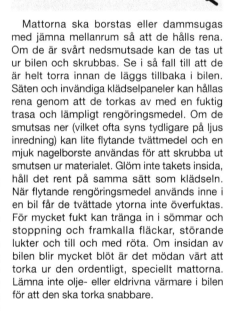

Mattorna ska borstas eller dammsugas med jämna mellanrum så att de hålls rena. Om de är svårt nedsmutsade kan de tas ut ur bilen och skrubbas. Se i så fall till att de är helt torra innan de läggs tillbaka i bilen. Säten och invändiga klädselpaneler kan hållas rena genom att de torkas av med en fuktig trasa och lämpligt rengöringsmedel. Om de smutsas ner (vilket ofta syns tydligare på ljus inredning) kan lite flytande tvättmedel och en mjuk nagelborste användas för att skrubba ut smutsen ur materialet. Glöm inte takets insida, håll det rent på samma sätt som klädseln. När flytande rengöringsmedel används inne i en bil får de tvättade ytorna inte överfuktas. För mycket fukt kan tränga in i sömmar och stoppning och framkalla fläckar, störande lukter och till och med röta. Om insidan av bilen blir mycket blöt är det mödan värt att torka ur den ordentligt, speciellt mattorna. Lämna inte olje- eller eldrivna värmare i bilen för att den ska torka snabbare.

4 Mindre karosskador – reparation

Mindre repor

1 Om en repa är mycket ytlig och inte har trängt ner till karossmetallen är reparationen mycket enkel att utföra. Gnugga det skadade området helt lätt med lackrenoveringsmedel eller en mycket finkornig slippasta så att lös lack tas bort från repan och det omgivande området befrias från vax. Skölj med rent vatten.

2 Applicera förbättringslack på repan med en tunn målarpensel. Fortsätt att lägga på tunna lager färg tills färgytan i repan är i nivå med den omgivande lacken. Låt den nya lacken härda i minst två veckor och jämna sedan ut den mot omgivande lack genom att gnugga hela området kring repan med lackrenoveringsmedel eller en mycket finkornig slippasta. Avsluta med en vaxpolering.

3 Om repan har gått ner till karossmetallen och denna har börjat rosta krävs en annan teknik. Ta bort lös rost från botten av repan med ett vasst föremål och lägg sedan på rostskyddsfärg så att framtida rostbildning förhindras. Använd sedan en spackel av gummi eller nylon och fyll upp repan med spackelmassa. Vid behov kan spacklet tunnas ut med thinner så att det blir mycket tunt vilket är idealiskt för smala repor. Innan spacklet härdar, linda ett stycke mjuk bomullstrasa runt en fingertopp. Doppa fingret i cellulosaförtunning och stryk snabbt över fyllningen i repan. Det gör att ytan blir något urholkad. Lacka sedan över repan enligt tidigare anvisningar.

Bucklor

4 När en djup buckla har uppstått i bilens kaross blir den första uppgiften att räta ut den så att karossen i det närmaste återfår ursprungsformen. Det finns ingen anledning att försöka återställa formen helt eftersom metallen i det skadade området sträckt sig vid skadans uppkomst och aldrig helt kommer att återta sin gamla form. Det är bättre att försöka ta bucklans nivå upp till ca 3 mm under den omgivande karossens nivå. I de fall bucklan är mycket grund är det inte värt besväret att räta ut den. Om undersidan av bucklan är åtkomlig kan den knackas ut med en träklubba eller plasthammare. När detta görs ska mothåll användas på plåtens utsida så att inte större delar knackas ut.

5 Skulle bucklan finnas i en del av karossen som har dubbel plåt, eller om den av någon annan anledning är oåtkomlig från insidan, krävs en annan teknik. Borra ett flertal små hål genom metallen i bucklan – speciellt i de djupare delarna. Skruva sedan in långa plåtskruvar precis så långt att de får ett fast grepp i metallen. Dra sedan ut bucklan genom att dra i skruvskallarna med en tång.

6 Nästa steg är att ta bort lacken från det skadade området och ca 3 cm av den omgivande oskadade plåten. Detta görs enklast med stålborste eller slipskiva monterad på borrmaskin, men kan även göras för hand med slippapper. Fullborda underarbetet genom att repa den nakna plåten med en skruvmejsel eller filspets, eller genom att borra små hål i det område som ska spacklas. Detta gör att spacklet fäster bättre.

7 Se avsnittet om spackling och sprutning för att avsluta reparationen.

Rosthål eller revor

8 Ta bort lacken från det drabbade området och ca 3 cm av den omgivande oskadade plåten med en sliptrissa eller stålborste monterad i en borrmaskin. Om detta inte finns tillgängligt kan några ark slippapper göra jobbet lika effektivt. När lacken är borttagen kan rostskadans omfattning uppskattas mer exakt och därmed kan man avgöra om hela plåten (om möjligt) ska bytas ut eller om rostskadan ska repareras. Nya plåtdelar är inte så dyra som de flesta tror och det går ofta snabbare och ger bättre resultat med plåtbyte än att försöka reparera större rostskador.

9 Ta bort alla detaljer från det skadade området, utom dem som styr plåtens ursprungliga form, exempelvis lyktsarger. Ta sedan bort lös eller rostig metall med plåtsax eller bågfil. Knacka kanterna något inåt så att du får en grop för spacklingsmassan.

10 Borsta av det skadade området med en stålborste så att rostdamm tas bort från ytan av kvarvarande metall. Måla området med rostskyddsfärg. Behandla också det skadade områdets baksida, om den är åtkomlig.

11 Före spacklingen måste hålet täckas på något sätt. Detta kan göras med nät av plast eller aluminium eller med aluminiumtejp.

12 Nät av plast eller aluminium eller glasfiberväv är antagligen det bästa materialet för ett stort hål. Skär ut en bit som är ungefär lika stor som det hål som ska fyllas, placera den i hålet så att kanterna är under nivån för den omgivande plåten. Ett antal klickar spackelmassa runt hålet fäster materialet.

13 Aluminiumtejp bör användas till små eller mycket smala hål. Dra av en bit tejp från rullen och klipp till den storlek och form som behövs. Dra bort eventuellt skyddspapper och fäst tejpen över hålet. Tejpen kan överlappas om en bit inte räcker. Tryck ner tejpkanterna med ett skruvmejselhandtag eller liknande så att tejpen fäster ordentligt på metallen.

Spackling och sprutning

14 Se tidigare anvisningar beträffande reparation av bucklor, repor, rosthål och andra hål innan beskrivningarna i det här avsnittet följs.

15 Det finns många typer av spackelmassa. Generellt sett är de som består av grundmassa och härdare bäst vid den här typen av reparationer, de kan användas direkt från tuben. En bred och följsam spackel av nylon eller gummi är ett ovärderligt verktyg för att skapa en väl formad spackling med fin yta.

16 Blanda lite massa och härdare på en skiva av exempelvis kartong eller masonit. Följ tillverkarens instruktioner och mät ut härdaren noga, i annat fall härdar spacklingen för snabbt eller för långsamt. Använd applikatorn och bred ut massan på den preparerade ytan. Dra applikatorn över massans yta för att forma den och göra den jämn. Så snart massan antagit en någorlunda korrekt form bör arbetet avbrytas. Om man håller på för länge blir massan kletig och börjar fastna på spackeln. Fortsätt lägga på tunna lager med

ca 20 minuters mellanrum till dess att massan är något högre än den omgivande plåten.

17 När massan härdat kan överskottet tas bort med hyvel eller fil. Börja med nr 40 och avsluta med nr 400 våt- och torrpapper. Linda alltid papperet runt en slipkloss, i annat fall blir inte den slipade ytan plan. Vid slutpoleringen med torr- och våtpapper ska detta då och då sköljas med vatten. Detta skapar en mycket slät yta på massan i slutskedet.

18 I det här stadiet bör bucklan vara omgiven av en ring med ren plåt som i sin tur omges av en lätt ruggad kant av den oskadade lacken. Skölj av reparationsområdet med rent vatten till dess att allt slipdamm försvunnit.

19 Spruta ett tunt lager grundfärg på hela reparationsområdet. Då avslöjas mindre ytfel i spacklingen. Laga dessa med ny spackelmassa eller filler och slipa av ytan igen. Massa kan tunnas ut med thinner så att den blir mer lämpad för riktigt små gropar. Upprepa denna sprutning och reparation till dess att du är nöjd med spackelytan och den ruggade lacken. Rengör reparationsytan med rent vatten och låt den torka helt.

20 Reparationsytan är nu klar för lackering. Färgsprutning måste utföras i ett varmt, torrt, drag- och dammfritt utrymme. Detta kan åstadkommas inomhus om det finns tillgång till ett större arbetsområde, men om arbetet måste äga rum utomhus är valet av dag av stor betydelse. Om arbetet utförs inomhus kan golvet spolas av med vatten eftersom detta binder damm som annars skulle finnas i luften. Om ytan som ska åtgärdas endast omfattar en panel ska de omgivande panelerna maskeras av. Då kommer inte mindre nyansskillnader i lacken att synas lika tydligt. Dekorer och detaljer (kromlister, handtag med mera) ska även de maskeras av. Använd riktig maskeringstejp och flera lager tidningspapper till detta.

21 Före sprutning, skaka burken ordentligt och spruta på en provbit, exempelvis konservburk, tills tekniken behärskas. Täck reparationsytan med ett tjockt lager grundfärg. Tjockleken ska byggas upp med flera tunna färglager, inte ett enda tjockt lager. Polera sedan grundfärgsytan med nr 400 våt- och torrpapper, till dess att den är slät. Medan detta utförs ska ytan hållas våt och papperet ska periodvis sköljas i vatten. Låt torka innan mer färg läggs på.

22 Spruta på färglagret och bygg upp tjockleken med flera tunna lager färg. Börja spruta i ena kanten och arbeta med sidledes rörelser nedåt till dess att hela reparationsytan och ca 5 cm av den omgivande lackeringen täckts. Ta bort maskeringen 10–15 minuter efter det att det sista färglagret sprutades på.

23 Låt den nya lacken härda i minst två veckor innan den nya lackens kanter jämnas ut mot den gamla med en lackrenoverare eller mycket fin slippasta. Avsluta med en vaxpolering.

Plastdetaljer

24 Biltillverkarna gör allt fler karossdelar av

plast (t.ex. stötfångare, spoilers och i vissa fall även större karosspaneler), och allvarligare fel på sådana komponenter kan endast åtgärdas genom att reparationsarbetet överlåts till en specialist, eller genom att hela komponenten byts ut. Gör-det-själv reparationer av sådana skador är inte rimliga på grund av kostnaden för den specialutrustning och de speciella material som krävs. Principen för dessa reparationer är dock att en skåra tas upp längs med skadan med en roterande rasp i en borrmaskin. Den skadade delen svetsas sedan ihop med en varmluftspistol och en plaststav i skåran. Plastöverskott tas bort och ytan slipas ner. Det är viktigt att rätt typ av plastlod används – plasttypen i karossdelar kan variera, exempelvis PCB, ABS eller PPP.

25 Mindre allvarliga skador (skrapningar, mindre sprickor etc.) kan en hemmamekaniker åtgärda med epoxyspackel av tvåkomponenttyp, som kan användas direkt från tuben. Den blandas i lika delar och används på liknande sätt som spackelmassa på plåt. Epoxyn härdar i regel inom 30 minuter och kan sedan slipas och målas.

26 Om ägaren har bytt en komponent på egen hand eller reparerat med epoxymassa, återstår svårigheten att hitta en färg som lämpar sig för den aktuella plasten. En gång i tiden kunde inte någon universalfärg användas på grund av det breda utbudet av plaster i karossdelar. Generellt sett fastnar inte standardfärger på plast och gummi, men det finns perfekt matchade färger och kompletta färgsatser för plast- och gummilackering och att köpa. Numera finns det dock satser för plastlackering att köpa. Dessa består i princip av förprimer, grundfärg och färglager. Kompletta instruktioner finns i satserna, men grundmetoden är att först lägga på förprimern på den aktuella delen och låta den torka i 30 minuter. Sedan ska grundfärgen läggas på och lämnas att torka i ungefär en timme innan det färgade ytlacket läggs på. Resultatet blir en korrekt färgad del där lacken kan röra sig med materialet, något de flesta standardfärger inte klarar.

---

5   Större karosskador –
reparation

Om helt nya paneler måste svetsas fast på grund av större skador eller bristande underhåll, bör arbetet överlåtas till professionella mekaniker. Om det är fråga om en allvarlig krockskada måste hela karossens inställning kontrolleras och det kan endast utföras av en Toyota-verkstad med tillgång till uppriktningsriggar. En felbalanserad kaross är för det första farlig, eftersom bilen inte reagerar på rätt sätt, och för det andra så kan det leda till att styrningen, fjädringen och ibland kraftöverföringen belastas ojämnt med ökat slitage eller helt trasiga komponenter som följd. Särskilt däcken är utsatta.

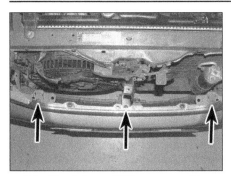

6.2a Den främre stötfångarens mittre
klämmor (se pilar)

6.2b Skruva loss bultarna som håller fast
stötfångaren vid skärmen på varje sida

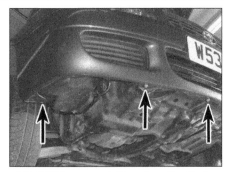

6.5 Stötfångarens hållare (se pilar för tre
bultar på höger sida)

6.6 Lossa de två skruvar som håller fast
stötfångaren vid hjulhusfodret på varje sida

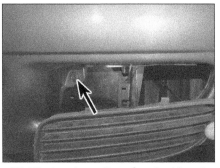

6.7 Bänd ut plastgallret på varje sida och
skruva loss bulten (se pil) i urholkningen

6.8 Skruva loss bulten i det mittre gallret
(se pil)

6 Främre stötfångare – demontering och montering

Demontering

Modeller med enkel strålkastare

1 Ta bort kylargrillen enligt beskrivningen i avsnitt 11.
2 Stötfångaren hålls fast av tre klämmor i den mittersta övre delen, en skruv på var sida fäster stötfångaren på skärmen, en på var sida fäster stötfångaren på sidofästet och en bult i mitten under registreringsskylten. Skruva loss centrumsprintarna och bänd ut klämmorna, skruva sedan loss bultarna **(se bilder)**.
3 Skruva loss bultarna under stötfångaren som fäster den på motorns undre skyddskåpor.
4 Ta hjälp av en medhjälpare och dra stöt-

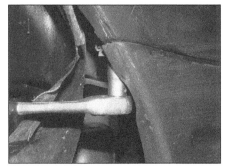

6.9 Skruva loss bulten som håller fast
stötfångaren vid skärmen på varje sida

fångaren framåt, koppla loss eventuella anslutningskontakter allt eftersom stötfångaren tas bort.

Modeller med dubbla strålkastare

5 Skruva loss de sex bultarna på stötfångarens undersida **(se bild)**. De två yttre bultarna är skruvade i plastexpandernitar. Bänd ut nitarna när skruvarna har tagits bort.
6 Skruva på båda sidorna bort skruven som fäster stötfångarens bakre kant på hjulhusfodret **(se bild)**.
7 Bänd ut plastgallret på båda sidorna eller ta bort de främre dimljusen (om det är tillämpligt – se kapitel 12) och skruva loss bulten i respektive fördjupning **(se bild)**.
8 Skruva loss bulten från mittengallret **(se bild)**.
9 Dra bort hjulhusfodret från stötfångarens bakre kant något, skruva sedan loss bulten som fäster stötfångaren på skärmen **(se bild)**.
10 Öppna motorhuven, skruva loss de tre skruvarna och ta bort kylargrillen.
11 Skruva loss de tre skruvarna och bänd ut klämman i kylargrillens öppning som fäster den främre panelen på stötfångaren **(se bild 6.2a)**.
12 Dra stötfångarens bakre kanter något utåt, ta hjälp av en medhjälpare och dra bort stötfångaren framåt, från bilen. Koppla ifrån eventuella anslutningskontakter när stötfångaren tas bort.

Montering

13 Återmontering utförs i omvänd ordningsföljd mot demontering, se till att stötfångarens fästskruvar är ordentligt åtdragna.

7 Bakre stötfångare – demontering och montering

Demontering

Sedanmodeller

1 I skrivande stund fanns ingen information tillgänglig.

Kombikupé och sportkupé

2 Öppna bakluckan och skruva loss de båda plastmuttrarna som fäster rampanelen. Ta bort klädselpanelen.
3 Dra klädselpanelen bakom bakljusen framåt, skruva sedan loss de fyra muttrarna som fäster stötfångaren på den bakre panelen **(se bild)**.
4 Skruva loss de båda skruvarna och ta bort stänkskydden från båda sidor, skruva

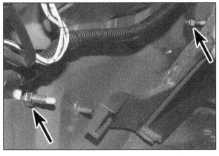

7.3 Dra fram panelen bakom bakljusen
och skruva loss stötfångarens fästmuttrar
(se pilar för två muttrar på höger sida)

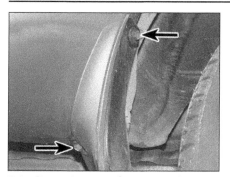

7.4a Skruva loss de två skruvarna (se pilar) och ta bort stänkskyddet på varje sida. . .

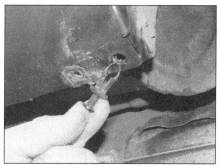

7.4b . . . skruva sedan loss skruven och bänd ut klämman vid stötfångarens nedre kant

7.5 Skruva loss skruvarna och dra bort insatsen från stötfångaren

sedan loss skruven och bänd ut klämman på stötfångarens främre nedre kant, på båda sidor **(se bilder)**.

5 Skruva loss de båda skruvarna och dra bort plastinsatsen från stötfångarens främre kant **(se bild)**.

6 Skruva loss skruven på stötfångarens övre främre kant, på båda sidor **(se bild)**.

7 Arbeta under bilens bakre del och skruva loss skruvarna och bänd ut de båda klämmorna på stötfångarskyddets undersida **(se bild)**.

8 Be en medhjälpare om hjälp och skjut stötfångaren bakåt. På modeller med parkeringsradar kopplar du loss givarnas kontakter när stötfångaren tas bort.

Kombimodeller

9 I skrivande stund fanns ingen information tillgänglig.

Montering

10 Återmontering utförs i omvänd ordningsföljd mot demontering, se till fästbultarna/-muttrarna är ordentligt åtdragna.

---

8 Motorhuv – demontering, montering och justering

Motorhuv

Observera: *Motorhuven är tung och lite otymplig vid demontering och montering – det krävs minst två personer för detta.*

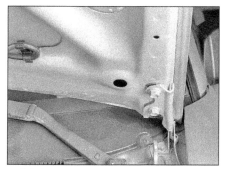

8.1 Innan du tar bort motorhuven, gör markeringar runt gångjärnsplattan

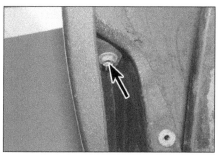

7.6 Skruva loss skruven på varje sida (se pil) av stötfångarens främre, övre kant

Demontering och montering

1 Gör markeringar runt bultskallarna för att säkerställa korrekt linjering vid monteringen **(se bild)**.

2 Använd filtar eller klossar för att täcka öppningarna på karossen och skärmarna. Detta skyddar karossen och lacken när motorhuven lyfts bort.

3 Koppla ifrån alla kablar eller vajrar som kan störa borttagningen.

4 Be medhjälparen att hålla motorhuven öppen. Ta bort bultarna mellan gångjärnen och motorhuven.

5 Lyft bort motorhuven.

6 Återmonteringen utförs i omvänd ordningsföljd mot demonteringen.

Justering

7 Justeringen av motorhuven i längsled och sidled görs genom att gångjärnsplattan flyttas efter det att bultarna har lossats.

8 Ritsa in en linje runt hela gångjärnsplattan

8.10 Lossa bultarna, flytta på haken och dra åt bultarna igen. Stäng sedan motorhuven för att kontrollera att den sitter

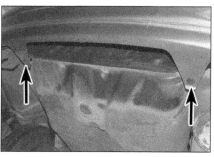

7.7 Skruva loss skruvarna och bänd ut klämmorna (se pilar)

så att du kan bedöma rörelsen **(se bild 8.1)**

9 Lossa bultarna eller muttrarna och flytta motorhuven till det rätta läget. Flytta den endast lite i taget. Dra åt gångjärnsbultarna och sänk försiktigt ner motorhuven för att kontrollera dess läge.

10 Efter monteringen kan du vid behov justera hela motorhuvens låsenhet både i längsled och i sidled på kylarfästet så att motorhuven stängs ordentligt, i jämnhöjd med skärmarna. När du ska justera detta, ritsa in en linje runt fästbultarna till motorhuvens lås som en referenspunkt. Lossa sedan bultarna och passa in låsenheten igen, efter behov **(se bild)**. Efter justeringen måste fästbultarna dras åt igen.

11 Justera slutligen motorhuvens höjd på kylarfästet så att motorhuven är i jämnhöjd med skärmarna när den är stängd **(se bild)**.

12 Motorhuvens låsenhet, liksom gångjärnen, ska smörjas regelbundet med vitt, litiumbaserat fett för att förhindra kärvning och slitage.

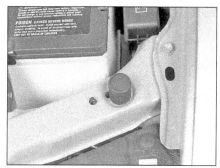

8.11 Justera motorhuvens höjd genom att skruva huvens stötfångare åt endera hållet

9.6 Koppla loss motorhuvslåsvajern från haken

9 Motorhuvens låsvajer – demontering och montering

Demontering

1 Motorhuvens låsvajer är i ett enda stycke och binder samman handtaget under förarsidans instrumentbräda med urkopplingsmekanismen mitt på motorhuvens främre del.
2 Dra i handtaget för att öppna motorhuven, lossa sedan vajerhöljet och vajerändbeslaget från handtaget **(se bild 27.51)**.
3 Ta bort den nedre instrumentbrädans panel på förarsidan enligt beskrivningen i avsnitt 27.
4 Skruva loss de tre skruvarna och ta bort kylargrillen **(se bild 11.1)**.
5 Gör inställningsmarkeringar runt motorhuvens lås för att underlätta återmonteringen,

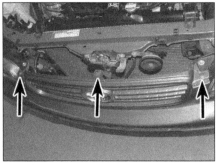

11.1 Skruva loss de tre skruvarna (se pilar)

12.5 Rita runt gångjärnsplattan innan du lossar fästbultarna

skruva sedan loss de båda fästskruvarna **(se bild 8.10)**.
6 Koppla ifrån vajerhöljet och ändbeslaget från motorhuvens lås **(se bild)**.
7 Lossa vajerns från eventuella fästklämmor.
8 Bind en bit snöre i vajerns ände i motorrummet, dra sedan försiktigt vajern in till kupén. Knyt upp snöret från vajeränden och lämna kvar det för att underlätta återmonteringen.

Montering

9 Passa in vajern i kupén.
10 Bind fast snöret i den nya vajerns ände och dra genom den till motorrummet. Du kan behöva hjälpa vajern genom genomföringen i mellanväggen.
11 Kontrollera att vajern är rätt dragen och sätt den på plats med klämmorna. Lossa snöret.
12 Återanslut vajern till motorhuvens lås och montera sedan tillbaka låset med hjälp av de inställningsmarkeringar som du gjorde tidigare.
13 Sätt tillbaka kylargrillen.
14 Sätt tillbaka instrumentbrädans nedre panel och återanslut vajern på handtaget. Kontrollera att motorhuvens lås fungerar som det ska innan du stänger motorhuven.

10 Motorhuvens lås – demontering och montering

Demontering

1 Ta bort kylargrillen (se avsnitt 11).
2 Gör inställningsmarkeringar runt motor-

12.3 Skruva loss dörrstängningsremsans bult (se pil)

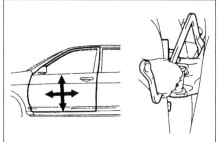

12.6a När du justerar dörren uppåt/nedåt eller framåt/bakåt har du stor hjälp av en specialnyckel som denna

huvens lås för att underlätta återmonteringen, skruva sedan loss de båda fästskruvarna **(se bild 8.10)**.
3 Lossa vajerhöljet och ändbeslaget från låset **(se bild 9.6)**.

Montering

4 Monteringen utförs i omvänd ordningsföljd mot demonteringen, använd inställningsmarkeringarna. Kontrollera att mekanismen fungerar som den ska innan du stänger motorhuven.

11 Kylargrill – demontering och montering

Demontering

1 Öppna motorhuven och skruva loss de tre skruvarna på grillens övre kant **(se bild)**.
2 Lyft bort grillen.

Montering

3 Montering utförs i omvänd ordningsföljd.

12 Dörr – demontering, montering och justering

Demontering och montering

1 Ta bort dörrens klädselpanel (se avsnitt 13). Koppla ifrån eventuella elektriska kontakter och skjut dem genom dörröppningen så att de inte stör borttagningen.
2 Placera en domkraft eller pallbockar under dörren eller be en medhjälpare att hålla upp dörren när du tar bort gångjärnens bultar . **Observera:** *Om du använder en domkraft eller pallbockar, placera en trasa mellan den/de och dörren för att skydda dörrens lack.*
3 Ta bort dörrhållarremmens bult **(se bild)**.
4 Ritsa runt dörrbultarna för att underlätta återmonteringen.
5 Ta bort bultarna mellan gångjärn och dörr och lossa försiktigt dörren **(se bild)**. Montera i omvänd ordningsföljd mot demonteringen.

Justering

6 Efter återmonteringen är det viktigt att du kontrollerar att dörren är korrekt linjerad. Justera den vid behov enligt följande:
  a) *Justeringar i längsled och sidled görs genom att du lossar bultarna mellan gångjärn och dörr och flyttar dörren i önskad riktning. Det kan krävas ett särskilt förskjutningsverktyg för att komma åt några av bultarna* **(se bild)**.
  b) *Justeringar i sidled och längsled gös genom att du lossar dörrens sidogångjärnsbultar och flyttar dörren i önskad riktning. Det kan krävas ett särskilt*

förskjutningsverktyg för att komma åt
några av bultarna (se bild).

c) *Dörrlåsets låskolv kan också justeras*
både i längsled och sidled för att haka
i låsmekanismen. Detta görs genom att
skruvarna lossas och låskolven flyttas så
mycket som behövs (se bild).

13 Dörrens inre klädselpanel – demontering och montering

Demontering – framdörr
Kombikupé

1 På modeller med manuell fönsterhiss tar du bort fönsterveven genom att dra en trasa fram och tillbaka bakom handtaget för att lossa fästklämman **(se bild)**. Det finns ett specialverktyg för detta, men det är inte nödvändigt att använda det. När fästklämman har lossats drar du bort handtaget och tar hand om plastbrickan bakom handtaget. På modeller med elfönsterhiss bänder du ut brytarenheten, kopplar loss det elektriska kontaktdonet och tar bort det **(se bild)**.

2 Bänd upp plastlocket, skruva loss skruven som fäster det invändiga handtagets omgivande panel, använd sedan en spår-skruvmejsel för att bända panelen bakåt och försiktigt bända loss den **(se bilder)**.

3 Bänd försiktigt loss ytterbackspegelns inre panel **(se bild)**.

4 Skruva loss de två skruvarna som fäster dörrens handtag. Den bakersta skruven kommer du åt genom att bända upp klaffen – öppna klaffen och skruva loss skruvarna **(se bilder)**.

5 Panelen är nu fäst med tre elastiska plastklämmor och sex panelklämmor. Tryck in centrumsprintarna och bänd ut de elastiska klämmorna, sätt sedan in en spårskruvmejsel mellan klädselpanelen och dörren för att lossa panelklämmorna. Arbeta runt dörrens yttre kant tills panelen har lossnat.

6 När alla klämmor har lossats, lossa klädsel-panelen och eventuella elektriska kontaktdon och ta bort klädselpanelen från bilen genom att försiktigt dra den uppåt och utåt.

7 När du behöver komma åt innerdörren måste du ta bort plastfuktspärren. Dra bort plast-skyddet, var försiktig så att du inte skadar det **(se bild 13.14)**.

13.3 Bänd loss spegelns panel

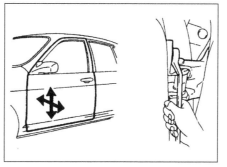
12.6b Justera dörren uppåt/nedåt eller inåt/utåt efter det att du har lossat bultarna till dörrens gångjärn

Alla modeller utom kombikupé
8 Ta bort fönsterhissens handtag eller elfönsterhissens brytare enligt beskrivningen i avsnitt 1.

9 Skruva loss skruven som fäster panelen runt

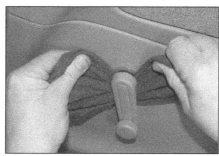
13.1a Dra en trasa fram och tillbaka bakom handtaget för att lossa fästklämman

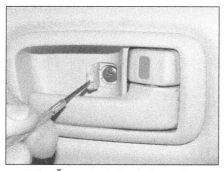
13.2a Öppna locket och skruva loss skruven . . .

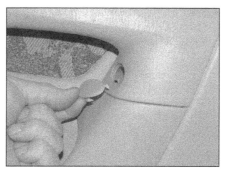
13.4a Bänd upp klaffen . . .

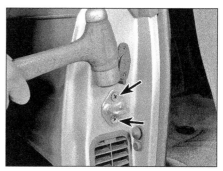
12.6c Justera låsgreppet genom att lossa fästskruvarna (se pilar) och knacka på låskolven

det inre handtaget, skjut sedan panelen framåt får att ta bort den **(se bild)**. Lossa länkstaget och ta bort handtagsenheten.

10 Bänd försiktigt loss ytterbackspegelns inre panel **(se bild 13.3)**.

13.1b Bänd loss fönstrets strömbrytare från dörrklädseln

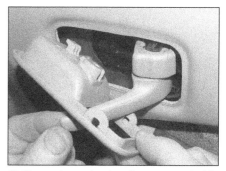
13.2b . . . dra sedan handtagets sarg bakåt för att ta bort den

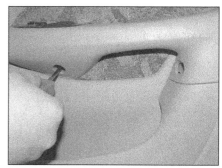
13.4b . . . och ta bort dörrklädselns skruvar

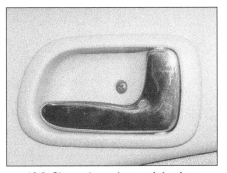

13.9 Skruva loss skruven i den inre urholkningen för handen

11 Bänd försiktigt upp armstödet med en skruvmejsel **(se bild)**.

12 Den inre klädselpanelen är nu fäst med två skruvar i armstödets öppning, en eller två elastiska plastklämmor (beroende på panelnivå) och sex panelklämmor. Skruva loss skruvarna, tryck in centrumsprintarna och bänd ut de elastiska klämmorna, sätt sedan in en spårskrivmejsel mellan klädselpanelen och dörren för att lossa panelklämmorna. Arbeta längs med dörrens yttre kant tills panelen är lös **(se bilder)**.

13 När alla klämmor har lossats, lossa klädselpanelen, koppla ifrån eventuella elektriska kontaktdon och ta bort klädselpanelen från bilen genom att försiktigt dra den uppåt och över låsknappen **(se bild)**.

14 När du behöver komma åt innerdörren måste du ta bort plastfuktspärren. Dra bort plastskyddet, var försiktig så att du inte skadar det **(se bild)**.

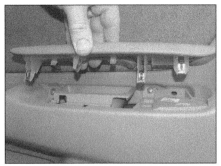

13.11 Bänd loss armstödets kåpa

Demontering – bakdörr

15 Ta bort fönsterhissens vevhandtag eller elfönsterhissens brytare enligt beskrivningen i avsnitt 1.

16 Skruva loss skruven och ta bort panelen runt dörrens inre handtag **(se bild 13.9)**. Koppla ifrån länkstaget när handtaget tas bort.

17 Bänd försiktigt upp armstödet med en skruvmejsel **(se bild)**.

18 Skruva loss de båda skruvarna i armstödets öppning.

19 Den inre klädselpanelen är fäst med panelklämmor runt dörrens kant. Sätt in ett platt verktyg mellan dörren och panelen för att lossa klämmorna. Arbeta runt dörrens kant tills panelen har lossnat. Observera att vissa modeller kan ha en elastisk plastklämma på panelens bakre kant. Skruva loss centrumsprinten och bänd ut klämman **(se bild)**.

20 När alla klämmor har lossats, lossa

klädselpanelen, koppla ifrån eventuella elektriska kontaktdon och ta bort klädselpanelen från bilen genom att försiktigt dra den uppåt och över låsknappen.

21 När du behöver komma åt innerdörren måste du ta bort plastfuktspärren. Dra bort plastskyddet, var försiktig så att du inte skadar det **(se bild 13.14)**.

Montering

22 När du ska montera klädselpanelen, tryck först fuktspärren på plats. Om det behövs lägger du till mer tätningsmedel för att hålla den på plats.

23 Före återmontering av dörrpanelen, se till att montera alla klämmor i panelen som kan ha åkt ut vid demonteringen och stannat i dörren.

24 Anslut alla elektriska kontaktdon och placera panelen på rätt ställe. Tryck fast den tills klämmorna är på plats och sätt dit alla fästskruvar och armstöd/dörrhandtag. Montera det manuella fönsterreglaget eller den elektriska brytarenheten.

14 Dörrhandtag och låskomponenter – demontering och montering

1 Ta bort dörrens klädselpanel och plastfuktspärren (avsnitt 13).

Dörregel

Demontering

2 Skruva loss bulten och ta bort fönsterstyrningen från dörrens bakre del **(se bilder)**.

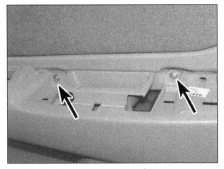

13.12a Skruva loss de två skruvarna i armstödet (se pilar)

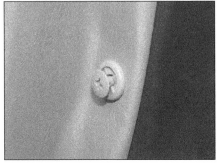

13.12b På den här sortens klämma, lossa skruven och bänd loss resten av klämman

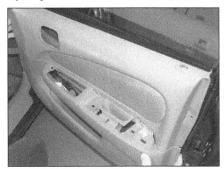

13.13 När alla klämmor har lossats, lyft klädselpanelen uppåt för att ta bort den

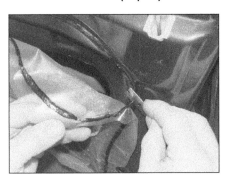

13.14 Skär försiktigt genom tätningen som håller fast plastfuktspärren

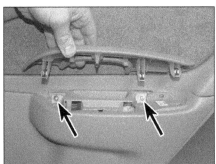

13.17 Bänd loss armstödets kåpa och skruva loss de två skruvarna (se pilar)

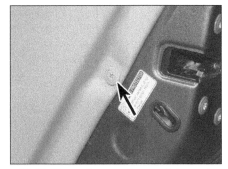

13.19 Skruva loss centrumsprinten och bänd ut klämman (se pil)

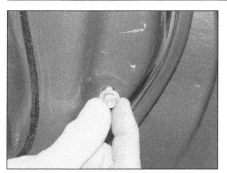
14.2a Skruva loss fönstrets styrskruv . . .

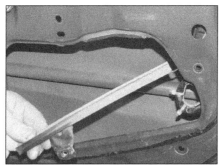
14.2b . . . och lyft ut fönstrets styrning

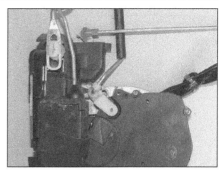
14.3 Framdörrens reglagespakar

14.4a Skruva loss regelns tre skruvar

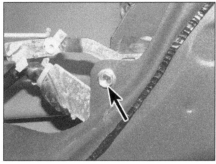
14.4b På bakdörrar är regeln fäst med en extra bult (se pil)

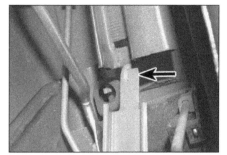
14.6 Observera hur tappen (se pil) vid bakrutans övre styrning är fäst vid den fasta styrningen

På bakdörrar tar du bort styrningarna enligt beskrivningen i avsnitt 15, punkt 10 och 11.

3 Arbeta bakom dörrpanelens insida och koppla loss styrningslänkarna från regeln, utanför handtaget och låscylindern **(se bild)**. För att koppla loss låscylinderns stag måste man på vissa modeller skruva loss muttern och ta bort metallkåpan från baksidan av låscylindern **(se bild 14.7)**.

4 Ta bort regeln med torxskruvar från dörrens ände **(se bild)**. På bakdörrar är regeln även fäst med en extra bult **(se bild)**.

5 Koppla loss dörregeln och (i förekommande

fall) dörrlåsets solenoid. Koppla loss anslutningskontakterna när enheten tas bort.

Montering

6 Återmonteringen utförs i omvänd ordningsföljd mot demonteringen. Observera att tappen ovanpå framdörrens bakre fönsterstyrning hakar i den fasta fönsterstyrningen **(se bild)**.

Låscylinder och ytterhandtag

Demontering

7 Koppla loss styrstagen från låscylindern

(endast framdörrar) och ytterhandtaget. För att koppla loss låscylinderns stag måste man på vissa modeller skruva loss muttern och ta bort metallkåpan från baksidan av låscylindern **(se bild)**.

8 Ta bort ytterhandtagets två fästbultar och dra sedan bort handtaget från dörren **(se bilder)**. Observera att på bakdörrar måste man ta bort dörregeln för att komma åt ytterhandtagets bakre fästbult.

9 Skruva loss pinnbulten och ta sedan bort låscylinderenheten från handtagsenheten – endast framdörrar.

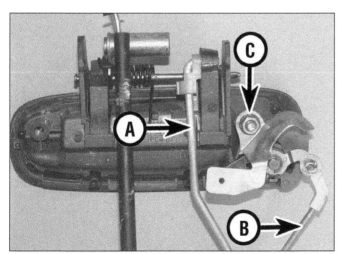
14.7 Ytterhandtagets kontrollstång (A), låscylinderns kontrollstång (B) och fästmutter med metallkåpa (C)

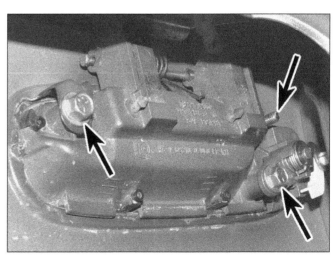
14.8a Ytterhandtagets fästbultar och låscylinderns pinnbult (se pilar)

14.8b Ta bort handtaget från dörren

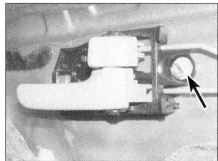

14.11 Skruva loss det inre handtagets fästbult (se pil)

14.12 Lossa länkstagen från handtaget

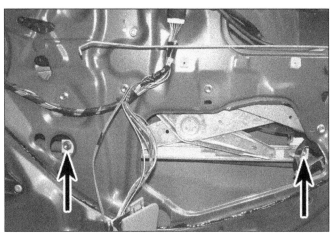

15.3 Skruva loss glasets fästbultar (se pilar)

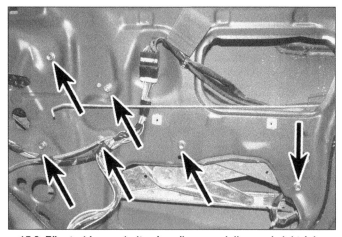

15.8 Fönsterhissens bultar (se pilar – modeller med elektriska fönsterhissar)

Montering

10 Återmonteringen utförs i omvänd ordningsföljd mot demonteringen.

Innerhandtag

Demontering

Observera: *På modeller som genomgått ansiktslyft (efter oktober 1999) tas handtaget bort vid borttagningen av dörrens inre klädselpanel.*

11 Ta bort fästskruven **(se bild)**.

12 Dra i handtaget så att det frigörs, koppla loss länkaget från innerhandtagets reglage och ta bort handtaget från dörren **(se bild)**.

Montering

13 Montera i omvänd ordningsföljd mot demonteringen.

15 Dörrens ruta och fönsterhiss – demontering och montering

Demontering

Framdörrens ruta

1 Sänk fönsterglaset ungefär till hälften.

2 Ta bort dörrens klädselpanel och plastfuktspärren (avsnitt 13).

3 Placera en trasa i dörrpanelen så att glaset inte skrapas, och ta bort glasets två fästbultar **(se bild)**.

4 Ta bort glaset genom att dra det uppåt.

Framdörrens fönsterhiss

5 Ta bort dörrens inre klädselpanel och plastfuktspärren (avsnitt 13).

6 Skruva loss de två bultarna som håller fast fönstret vid fönsterhissen. Lyft sedan fönstret uppåt och fäst det högst upp på dörren med tejp **(se bild 15.3)**.

7 Koppla loss fönsterhissens anslutningskontakt (i förekommande fall).

8 Fönsterhissen fästs med 4 bultar och en mutter (manuella rutor) eller 5 bultar och en mutter (elrutor). Skruva loss bultarna/muttern och ta bort fönsterhissen från dörren **(se bild)**.

9 Ta bort fönsterhissen från dörren. I skrivande stund verkar det som om elmotorn är inbyggd i fönsterhissen som måste bytas som en enhet. Kontrollera med din Toyota-återförsäljare eller en specialist.

Bakdörrens fönsterglas

10 Sänk rutan helt och bänd sedan försiktigt ut och ta bort fönstrets gummistyrning från dörramen **(se bild)**.

11 Skruva loss skruven som håller fast den nedre kanten och skruven som håller fast den bakre fönsterstyrningens övre kant. Ta sedan bort styrningen **(se bilder)**.

12 Skruva loss de 2 eller 3 skruvarna (beroende på modell) och ta bort den bakre

15.10 Bänd ut fönstrets gummistyrning från dörramen

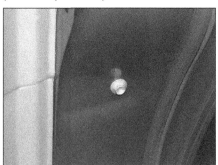

15.11a Skruva loss fönsterstyrningens nedre skruv . . .

15.11b ... och fönsterstyrningens övre skruv (se pil)

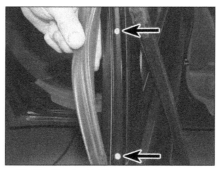

15.12a Dra bort dörrens tätningsremsa och skruva loss panelens två fästskruvar (se pilar)

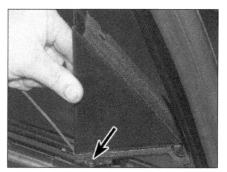

15.12b Lyft bort den trekantiga panelen. Observera placeringen av panelens fästskruv på vissa modeller (se pil)

trekantiga styrningspanelen och/eller fönsterstyrningen **(se bilder)**.

13 För fönstret åt sidan för att lossa lyftkanalen längst ner på fönstret från hissens rulle och ta bort det från fönstret **(se bild)**.

Bakdörrens fasta fönsterglas

14 Ta bort bakdörrens fönster enligt beskrivningen ovan.
15 Dra glaset och tätningsremsa ur läge.

Bakdörrens fönsterhiss

16 Ta bort det bakre fönstret enligt beskrivningen i detta avsnitt.
17 Skruva loss bultarna och ta bort fönsterhissenheten. På modeller med elstyrda rutor är hissen fäst med fyra bultar och på modeller med manuella rutor med 3 bultar **(se bild)**. Koppla loss motorns anslutningskontakt medan enheten tas bort (i förekommande fall).
18 I skrivande stund verkar det som om elmotorn är inbyggd i fönsterhissen som måste bytas som en enhet. Kontrollera med din Toyota-återförsäljare eller en specialist.

Montering

19 Återmonteringen utförs i omvänd ordningsföljd mot demonteringen, men före monteringen av plasttätningsremsan, kontrollera att fönstret fungerar.
20 Efter återmonteringen av fönstret kan man behöva styra den elstyrda rutans reglage manuellt för att stänga fönstret helt. På det här sättet "lär systemet in" det helt stängda läget.

16 Bakluckan och låskomponenter – demontering och montering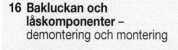

Demontering

Baklucka

1 Öppna bakluckan och måla dit inställningsmarkering runt gångjärnen på bakluckans undersida.
2 Skruva loss de fyra bultarna och ta bort bakluckan.

Bakluckans lås

3 Lossa klämmorna och ta bort bakluckans klädselpanel.

15.13 Lossa fönsterhissens kanal från rullen

4 Skruva loss de två fästbultarna, koppla loss styrningslänken och ta bort låsenheten. Koppla loss alla anslutningskontakter medan enheten tas bort (i förekommande fall).

Bakluckans låscylinder

5 Lossa klämmorna och ta bort bakluckans klädselpanel.
6 Skruva loss de två fästbultarna, koppla loss styrningslänken och ta bort cylinderenheten. Koppla ifrån alla anslutningskontakter när enheten tas bort.

Montering

7 Monteringen utförs i omvänd ordningsföljd mot demonteringen. Om det behövs kan låsbleckets läge justeras genom att man bänder ut klämmorna och skruvar loss plastklädselpanelerna bakom bakljusarmaturerna på båda sidor och därefter

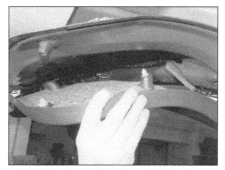

17.2 Arbeta runt kanten på bakluckans klädselpanel och lossa klämmorna

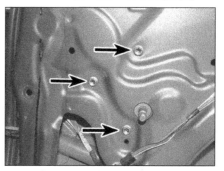

15.17 Den bakre fönsterhissen sitter fast med tre bultar (se pilar) – manuellt fönster visas

bagagerumströskelns inre klädselpanel. Lossa de två fästbultarna och sätt dit låsblecket.

17 Baklucka, låskomponenter och stödben – demontering och montering

Baklucka

Demontering

1 Öppna bakluckan och täck bagageutrymmets kanter med skydd eller trasor för att skydda de lackerade ytorna när bakluckan är borttagen.
2 För in ett verktyg med platt blad mellan den inre klädselpanelen och bakluckan. Arbeta runt panelens kant och lossa fästklämmorna **(se bild)**. Observera att panelen kan fästas med expandernitar av plast. Tryck med dessa in centrumsprinten och bänd niten ur läge. Ta bort panelen.
3 Koppla loss alla kablar eller kablagekontakter från bakluckan som kan hindra demonteringen.
4 Gör inställningsmärken runt gångjärnens fästen med en märkpenna.
5 Låt en medhjälpare stödja bakluckan och koppla loss stödbenen enligt beskrivningen i detta avsnitt.
6 När medhjälparen håller bakluckan, ta bort bultarna som håller fast bakluckan vid gångjärnen på båda sidorna och lyft av den **(se bild)**.

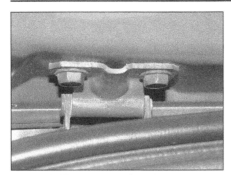

17.6 Bakluckans gångjärnsbultar

17.12 Bakluckans låsskruvar

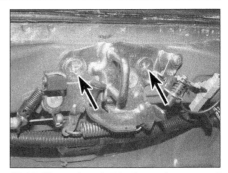

17.14 Skruva loss bakluckans skruvar med låsgrepp (se pilar)

Montering och justering

7 Montera i omvänd ordningsföljd mot demonteringen. **Observera:** *När du återmonterar bakluckan, linjera gångjärnen med markeringarna som du gjorde vid demonteringen.*
8 Efter återmonteringen stänger du bakluckan och ser till att den är korrekt justerad i förhållande till de kringliggande plåtarna.
9 Man justerar bakluckans läge genom att lossa bultarna eller muttrarna som fäster gångjärnen vid bakluckan och försiktigt flyttar bakluckan till rätt läge.
10 Läget på bakluckans spärr kan justeras genom att man lossar justerbultarna och flyttar spärren. Låskolven kan justeras genom att man lossar fästskruvarna och försiktigt knackar den i läge med en plasthammare.

Bakluckans lås

Kombikupé och sportkupé

11 Ta bort bakluckans inre klädselpanel enligt beskrivningen i avsnitt 2.
12 Skruva loss de tre fästskruvarna, koppla loss styrningslänken och ta bort låset **(se bild)**. Koppla loss alla anslutningskontakter medan låset tas bort (i förekommande fall).
13 För att ta bort bakluckans låsbleck, öppna bakluckan, skruva loss de två plastmuttrarna och ta bort rampanelen.
14 Gör markeringar runt låsblecket, skruva sedan loss de två skruvarna och ta bort låskolven. Koppla loss låsvajern medan låskolven tas bort **(se bild)**.
15 Monteringen utförs i omvänd ordningsföljd mot demonteringen.

Kombimodeller

16 I skrivande stund fanns ingen information tillgänglig.

Bakluckans låscylinder

Kombikupé och sportkupé

17 Ta bort bakluckans inre klädselpanel enligt beskrivningen i avsnitt 2.
18 Koppla loss styrningsöglan från cylinderns styrarm, skruva sedan loss de tre skruvarna och ta bort låscylinderns fästbygel **(se bild)**.
19 För upp fästklämman och ta bort låscylindern från bakluckan **(se bild)**.
20 Monteringen utförs i omvänd ordningsföljd mot demonteringen.

Kombimodeller

21 I skrivande stund fanns ingen information tillgänglig.

Baklucka låsstyrning

Kombimodeller

22 I skrivande stund fanns ingen information tillgänglig.

Bakluckans stödben

 Varning: Stödbenet är fyllt med trycksatt gas: ta inte isär komponenten. Om den är defekt, byt den mot en ny.

Observera: *Bakluckan är tung och ganska svår att hålla fast när man byter fjäderben. Det behövs minst två personer för den här åtgärden.*
23 Öppna bakluckan och håll den i öppet läge. På modeller med enkla strålkastare, skruva loss bultarna som håller fast fästbygeln vid benets nedre ände och skruva loss

17.18 Skruva loss de tre skruvarna och ta bort låscylinderns fästbygel

17.23a Lossa bultarna och bakluckans fjäderben – modeller med enkel strålkastare

pinnpulten vid överdelen. På modeller med dubbla strålkastare, bänd ut fästklämmorna och dra bort fjäderbenen från fästbultarna **(se bilder)**.
24 Monteringen utförs i omvänd ordningsföljd mot demonteringen.

18 Centrallåsets delar – demontering och montering

Observera: *Centrallåssystemet är utrustat med en sofistikerad självfelsökning. Före demontering av någon av centrallåsets delar, låt systemet undersökas av en Toyota-verkstad eller en specialist med lämplig utrustning för att bestämma felets art.*

Demontering

Elektronisk styrenhet (ECU)

1 Centrallåssystemet styrs av en ECU som

17.19 För upp klämman (se pil) och ta bort låscylindern

17.23b Ta loss klämman och bakluckans fjäderben – modeller med dubbla strålkastare

18.3 Dörrlåsets kontrollrelä/-enhet (se pil)

sitter bakom instrumentbrädas nedre panel på förarsidan. För att komma åt styrenheten, ta bort instrumentbrädans panel enligt beskrivningen i avsnitt 27.

2 Lossa fästklämmorna och för ner ECU:n ur läge.

3 Koppla loss kontaktdonen och ta bort ECU:n från bilen **(se bild)**. *Observera: Om styrenheten byts behöver den eventuellt programmeras före användning. Överlämna detta till en Toyota-verkstad eller annan lämplig specialist.*

Manöverdon för dörrlås
4 Ta bort dörrlåset enligt beskrivningen i avsnitt 14. Centrallåsets manöverdon är integrerat med dörrlåsenheten.

Manöverdon för bakluckans lås
5 Ta bort bakluckans lås enligt beskrivningen i avsnitt 16. Manöverdonet är integrerat med bakluckans låsenhet.

Manöverdon för bakluckans lås
6 Se avsnitt 17.

20.3 Skruva loss de tre fästmuttrarna och ta bort spegelenheten

20.10 Skruva loss de tre skruvarna (se pilar) och ta bort spegelns motor

Montering
7 Montera i omvänd ordningsföljd mot demonteringen. Före återmontering av klädselpaneler som tagits bort för åtkomst, kontrollera noggrant att centrallåssystemet fungerar.

19 Elfönsterkomponenter – demontering och montering

Fönstrets brytare
1 Se kapitel 12, avsnitt 4.

Fönstermotorer
2 I skrivande stund verkar det som om elmotorn är inbyggd i fönsterhissen (se avsnitt 15) som måste bytas som en enhet. Kontrollera med din Toyota-återförsäljare eller en specialist.

20 Speglar och tillhörande komponenter – demontering och montering

Yttre spegelenhet
1 På modeller med manuellt inställbara speglar, bänd försiktigt loss den trekantiga klädselpanelen av plast över spegelfästet.
2 På modeller med elstyrda speglar, ta bort dörrens inre klädselpanel enligt beskrivningen i avsnitt 13 och koppla sedan loss spegelns anslutningskontakt.
3 På alla modeller, skruva loss de tre fäst-

20.5 För spegelglaset utåt, dra det sedan bakåt

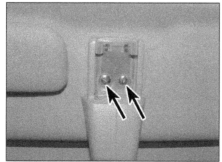

20.12 Bänd loss plastkåpan och skruva loss spegelns fästskruvar (se pilar)

muttrarna och ta bort spegelenheten **(se bild)**.
4 Återmonteringen utförs i omvänd ordningsföljd mot demonteringen. Dra åt spegelns muttrar ordentligt.

Ytterspegelns glas
5 För spegelglaset lite utåt, dra sedan ytterkanten bakåt och ta bort den **(se bild)**.
6 Koppla loss anslutningskontakterna från spegelns värmeenhet (i förekommande fall) när spegeln tas bort.
7 Monteringen utförs i omvänd ordningsföljd mot demonteringen.

Ytterspegelns omställare
8 Se kapitel 12, avsnitt 4.

Ytterspegelns motor
9 Ta bort spegelglaset enligt beskrivningen ovan.
10 Skruva loss de tre skruvarna och ta bort motorn **(se bild)**. Observera att man måste kapa kablarna till spegelmotorn eftersom kontakten är för stor för att gå igenom kabelstyrningen. När motorn återmonteras, skarva dit de nya kablarna i kontakten.
11 Monteringen utförs i omvänd ordningsföljd mot demonteringen.

Innerspegel
Modeller med enkel strålkastare
12 Bänd loss plastkåpan och skruva loss de två fästskruvarna **(se bild)**.
13 Rotera vid behov spegeln 180° och skruva loss klämskruven för att skilja spegeln från fästet **(se bild)**.
14 Montering utförs i omvänd ordningsföljd mot demonteringen.

Modeller med dubbla strålkastare
15 För försiktigt spegeln uppåt från fästet.
16 Monteringen utförs i omvänd ordningsföljd mot demonteringen.

21 Vindruta, fasta rutor och bakrutan/bakluckans ruta – allmän information

1 Dessa glasdelar är tätade med tätningsremsan i karossöppningen och hålls på plats med ett särskilt fästmedel. Det är svårt, kladdigt och tidsödande att byta ut

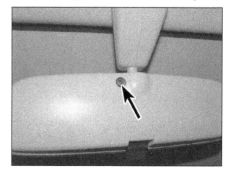

20.13 Skruva loss skruven (se pil) och dra bort spegeln från fästet

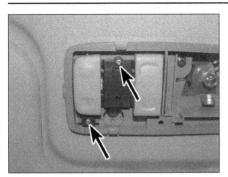

22.4 Fästskruvar till takluckans brytare (se pilar)

dessa glas och arbetet är utanför vad en hemmamekaniker klarar av. Det är svårt att åstadkomma en säker vattentät montering utan gedigen erfarenhet. Dessutom finns det en stor risk att rutan går sönder. Detta gäller särskilt vindrutor med laminerat glas. På grund av detta rekommenderas bestämt att denna typ av arbete utförs av någon av de många specialisterna på montering av vindrutor.

22 Takluckа – allmän information och byte av motor

Allmän information

1 På grund av komplexiteten i takluckans mekanism krävs avsevärd expertis för att reparera, byta eller justera takluckans delar. När du ska ta bort takluckan måste du först ta bort den inre takklädseln vilket är krångligt. Underskatta inte svårighetsgraden. Därför bör alla åtgärder på takluckan (utom byte av takluckans motor) utföras av en Toyota-verkstad eller annan specialist.

Byte

Motor

2 Vid byte av motorn måste den främre delen av den inre takklädseln sänkas (se punkt 1). När den inre takklädseln har sänkts, koppla loss anslutningskontakten, skruva loss de tre fästbultarna och ta bort hela motorn med reläet. När den har tagits bort, försök inte vrida runt motorspindeln.

3 Montering utförs i omvänd ordningsföljd.

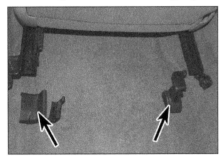

24.1 Bänd loss kåporna (se pilar) och lossa de bakre bultarna på framsätets skena

Brytare

4 Ta bort innerbelysningens glas enligt beskrivningen i kapitel 12, avsnitt 8, skruva sedan loss brytarens två fästskruvar, koppla loss anslutningskontakten och ta bort brytaren **(se bild)**.

5 Monteringen utförs i omvänd ordningsföljd mot demonteringen.

23 Karossens yttre detaljer – demontering och montering

Hjulhusfoder och karossens nedre paneler

1 De olika plastkåporna som sitter på bilens undersida är hålls på plats av olika skruvar, muttrar och fästklämmor och demonteras ganska enkelt. Arbeta runt metodiskt. Ta bort fästskruvarna och lossa fästklämmorna tills panelen är lossad och kan tas bort från bilens undersida. De flesta klämmor som används på bilen bänds helt enkelt ur läge. Andra klämmor lossas genom att man skruvar loss och bänder ut centrumsprinten och sedan tar bort klämman.

Karossdekorremsor och märken

2 Karossens dekorremsor och märken hålls på plats av en särskild sorts tejp. Dekoren/märkena måste värmas före borttagning för att mjuka upp tejpen, varefter de kan skäras loss från ytan. På grund av den höga risken att skada lacken rekommenderar vi att uppgiften överlåts till en Toyota-verkstad eller annan specialist.

24 Säten – demontering och montering

Demontering av framsäte

⚠️ **Varning: Framsätena kan vara försedda med sidokrockkuddar. I så fall bör du koppla loss batteriets minusledare (kapitel 5A) och vänta minst 5 minuter innan du börjar arbeta med sätena på något sätt.**

1 Skjut sätet så långt fram det går och bänd

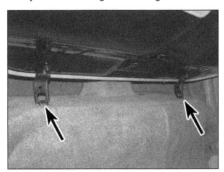

24.7 Fäll sätesdynan framåt och skruva loss fästbultarna (se pilar)

loss plastkåporna över sätesskenornas bakre fästbultar. Skruva loss bultarna **(se bild)**.

2 Skjut sätet så långt bak det går och bänd loss plastkåporna (om sådana finns) över sätesskenornas främre fästbultar. Skruva loss bultarna.

3 Tippa sätet bakåt lite grann, koppla sedan loss eventuella anslutningskontakter och ta bort sätet ur passagerarutrymmet.

Demontering av fällbart baksäte

Sedan

4 Dra upp sätesdynans framände så att fästklämmorna på vänster och höger sida lossnar, och lyft ut sätesdynan framåt.

5 Fäll sätets ryggstöd framåt och skruva loss de två bultarna som håller fast sätets yttre gångjärn vid karossen.

6 Skruva loss de två bultarna vid sätets mittgångjärn och ta bort sätesenheten från passagerarutrymmet.

Kombikupé, sportkupé och kombi

7 Fäll fram sätesdynan, skruva sedan loss den främre bulten på var sida som håller fast sätesdynan vid karossen. Lyft upp den främre änden av dynan och ta bort den **(se bild)**.

8 Skruva loss mittbältets förankringspunkt från golvet.

9 Fäll ryggstöden framåt och skruva loss bulten som håller fast sätet vid gångjärnen på varje sida och ta bort ryggstödet **(se bild)**.

Demontering av fast baksäte

10 Dra upp sätets nedre dyna för att lossa de vänstra och högra fästklämmorna och ta bort dynan från bilen. Dra bort nackskyddet i mitten.

11 Skruva loss skruven på varje sida av den nedre, yttre kanten på ryggstödet och skruven på den nedre, mittre kanten på ryggstödet. Lossa sedan ryggstödets övre del och för det uppåt för att lossa dess nedre låssprintar. Ta bort det från bilen.

Montering av framsäte

12 Monteringen utförs i omvänd ordningsföljd mot demonteringen, och tänk på följande.
a) *Montera sätets fästbultar och dra endast åt dem för hand. För sätet helt framåt och*

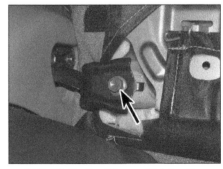

24.9 Fästbulten till ryggstödets yttre gångjärn (se pil)

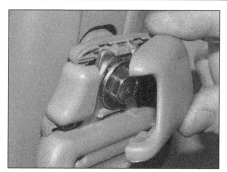

26.3 Bänd loss kåpan och skruva loss säkerhetsbältets övre fästbult

för det sedan tillbaka två steg på sätets låsmekanism. Vicka på sätet för att se till att dess låsmekanism sitter fast ordentligt och dra sedan åt fästbultarna till angivet moment.
b) Se till att kablaget är anslutet och draget på rätt sätt.

Montering av fällbara baksäten
13 Monteringen utförs i omvänd ordningsföljd mot demonteringen.

Montering av fast baksäte
14 Återmonteringen utförs i omvänd ordningsföljd mot demonteringen, se till att ryggstödets nedre styrstift sitter fast ordentligt i enheten och att säkerhetsbältenas spännen och höftbältet förs genom de relevanta öppningarna.

25 Det främre säkerhetsbältets spänningsmekanism – allmän information

1 De flesta modeller har ett främre bältessträckarsystem. Systemet är utformat för att omedelbart notera om säkerhetsbältet är löst vid en plötslig frontalkrock, vilket minskar risken för att personerna i framsätet blir skadade. Sträckaren är inbyggd i hasplarna, bakom B-stolpens nedre klädselpaneler.
2 Bältessträckaren aktiveras av en frontalkrock som är starkare än väntat. Mindre krockar, inklusive krockar bakifrån, kommer inte att aktivera systemet.
3 När systemet aktiveras dras haspeln in genom en pyroteknisk effekt. Detta förhindrar att säkerhetsbältet flyttar sig och håller kvar personen i sätet. När sträckaren väl har aktiverats är säkerhetsbältet låst permanent och enheten måste bytas.
4 Det finns risk för skada om systemet aktiveras oavsiktligt när man arbetar med bilen. Vid ingrepp på säkerhetsbältet ska du avaktivera bältessträckaren genom att koppla loss batteriets minusledare (se kapitel 5A), och vänta minst fem minuter innan du fortsätter.
5 Observera även följande varningar innan du påbörjar några åtgärder på det främre säkerhetsbältets haspel.

26.4 Skruva loss de fyra muttrarna och ta bort metallskölden över B-stolpen

> **Varning: Om sträckarmekanismen tappas måste den bytas, även om den inte har fått någon synlig skada.**
• Låt inte några lösningsmedel komma i kontakt med sträckarmekanismen.
• Utsätt inte haspeln för något slags häftig hantering eftersom detta oavsiktligt kan aktivera bältessträckaren.

26 Säkerhetsbältenas delar – demontering och montering

> **Varning: Läs avsnitt 25 innan du fortsätter.**

Demontering – främre säkerhetsbälten
1 Ta bort framsätet enligt beskrivningen i avsnitt 24.
2 Ta bort framdörrens rampanel och den nedre B-stolpens klädselpanel (5-dörrars kombikupé, sportkupé, sedan och kombi) eller B-/C-stolpens panel (3-dörrars kombikupé) enligt beskrivningen i avsnitt 27.
3 Bänd loss kåpan och skruva loss bulten som håller fast det främre säkerhetsbältets övre förankring vid bilens kaross **(se bild)**.
4 Skruva loss de fyra muttrarna och ta bort metallskärmen från B-stolpen **(se bild)**.
5 Lossa haken och koppla ifrån anslutningskontakten från haspeln (i förekommande fall) **(se bild)**.
6 Skruva loss haspelns fästbultar och ta bort säkerhetsbältet från dörrstolpen **(se bilder)**.

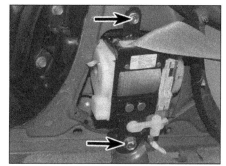

26.6a Haspelns fästbultar – 4/5-dörrarsmodeller (se pilar)

26.5 Bänd ut låsklämman och koppla loss haspelns anslutningskontakt

7 På modeller med enkel strålkastare, skruva loss skruvarna och ta bort det nedre säkerhetsbältets fästskena.
8 På modeller med dubbla strålkastare ska du bända loss plastkåpan och sedan skruva loss den bult som håller fast säkerhetsbältets nedre förankring.

Demontering – bakre säkerhetsbälten
Fast baksäte
9 Ta bort baksätet enligt beskrivningen i avsnitt 24.
10 Ta bort bagagehyllan och C-stolpens paneler enligt beskrivningen i avsnitt 27.
11 Skruva loss bultarna och brickorna som håller fast baksätets bälten vid bilens kaross och ta bort bältet och spännet i mitten.
12 Skruva loss haspelns fästbult och ta bort säkerhetsbältet(bältena).

Sidobälten på fällbart baksäte
13 Fäll baksätet framåt.
14 Ta bort den bakre bagagehyllan.
15 Ta bort C-stolpens panel enligt beskrivningen i avsnitt 27.
16 Skruva loss den bult som håller fast bältets nedre ände vid karossen (om det inte redan har gjorts) **(se bild)**.
17 Skruva loss bulten till säkerhetsbältets övre förankring **(se bilder)**
18 Haspeln är fäst med en bult. Skruva loss bulten och brickan **(se bild)**.
19 För bort enheten från bilen och mata bältet genom urtaget i klädselpanelen.

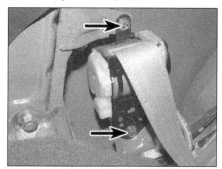

26.6b Haspelns fästbultar – 3-dörrarsmodeller (se pilar)

26.16 Nedre fästpunkt för säkerhetsbältet bak på sidan

26.17a Övre fästpunkt för säkerhetsbältet bak på sidan – 4/5-dörrarsmodeller

26.17b Övre fästpunkt för säkerhetsbältet bak på sidan – 3-dörrarsmodeller

26.18 Haspelns bult till säkerhetsbältet bak på sidan (se pil)

Säkerhetsbälte bak i mitten

20 Ta bort baksätets dyna enligt beskrivningen i avsnitt 24.
21 Skruva loss de bultar som håller fast säkerhetsbältets förankring vid golvet. Observera placeringarna av eventuella brickor/distansbrickor **(se bild)**.
22 Fäll sätets ryggstöd framåt, lossa tygöverdraget och skruva loss de fyra skruvar som håller fast överdraget över haspeln **(se bild)**.
23 Skruva loss muttern och dra bort haspeln från dess plats **(se bild)**.
24 Bänd loss plastpanelen från den övre delen av sätets ryggstöd och för in säkerhetsbältet genom urtaget **(se bild)**.

Montering

25 Monteringen utförs i omvänd ordningsföljd, så att alla fästbultar dras åt till angivet moment och att alla skadade klädselpaneler är ordentligt fästa med alla relevanta fästklämmor.

26.23 Skruva loss muttern (se pil) och ta bort den mittre haspeln

26.21 Det mittre säkerhetsbältets nedre fästpunkt

27 Inre dekor – demontering och montering

Inre klädselpaneler

1 De inre klädselpanelerna är antingen fästa med skruvar eller olika typer av panelhållare, vanligtvis pinnbultar eller klämmor.
2 Kontrollera att det inte är några paneler som överlappar den som ska tas bort. Vanligtvis finns det en ordningsföljd som måste följas vid närmare undersökning.
3 Ta bort alla hållare, till exempel skruvar. Om panelen inte lossnar sitter den fast med dolda klämmor eller hållare. Dessa sitter vanligtvis runt kanten på panelen och kan bändas loss. Observera att de dock kan gå sönder ganska lätt, så det ska alltid finnas nya klämmor och hållare till hands. Det bästa

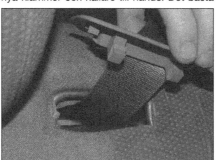

26.24 Bänd loss plastpanelen och mata in säkerhetsbältet genom urtaget

26.22 Skruva loss de fyra skruvarna och ta bort kåpan över den mittre haspeln

sättet att lossa sådana klämmor på, utan den rätta typen av verktyg, är att använda en stor platt skruvmejsel. Observera att en del paneler sitter fast med flexibla plastnitar, vilket innebär att en centrumsprint måste bändas loss innan niten kan tas bort. Observera att tätningsremsan bredvid måste bändas loss för att en panel ska kunna lossas.
4 När du tar bort en panel ska du aldrig använda överdrivet mycket styrka eftersom panelen kan skadas. Kontrollera alltid noggrant att alla hållare har tagits bort eller lossats innan du försöker ta bort en panel.
5 Montera i omvänd ordningsföljd mot demonteringen. Tryck hållarna ordentligt på plats och se till att alla lossade komponenter sitter fast för att förhindra skallrande ljud.

A-stolpens panel

6 Bänd försiktigt loss panelen från stolpen med en platt trä- eller plastspak och börja uppifrån **(se bild)**.

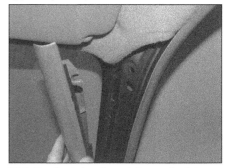

27.6 Dra bort den övre delen av A-stolpens panel

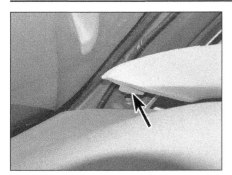

27.7 Observera tappen längst ner vid A-stolpens panel (se pil)

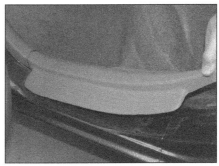

27.9 Dra upp dörrens rampanel

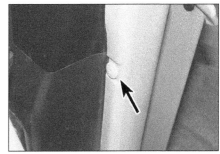

27.10 Lossa skruven, bänd ut den elastiska klämman på den övre delen av B-stolpens panel (se pil)

27.12 Dra den övre delen av B-stolpens panel mot bilens mitt

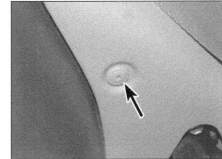
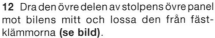

27.17a Lossa skruven (se pil) och bänd ut den elastiska klämman . . .

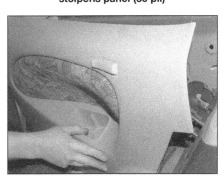

27.17b . . . dra sedan bort sidopanelen

7 Lyft på panelen för att lossa den från instrumentbrädan. Observera tappen längst ner vid panelen (se bild).

8 Montera i omvänd ordningsföljd mot demonteringen. Sätt fast hållarna genom att bestämt trycka dem på plats.

B-stolpens panel

Sedan, 5-dörrars kombikupé, sportkupé och kombimodeller

9 Börja med att försiktigt bända loss framdörrens rampanel och dess fästklämmor (se bild).

10 Dra den nedre kanten på den nedre panelen mot bilens mitt för att lossa den från fästklämmorna och skruva sedan loss skruven och bänd ut klämman överst på den nedre panelen (se bild).

11 Bänd loss plastkåpan och skruva sedan loss bulten som håller fast säkerhetsbältets övre förankring vid stolpen (se bild 26.3).

12 Dra den övre delen av stolpens övre panel mot bilens mitt och lossa den från fästklämmorna (se bild).

13 Montera i omvänd ordningsföljd mot demonteringen och Tryck hållarna ordentligt på plats och se till att alla lossade komponenter sitter fast för att förhindra skallrande ljud.

B-/C-stolpens panel

3-dörrarsmodeller med kombikupé

14 Börja med att försiktigt bända loss framdörrens rampanel och dess fästklämmor.

15 Ta bort baksätets ryggstöd enligt beskrivningen i avsnitt 24.

16 Skruva loss bulten från den nedre förankringen till säkerhetsbältet bak på sidan och bänd sedan loss kåpan. Skruva loss bulten på säkerhetsbältets övre förankring från B-stolpen.

17 Skruva loss skruven, bänd ut klämman och

dra den nedre B-stolpens panel/sidopanelen från dess plats (se bilder).

18 Ta bort bagageutrymmets matta, skruva sedan loss de två plastmuttrarna och ta bort bakluckans rampanel (se bild).

19 Bänd upp och ta bort plastpanelen från den övre delen av sidopanelen i bagageutrymmet (se bild).

20 Skruva loss skruvarna/bänd ut klämmorna och ta bort bagageutrymmets sido-panel (se bilder). Koppla ifrån högtalarens anslutningskontakt när panelen tas bort.

21 Skruva loss skruvarna och dra bort B-/C-stolpens panel från dess plats (se bild). För in säkerhetsbältet genom urtaget i panelen.

22 Montera i omvänd ordningsföljd mot demonteringen. Tryck hållarna ordentligt på plats och se till att alla lossade komponenter sitter fast för att förhindra skallrande ljud.

27.18 Skruva loss plastmuttrarna till bakluckans rampanel (se pil för höger mutter)

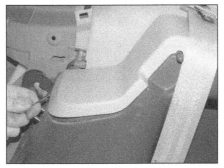

27.19 Bänd loss klädselpanelen över den bakre högtalaren

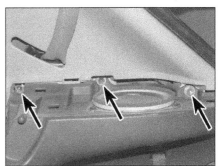

27.20a Skruva loss de tre skruvarna vid den bakre högtalaren (se pilar) . . .

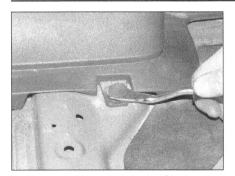

27.20b . . . bänd ut klämman på den nedre kanten . . .

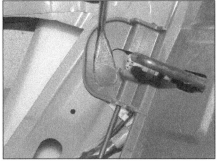

27.20c . . . och klämman på den främre kanten

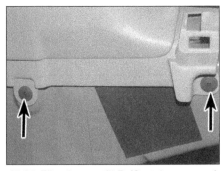

27.21 Fästskruvar till B-/C-stolpens panel (se pilar)

27.28 Skruva loss de två bultar som håller fast sätets yttre gångjärn (se pilar)

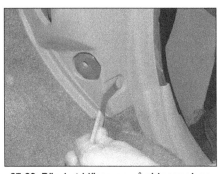

27.29 Bänd ut klämman på sidopanelens nedre kant

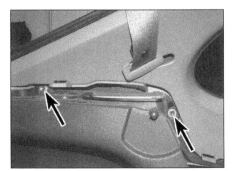

27.31 Skruva loss de två bultarna (se pilar) ovanför den bakre högtalaren

C-stolpens panel

Sedan

23 I skrivande stund fanns ingen information tillgänglig.

5-dörrars kombikupé och sportkupé

24 Ta bort baksätets dyna enligt beskrivningen i avsnitt 24.
25 Ta bort den bakre bagagehyllan.
26 Bänd upp och ta bort plastpanelen från den övre delen av sidopanelen i bagageutrymmet **(se bild 27.19)**.
27 Dra bort tätningsremsan från dörröppningen bredvid C-stolpens panel och sätets nedre sidopanel.
28 Skruva loss det yttre säkerhetsbältets nedre fästpunkt och skruva loss de två bultar som håller fast gångjärnet till sätets ryggstöd vid bilens kaross **(se bild)**.
29 Bänd ut fästklämman vid den nedre

kanten sätets nedre sidopanel och dra bort panelen från stolpen **(se bild)**.
30 skruva loss de två plastmuttrarna och ta bort bakluckans rampanel **(se bild 27.18)**.
31 Skruva loss de två bultarna **(se bild)**, bänd ut de två klämmorna **(se bilder 27.20b och 27.20c)** och ta bort bagageutrymmets sidoklädselpanel. I förekommande fall, skruva loss bulten och ta bort bagagets fästpunkt. Koppla ifrån eventuella anslutningskontakter när panelen tas bort.
32 Bänd ut klämman vid den nedre kanten och dra sedan klädselpanelen från stolpen **(se bilder)**.
33 Monteringen utförs i omvänd ordningsföljd.

C-/D-stolpens panel

Kombimodeller

34 I skrivande stund fanns ingen information tillgänglig.

Bagageutrymmets sidoklädselpanel

Sedan

35 I skrivande stund fanns ingen information tillgänglig.

5-dörrars kombikupé och sportkupé

36 Denna åtgärd beskrivs som en del av borttagningsmetoden för C-stolpens panel – se punkt 24.

3-dörrars kombikupé

37 Denna åtgärd beskrivs som en del av borttagningsmetoden för B-/C-stolpens panel – se punkt 14.

Bakluckans klädselpanel

38 Öppna bakluckan och för in ett platt verktyg mellan den inre klädselpanelen och bakluckan. Arbeta runt panelens kant och lossa fästklämmorna **(se bild 17.2)**. Ta bort panelen.
39 Monteringen utförs i omvänd ordningsföljd mot demonteringen, vilket innebär att skadade klämmor byts ut.

Handskfack

40 Dra upp rampanelen på passagerarsidan för att lossa på klämmorna, skruva sedan loss bulten och ta bort fotbrunnens fotpanel **(se bild)**.
41 Öppna handskfacket och skruva loss de fem 5 skruvar som håller fast handskfacket vid instrumentbrädan **(se bilder)**.
42 Dra bort handskfacket från dess plats och koppla ifrån eventuella anslutningskontakter.
43 Koppla ifrån den gula luftåtercirkulationsstyrvajern från värmeenhetshusets vänstra sida.
44 Monteringen utförs i omvänd ordningsföljd.

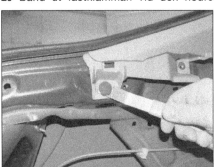

27.32a Bänd ut klämman . . .

27.32b . . . och dra bort C-stolpens panel

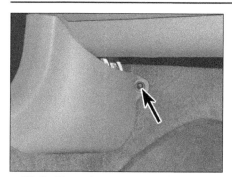

27.40 Skruva loss muttern och ta bort fotpanelen på passagerarsidan (se pil)

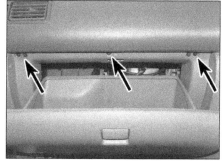

27.41a Skruva loss de tre skruvarna överst (se pilar) . . .

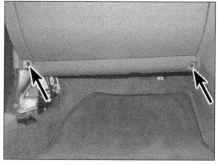

27.41b . . . och de två skruvarna nederst (se pilar)

Mattor

45 Golvmattan i passagerarutrymmet består av en enda del och den är fastsatt i kanterna med skruvar eller klämmor, vanligtvis samma hållare som används för att fästa olika angränsande klädselpaneler.

46 Det är ganska enkelt men också tidskrävande att demontera och montera mattan eftersom alla angränsande klädselpaneler måste tas bort först, liksom sätena, mittkonsolen och säkerhetsbältets nedre förankringar.

Inre takklädsel

47 Den inre takklädseln är fastclipsad i taket och kan endast tas bort när alla detaljer såsom handtag, solskydd, taklucka (i förekommande fall), vindruta, bakre sidofönster och tillhörande klädselpaneler har tagits bort och tätningsremsorna till dörrens, bakluckans och takluckans öppningar har avlägsnats.

48 Observera att demonteringen och monteringen av den inre takklädseln kräver skicklighet och erfarenhet om man ska undvika skador och därför helst bör överlåtas åt en expert.

Nedre instrumentbrädespanelen på förarsidan

49 Dra dörrens rampanel på förarsidan uppåt för att lossa fästklämmorna.

50 Skruva loss skruven och ta bort fotbrunnens fotpanel på förarsidan.

51 Dra i handtaget för att öppna motorhuven och lossa vajerhöljet och ändbeslaget från handtaget **(se bild)**.

52 Skruva loss de två nedre fästskruvarna och dra ut panelens nedre kant **(se bild)**.

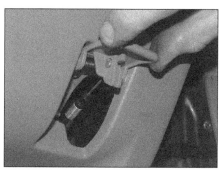

27.51 Lossa motorhuvslåsvajern från handtaget

53 Haka loss den övre kanten och ta bort panelen.

54 Vid behov, lossa klämmorna/skruvarna och koppla loss diagnoskontakten från panelen.

55 Monteringen utförs i omvänd ordningsföljd.

Solskydd

56 Lossa solskyddet från det inre fästet och skruva sedan loss skruven (skruvarna) och ta bort fästet.

57 Montering utförs i omvänd ordningsföljd.

28 Mittkonsol – demontering och montering

Demontering

1 Två olika typer av bakre mittkonsoler har monterats. På den typ som har ett lock över bagageutrymmet, lyft på locket och skruva

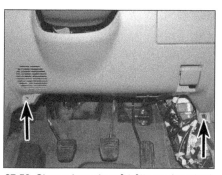

27.52 Skruva loss de två hållarna (se pilar) och ta bort instrumentbrädans nedre panel

loss de två skruvarna på botten av utrymmet. På den andra typen (utan lock), skruva loss skruven på varje sida av konsolens bakre, yttre kant **(se bild)**.

2 På modeller med manuell växellåda, skruva loss knoppen från toppen på växelspaken. Börja framifrån, bänd upp den omgivande panelens damask och dra damasken och panelen över växelspaken.

3 På modeller med automatväxellåda, bänd försiktigt upp växelspakens omgivande panel.

4 Skruva loss skruven på varje sida där den bakre delen av konsolen möter den främre delen **(se bild)**. Titta på den främre delen, lyft konsolen över handbromsspaken och ta bort den från hytten. Koppla ifrån anslutningskontakterna när konsolen tas bort.

5 Dra bort värmereglagets knappar och skruva sedan loss de två skruvarna i knappurholkningarna **(se bild)**. Dra försiktigt bort återcirkulationsknappen från spaken.

28.1 Lyft på locket till förvaringslådan och skruva loss de två skruvarna på baksidan av mittkonsolen

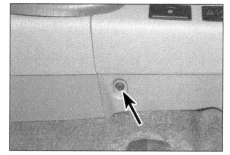

28.4 Den främre kanten på mittkonsolens bakre del sitter fast med en skruv (se pil) på varje sida

28.5 Dra bort värmereglagets knappar och skruva loss de två skruvarna (se pilar) i knapparnas urholkningar

28.6 Bänd loss den mittre enhetens klädselpanel

6 Bänd försiktigt bort den mellersta enhetens klädselpanel **(se bild)**. Koppla ifrån eventuella anslutningskontakter när panelen tas bort.

7 Öppna locket till den främre konsolens förvaringslåda och skruva sedan loss de två skruvarna och dra bort lådan från den mellersta enheten. På vissa modeller har en ljudanläggning/förvaringslåda monterats och hålls fast med fyra skruvar **(se bild)**. Koppla ifrån eventuella anslutningskontakter när ljudanläggningen/lådan tas bort.

8 Ta bort handskfacket och instrumentbrädans nedre panel enligt beskrivningen i avsnitt 27.

9 Skruva loss de två skruvarna på varje sida och ta bort den mellersta enheten (konsolens främre del) **(se bild)**.

Montering

10 Återmonteringen utförs i omvänd ordning. Se till att alla hållare är ordentligt åtdragna.

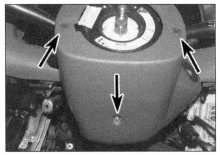

29.6a Skruva loss de tre skruvarna (se pilar) och ta bort rattstångens nedre kåpa . . .

29.8 För handen genom öppningen i instrumentbrädans mitt och koppla ifrån kontaktdonet till passagerarens krockkudde (se pil)

28.7 Lossa de fyra skruvarna och ljudanläggningen/förvaringslådan (se pilar)

29 Instrumentbrädans enhet – demontering och montering

Observera: *Instrumentbrädans nedre panel på förarsidan behandlas i avsnitt 27.*

Demontering

1 Koppla loss batteriets minusledare enligt beskrivningen i kapitel 5A.

2 Ta bort mittkonsolen enligt beskrivningen i avsnitt 28.

3 Ta bort ratten enligt beskrivningen i kapitel 10.

4 Ta bort instrumentenheten och den mittre informationsenheten/ljudanläggningen enligt beskrivningen i kapitel 12.

5 Ta bort A-stolpens paneler enligt beskrivningen i avsnitt 27.

29.6b . . . och den skruv (se pil) som håller fast rattstångens övre kåpa

29.10 Skruva loss bultarna till passagerarens krockkudde (se pilar)

28.9 Skruva loss skruven på varje sida och ta bort mittkonsolen (se pil)

6 Skruva loss de tre skruvarna och ta bort den nedre kåpan till rattstången och skruva sedan loss skruven (det är bara en) och ta bort den övre kåpan **(se bilder)**.

7 Ta bort rattstångens kombinationsbrytare enligt beskrivningen i kapitel 12, avsnitt 4.

 HAYNES TiPS *Märk varje kontaktdon när det kopplas bort från komponenten. Märkningarna kommer att vara användbara vid återmonteringen när kablarna dras och matas genom instrumentbrädans öppningar.*

8 Sträck in handen genom den mittre öppningen i instrumentbrädan och koppla ifrån kontaktdonet till krockkudden på passagerarsidan **(se bild)**.

9 Bänd försiktigt loss spegelns brytare och det bakre dimljusets brytarenhet från instrumentbrädans högra ände. Koppla ifrån anslutningskontakterna när enheten tas bort.

10 Skruva loss de två skruvar som håller fast krockkudden på passagerarsidan vid tvärbalken **(se bild)**.

11 Instrumentbrädan sitter fast med två skruvar i instrumentenhetens öppning och med en skruv under instrumentbrädan på passagerarsidan **(se bilder)**. Skruva loss skruvarna och dra bort instrumentbrädan något.

12 Observera hur kabelhärvan är dragen och lossa den sedan från alla fästklämmorna på instrumentbrädan. Observera klämmornas placering. Kontaktdonen åker ut ur anslutningslådan i instrumentenhetens öppning.

29.11a Skruva loss de två skruvarna i instrumentpanelens öppning (se pilar) . . .

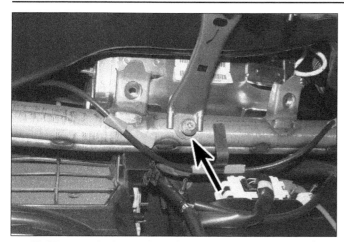

29.11b ... och skruven (se pil) under instrumentbrädan på passagerarsidan

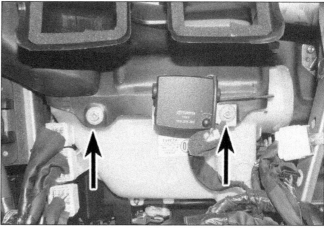

29.14 Det mittre luftmunstycket hålls fast med två skruvar (se pilar)

Lossa sedan anslutningslådan från instrumentbrädan.

13 Sträck in handen bakom instrumentbrädan, skruva loss de två skruvarna och ta bort kanalen från instrumentbrädans högra luftmunstycke. Detta bör hålla instrumentbrädans kabelhärva på plats medan instrumentbrädan tas bort. Använd en medhjälpare för att ta bort instrumentbrädan från bilen.

14 Om instrumentbrädan tas bort för att värmeenhetshuset ska tas bort, skruva loss bultarna och ta bort de mittre luftmunstyckena **(se bild)**.

15 Skruva loss bultarna och ta bort sidostagen som sitter upprätt på båda sidor om mittunneln.

16 Lossa säkringsdosan från den högra sidan av instrumentbrädans tvärbalk.

17 Skruva loss de två bultarna och de två muttrarna som håller fast rattstången vid tvärbalken och sänk rattstången. Stöd rattstången för att förhindra att det blir ett för stort tryck på rattstångens drivknutar **(se bild)**.

18 Skruva loss bultarna/muttrarna som håller fast tvärbalken vid bilen, notera placeringarna och hur eventuella kabelhärvor är dragna innan du lossar buntbanden som är fästa vid tvärbalken. Ta sedan bort tvärbalken från bilen.

Montering

19 Montera i omvänd ordningsföljd mot demonteringen. Tänk på följande:

a) För in instrumentbrädan på plats och se till att kablaget är draget på rätt sätt och sitter fast ordentligt med instrumentbrädans klämmor.

b) Kläm fast instrumentbrädan på dess plats, se till att styrtapparna på instrumentbrädans främre kant sitter fast ordentligt och att alla kontaktdon förs in genom sina respektive öppningar. Sätt sedan tillbaka instrumentbrädans alla

29.17 Sänk rattstången och stöd den för att undvika att drivknutarna skadas

hållare och dra åt dem ordentligt.

c) Avsluta med att återansluta batteriet och kontrollera att alla elektriska komponenter och brytare fungerar som de ska.

Anteckningar

Kapitel 12
Karossens elsystem

Innehåll

Svårighetsgrad

Enkelt, passar novisen med lite erfarenhet	**Ganska enkelt,** passar nybörjaren med viss erfarenhet	**Ganska svårt,** passar kompetent hemmamekaniker	**Svårt,** passar hemmamekaniker med erfarenhet	**Mycket svårt,** för professionell mekaniker

Specifikationer

Allmänt

Systemtyp	12 volt, negativ jord
Säkringar	Se kopplingsscheman i slutet av kapitlet och etiketter på säkringsdosans kanter för särskild information om fordonet

Glödlampor

	Styrka
Broms/bakljus	21/5 bajonett
Dimljus (fram)	55 H3
Dimljus (bak)	21 bajonett
Parkeringsljus fram	5 insticksfäste
Strålkastare:	
Modeller med enkla strålkastare	60/55 H4
Modeller med dubbla strålkastare:	
Helljus	60 HB3
Halvljus	51 HB4
Högt bromsljus:	
Sedan- och sportkupémodeller	21 bajonett
Kombikupémodeller	5 insticksfäste
Kombimodeller	21 insticksfäste
Sidokörriktningsvisare	5 insticksfäste
Körriktningsvisare (fram och bak)	21 bajonett
Innerbelysning	8 tvåsocklad rörlampa
Bagageutrymmesbelysning:	
Kombikupé och kombi	5 rörlampa
Sedan	3,8 insticksfäste
Registreringsskyltsbelysning	5 insticksfäste
Backljus:	
Alla förutom kombi	21 bajonett
Kombimodeller	21 insticksfäste

Åtdragningsmoment

	Nm
Krockkuddefästen på förarsidan	9
Låsbult till förarsidans krockkuddegivare	9
SRS-styrningsmodul	20
främre SRS-krockgivare	20
SRS-sidokrockgivare	20
Muttrar till torkararm på vindruta/baklucka	20

1 Allmän information och rekommendationer

Allmän information

Systemet är ett 12-voltselsystem med negativ jordning. Strömmen till lamporna och alla elektriska tillbehör kommer från ett blybatteri som laddas av en remdriven generator.

Detta kapitel tar upp reparations- och servicearbeten för de elkomponenter som inte hör till motorn. Information om batteriet, generatorn och startmotorn finns i kapitel 5A.

Föreskrifter

⚠️ **Varning: Innan något arbete utförs på elsystemet, läs igenom föreskrifterna i Säkerheten främst! i början av denna handbok och i kapitel 5A.**

2 Felsökning av elsystemet – allmän information

Observera: *Se föreskrifterna i Säkerheten främst! och i avsnitt 1 i detta kapitel innan arbetet påbörjas. Följande kontroller rör kontroll av huvudkretsar och bör inte användas för att kontrollera känsliga elektroniska kretsar, framför allt inte system med elektroniska styrenheter.*

Allmänt

1 En typisk elkrets består av en elektrisk komponent, alla brytare, reläer, motorer, säkringar, smältsäkringar eller kretsbrytare för den aktuella komponenten, samt kablage och kontaktdon som förbinder komponenten med batteriet och karossen. För att underlätta felsökningen i elkretsarna finns kopplingsscheman i slutet av det här kapitlet.

2 Studera relevant kopplingsschema för att förstå den aktuella kretsens olika komponenter, innan du försöker diagnostisera ett elfel. De möjliga felkällorna kan reduceras genom att man undersöker om andra komponenter som är kopplade till kretsen fungerar som de ska. Om flera komponenter eller kretsar slutar fungera samtidigt är det troligt att felet beror på en gemensam säkring eller jordanslutning.

3 Elektriska problem har normalt sett en enkel förklaring, som t.ex. anslutningar som sitter löst eller är rostangripna, felaktig jordning, en säkring som har gått, en smältsäkring som har smält eller ett trasigt relä. Kontrollera alla säkringar, kablar och anslutningar i en felaktig krets innan komponenterna kontrolleras. Använd bokens kopplingsscheman för att se vilka anslutningar som behöver kontrolleras för att komma åt den felande länken.

4 De grundläggande verktyg som behövs vid felsökning av elsystemet är en kretstestare eller voltmätare (en 12-volts glödlampa men en uppsättning testkablar kan också användas för vissa kontroller), en ohmmätare (för att mäta resistans och kontrollera förbindelse), ett batteri och en uppsättning testkablar samt en testkabel, helst med kretsbrytare eller en inbyggd säkring, som kan användas för att koppla förbi misstänkta kablar eller elektriska komponenter. Innan du försöker hitta ett fel med hjälp av testinstrument, använd kopplingsschemat för att ta reda på var det ska anslutas.

⚠️ **Varning: Du får inte under några omständigheter använda spänningsförande mätinstrument som ohmmätare, voltmätare eller en glödlampa och testkablar för att kontrollera SRS-krockkuddar, SIPS-kuddar eller pyrotekniska säkerhetsbälteskretsar. Kontroll av dessa komponenter måste överlåtas till en Toyota-återförsäljare eftersom risken är stor för att systemet aktiveras om inte allt utförs på ett korrekt sätt.**

5 För att hitta källan till ett periodiskt återkommande kabelfel (vanligen på grund av en felaktig eller smutsig anslutning eller skadad isolering), kan ett vicktest göras på kabeln. Det innebär att man vickar på kabeln för hand för att se om felet uppstår när kabeln rubbas. Det ska därmed vara möjligt att härleda felet till en speciell del av kabeln. Denna testmetod kan användas tillsammans med vilken annan testmetod som helst i de följande avsnitten.

6 Förutom problem som uppstår på grund av dåliga anslutningar kan två typer av fel uppstå i en elkrets – kretsavbrott eller kortslutning.

7 Kretsavbrott orsakas av ett brott någonstans i kretsen, vilket hindrar strömflödet. En bruten krets gör att en komponent slutar fungera.

8 Kortslutningar orsakas av att ledarna kommer i kontakt någonstans i kretsen, vilket medför att strömmen tar en alternativ, lättare väg (med mindre resistans), vanligtvis till jordningen. Kortslutning orsakas oftast av att isoleringen nöts så att en ledare kan komma i kontakt med en annan ledare eller jordningen, t.ex. karossen. En kortslutning bränner i regel kretsens säkring.

Hitta ett kretsbrott

9 Koppla ena ledaren från en kretsprovare eller en voltmätares minusledare till antingen batteriets minuspol eller en annan jordpunkt som säkert fungerar för att kontrollera om en krets är bruten.

10 Koppla den andra ledaren till en anslutning i den krets som ska provas, helst närmast batteriet eller säkringen. Nu ska det finnas batterispänning, annars är det fel på ledningen från batteriet eller säkringen (kom dock ihåg att vissa kretsar aktiveras endast när tändningslåset är i ett visst läge).

11 Slå på kretsen och anslut sedan testledaren till kontaktdonet närmast kretsbrytaren på komponentsidan.

12 Om det finns spänning (visas antingen genom att testlampan lyser eller genom utslag på voltmätaren, beroende på vilket verktyg som används), betyder det att delen mellan kontakten och brytaren är felfri.

13 Kontrollera resten av kretsen på samma sätt.

14 Om en punkt där det inte finns någon ström upptäcks ligger felet mellan denna punkt och den föregående testpunkten med ström. De flesta fel kan härledas till en trasig, korroderad eller lös anslutning.

Hitta en kortslutning

15 Koppla först bort strömförbrukarna från kretsen när du ska leta efter en eventuell kortslutning (strömförbrukare är delar som drar ström i en krets, t.ex. lampor, motorer och värmeelement).

16 Ta bort den aktuella säkringen från kretsen och anslut en kretsprovare eller voltmätare till säkringens anslutningar.

17 Slå på kretsen, men tänk på att vissa kretsar bara är strömförande då tändningslåset är i ett visst läge.

18 Om det finns spänning (visas genom att testlampan lyser eller att voltmätaren ger utslag) betyder det att kretsen är kortsluten.

19 Om det inte finns någon spänning vid kontrollen, men säkringarna fortsätter att gå sönder när strömförbrukarna är påkopplade är det ett tecken på ett internt fel i någon av strömförbrukarna.

Hitta ett jordfel

20 Batteriets minuspol är kopplad till jord, d.v.s. metallen i motorn/växellådan och karossen. Många system är kopplade så att de bara tar emot en positiv matning och strömmen leds tillbaka genom metallen i karossen **(se bilder)**. Det innebär att komponentfästet och karossen utgör en del av kretsen. Lösa eller korroderade fästen kan därför orsaka flera olika elfel, allt ifrån totalt haveri till partiella fel som är svåra att hitta. Vanligast är att lampor lyser svagt (särskilt när en annan krets som delar samma jordpunkt är igång) och att motorer (t.ex. torkarmotorerna eller kylarens fläktmotor) går långsamt. En krets kan påverka en annan till synes orelaterad krets.

2.20a Jordanslutning på framsidan av växellådshuset . . .

2.20b ... topplockets vänstersida (se pilar) ...

2.20c ... höger motorfäste (se pil) ...

2.20d ... bakluckans tröskelpanel (se pil) ...

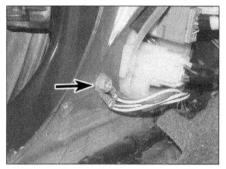

2.20e ... fotpanel vid passagerarsidans fotbrunn (se pil) ...

2.20f ... fotpanel vid förarsidans fotbrunn (se pil) ...

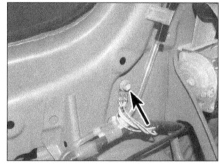

2.20g ... höger hörnklädselpanel bak – 3-dörrars kombikupé (se pil)

21 Observera att på många fordon används särskilda jordledningar mellan vissa komponenter, t.ex. motorn/växellådan och karossen, vanligtvis där det inte finns någon direkt metallkontakt mellan komponenterna på grund av gummifästen eller liknande.
22 Koppla bort batteriet och koppla den ena ledaren från en ohmmätare till en känd jordpunkt för att kontrollera om en komponent är korrekt jordad. Koppla den andra ledaren till den kabel eller jordanslutning som ska kontrolleras. Resistansen ska vara noll. Om så inte är fallet ska anslutningen kontrolleras enligt följande.
23 Om du misstänker att det är fel på en jordanslutning, ta isär anslutningen och putsa upp metallen på både ytterkarossen och kabelfästet (eller fogytan på komponentens jordanslutning). Se till att ta bort alla spår av rost

och smuts och skrapa sedan bort lacken med en kniv för att få fram en ren metallyta. Dra åt fogfästena ordentligt vid ihopsättningen. Om en kabelanslutning återmonteras ska taggbrickor användas mellan anslutningen och karossen för att garantera en ren och säker anslutning.
24 När kopplingen återansluts, rostskydda ytorna med ett lager vaselin, silikonfett eller genom att regelbundet spraya på fuktdrivande aerosol eller vattenavstötande smörjmedel.

3 Säkringar och reläer – allmän information

Säkringar
1 Säkringarna sitter i säkringsdosorna

som i sin tur sitter i motorrummet på passagerarsidan framför fjädertornet, i passagerarutrymmets säkringsdosa bakom förvaringslådan på höger sida om instrumentbrädan (högerstyrda modeller), och bakom fotbrunnens klädselpanel på passagerarsidan (se bilder).
2 Om en säkring går kommer de elektriska kretsar som skyddas av den säkringen sluta att fungera. Var säkringarna är placerade och vilka kretsar som skyddas beror på fordonets specifikation, årsmodell och land. Se kopplingsscheman på baksidan av handboken och på etiketten på säkringsdosans kant. Dessa innehåller information för det enskilda fordonet.
3 För att ta bort en säkring slår du först av tändningen. Med hjälp av det medföljande demonteringsverktyget av plast drar du ut

3.1a Motorrummets säkrings- och relähus

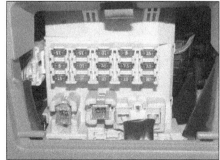

3.1b Säkringsdosan på förarsidan sitter bakom bagageutrymmet

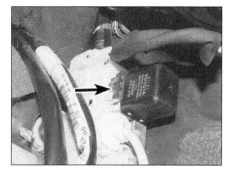

3.1c Säkring vid passagerarsidans fotpanel i fotbrunnen (se pil)

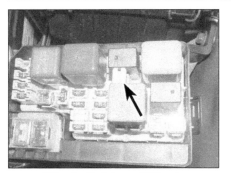

3.3a Använd de medföljande plastpincetterna (se pil) . . .

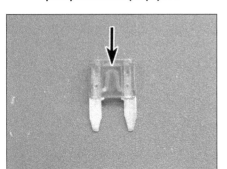

3.3c Kabeln i säkringen (se pil) ska vara synlig

3.3b . . . för att ta bort en säkring från dess urtag

3.12 Vissa reläer sitter bakom fotpanelen vid fotbrunnen på förarsidan

säkringen ur dess anslutning **(se bilder)**. Kabeln i säkringen bör vara synlig; om säkringen har gått är kabeln trasig eller så har den smält.

4 Byt alltid ut en säkring mot en som har samma kapacitet. Använd aldrig en säkring med annan kapacitet än originalsäkringen och byt inte ut någonting annat heller eftersom detta avsevärt ökar brandrisken. Byt aldrig en säkring mer än en gång utan att spåra orsaken till felet. Säkringens kapacitet är instämplad ovanpå säkringen. Notera att säkringarna även är färgkodade så att du lätt ska känna igen dem. Det finns reservsäkringar i säkringsdosan.

5 Om samma säkring går flera gånger betyder det att det är fel på de kretsar som skyddas av den. Om det rör sig om fler än en krets, aktivera en enhet åt gången tills säkringen går. På så sätt kan du ta reda på vilken krets som inte fungerar.

6 Förutom ett fel i den berörda elektriska komponenten kan anledningen till att en säkring går också vara en kortslutning i kablaget till komponenten. Titta efter klämda eller skadade kablar som gör att en strömförd kabel kommer i kontakt med fordonets metalldelar. Titta även efter lösa eller skadade kontaktdon.

7 Notera att **endast** bladsäkringarna bör bytas ut av hemmamekanikern. Om en av de stora smältsäkringarna i huvudsäkringsdosan går tyder det på ett allvarligt fel i elsystemet. En Toyota-återförsäljare eller en specialist på elsystem i bilar bör göra felsökningen.

Reläer – allmänt

8 Ett relä är en elektrisk brytare, som används av följande skäl:

a) *Ett relä kan ställa om kraftig ström på avstånd från kretsen där strömmen finns, vilket innebär att man kan använda tunnare ledningar och brytare.*

b) *Ett relä kan ta emot mer än en styrning, till skillnad från en brytare som drivs mekaniskt.*

c) *Ett relä kan vara försett med en timerfunktion – t.ex. ett relä för intermittent torkarfördröjning.*

9 Om det uppstår ett fel på en krets som innehåller ett relä kan själva reläet vara orsaken till felet. Du kan testa reläets funktion genom att låta en medhjälpare koppla till aktuell komponent medan du själv lyssnar efter klickljud från reläet På så sätt kan du avgöra om reläet kopplar om eller inte. Det är dock ingen tillförlitlig metod för att avgöra om reläet fungerar.

10 De flesta reläer har fyra eller fem anslutningar – två anslutningar ger ström till dess magnetlindning för att möjliggöra omkopplingen, en huvudströmingång och en eller två utgångar för att mata ström till eller isolera aktuell komponent (beroende på dess uppbyggnad). Använd kopplingsschemana i slutet av detta kapitel för att kontrollera att det finns tillräcklig spänning över anslutningarna eller att de är korrekt jordade.

11 Du kontrollerar ett relä genom att byta till ett relä som du vet fungerar. Var dock försiktig, reläer som ser likadana ut går kanske inte att byta ut sinsemellan.

12 Du hittar reläer i alla säkringsdosor **(se bilderna 3.1a, 3.1b och 3.1c)**. Och på förarsidan, bakom fotbrunnens fotpanel **(se bild)**.

13 För att ta bort ett relä, se till att tändningen är avslagen och ta sedan bort reläet från dess hylskontakt. Sätt i det nya reläet så att det sitter ordentligt.

4 Brytare – demontering och montering

Brytare till rattstången

1 Vrid ratten så att hjulen pekar rakt framåt.

2 Lossa ratten/rattstångsjusteraren och dra bort ratten så långt som möjligt från instrumentbrädan.

3 Ta bort ratten enligt beskrivningen i kapitel 10.

4 Skruva loss de tre fästskruvarna och ta bort den nedre kåpan till rattstången och skruva sedan loss skruven (det är bara en) och ta bort den övre kåpan **(se bilder)**.

5 Skruva loss de tre skruvar som håller fast brytarenheten i rattstången **(se bilder)**. Koppla loss anslutningskontakterna och ta bort brytarenheten.

4.4a Skruva loss de nedre fästskruvarna från kåpan på rattstången (se pilar)

4.4b Övre fästskruv till kåpan på rattstången (se pil)

4.5a De övre fästskruvarna till rattstångens flerfunktionsbrytare (se pilar) . . .

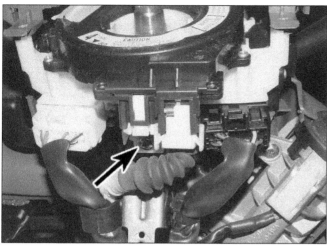

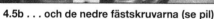

4.5b . . . och de nedre fästskruvarna (se pil)

4.6 Fästskruvar till brytare (se pilar)

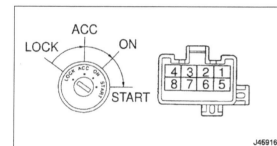

Kontaktläge	Testkoppling	Visad kondition
LOCK	–	Ingen kontinuitet
ACC	2 – 3	Kontinuitet
ON	2 – 3 –4 6 – 7	Kontinuitet
START	1 – 2 –4 6 – 7 – 8	Kontinuitet

J45916

4.13a Anslutningsguide och förbindelsetabeller till tändningslås – till aug -98

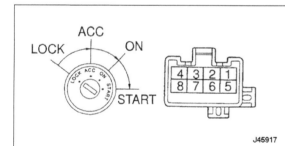

Kontaktläge	Testkoppling	Visad kondition
LOCK	–	Ingen kontinuitet
ACC	5 – 6	Kontinuitet
ON	1 –4 5 – 6 – 8	Kontinuitet
START	1 – 3 –4 5 – 7 – 8	Kontinuitet

J45917

4.13b Anslutningsguide och förbindelsetabeller till tändningslås – från aug -98

6 Alla brytare hålls fast av två skruvar (se bild). Ta bort skruvarna och dra försiktigt bort brytaren åt sidan. Om det behövs kan du ta bort alla brytare utan att samtidigt ta bort hela enheten. Se beskrivningen i punkt 5.

7 Montera tillbaka aktuell brytare i omvänd ordningsföljd mot demonteringen.

Brytare för tändning/startmotor

8 Vrid ratten så att hjulen pekar rakt framåt.

9 Lossa ratten/rattstångsjusteraren och ta bort ratten så långt som möjligt från instrumentbrädan.

10 Ta bort ratten enligt beskrivningen i kapitel 10.

11 Skruva loss de tre fästskruvarna och ta bort rattstångens nedre kåpa och skruva sedan loss skruven (det är bara en) och ta bort den övre kåpan (se bilder 4.4a och 4.4b).

12 Koppla loss brytarens anslutningskontakter.

13 Använd en ohmmätare för att kontrollera förbindelsen i de angivna anslutningarna. Låt brytaren stå i alla angivna lägen (se bilder).

14 Byt ut brytaren om förbindelsen inte är som den ska.

15 Ta bort skruvarna som håller fast brytaren på baksidan av låscylinderhuset och ta bort brytaren (se bild).

16 Monteringen utförs i omvänd ordningsföljd mot demonteringen.

Låscylinder

17 Vrid ratten så att hjulen pekar rakt framåt.

18 Lossa ratten/rattstångsjusteraren och dra bort ratten så långt som möjligt från instrumentbrädan.

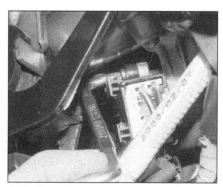

4.15 Skruva loss skruvarna som håller fast brytaren till tändningen/startmotorn på baksidan av låscylinderhuset

4.21 Lossa klämman och dra bort transpondern från låscylinderhusets ände

4.22 Tryck ner lossningsknappen och dra ut låscylindern ur huset

4.23 Borra ut säkerhetsbultarna (se pil) för att ta bort låsenheten

4.25 Bänd försiktigt ut de mellersta luftmunstyckena

4.26 Lossa klämman och bänd loss brytaren från ventilationspanelen

4.28 Bänd upp brytarpanelen från dörren

19 Ta bort ratten enligt beskrivningen i kapitel 10.
20 Skruva loss de tre fästskruvarna och ta bort rattstångens nedre kåpa och skruva sedan loss skruven (det är bara en) och ta bort den övre kåpan **(se bilderna 4.4a och 4.4b)**.

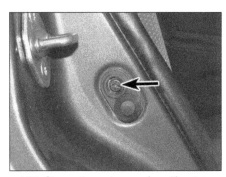

4.29 Skruva loss skruvarna (se pilar) och skilj brytarenheten från panelen

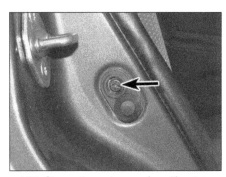

4.31 Skruva loss skruven (se pil) och ta bort kupélampans brytare från dess plats

21 Koppla loss anslutningskontakten och ta sedan bort sändarspolen från änden av låscylindern **(se bild)**.
22 Låt nyckeln vara i tillbehörsläget, sätt i en liten skruvmejsel eller körnare i gjutningens hål och tryck på lossningsknappen samtidigt som du drar ut låscylindern. Ta bort den från rattstången **(se bild)**.
23 Om det behövs, borra ut säkerhetsbultarna och ta bort rattlåset från stången **(se bild)**. Vid återmonteringen drar du åt de nya bultarna tills skallarna går av.
24 Monteringen utförs i omvänd ordningsföljd mot demonteringen.

Varningsblinkers, brytare
25 Bänd försiktigt ut den mellersta ventilationsenheten **(se bild)**.
26 Koppla loss kontaktdonet på baksidan av brytaren och lossa sedan klämman och bänd ut brytaren från luftmunstycket **(se bild)**.

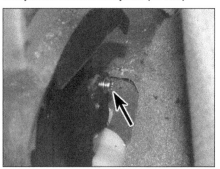

4.36 Fästskruv till brytaren för handbromsens varningslampa (se pil)

27 Monteringen utförs i omvänd ordningsföljd mot demonteringen.

Brytare till dörrpanel
28 Bänd upp brytarpanelen från dörrklädseln **(se bild)**. Koppla loss anslutningskontakterna när panelen tas bort.
29 Skruva loss skruvarna och ta bort brytarenheten från panelen **(se bild)**.
30 Monteringen utförs i omvänd ordningsföljd mot demonteringen.

Kupébelysningens brytare i dörren
31 Skruva loss skruven och ta bort brytaren från dörröppningen **(se bild)**.
32 Koppla loss anslutningskontakten och ta bort brytaren.
33 Monteringen utförs i omvänd ordningsföljd mot demonteringen.

Bromsljuskontakt
34 Se kapitel 9.

Brytare till handbromsens varningslampa
35 Ta bort mittkonsolen enligt beskrivningen i kapitel 11.
36 Skruva loss skruven som håller fast brytaren i handbromsens fästbygel **(se bild)**.
37 Lyft ut brytaren, koppla loss kabelskon och ta bort den.
38 Monteringen utförs i omvänd ordningsföljd mot demonteringen. Kontrollera att allting fungerar korrekt innan du monterar tillbaka konsolen.

Brytare för spegel/dimljus
39 Använd ett verktyg med platt blad och bänd försiktigt bort brytaren från

4.40a Lossa klämmorna och skjut bort spegelns brytare från panelen

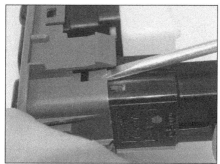

4.40b Dimljusbrytarens fästklämma

4.43 Tryck ner klämman och ta bort strålkastarens nivåstyrningsbrytare från mittkonsolen

4.45a Dra bort värmesystemets vridreglage . . .

4.45b . . . och skruva loss skruvarna ur reglagens urtag (se pilar)

4.46 Bänd loss mittpanelens omgivande panel

instrumentbrädans högra sida. Koppla ifrån anslutningskontakterna när enheten tas bort.
40 Lossa på klämmorna och skjut bort den aktuella brytaren från dess plats på enheten **(se bilder)**.
41 Monteringen utförs i omvänd ordningsföljd mot demonteringen.

Nivåkontroll av strålkastarljus

42 Ta bort mittkonsolen enligt beskrivningen i kapitel 11.
43 Lossa klämmorna och ta bort brytaren från konsolen **(se bild)**.
44 Monteringen utförs i omvänd ordningsföljd mot demonteringen.

Brytare för bakruteuppvärmning

45 Ta bort värmesystemets vridreglage och skruva loss de två skruvarna i urtagen **(se bilder)**.
46 Bänd försiktigt bort den mellersta panelsargen från dess plats **(se bild)**. Koppla ifrån

anslutningskontakterna när panelen tas bort.
47 Använd en skruvmejsel för att ta bort klämman och ta bort brytaren från panelen **(se bild)**.
48 Monteringen utförs i omvänd ordningsföljd mot demonteringen.

Luftkonditioneringsreglage

49 Proceduren för luftkonditioneringens brytare är likadan som den som beskrivits ovan för bakruteuppvärmningens brytare.

Takluckans brytare

50 Skruva loss skruven och ta bort innerbelysningens glas **(se bild 8.3b)**.
51 Skruva loss de två skruvarna och ta bort brytaren **(se bild)**. Skruva loss fästskruven från armaturen, vänd på armaturen och skruva loss de brytarens två kabelanslutningar.
53 Monteringen utförs i omvänd ordningsföljd mot demonteringen.

5 Instrumentpanel, informations-enhet och hastighetsgivare – demontering och montering

Demontering

Instrumentpanelen

1 Koppla loss kabeln från batteriets minuspol (kapitel 5A).
2 Flytta ratten till dess nedersta position och dra ut rattstången helt (där det är möjligt).
3 Skruva loss de två skruvarna och ta bort sargen på instrumentpanelen från instrumentbrädan **(se bilder)**.
4 Ta bort fästskruvarna och dra panelen bakåt **(se bild)**.
5 Koppla loss de elektriska kontaktdonen och ta bort panelen **(se bild)**.
6 Monteringen utförs i omvänd ordningsföljd mot demonteringen.

4.47 Lossa klämman och ta bort brytaren för uppvärmning av bakrutan

4.51 Skruva loss de två skruvarna (se pilar) och ta bort takluckans brytarenhet

5.3a Fästskruvar till instrumentpanelens panelsarg (se pil)

5.3b Dra panelsargen bakåt

5.4 Instrumentpanelens skruvar (se pilar)

5.5 Bänd upp låsspärren (se pil) och koppla loss anslutningskontakterna

5.8 Anslutningar för hastighetsgivare – se text

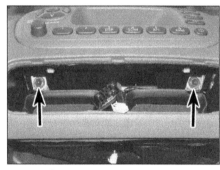

5.11a Skruva loss skruvarna (se pilar) i den mellersta ventilationsöppningen

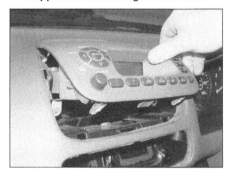

5.11b Dra den mellersta informationsenheten uppåt och bakåt

Hastighetsgivare

7 Hastighetsgivaren sitter på växellådshuset. Demonteringen beskrivs i avsnitt 3 i kapitel 7B.
8 För att kontrollera givaren kopplar du loss hastighetsgivarens anslutningskontakt och ansluter sedan en voltmätares pluskabel till givaranslutning 3 och minuskabeln till anslutning 2. Anslut sedan pluskabeln från ett 12-voltsbatteri till anslutning 1 och minuskabeln till anslutning 2 **(se bild)**. Rotera axeln. Den uppmätta spänningen bör ändras från ungefär 0 V till 11 V 4 gånger per varv. Om spänningen inte stämmer med de angivna värdena kan det vara fel på givaren.

Informationsenheten på instrumentbrädan

9 Koppla loss batteriets minusledare enligt beskrivningen i kapitel 5A.
10 Ta bort de mellersta luftmunstyckena från instrumentbrädan genom att bända ut den nedre

6.2 Körriktningsvisare/varningsblinkers (se pil)

kanten, tryck sedan ner den övre kanten och dra ut dem från instrumentbrädan **(se bild 4.25)**.
11 Skruva loss de två skruvarna i luftmunstyckets öppning och dra försiktigt informationsenheten uppåt och bakåt **(se bilder)**. Koppla ifrån anslutningskontakten när enheten tas bort.

Montering

12 Monteringen utförs i omvänd ordningsföljd mot demonteringen.

6 Enhet för körriktningsvisare/varningsblinkers – byte

1 Enheten för körriktningsvisare/varningsblinkers styr strömmen till körriktningsvisarna. Körriktningsvisarna bör blinka mellan 60 till 120 gånger per minut. Körriktningsvisarenheten är monterad på reläkortet bakom klädselpanelen vid förarsidans fotbrunn. Ta bort den nedre instrumentbrädans panel på förarsidan enligt beskrivningen i kapitel 11, avsnitt 27.
2 Ta bort reläet från kortet **(se bild)**.
3 Sätt dit det nya reläet och montera tillbaka klädselpanelen.

7 Glödlampor (ytterbelysning) – byte

Allmänt

1 Tänk på följande när en glödlampa ska bytas:

a) Kom ihåg att om lyset nyligen har varit tänt kan lampan vara mycket het.
b) Kontrollera alltid lampans sockel och kontaktytor. Se till att kontaktytorna mellan lampan och ledaren och lampan och jord är rena. Avlägsna korrosion och smuts innan en ny lampa sätts i.
c) Om lampor med bajonettfattning används, se till att kontakterna har god kontakt med glödlampan.
d) Se alltid till att den nya lampan har rätt specifikationer och att den är helt ren innan den monteras. detta gäller särskilt glödlampor till strålkastare/dimljus (se nedan).
e) På halogenlampor av kvarts (strålkastare och liknande enheter) använder du en pappersnäsduk eller en ren trasa vid när du arbetar med glödlampan; rör inte vid glödlampans glas med fingrarna. Även små fettmängder från fingrarna gör att lampan blir svart och går sönder i förtid. Om du råkar komma åt glödlampan av misstag, måste du rengöra den med T-sprit och en ren trasa.

Strålkastare halv- eller helljus

Modeller med enkla strålkastare

2 Ta bort de främre körriktningsvisarna enligt beskrivningen i detta avsnitt, skruva sedan loss de 2 återstående bultarna som håller fast strålkastarenheten **(se bild 9.1a)**. Dra strålkastarenheten framåt.
3 Dra bort anslutningskontakten från baksidan glödlampan och ta bort gummikåpan från baksidan av strålkastaren **(se bild)**.
4 Lossa glödlampans fästklämma **(se bild)**.

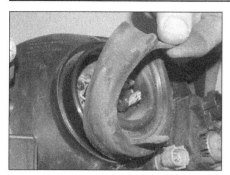

7.3 Ta bort gummikåpan från strålkastarens baksida

7.4 Lossa glödlampans fästklämma

7.5 Notera hur glödlampans fläns sitter i strålkastarens urtag

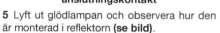

7.9 Koppla loss strålkastarens anslutningskontakt

5 Lyft ut glödlampan och observera hur den är monterad i reflektorn **(se bild)**.
6 Rör inte glaset när du monterar den nya glödlampan (punkt 1). Se till att tapparna på glödlampans fläns hakar i hållarens spår.
7 Monteringen utförs i omvänd ordningsföljd mot demonteringen.

Modeller med dubbla strålkastare

8 Öppna motorhuven. Skruva loss de 3 bultarna som håller fast strålkastarenheten. Den yttre bulten håller dessutom fast körriktningsvisaren **(se bild 9.1b)**. Dra strålkastarenheten framåt.
9 Ta bort anslutningskontakten från baksidan av glödlampan **(se bild)**.
10 Vrid lamphållaren moturs och ta bort den från strålkastaren **(se bild)**. Observera att glödlampan och hållaren sitter ihop.
11 Anslut anslutningskontakten på den nya glödlampan/hållaren och sätt sedan i glödlampan från baksidan av strålkastaren och vrid den medurs för att låsa fast den.

7.13 Dra bort parkeringsljusets glödlampa med insticksfäste från hållaren

7.10 Vrid lamphållaren moturs och ta bort den från strålkastaren

Främre sidolykta

Modeller med enkla strålkastare

12 Öppna motorhuven. Sträck in handen bakom strålkastaren, vrid lamphållaren moturs och ta bort hållaren från dess plats **(se bild)**.
13 Dra bort glödlampan med insticksfäste från hållaren **(se bild)**.
14 Monteringen utförs i omvänd ordningsföljd mot demonteringen.

Modeller med dubbla strålkastare

15 Ta bort den främre körriktningsvisaren enligt beskrivningen i avsnitt 9.
16 Sträck dig igenom körriktningsvisarens öppning och vrid parkeringsljusets lamphållare moturs och ta sedan bort den från sidan av strålkastaren **(se bild)**.
17 Dra bort glödlampan med insticksfäste från hållaren.
18 Monteringen utförs i omvänd ordningsföljd mot demonteringen.

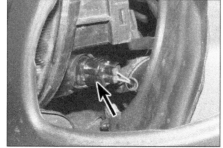

7.16 För in handen genom körriktningsvisarens öppning och vrid parkeringsljusets lamphållare moturs (se pil)

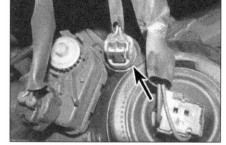

7.12 Vrid parkeringsljusets lamphållare moturs (se pil)

Främre dimljus

19 Ta bort dimljuset enligt beskrivningen i avsnitt 9.
20 Vrid kåpan på baksidan av dimljuset moturs och ta bort den. Koppla loss lamphållarens anslutningskontakt från kåpan **(se bild)**.
21 Lossa fästklämman och ta bort glödlampan från dimljuset **(se bild)**.
22 Sätt i den nya glödlampa och observera hur utskärningen i glödlampans fläns förhåller sig till utsticket på fästet.
23 Återstoden av monteringen utförs i omvänd ordningsföljd mot demonteringen.

Främre körriktningsvisare

24 Ta bort körriktningsvisaren enligt beskrivningen i avsnitt 9.
25 Vrid lamphållaren moturs och ta bort den från körriktningsvisaren **(se bild)**.
26 Glödlampan har ett bajonettfäste. Tryck in

7.20 Koppla loss anslutningskontakten från insidan av dimljusets bakre kåpa

7.21 Lossa fästklämman till dimljusets glödlampa (se pil)

7.25 Vrid lamphållaren moturs och ta bort den från körriktningsvisaren

7.28 Tryck körriktningsvisarens glas framåt och tryck ner klämman (se pil). Dra sedan bort glasets andra ände från skärmen

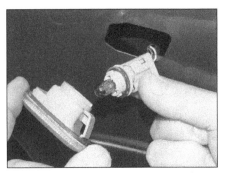

7.29 Vrid körriktningsvisarens lamphållare moturs och ta bort den

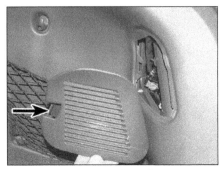

7.35 Lossa klämman (se pil) och ta bort täckpanelen

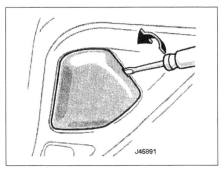

7.45 Bänd bort täckpanelen från bakluckan

den en liten bit, vrid den moturs och ta ut den ur lamphållaren.
27 Monteringen utförs i omvänd ordnings-följd.

Körriktningsvisare
28 Använd en spårskruvmejsel för att trycka glaset framåt och bänd bort den bakre kanten glaset från skärmen **(se bild)**. Var försiktig så att du inte skadar karossen – lägg en kartongbit mellan skruvmejseln och skärmen.
29 Vrid lamphållaren genom att vrida den ett kvarts varv moturs för att lossa den från armaturen och ta bort hållaren **(se bild)**.
30 Ta bort glödlampan från dess hållare och tryck dit den nya.
31 Monteringen utförs i omvänd ordningsföljd mot demonteringen.

Bakre körriktningsvisare, bromsljus och bakljus
Sedanmodeller
32 Öppna bagageutrymmet. Det finns två olika typer av täckpaneler. Bänd antingen upp panelen med en skruvmejsel eller skruva loss de tre muttrarna och ta bort panelen.
33 Vrid lamphållaren moturs och ta bort den från armaturen. Tryck in och vrid glödlampan moturs för att ta bort den från lamphållaren.
34 Monteringen utförs i omvänd ordningsföljd mot demontoringen.

Kombikupé och sportkupé
35 Öppna åtkomstluckan på den aktuella sidan inifrån bagageutrymmet **(se bild)**.
36 Vrid den aktuella lamphållaren moturs och ta bort den från armaturen. Tryck in och vrid glödlampan moturs för att ta bort den från lamphållaren.

37 Monteringen utförs i omvänd ordningsföljd mot demonteringen.

Kombimodeller
38 Öppna bakluckan och skruva loss de två fästbultarna **(se bild 9.30)**.
39 Ta bort armaturen från dess plats och notera hur sprintarna på enhetens ytterkant hakar i styrhålen på karossen.
40 Vrid den aktuella lamphållaren moturs och ta bort glödlampan från hållaren.
41 Monteringen utförs i omvänd ordningsföljd mot demonteringen.

Backljus
Kombikupé och sportkupé
42 Öppna åtkomstpanelen på den aktuella sidan inifrån bagageutrymmet **(se bild 7.35)**.
43 Vrid den aktuella lamphållaren moturs och ta bort den från armaturen. Tryck in och vrid glödlampan moturs för att ta bort den från lamphållaren.
44 Monteringen utförs i omvänd ordningsföljd mot demonteringen.

Sedanmodeller
45 Bänd loss täckpanelen från bakluckan **(se bild)**.
46 Vrid lamphållaren moturs och ta bort den från armaturen. Tryck in och vrid glödlampan moturs för att ta bort den från lamphållaren.
47 Monteringen utförs i omvänd ordningsföljd mot demonteringen.

Kombimodeller
48 Öppna bakluckan och skruva loss de två fästbultarna **(se bild 9.30)**.
49 Ta bort armaturen från dess plats och notera hur sprintarna på enhetens ytterkant hakar i styrhålen på karossen.

50 Vrid aktuell lamphållare moturs och ta bort glödlampan från hållaren.
51 Monteringen utförs i omvänd ordningsföljd mot demonteringen.

Bakre dimljus
Kombikupé och sportkupé
52 Öppna åtkomstpanelen på aktuell sida inifrån bagageutrymmet **(se bild 7.35)**.
53 Vrid aktuell lamphållare moturs och ta bort den från armaturen. Tryck in och vrid glödlampan moturs för att ta bort den från lamphållaren.
54 Monteringen utförs i omvänd ordningsföljd mot demonteringen.

Sedanmodeller
55 Bänd loss täckpanelen från bakluckan **(se bild 7.45)**.
56 Vrid lamphållaren moturs och ta bort den från armaturen. Tryck in och vrid glödlampan moturs för att ta bort den från lamphållaren.
57 Monteringen utförs i omvänd ordningsföljd mot demontoringen.

Kombimodeller
58 Skruva loss de två fästskruvarna och ta bort glaset från bakluckan.
59 Dra bort glödlampan med insticksfäste från dess plats.
60 Monteringen utförs i omvänd ordningsföljd mot demonteringen.

Högt bromsljus
Sedanmodeller
61 Bänd upp ljuskåpans framkant från bagagehyllan och dra kåpan framåt.
62 Vrid lamphållaren moturs och ta bort den

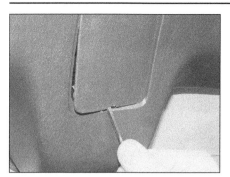
7.64 Bänd ut täckpanelen nedre kant

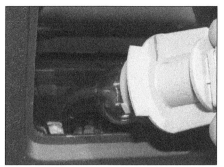
7.65 Vrid lamphållaren moturs

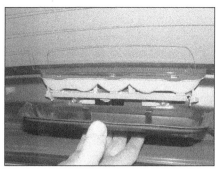
7.67 Bänd försiktigt bort kåpan till det höga bromsljuset

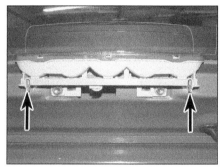
7.68 Tryck in klämmorna (se pil) och ta bort lamphållaren

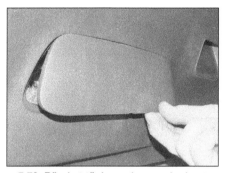
7.79 Bänd ut täckpanelens nedre kant

7.80 Vrid lamphållaren (se pil) moturs

från armaturen. Ta bort glödlampan genom att trycka in den och vrida den moturs.
63 Monteringen utförs i omvänd ordningsföljd mot demonteringen.

Sportkupémodeller
64 Bänd ut täckpanelens nedre kant **(se bild)**.
65 Vrid lamphållaren moturs och ta bort den från armaturen. Tryck in och vrid glödlampan moturs för att ta bort den **(se bild)**.
66 Monteringen utförs i omvänd ordningsföljd mot demonteringen.

Kombikupémodeller
67 Arbeta från sidan, bänd försiktigt loss ljuskåpan **(se bild)**.
68 Tryck in fästklämmorna och ta bort lamphållarenheten **(se bild)**. Ta bort glödlamporna med insticksfäste från hållaren.
69 Monteringen utförs i omvänd ordningsföljd mot demonteringen.

Kombimodeller
70 Dra täckpanelen nedåt.
71 Vrid lamphållaren moturs och ta bort den från armaturen. Dra ut glödlampan med insticksfäste från hållaren.
72 Monteringen utförs i omvänd ordningsföljd mot demonteringen.

Nummerplåtsbelysning
Sedanmodeller
73 Ta bort den inre klädselpanelen i bakluckan.
74 Vrid lamphållaren moturs och ta bort den från armaturen. Dra ut glödlampan med insticksfäste från hållaren.
75 Monteringen utförs i omvänd ordningsföljd mot demonteringen.

Sportkupémodeller
76 Bänd upp den nedre kanten och ta bort täckpanelen **(se bild 7.64)**.
77 Vrid lamphållaren moturs och ta bort den från armaturen. Dra ut glödlampan med insticksfäste från hållaren.
78 Monteringen utförs i omvänd ordningsföljd mot demonteringen.

Kombikupémodeller
79 Bänd upp den nedre kanten och ta bort täckpanelen **(se bild)**.
80 Vrid lamphållaren moturs och ta bort den från armaturen **(se bild)**. Dra ut glödlampan med insticksfäste från hållaren.
81 Monteringen utförs i omvänd ordningsföljd mot demonteringen.

Kombimodeller
82 Skruva loss de två skruvarna som håller fast armaturen i bakluckan.
83 Vrid lamphållaren moturs och ta bort

8.3a Bänd loss innerbelysningsglaset

den från armaturen. Dra ut glödlampan med insticksfäste från hållaren.
84 Monteringen utförs i omvänd ordningsföljd mot demonteringen.

8 Glödlampor (innerbelysning) – byte

Allmänt
1 Tänk på följande när en glödlampa ska bytas:
 a) Kom ihåg att om lyset nyligen har varit tänt kan lampan vara mycket het.
 b) Kontrollera alltid lampans sockel och kontaktytor. Se till att kontaktytorna mellan lampan och ledaren och mellan lampan och jord är rena. Avlägsna korrosion och smuts innan en ny lampa sätts i.
 c) Om lampor med bajonettfattning används, se till att kontakterna har god kontakt med glödlampan.
 d) Se alltid till att den nya lampan har rätt specifikationer och att den är helt ren innan den monteras.
2 Vissa glödlampor för brytarbelysning/kontrollbelysning sitter ihop med brytarna och kan inte bytas separat.

Kupé/innerbelysning
3 Med en liten spårskruvmejsel bänder du försiktigt bort glaset från dess plats. På vissa modeller hålls glaset fast med en skruv **(se bilder)**.
4 Dra ut glödlampan från kontakterna **(se bild)**.
5 Monteringen utförs i omvänd ordningsföljd mot demonteringen.

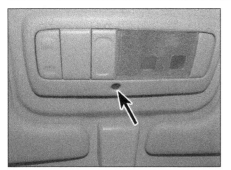

8.3b På vissa modeller hålls innerbelys-
ningsglaset fast med en skruv (se pil)

8.4 Ta bort innerbelysningslampan från
kontakterna

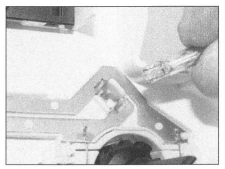

8.8 Ta bort glödlampan till
värmereglagepanelens belysning

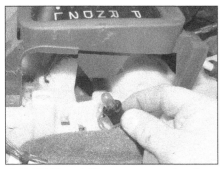

8.11 Vrid lamphållaren moturs och ta bort
den från växelspakens panel

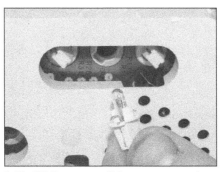

8.15 Glödlamporna till instrumentpanelens
belysning sitter ihop med lamphållarna

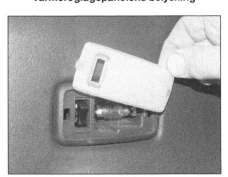

8.17 Bänd bort bagageutrymmeslampans
glas

Belysning för värmereglagepanel

6 Ta bort värmesystemets vridreglage och
skruva loss de två skruvarna i urtagen (se
bilder 4.45a och 4.45b).
7 Bänd försiktigt bort den mellersta panel-
sargen från dess plats (se bild 4.46). Koppla ifrån
anslutningskontakterna när panelen tas bort.
8 Glödlamporna med insticksfäste drar man
helt enkelt bort (se bild).
9 Monteringen utförs i omvänd ordningsföljd
mot demonteringen.

Panelbelysning för spak
till automatväxellåda

10 Ta bort mittkonsolen enligt beskrivningen i
kapitel 11.
11 Vrid lamphållaren moturs och ta bort den
från växelväljarkåpan (se bild).
12 Dra bort glödlampan med insticksfäste
från hållaren.
13 Monteringen utförs i omvänd ordningsföljd
mot demonteringen.

Instrumentpanelen

14 Ta bort instrumentpanelen enligt beskriv-
ningen i avsnitt 5.
15 Vrid lamphållaren moturs och ta bort den från
baksidan av panelen (se bild). Glödlamporna
sitter ihop med hållarna.
16 Monteringen utförs i omvänd ordningsföljd
mot demonteringen.

Belysning för bagageutrymme

17 Bänd försiktigt bort belysningens glas från
dess plats (se bild).
18 Ta bort glödlampan från hållaren.
19 Monteringen utförs i omvänd ordningsföljd
mot demonteringen.

Brytare för bakruteuppvärmning,
för bakre dimljus, för nivåjustering
av strålkastare och för
luftkonditionering

20 Ta bort aktuell brytare (se avsnitt 4).
21 Använd en skruvmejsel för att rotera lamp-

hållaren moturs och ta bort den (se bilder).
Glödlampan sitter ihop med hållaren i ett stycke.
22 Monteringen utförs i omvänd ordningsföljd
mot demonteringen.

Varningsljus, brytare

23 Ta bort brytaren till varningsljuset enligt
beskrivningen i avsnitt 4.
24 Använd en spetstång för att vrida
lamphållaren moturs och ta bort den från
brytaren. Glödlampan sitter ihop med hållaren
(se bild).
25 Monteringen utförs i omvänd ordningsföljd
mot demonteringen.

9 Yttre armatur –
demontering och montering

*Varning: Se till att tändningen är frånslagen
innan du fortsätter med arbetet.*

8.21a Använd en skruvmejsel för att vrida
lamphållaren moturs

8.21b Brytarbelysningens glödlampor
sitter ihop med lamphållarna

8.24 Använd en spetstång för att vrida
lamphållaren till varningsljusets belysning
moturs

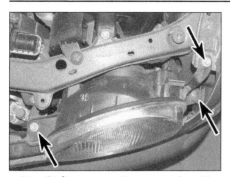

9.1a Strålkastarens fästskruvar (se pil)
– modeller med enkla strålkastare

9.1b Strålkastarens fästskruvar (se pil)
– modeller med dubbla strålkastare

9.4 Ta bort det främre dimljusets fästskruv
(se pil)

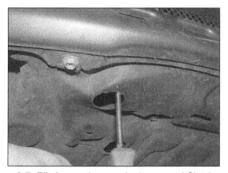

9.7 För in en skruvmejsel genom hålet i
stötfångaren och vrid justeraren

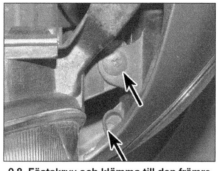

9.8 Fästskruv och klämma till den främre
körriktningsvisaren (se pilar) – modeller
med enkla strålkastare

9.10 Vrid körriktningsvisaren tills
fästbygeln är i linje med inskärningen i
skärmen

Strålkastare

1 Öppna motorhuven, skruva loss de tre skruvarna och dra strålkastaren framåt. Notera att ytterbulten även håller fast körriktningsvisaren (se bilder).

2 Koppla loss anslutningskontakterna och ta bort strålkastaren.

3 Monteringen utförs i omvänd ordningsföljd mot demonteringen. Avsluta med att låta kontrollera strålkastarinställningen (se avsnitt 10).

Främre dimljus

4 Skruva loss skruven och ta bort dimljuset från dess plats (se bild).

5 Koppla loss anslutningskontakten när dimljuset tas bort.

6 Monteringen utförs i omvänd ordningsföljd mot demonteringen.

7 För att justera helljusets riktning sätter du in en stjärnskruvmejsel genom hålet i foten på stötfångarens kåpa och vrider justeringshjulet till önskad position (se bild)

Främre körriktningsvisare
Modeller med enkla strålkastare

8 Lyft upp motorhuven och skruva loss körriktningsvisarens skruv (se bild).

9 Sätt i en skruvmejsel nere bredvid körriktningsvisaren och lossa på fästklämman.

10 Rotera körriktningsvisaren 90° utåt och dra körriktningsvisaren framåt (se bild).

11 Vrid lamphållaren moturs och ta bort den från körriktningsvisarenheten.

12 Monteringen utförs i omvänd ordningsföljd mot demonteringen.

Modeller med dubbla strålkastare

13 Lyft upp motorhuven och skruva loss körriktningsvisarens skruv (se bild).

14 Sätt i en skruvmejsel nere bredvid körriktningsvisaren och lossa fästklämman genom att trycka den utåt (se bild).

15 Dra körriktningsvisaren framåt.

16 Vrid lamphållaren moturs och ta bort den från körriktningsvisarenheten.

17 Monteringen utförs i omvänd ordningsföljd mot demonteringen.

Körriktningsvisare fram

18 Använd en spårskruvmejsel för att trycka glaset framåt och bänd bort glasets bakre kant från skärmen (se bild 7.28). Var försiktig så att du inte skadar karossen – lägg en kartongbit mellan skruvmejseln och skärmen.

19 Vrid lamphållaren genom att vrida den ett kvarts varv moturs för att lossa den från armaturen och ta bort hållaren.

20 Monteringen utförs i omvänd ordningsföljd mot demonteringen.

Bakljusarmatur
Sedanmodeller

21 I skrivande stund fanns ingen information tillgänglig.

Kombikupémodeller

22 Inifrån bagageutrymmet lossar du armaturens täckpanel.

23 Koppla loss bakljusarmaturens anslutningskontakter.

24 Skruva loss muttrarna och ta bort armaturen från fordonet (se bild).

25 Monteringen utförs i omvänd ordningsföljd mot demonteringen.

Sportkupémodeller

26 Inifrån bagageutrymmet lossar du armaturens täckpanel.

27 Koppla loss bakljusarmaturens anslutningskontakter.

9.13 Fästskruv till körriktningsvisare (se
pil) – modeller med dubbla strålkastare

9.14 Lossa fästklämman med en
skruvmejsel

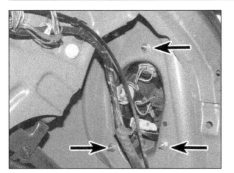

9.24 Bakljusarmaturens fästmuttrar (se pil) – kombikupémodeller

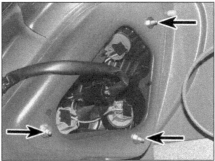

9.28 Bakljusarmaturens fästmuttrar (se pil) – sportkupémodeller

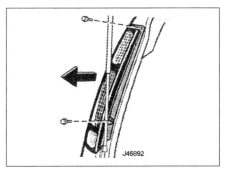

9.30 Skruva loss den bakre armaturens fästskruvar – kombimodeller

9.35 Det höga bromsljusets fästskruvar (se pil) – sportkupémodeller

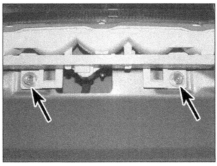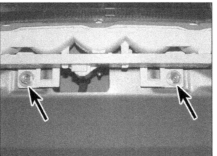

9.39 Det höga bromsljusets fästskruvar (se pil) – kombikupémodeller

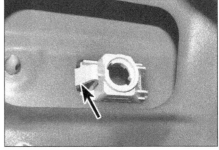

9.46 Tryck ner klämman (se pil) och ta bort registreringsskyltsbelysningen – sportkupémodeller

28 Skruva loss muttrarna och ta bort armaturen från fordonet (se bild). Du kan ta bort den övre muttern även om åtkomsten är begränsad. Om du behöver komma åt bättre tar du bort bagageutrymmets sidopanel enligt beskrivningen i kapitel 11, avsnitt 27.

29 Monteringen utförs i omvänd ordningsföljd mot demonteringen.

Kombimodeller

30 Öppna bakluckan och skruva loss bakljusarmaturens **fästskruvar (se bild)**.

31 Koppla loss bakljusarmaturens anslutningskontakter.

32 Monteringen utförs i omvänd ordningsföljd mot demonteringen.

Högt bromsljus
Sedanmodeller

33 I skrivande stund fanns ingen information tillgänglig.

Sportkupémodeller

34 Ta bort bakluckans inre klädselpaneler enligt beskrivningen i kapitel 11, avsnitt 27.

35 Skruva loss armaturens fästskruvar **(se bild)**.

36 Koppla ifrån anslutningskontakten när armaturen tas bort.

37 Monteringen utförs i omvänd ordningsföljd mot demonteringen.

Kombikupémodeller

38 Bänd försiktigt bort plastkåpan **(se bild 7.67)**.

39 Skruva loss de två bultarna och dra bort belysningen från bakluckan **(se bild)**.

40 Koppla loss armaturens anslutningskontakt när armaturen tas bort.

41 Monteringen utförs i omvänd ordningsföljd mot demonteringen.

Kombimodeller

42 I skrivande stund fanns ingen information tillgänglig.

Registreringsskyltsbelysning
Sedanmodeller

43 I skrivande stund fanns ingen information tillgänglig.

Sportkupémodeller

44 Ta bort bakluckans klädselpanel enligt beskrivningen i kapitel 11, avsnitt 27.

45 Vrid lamphållaren moturs och ta bort den från armaturen.

46 Tryck ner klämman och dra bort armaturen från bakluckan **(se bild)**.

47 Monteringen utförs i omvänd ordningsföljd mot demonteringen.

Kombikupémodeller

48 Ta bort bakluckans klädselpanel enligt beskrivningen i kapitel 11, avsnitt 27.

49 Lossa hållarna och ta bort den yttre dekoren från

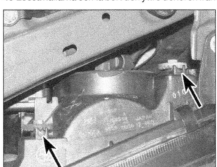

10.2 Justeringsskruvar för strålkastarinriktning (se pil)

dess plats ovanför registreringsskyltsbelysningen.

50 Lossa klämmorna och ta bort registreringsskyltsbelysningen från bakluckan.

51 Monteringen utförs i omvänd ordningsföljd mot demonteringen.

Kombimodeller

52 I skrivande stund fanns ingen information tillgänglig.

10 Strålkastarinställning
– kontroll och justering

1 Strålkastarinställning ska utföras av en Toyota-återförsäljare eller en specialist som har den optiska utrustning som krävs för att göra inställningen.

2 Det som utförs vid en strålkastarinställning är att strålkastarna justeras med hjälp av vertikala och horisontella justeringsmekanismer på baksidan av strålkastarenheten **(se bild)**.

3 Vissa modeller är utrustade med elstyrd strålkastarjustering som styrs via brytaren på instrumentbrädan. På dessa modeller måste du se till att brytaren är frånslagen innan helljusets riktning justeras.

11 Strålkastarnas styrmotor –
demontering och montering

I skrivande stund verkar inte strålkastarnas styrmotor finnas tillgänglig som en enskild reservdel. Vid fel måste hela strålkastarenheten bytas ut enligt beskrivningen i avsnitt 9.

12.2 Fästbult till signalhorn (se pil)

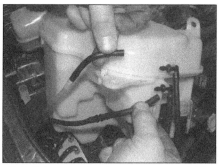

13.2 Ta bort spolarslangen av gummi från pumpen

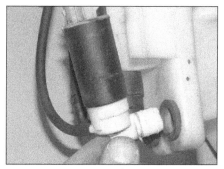

13.4 Ta bort pumpen från genomföringen i spolarvätskebehållaren

Kontakta en Toyota-återförsäljare eller en reservdelsspecialist.

12 Signalhorn – byte

1 Skruva loss de tre skruvarna och ta bort kylargrillen.
2 Skruva loss signalhornet i ett stycke med dess fästbygel (se bild). Koppla loss anslutningskontakten när signalhornet tas bort.
3 Monteringen utförs i omvänd ordningsföljd mot demonteringen.

13 Spolarsystemets komponenter – demontering och montering

Spolarpump
1 Ta bort spolarbehållaren enligt beskrivningen i detta avsnitt.
2 Notera slangarnas placering och ta sedan bort dem från motorn (se bild) och koppla loss motorns anslutningskontakt.
3 Placera en behållare under spolarbehållaren och var beredd på spill.
4 Ta tag i spolarpumpen och dra ut den från behållaren (se bild).
5 Monteringen utförs i omvänd ordningsföljd mot demonteringen.

Spolarbehållare
6 Inifrån motorrummet skruvar du loss fäst-skruven och lyfter sedan bort behållaren från dess plats (se bild). Koppla loss spolarslangarna och anslutningskontakterna när behållaren tas bort.
7 Monteringen utförs i omvänd ordningsföljd mot demonteringen.

Spolarmunstycken
Vindrutemunstycke
8 Öppna motorhuven.
9 Koppla loss anslutningskontakten till munstycket (i förekommande fall) och koppla loss spolarslangen.
10 Kläm ihop de två fästklämmorna på undersidan av munstycket med hjälp av en tång och ta bort munstycket från motorhuven (se bild).
11 Sätt munstyckena på plats så att klämmorna fjädrar ut och munstyckena fastnar. Återanslut vätskeslangen och anslutningskontakten (i förekommande fall)

12 Justera munstyckena med ett stift så att vätskan sprutas upp på mitten av rutan.
Munstycke på bakrutan
13 Öppna bakluckan och bänd ut gummi-genomföringen och koppla sedan loss spolarmunstyckets slang (se bild).
14 Använd en liten skruvmejsel för att försiktigt trycka ner den främre eller bakre fästklämman och ta sedan bort munstycket från bakluckan (se bild).
15 Sätt munstyckena på plats så att klämmorna fjädrar ut och munstyckena fastnar. Återanslut vätskeslangen och anslutningskontakten (i förekommande fall)
16 Justera munstyckena med ett stift så att vätskan sprutas upp på mitten av rutan.
Backventil
17 För att hindra att spolarvätska rinner tillbaka till behållaren har en backventil monterats på tilloppsslangen till varje

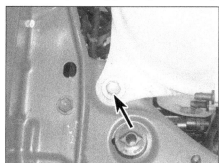

13.6 Fästbult till spolarvätskebehållaren (se pil)

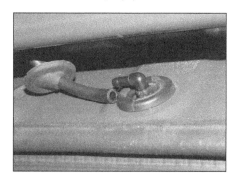

13.11 Bänd ut gummigenomföringen och koppla loss bakrutespolarmunstyckets slang

spolarmunstycke. Öppna motorhuven och lossa spolarslangen från fästklämmorna.
18 Ta försiktigt bort slangarna från backventilen och notera märkningen för flödesriktningen på ventilen.
19 Det bör endast vara möjligt att blåsa genom ventilen från ett håll. Om ventilen är defekt måste den bytas ut.
20 Monteringen utförs i omvänd ordningsföljd mot demonteringen.

14 Torkararmar – demontering och montering

Demontering
1 Bänd loss kåpan (i förekommande fall) och lossa sedan på muttern längst ner på torkararmen (se bilder).

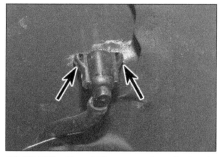

13.10 Kläm ihop klämmorna (se pilar) och ta bort vindrutans spolarmunstycke från motorhuven

13.12 Bakrutespolarens fästklämmor (se pilar)

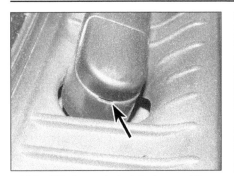

14.1a Bänd upp vindrutetorkarens kåpa (se pil) . . .

14.1b . . . skruva sedan loss fästmuttrarna

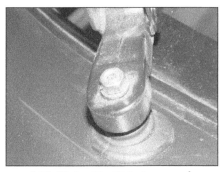

14.3 Fästmutter till torkararm på bakluckan

14.4a Vindrutetorkarbladets ände ska vara 25 mm ovanför vindrutepanelens nedre kant

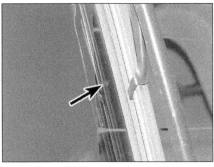

14.4b Torkarbladet på bakluckan ska sitta bredvid markeringen på bakrutan (se pil)

igen för att försäkra dig om att motorn och länksystemet är i viloläget. Placera vindrutetorkarna så att ändarna på torkarbladet är 25 mm ovanför botten på vindrutepanelen. Placera bakluckans torkararm så att änden på bladet är i linje med markeringen på bakrutan (se bilder).

15 Vindrutetorkarmotor och länksystem – demontering och montering

Demontering

1 Slå på torkarna och slå sedan av dem igen för att försäkra dig om att motorn och länksystemet är i viloläget.
2 Ta bort vindrutetorkarna enligt beskrivningen i avsnitt 14.
3 Skruva loss fästskruvarna och bänd ut klämman i båda ändarna på ventilpanelen och skruva sedan loss de återstående fem skruvarna som håller fast panelen (se bilder).
4 Bänd upp den främre kanten på ventilpanelen från mellanväggen och ta bort panelen.
5 Koppla loss torkarmotorns anslutningskontakt och skruva sedan loss de fyra skruvarna och ta bort motorn. Skilj motorarmen från länksystemet (se bilder).
6 Om det behövs, skruva loss de sex bultarna och ta bort länksystemet från dess plats (se bild).

Montering

7 Montera tillbaka länksystemet och dra åt fästbultarna ordentligt
8 Återanslut länksystemet till motorarmens kulled och montera sedan tillbaka motorn

2 Ta bort armarna från spårningarna genom att vicka dem från sida till sida. Om det behövs, använd en avdragare för att ta bort armarna.
3 På bakrutetorkaren viker du upp kåpan och skruvar loss muttern som håller fast armen i

spindeln. Med en gungande rörelse tar du bort armen från spindeln (se bild).

Montering

4 Slå på aktuell torkare och slå sedan av den

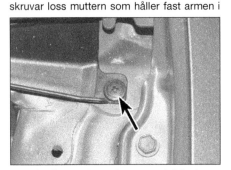

15.3a Skruva loss skruven och bänd ut den elastiska klämman på båda sidorna av ventilpanelen (se pil) . . .

15.3b . . . skruva sedan loss de fem skruvarna och ta bort ventilpanelen (3 skruvar till vänster, se pil)

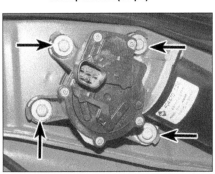

15.5a Skruva loss torkarmotorns fyra fästskruvar (se pilar)

15.5b Bänd bort motorarmen från torkarnas länksystem

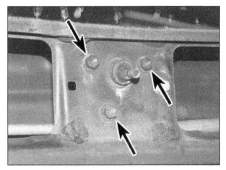

15.6 Torkarnas länksystem är fästa med tre bultar runt varje axel (se pilar)

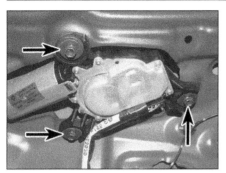

16.5 Torkarmotorns bultar på bakluckan (se pilar)

17.2 Ljudanläggningen som är monterad på konsolen hålls fast med fyra skruvar (se pilar)

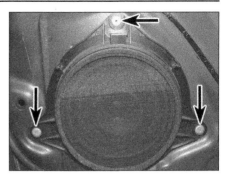

18.2 Borra ut dörrhögtalarnas nitar (se pilar)

och dra åt fästbultarna ordentligt. Återanslut anslutningskontakten.
9 Återstoden av monteringen utförs i omvänd ordningsföljd mot demonteringen.

16 Bakrutetorkarens motor – demontering och montering

Demontering
1 Slå på torkaren och slå sedan av den igen för att försäkra dig om att motorn och länksystemet är i viloläget.
2 Ta bort bakluckans torkararm enligt beskrivningen i avsnitt 14. På kombimodeller skruvar du loss axelmuttern.
3 Ta bort bakluckans inre klädselpaneler enligt beskrivningen i kapitel 11, avsnitt 27.
4 Koppla loss motorns anslutningskontakt.
5 Skruva loss motorns fästbultar och ta bort den från bakluckan (se bild).
Montering
6 Montera tillbaka motorn på bakluckan och dra åt fästbultarna ordentligt.
7 Om en ny motor monteras, anslut kontaktdonet tillfälligt, slå på motorn och slå av den igen för att försäkra dig om att den är i viloläget.
8 Monteringen utförs i omvänd ordningsföljd mot demonteringen.

17 Ljudanläggningar – demontering och montering

Enhet monterad på mittkonsolen
Demontering
1 Ta bort mittkonsolens omkopplingspanel enligt beskrivningen i kapitel 11.
2 Skruva loss de fyra skruvarna och ta bort enheten från dess plats (se bild). Koppla ifrån anslutningskontakten när enheten tas bort.
Montering
3 Monteringen utförs i omvänd ordningsföljd mot demonteringen.
Enhet monterad på instrumentbrädan
4 Enheten som är monterad på mitten av instrumentbrädan demonteras på exakt

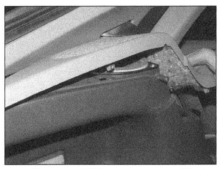

18.6 Bänd upp klädselpanelen ovanför den bakre högtalaren

samma sätt som anges i "Borttagning av informationsenheten" i avsnitt 5 i detta kapitel.

18 Högtalare – demontering och montering

Dörrhögtalare
1 Ta bort dörrens klädselpanel enligt beskrivningen i kapitel 11.
2 Borra ut nitarna som håller fast högtalaren i dörramen (se bild).
3 Ta bort högtalaren och koppla loss kontaktdonet.
4 Monteringen utförs i omvänd ordningsföljd mot demonteringen.
Högtalare på bagagehyllan
5 Ta bort bagagehyllan.
6 Bänd upp klädselpanelen ovanför högtalaren (se bild).
7 Koppla loss högtalarens anslutningskontakt.
8 Skruva loss skruvarna och lyft sedan upp högtalaren från dess plats (se bild).
9 Monteringen utförs i omvänd ordningsföljd mot demonteringen.

19 Extra säkerhetssystem (SRS) – allmän information och föreskrifter

Allmän information
Olika typer av extra kontrollsystem finns som standardutrustning eller tillbehör beroende på bilmodell och geografiskt område.

18.8 De bakre högtalarna hålls fast av tre skruvar

Huvudkomponenten i systemet är krockkudden på förarplatsen, vars syfte är att förhindra att föraren får allvarliga bröst- och huvudskador vid en olycka. Det finns även krockkuddar på passagerarsidan i framsätet och sidokrockkuddar (inbyggda på sidan av framsätena). Det finns sidokrockgivare i fordonets B-stolpar och två främre givare på vänster och höger sida av motorrummet. En styrmodul är monterad under mittkonsolens främre del. Modulen innefattar en givare för fartminskning och en styrmodul i form av en mikroprocessor som kontrollerar hur allvarlig krocken är och utlöser krockkudden om det behövs. Krockkudden blåses upp med en gasgenerator som tvingar ut kudden ur enhetens kåpa i mitten av ratten, eller ut från en kåpa vid passagerarsidans instrumentbräda/sittdyna/inre takklädsel. En kontaktrulle bakom ratten på ovansidan av rattstången ser till att god elektrisk anslutning med krockkudden alltid upprätthålls när hjulen svängs åt olika håll.

Förutom krockkuddarna innefattar det extra kontrollsystemet även pyrotekniska bältessträckare som är monterade i bältets haspel. De pyrotekniska enheterna utlöses även av krockgivare, tillsammans med krockkuddarna, för att dra åt säkerhetsbältena och bidra till ytterligare krockskydd.

Föreskrifter
⚠️ *Varning: Om du försöker att ta isär krockkuddemodulen, SIPS-kudden, krockgivarna, kontaktrullarna, bältessträckarna, kablage eller andra komponenter som hör till säkerhetssystemet utan att du har avsedd*

20.2 Skruva loss krockkuddens fästskruvar med en T30 torx-bit (för åskådlighetens skull visas den med krockkudden borttagen)

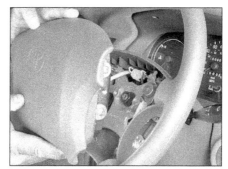

20.3a Ta bort krockkudden från ratten . . .

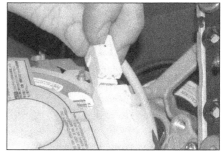

20.3b . . . tryck sedan ner klämman och koppla loss anslutningskontakten – modeller med enkla och dubbla strålkastare

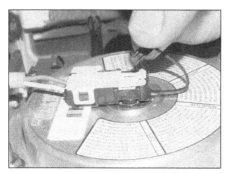

20.3c På modeller med dubbla strålkastare bänder du ut låsklämman . . .

utrustning eller har tillräckliga kunskaper kan det resultera i svåra personskador och/ eller fel på systemet.

• Innan du utför något som helst arbete på SRS-komponenter kopplar du loss batteriet och väntar minst 5 sekunder så att all eventuell kvarvarande elektrisk energi förbrukas.

• Handskas mycket försiktigt med krock-kuddarna på grund av olycksrisken. Håll dem alltid med kåpan bort från kroppen. Om du är tveksam inför moment som innefattar arbeten på krockkudden eller på dess styrkrets bör du kontakta en Toyota-återförsäljare.

• Observera att krockkuddarna inte får utsättas för temperaturer över 90 °C. När krockkudden tas bort ska du se till att den lagras med kudden uppåt för att förhindra aktivering.

• Se till att inga lösningsmedel eller rengöringsmedel kommer i kontakt med krockkuddarna. De får endast rengöras med hjälp av en fuktig trasa.

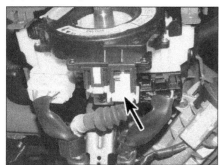

20.8a Koppla loss kontaktenhetens anslutningskontakt (se pil) . . .

20.3d . . . och kopplar loss krockkuddens anslutningskontakt

• Krockkuddarna och styrenheten är båda känsliga för stötar. Om någon av dem tappas eller på annat sätt skadas bör de bytas ut.

• Koppla loss anslutningskontakten till krockkuddens styrenhet innan du använder bågsvetsutrustning på fordonet.

20 Extra säkerhetssystem (SRS) – komponentbyte

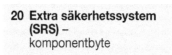

Observera: Läs varningarna i avsnitt 19 innan du fortsätter.

Förarsidans krockkudde

Demontering

1 Slå av tändningen och koppla sedan loss kabeln från batteriets minuspol (se kapitel 5A). Vänta minst 5 minuter innan du fortsätter.

2 Vrid ratten så att hjulen pekar rakt framåt och

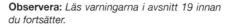

20.8b . . . skruva sedan loss kontaktenhetens fästskruvar (se pil)

bänd ut de två plastpluggarna på båda sidorna av ratten (i förekommande fall). Skruva loss T30-torxskruven på båda sidorna om rattens nav som håller fast krockkudden. Du behöver inte ta bort skruvarna. Det räcker med att du skruvar ut dem till "lossat" läge (**se bild**).

3 Ta bort krockkuddemodulen från ratten och koppla loss modulens elektriska kontaktdon (**se bild**).

⚠️ *Varning: Sätt ner krockkudde-modulen med panelsidan uppåt.*

Montering

4 Återanslut krockkuddens anslutningskontakt och placera krockkudden på ratten.

5 Dra åt krockkuddens fästskruvar.

6 Se till att ingen befinner sig i bilen och återanslut sedan batteriets minusledare.

Kontaktrulle till krockkudden på förarsidan

Demontering

7 Ta bort krockkudden enligt beskrivningen ovan och ratten och rattstångskåpan enligt beskrivningen i kapitel 10.

8 Se till att inte vrida kontaktenheten, skruva loss de fyra fästskruvarna och ta bort den från rattstångens brytarenhet. Koppla loss anslutningskontakten (**se bilder**).

Montering

9 Om en ny kontaktenhet monteras klipper du av buntbandet som är ditsatt för att hindra att enheten roterar av misstag.

10 En ny haspel bör vara i mittläget – om inte eller om det finns en risk för att enheten inte är centrerad, gör som följande. Vrid haspeln försiktigt medurs så långt som möjligt och vrid sedan tillbaka den två varv moturs. Pilmarkeringarna på kontaktenheten ska vara i linje med varandra (**se bild**).

11 Montera enheten på rattstångens brytar-enhet och dra åt fästskruvarna ordentligt.

12 Montera tillbaka ratten enligt beskrivningen i kapitel 10 och krockkudden enligt beskrivningen ovan.

Passagerarsidans krockkudde

Demontering

13 Koppla loss batteriets minusledare (se kapitel 5A) och vänta 5 minuter innan du fortsätter.

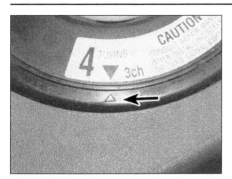

20.10 När den är centrerad ska pilarna på kontaktenheten vara i linje (se pil)

14 Ta bort hela instrumentbrädan enligt beskrivningen i kapitel 11.
15 Skruva loss fästskruven, ta bort mittfästet, skruva sedan loss de två skruvarna, lossa och ta bort luftventilationskanalen från dess plats under instrumentbrädan (se bild).
16 Skruva loss de tre fästmuttrarna och de två bultarna och ta sedan bort krockkudden från instrumentbrädan (se bild).

Montering

17 Monteringen utförs i omvänd ordningsföljd mot demonteringen.
18 Avsluta med att se till att ingen befinner sig i bilen och återanslut sedan batteriets minusledare.

Krockkuddarnas styrenhet

Demontering

19 Koppla loss batteriets minusledare enligt beskrivningen i kapitel 5A. Vänta minst 5 minuter innan du fortsätter, så att eventuell resterande elektrisk energi förbrukas.
20 Ta bort motorstyrningens styrmodul enligt beskrivningen i kapitel 4A.
21 Lossa mattan på båda sidor och skruva sedan loss de 3 skruvarna och ta bort modulen på passagerarsidan (se bild). Observera att på vissa modeller kan du behöva skruva loss stödfästet till kabelhärvan från den vänstra sidan på modulen för att kunna ta bort den.
22 Tryck ner fästklämmorna och koppla loss modulens anslutningskontakter (se bild).

Montering

23 Monteringen utförs i omvänd ordningsföljd

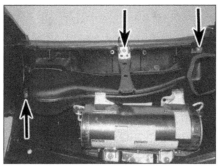

20.15 Skruva loss den mellersta fästbygel-skruven och luftkanalens skruvar (se pilar)

mot demonteringen. Se till att modulen monteras med pilen på ovansidan vänd framåt.
24 Avsluta med att se till att ingen befinner sig i bilen och återanslut sedan batteriets minusledare.

Sidokrockkuddar

25 Sidokrockkuddeenheterna är inbyggda i framsätena och vid demonteringen måste stolens tygklädsel tas av. Detta arbete bör inte utföras av hemmamekaniker utan av en Toyota-återförsäljare eller av en klädselspecialist.

Sidokrockgivare

Demontering

26 Koppla loss batteriets minusledare enligt beskrivningen i kapitel 5A. Vänta minst 5 minuter innan du fortsätter, så att eventuell resterande elektrisk energi förbrukas.
27 Enbart på modeller med sidokrockkuddar är sidokrockgivarna monterade på fordonets B-stolpe (mellan förar- och passagerardörren).
28 Ta bort det främre säkerhetsbältets haspel enligt beskrivningen i kapitel 11.
29 Lossa klämman och koppla loss anslutningskontakten från givaren.
30 Skruva loss de fyra torxfästskruvarna och ta bort givaren.

Montering

31 Montera tillbaka givarna på stolparna och dra åt fästskruvarna till angivet vridmoment. Återanslut anslutningskontakten.

20.16 Skruva loss de tre muttrarna och de två bultarna och ta sedan bort krockkudden på passagerarsidan

32 Återstoden av monteringen utförs i omvänd ordningsföljd mot demonteringen.
33 Avsluta med att se till att ingen befinner sig i bilen och återanslut sedan batteriets minusledare.

Främre krockgivare

34 Koppla loss batteriets minusledare enligt beskrivningen i kapitel 5A. Vänta minst 5 minuter innan du fortsätter, så att eventuell resterande elektrisk energi förbrukas.

Vänster givare

35 Hissa upp bilens framvagn och stöd den på pallbockar (se *Lyftning och stödpunkter*).
36 Lossa hållarna och ta bort motorns vänstra undre skyddskåpa.
37 Koppla loss givarens anslutningskontakt och skruva loss de två bultarna och ta bort givaren (se bild).

Höger givare

38 Ta bort höger strålkastare enligt beskrivningen i avsnitt 9.
39 Sträck in handen genom strålkastaröppningen och koppla loss givarens anslutningskontakt och skruva sedan loss de två muttrarna och ta bort givaren (se bild).

Båda givarna

40 Monteringen utförs i omvänd ordningsföljd mot demonteringen, dra åt fästbultarna/muttrarna till angivet moment.
41 Avsluta med att se till att ingen befinner sig i bilen och återanslut sedan batteriets minusledare.

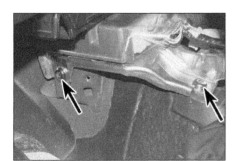

20.21 Skruva loss fästskruvarna till krockkuddens styrmodul (se pilar för de två vänstra skruvarnas position)

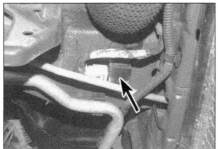

20.37 Vänster främre krockgivare (se pil – på bilden är batteriet demonterat för tydlighetens skull)

20.39 Höger främre krockgivare (se pil)

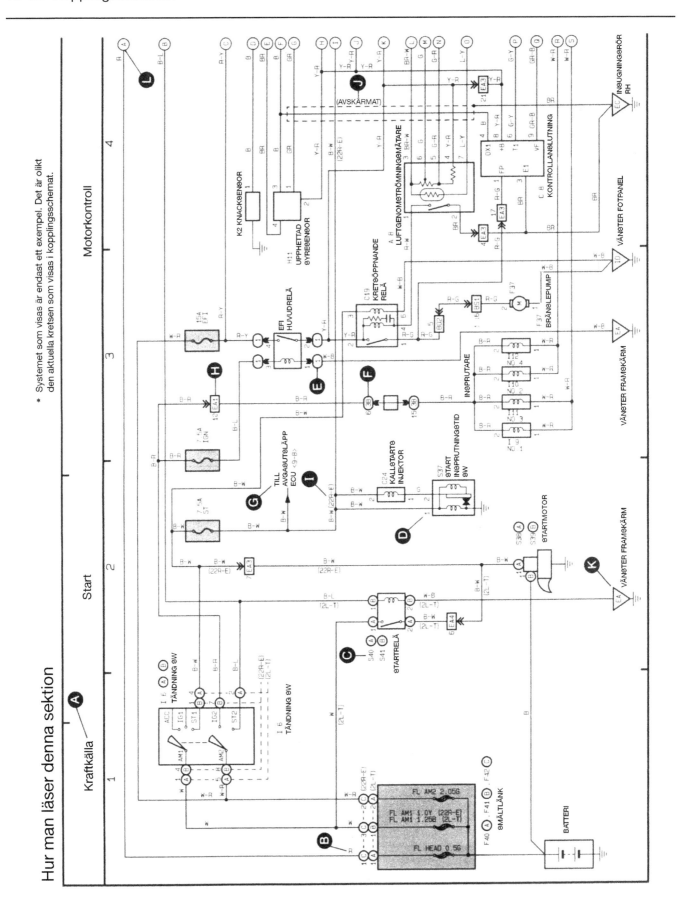

A : System Titel

B : Indikerar kabelfärgen.

Kabelfärgen indikeras av en alfabetisk kod.

B = Svart	L = Blå	R = Röd
BR = Brun	LG = Ljusgrön	V = Lila
G = Grön	O = Orange	W = Vit
GR = Grå	P = Rosa	Y = Gul

Den första bokstaven indikerar kabelfärgen och den andra bokstaven indikerar randningen på kabeln.

Exempel : L – Y

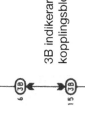

L – Y
Blå   Gul

C : Delarnas plats är den samma som visas i kopplingsdiagrammet och kabeldragningen.

D : Indikerar pin-numret på kopplingsdetaljen. Nummer-systemet skiljer sig på hon- och hankopplingar.

Exempel : Numrerade i ordning från vänster övre till höger nedre.

hon

Numrerade i ordning från höger övre till vänster nedre.

han

Nummer-systemet för hela kopplingsdiagrammet är samma som beskrivs ovan.

E : Indikerar ett reläblock. Ingen skuggning används och endast reläblockets nummer visas för att särskilja det från ett skarvblock.

Exempel : ⊖ Indikerar reläblock nr. 1

F : Kopplingsblock (numret i kretsen är J/B nr. och kontaktdonet kod visas bredvid). Kopplingsblock är skuggade för att klart urskilja dem från andra delar.

Exempel:

3B indikerar att det är inuti kopplingsblock nr. 3.

G : Indikerar motsvarande system.

H : Indikerar kabelhärvan och kabelhärvans anslutning. Kabelhärvan med hankontakt visas med pilar (》). Nummer utanför är pin-siffror.

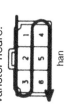

hon   han (》)

I : ( ) visas för att indikera olika kablar och anslutningar, etc, när bilmodell, motortyp eller specifikationer är olika.

J : Indikerar avskärmade kablar.

K : Indikerar jordningspunkten för jord.

L : Samma kod på nästa sida indikerar att kabelhärvan fortsätter.

Observera: Endast kopplingsscheman som gäller för de avsnitt som tagits upp i denna handbok är inkluderade. Kopplingsschemana följer därför inte en fullständig numerisk ordning (kopplingsscheman det inte finns någon nytta för i samband med handboken har uteslutits). Det betyder att vissa kopplingsscheman refererar till scheman som inte är inkluderade i denna handbok.

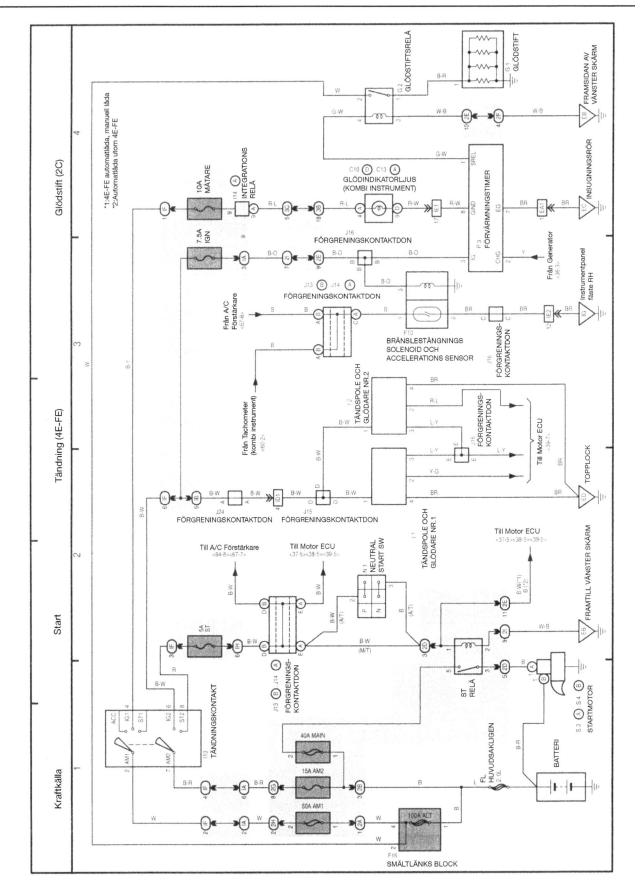

Kopplingsschema 34

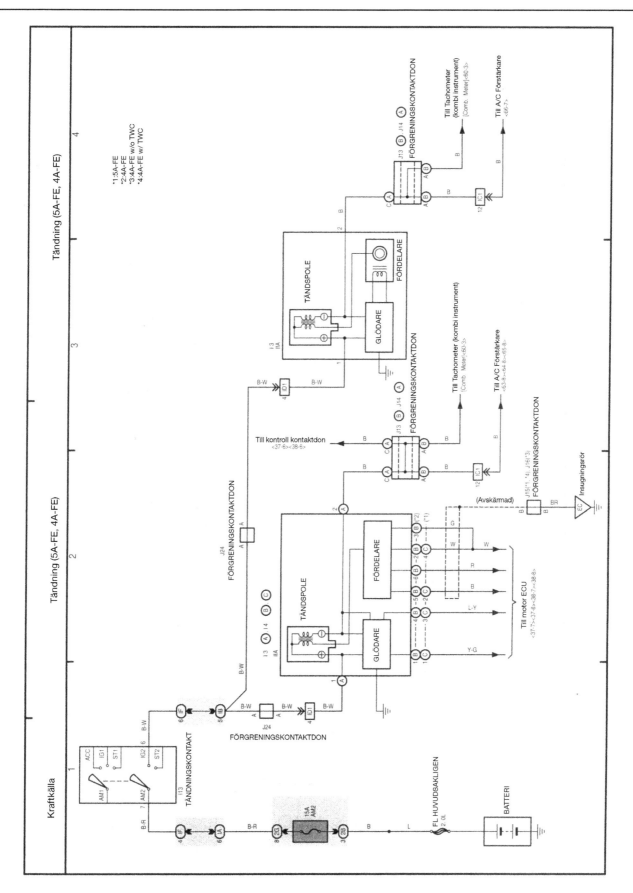

Kopplingsschema 35

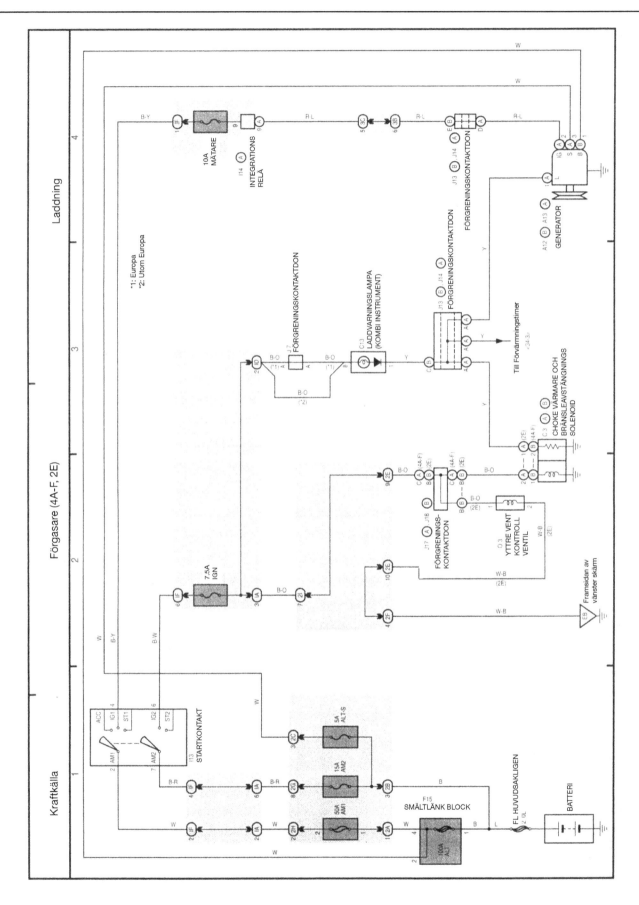

Kopplingsschema 36

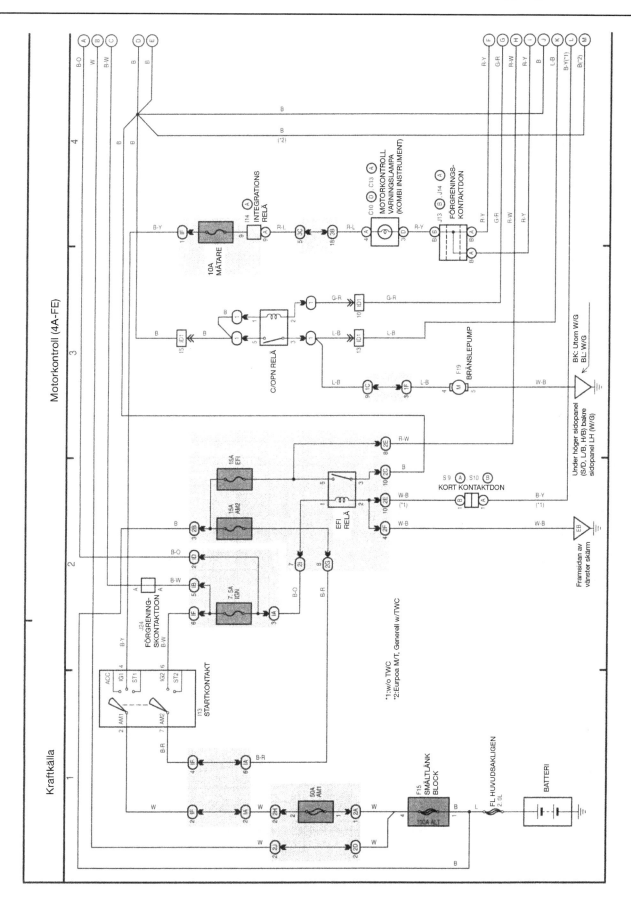

Motorkontroll (4A-FE)

Kraftkälla

Kopplingsschema **38 del 1**

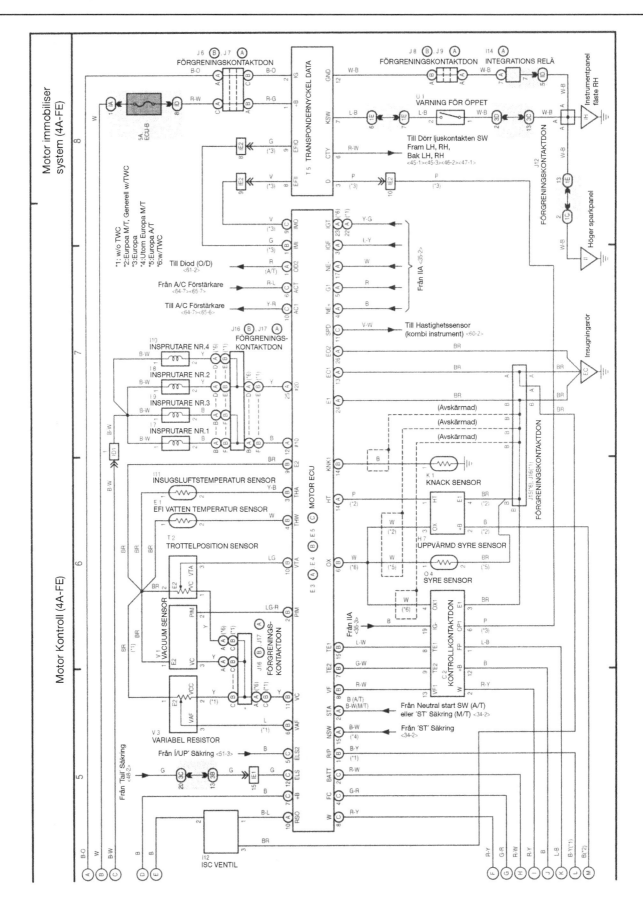

Kopplingsschema 38 del 2

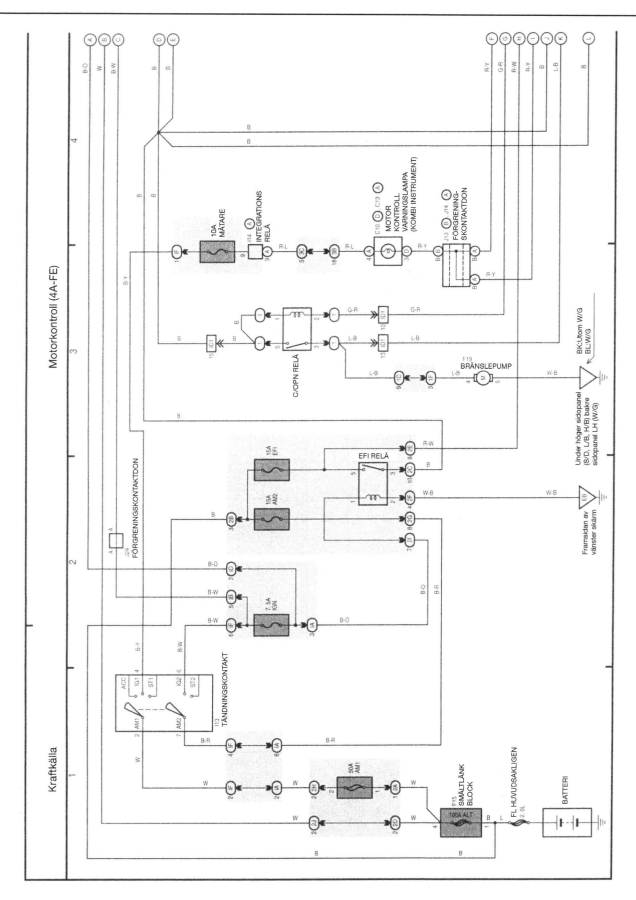

Kopplingsschema 39 del 1

Motorkontroll (4A-FE)

Kraftkälla

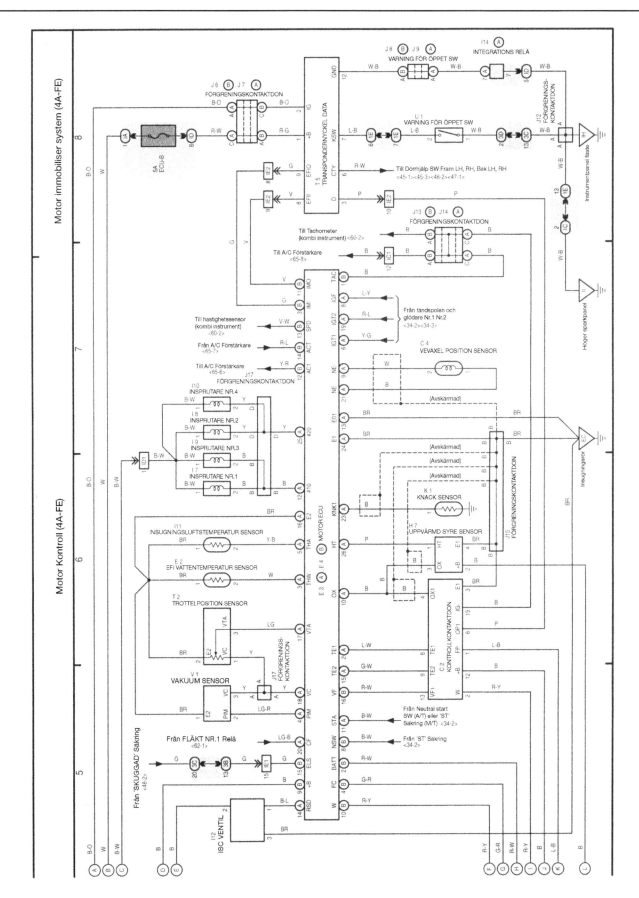

Kopplingsschema 39 del 2

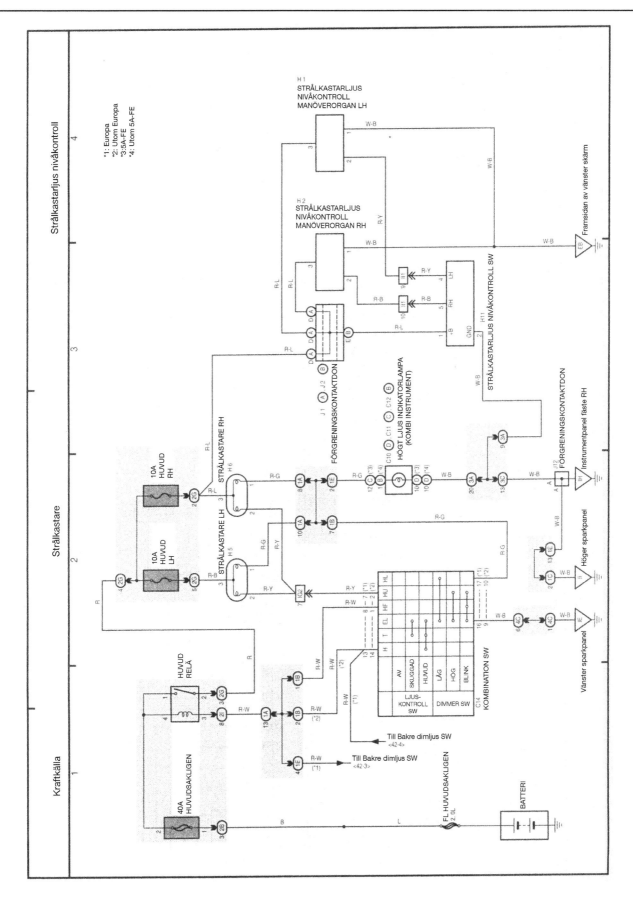

Kopplingsschema 41

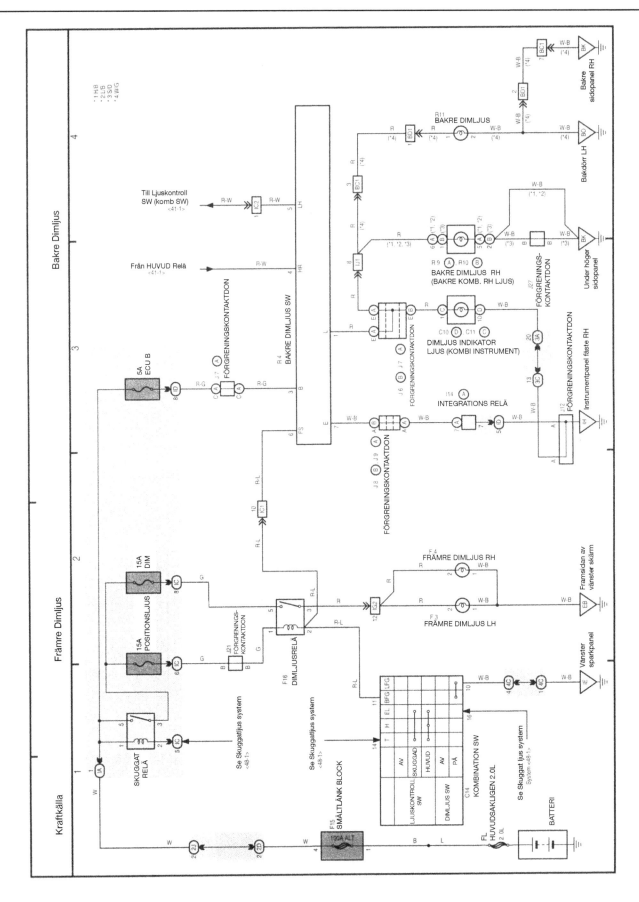

Kopplingsschema 42

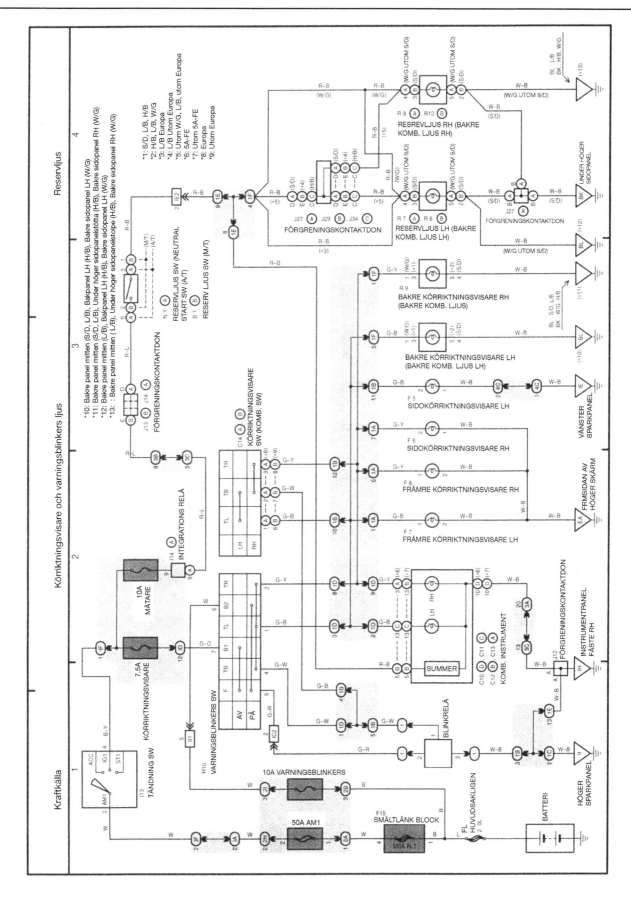

Kopplingsschema 43

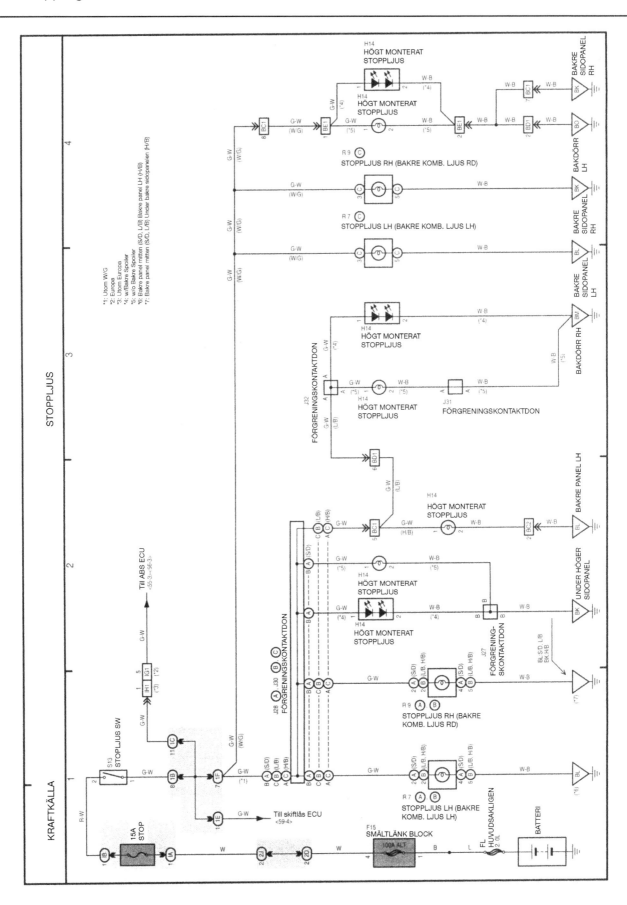

Kopplingsschema 44

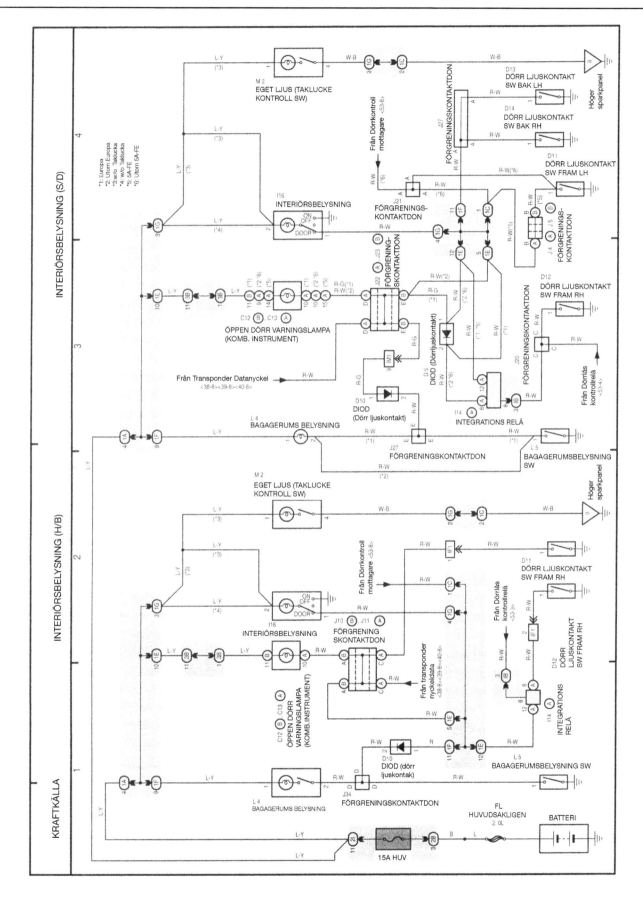

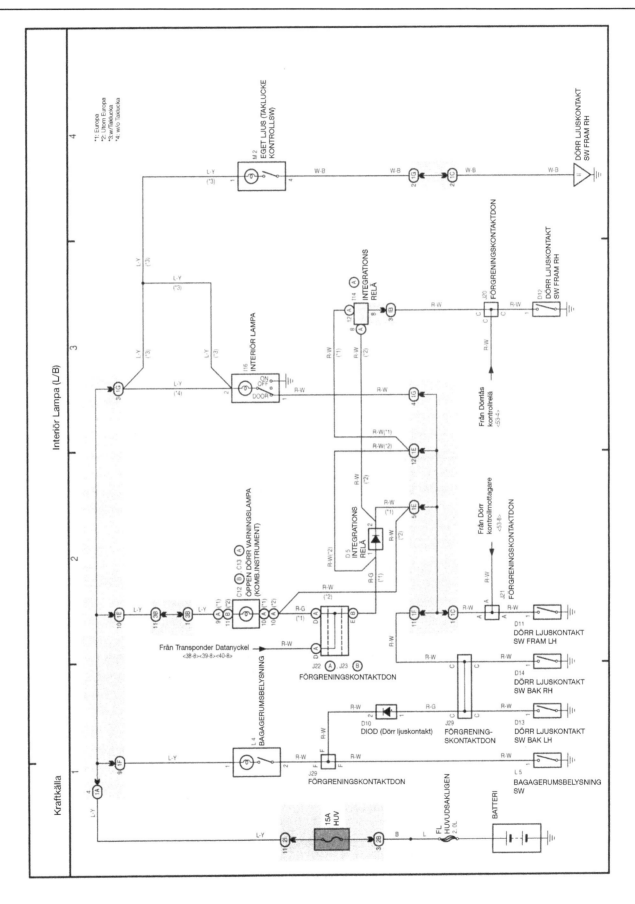

Kopplingsschema 46

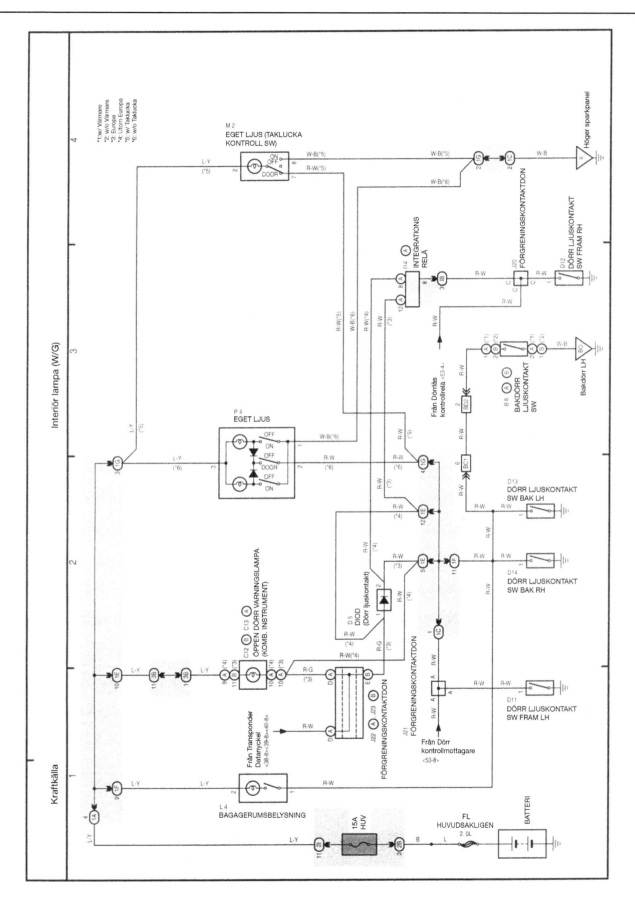

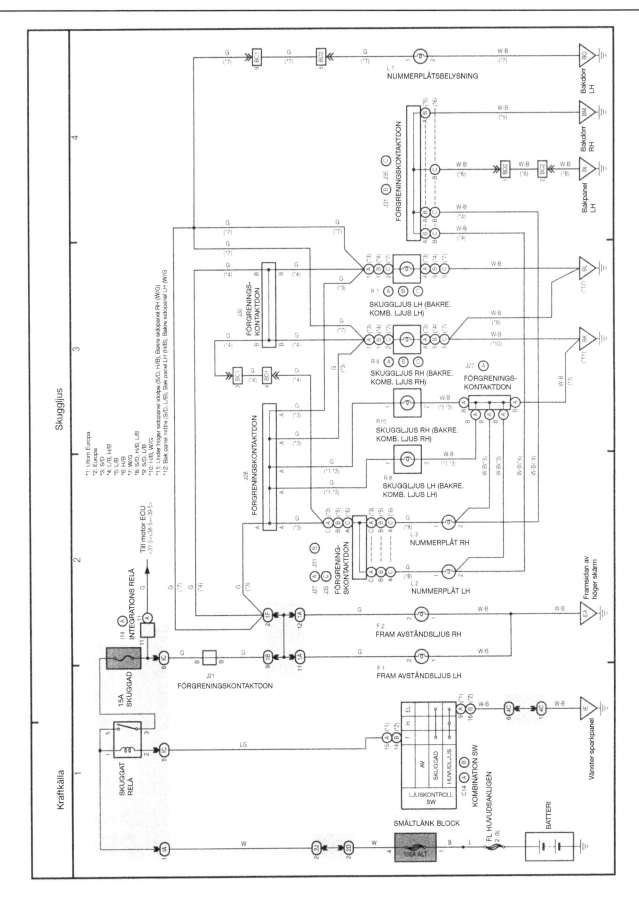

Kopplingsschema 48

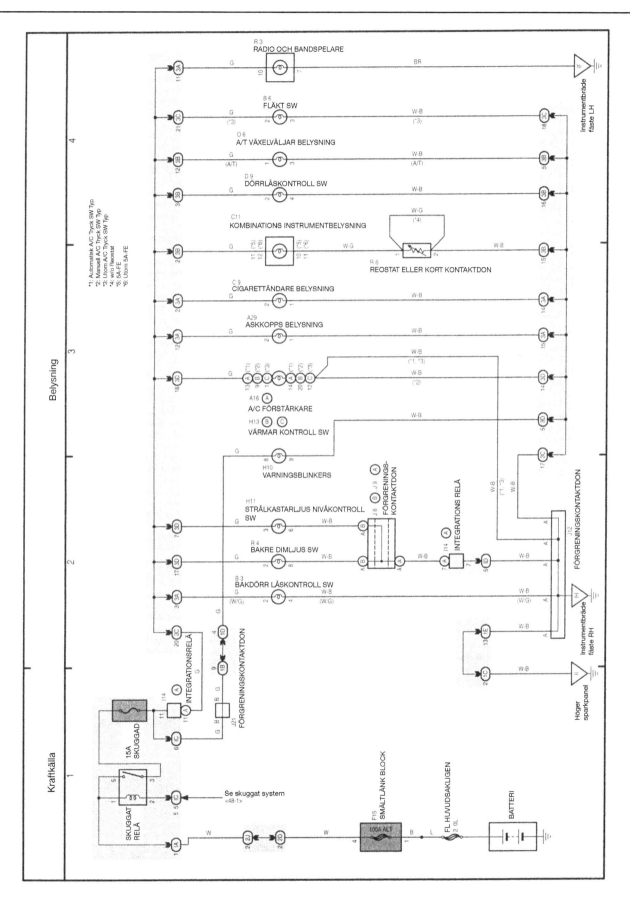

Kopplingsschema 49

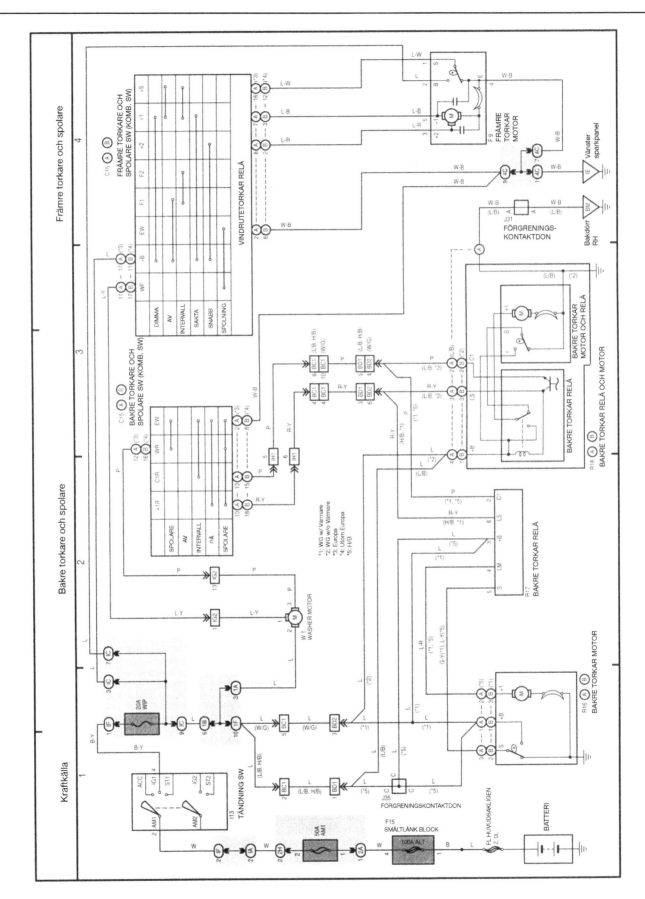

Kopplingsschema 50

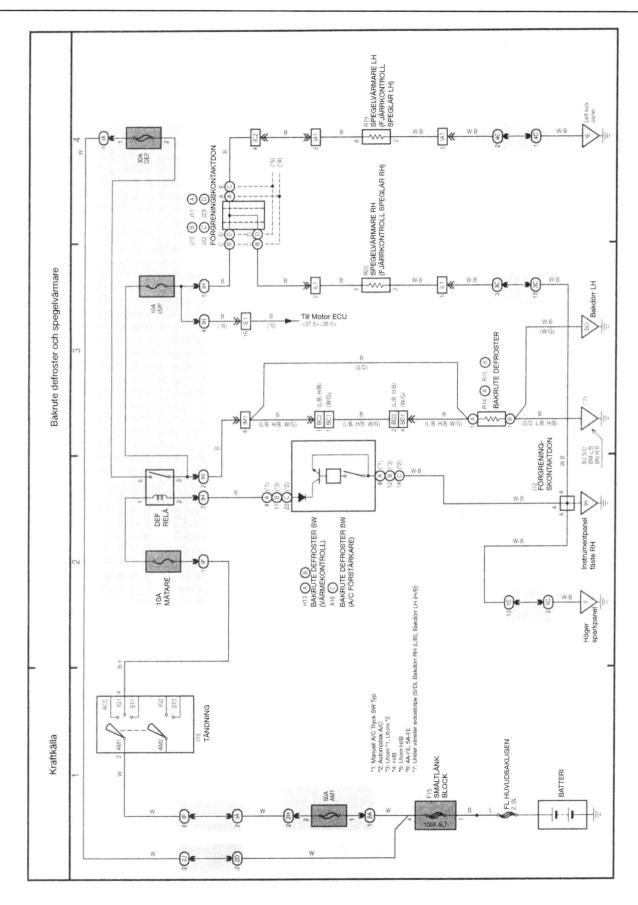

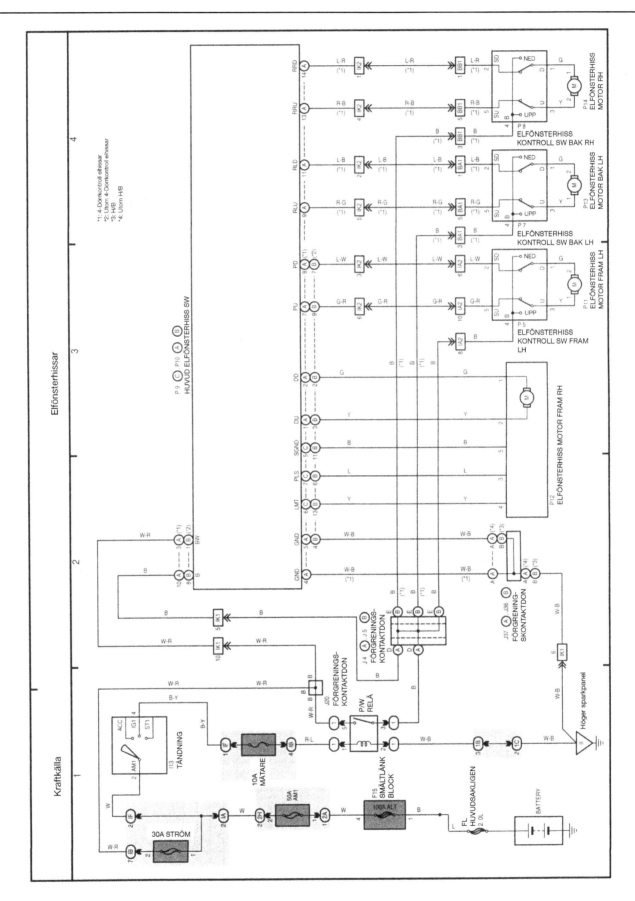

Kopplingsschema 52

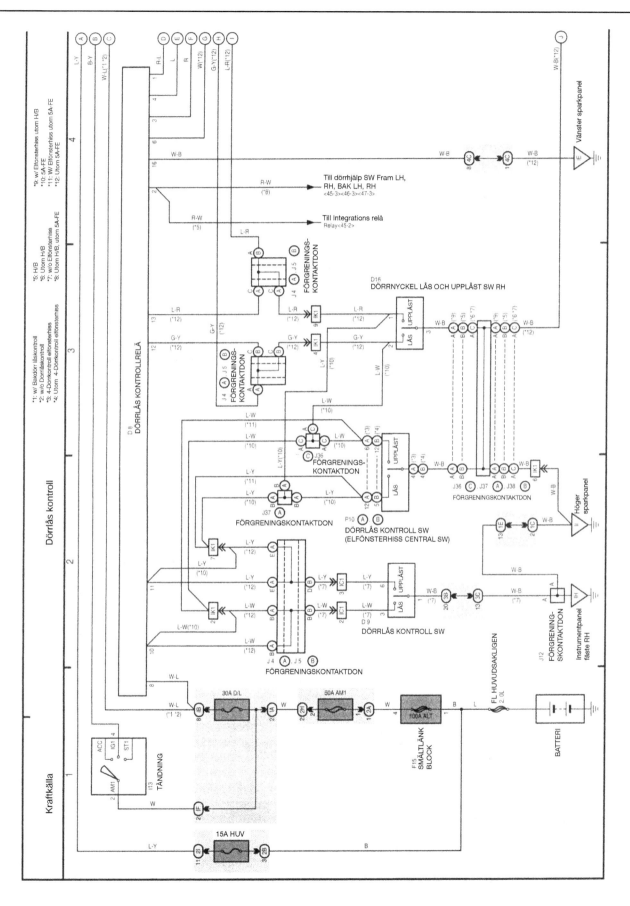

Kopplingsschema 53 del 1

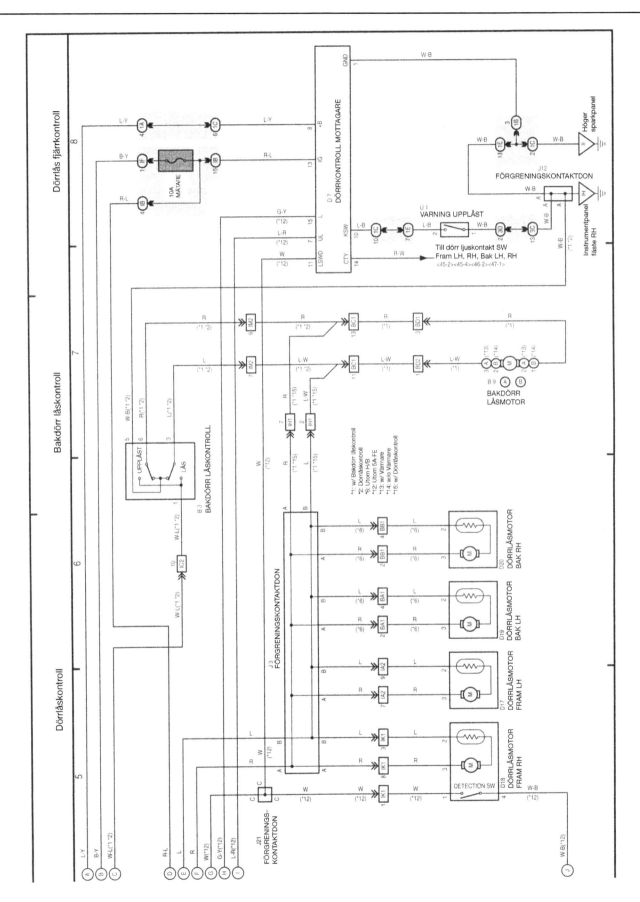

Kopplingsschema 53 del 2

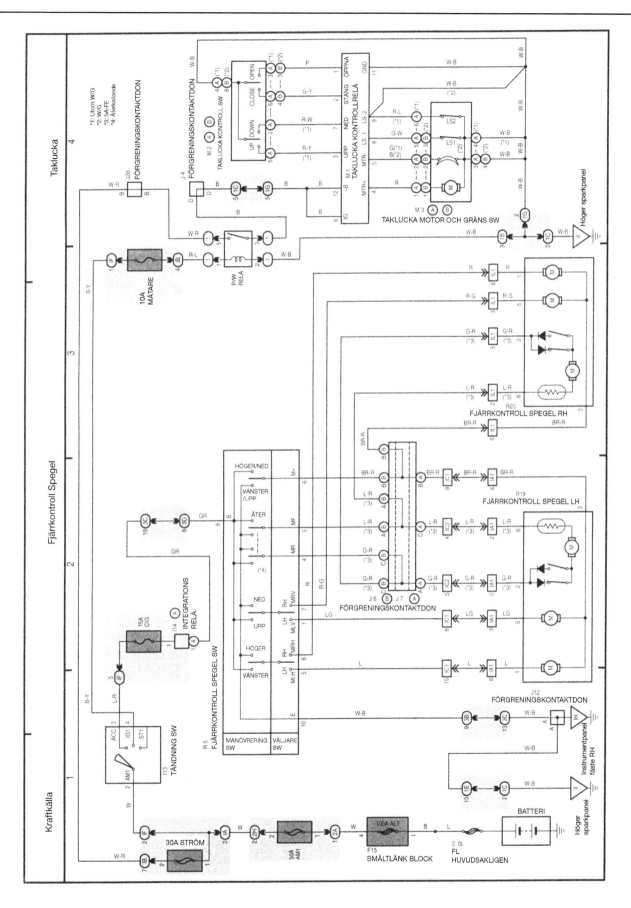

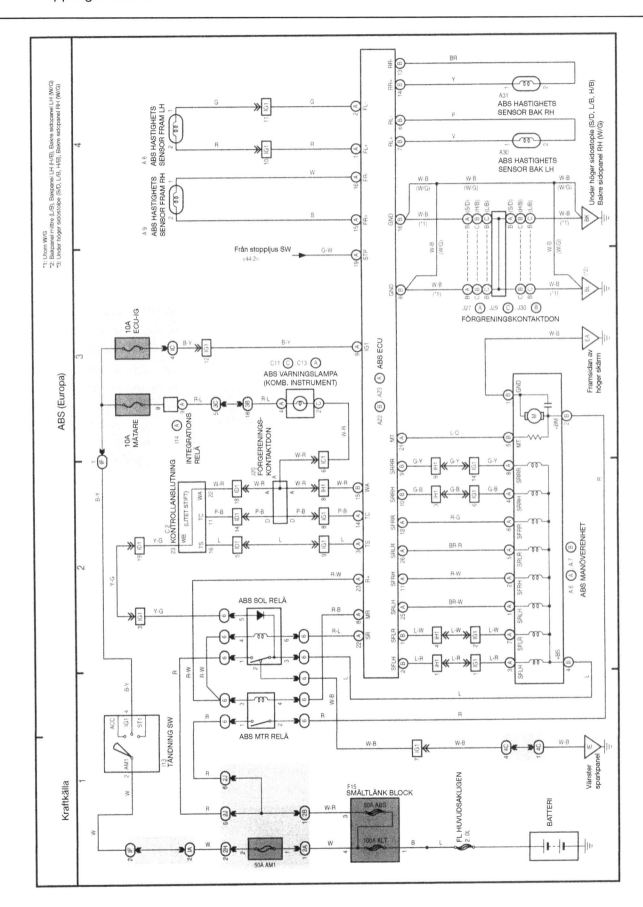

Kopplingsschema 55

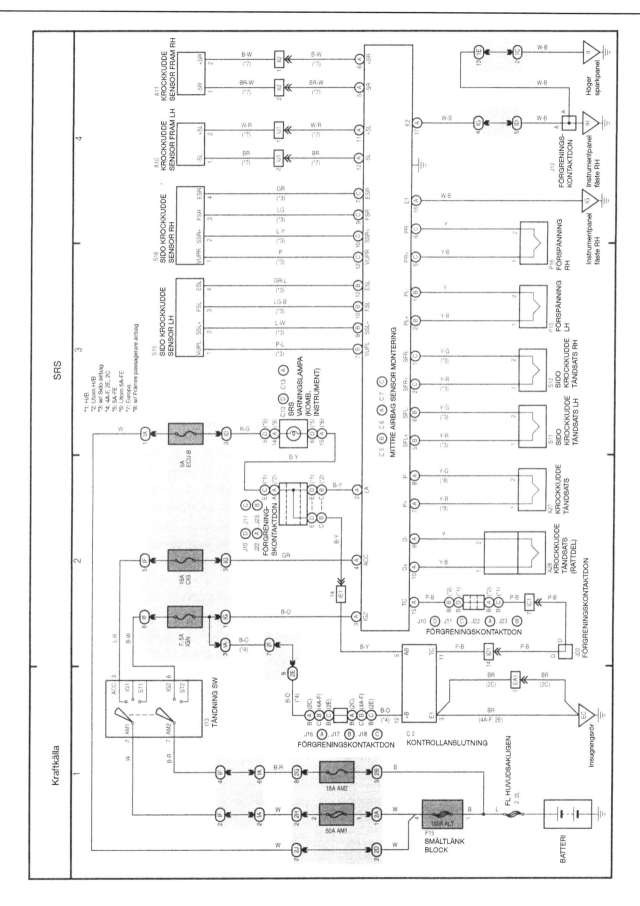

Kopplingsschema 57

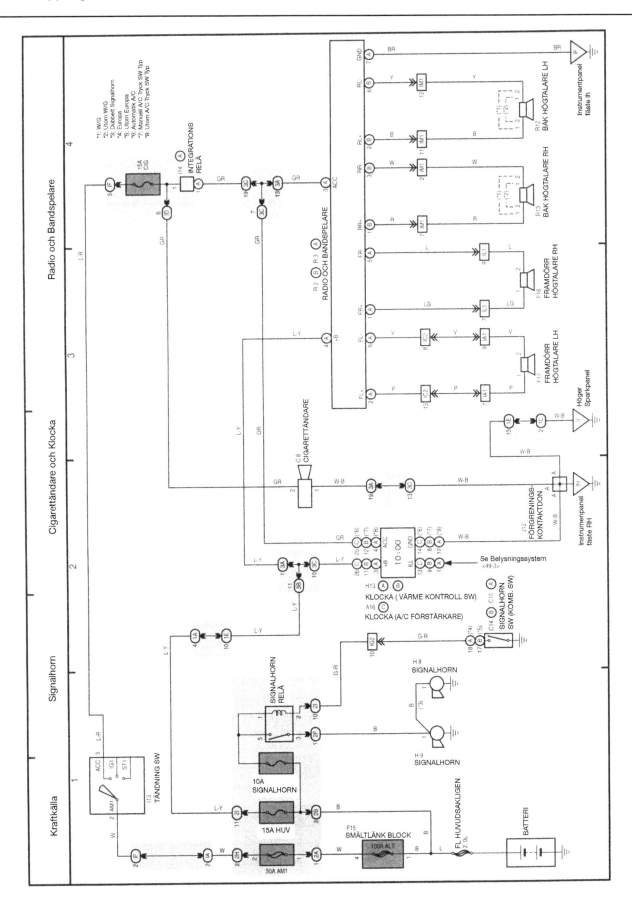

Kopplingsschema 58

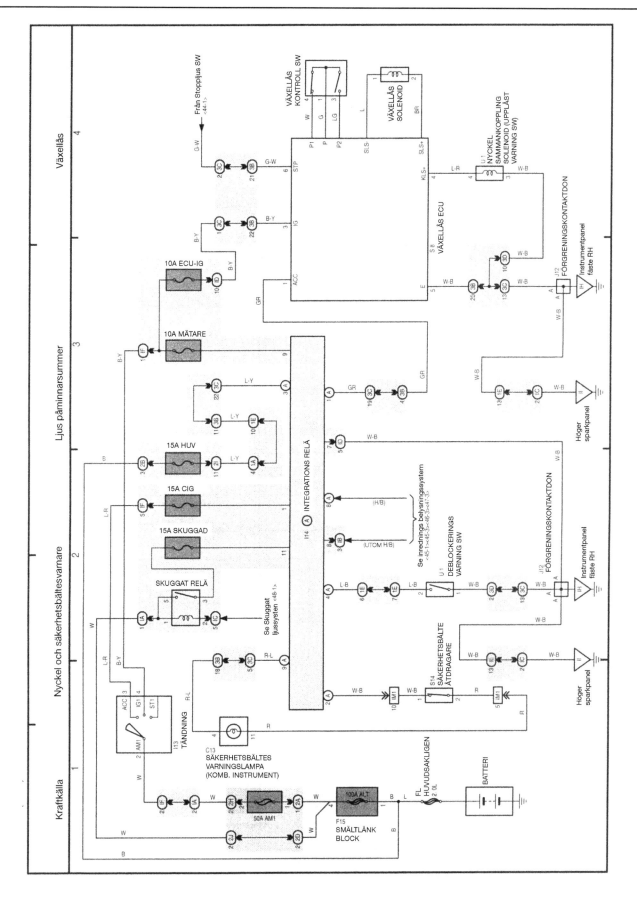

Kopplingsschema 59

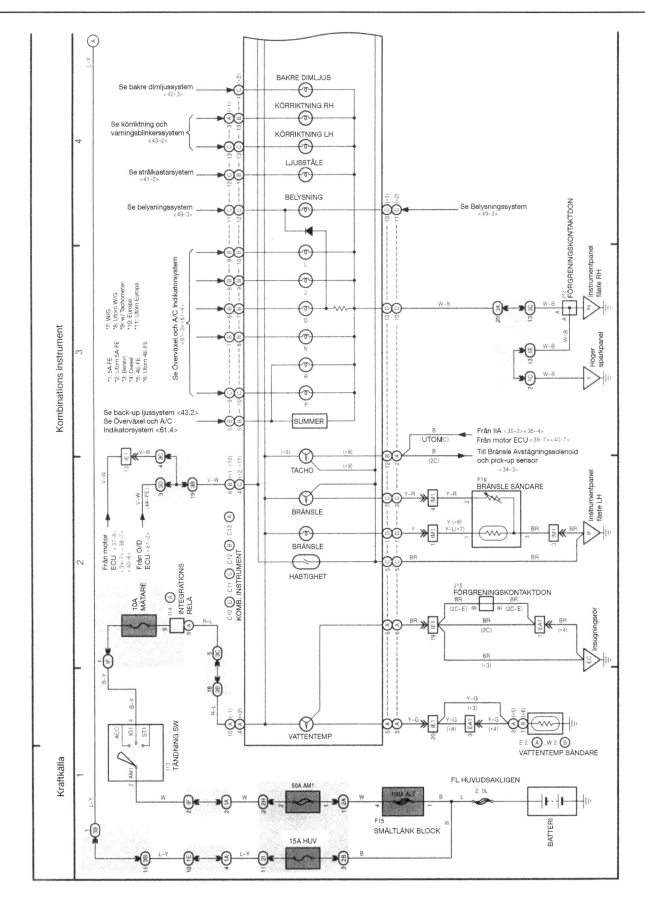

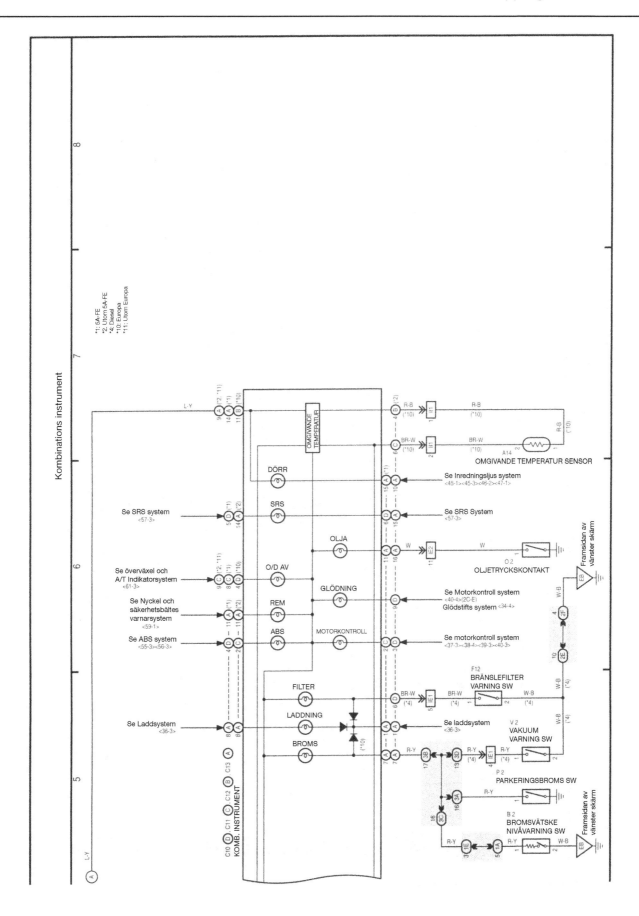

Kombinations instrument

Kopplingsschema 60 del 2

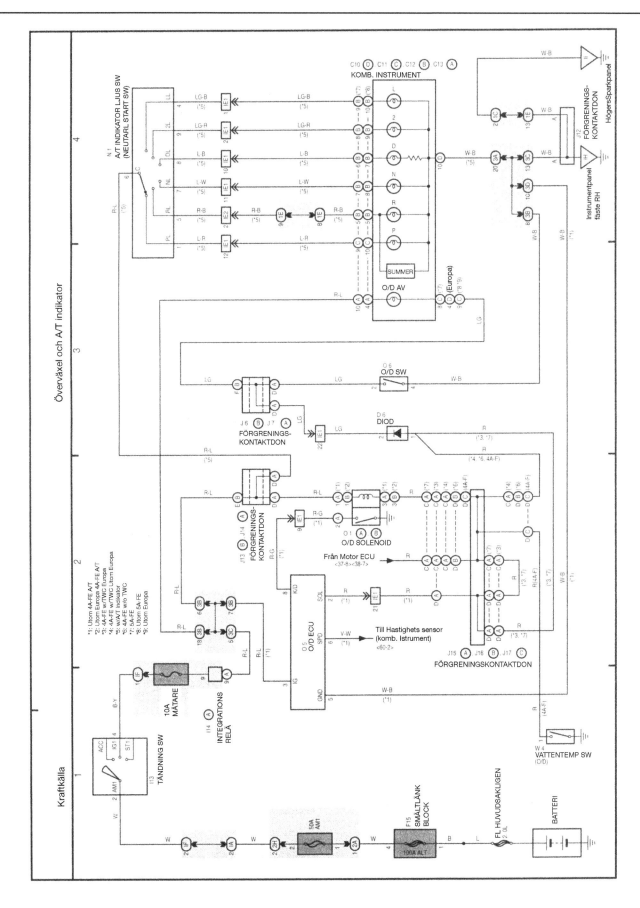

Kopplingsschema 61

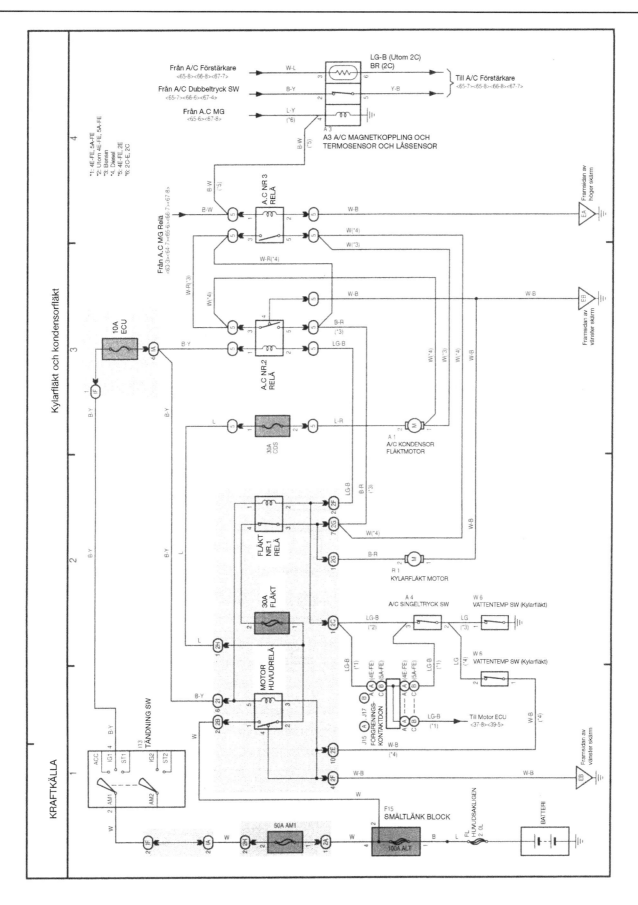

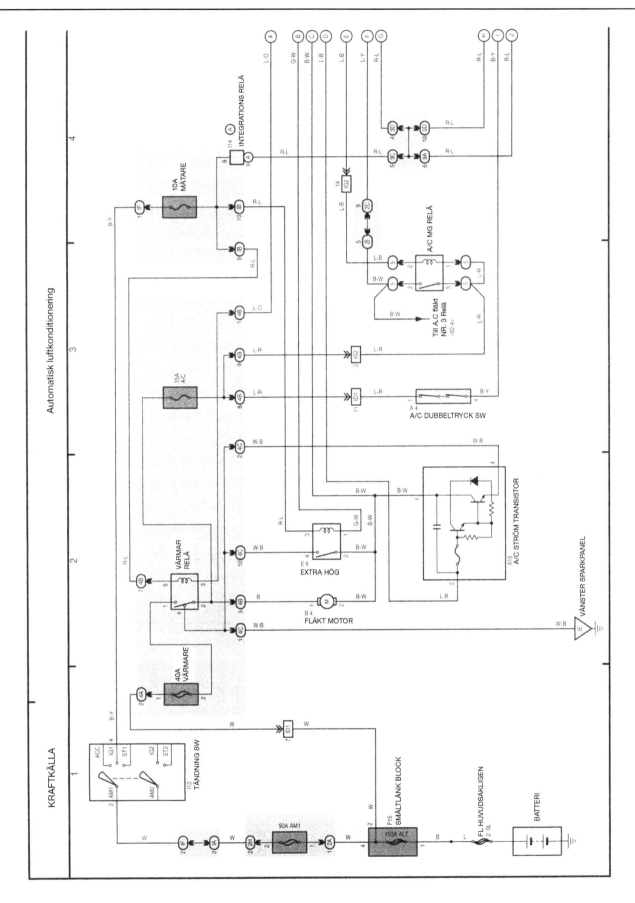

Kopplingsschema 63 del 1

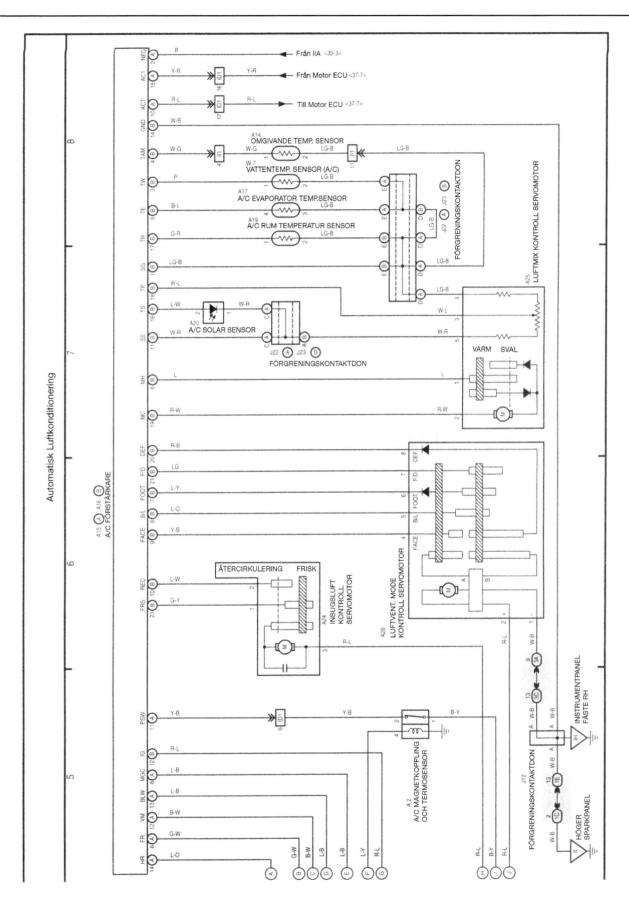

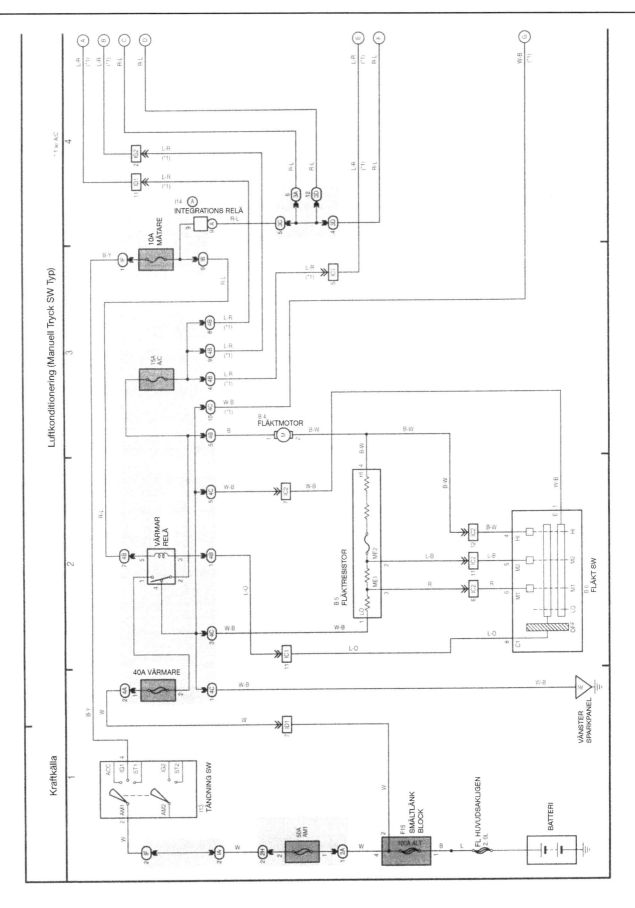

Kopplingsschema 64 del 1

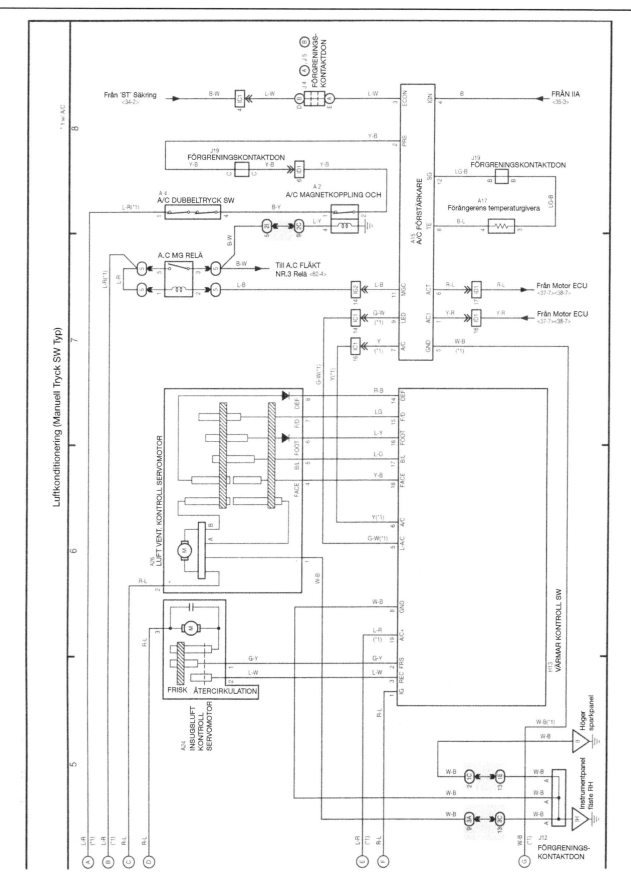

Luftkonditionering (Manuell Tryck SW Typ)

Kopplingsschema 64 del 2

Referenser

Mått och vikter

Observera: *Alla siffror är ungefärliga och kan variera beroende på modell. Se tillverkarens uppgifter för exakta mått.*

Dimensioner

Total längd:
Kombikupé	4 120 mm
Sportkupé	4 270 mm
Sedan	4 315 mm
Kombi	4 340 mm
Total bredd (exklusive backspeglar)	1 690 mm

Total höjd (olastad):
Kombikupé	1 385 mm
Sportkupé	1 385 mm
Sedan	1 385 mm
Kombi (exklusive takskenor)	1 445 mm
Axelavstånd	2 465 mm

Vikter

Fordonets maximala bruttovikt*:
1,3-litersmotor	1 580 kg
1,4-litersmotor:	
Utom kombi	1 580 kg
Kombimodeller	1 615 kg
1,6-liters motor:	
Utom kombi	1 615 kg
Kombi	1 650

Maximal bogseringsvikt*:
Obromsat släp:
1,3-litersmotor	450 kg
1,4-litersmotor	450 kg
1,6-litersmotor	450 kg

Bromsat släp:
1,3-litersmotor	1 000 kg
1,4-litersmotor	1 000 kg
1,6-litersmotor	1 200 kg

* Se chassinummerplåten för exakta uppgifter för din bil – se "Chassinummer"

Reservdelar finns att köpa på flera ställen, t.ex. hos tillverkarens verkstäder, tillbehörsbutiker och motorspecialister. För att säkert få rätt del krävs ibland att bilens chassinummer uppges. Ta om möjligt med den gamla delen för säker identifiering. Många delar, t.ex. startmotor och generator, finns att få som fabriksrenoverade utbytesdelar – delar som returneras ska alltid vara rena.

Vi rekommenderar följande när det gäller inköp av reservdelar:

Auktoriserade Toyota-verkstäder

Det här är det bästa stället för reservdelar som är specifika för bilen och som inte finns att få tag på andra ställen (t.ex. märkesbeteckningar, invändiga täckpaneler, vissa karosspaneler etc). Det är även det enda ställe där man kan få reservdelar om bilens garanti fortfarande gäller.

Tillbehörsbutiker

Dessa är ofta bra ställen för inköp av underhållsmaterial (olje-, luft- och bränslefilter, tändstift, glödlampor, drivremmar, oljor, fett, bromsbackar, bättringslack etc). Tillbehör av detta slag som säljs av välkända butiker håller samma standard som de som används av biltillverkaren.

Förutom delar säljer dessa butiker även verktyg och allmänna tillbehör. De har ofta bekväma öppettider och är billiga, och det brukar aldrig vara långt till en sådan butik. Vissa tillbehörsbutiker har även reservdelsdiskar där så gott som alla typer av delar kan köpas eller beställas.

Motorspecialister

Bra specialistbutiker lagerhåller alla viktigare delar som slits ut förhållandevis snabbt. Ibland kan de även tillhandahålla enskilda komponenter som behövs vid renovering av större sammansatta enheter. I vissa fall kan de ta hand om större arbeten som omborrning av motorblocket, omslipning av vevaxlar och balansering etc.

Specialister på däck och avgassystem

Dessa kan vara oberoende firmor eller ingå i större kedjor. De har ofta bra priser jämfört med märkesverkstäder, men det är lönt att jämföra priser hos flera handlare. Kontrollera även vad som ingår i det angivna priset – ofta ingår t.ex. inte ventiler och balansering vid köp av nya däck.

Andra inköpsställen

Var misstänksam när det gäller delar som säljs på lågprisförsäljningar och i andra hand. De är inte alltid av usel kvalitet, men det finns mycket liten chans att reklamera köpet om de är otillfredsställande. För säkerhetsmässiga delar som bromsklossar finns det inte bara ekonomiska risker utan även allvarliga olycksrisker att ta hänsyn till.

Identifikationsnummer REF•3

Inom biltillverkningen modifieras modellerna fortlöpande och det är endast de större modelländringarna som offentliggörs. Reservdelskataloger och listor är vanligen organiserade i nummerordning, så bilens chassinummer behövs för att få rätt reservdel.

Lämna alltid så mycket information som möjligt vid beställning av reservdelar. Ange årsmodell, chassinummer och motornummer.

Chassinummerplåten (VIN) sitter på mellanväggen i motorrummet. På plåten finns chassinumret (VIN) och information om fordonets vikt **(se bild)**.

Chassinumret (VIN) instansat på en platta som syns genom vindrutans nedre del och är även instansat i motorrummets mellanvägg **(se bild)**.

Motornumret sitter på motorblockets framsida på modeller utan VVT-i och på motor-

Skylten med chassinumret sitter baktill i motorrummet

blockets vänstra sida på modeller med VVT-i **(se bilder)**.

Chassinummret är även instansat i mellanväggen baktill i motorrummet

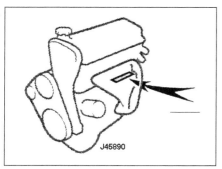

Motornumrets placering – 1,3-liters 4E-FE-motor

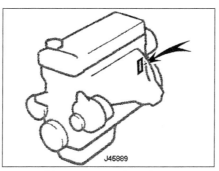

Motornumrets placering – 1,6-liters 4A-FE-motor

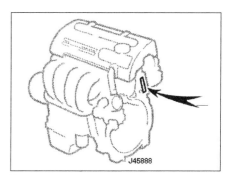

Motornumrets placering – 1,4-liters 4ZZ-FE och 1,6-liters 3ZZ-FE motorer med VVT-i

När service, reparationer och renoveringar utförs på en bil eller bildel bör följande beskrivningar och instruktioner följas. Detta för att reparationen ska utföras så effektivt och fackmannamässigt som möjligt.

Tätningsytor och packningar

Vid isärtagande av delar vid deras tätningsytor ska dessa aldrig bändas isär med skruvmejsel eller liknande. Detta kan orsaka allvarliga skador som resulterar i oljeläckage, kylvätskeläckage etc. efter montering. Delarna tas vanligen isär genom att man knackar längs fogen med en mjuk klubba. Lägg dock märke till att denna metod kanske inte är lämplig i de fall styrstift används för exakt placering av delar.

Där en packning används mellan två ytor måste den bytas vid ihopsättning. Såvida inte annat anges i den aktuella arbetsbeskrivningen ska den monteras torr. Se till att tätningsytorna är rena och torra och att alla spår av den gamla packningen är borttagna. Vid rengöring av en tätningsyta ska sådana verktyg användas som inte skadar den. Små grader och repor tas bort med bryne eller en finskuren fil.

Rensa gängade hål med piprensare och håll dem fria från tätningsmedel då sådant används, såvida inte annat direkt specificeras.

Se till att alla öppningar, hål och kanaler är rena och blås ur dem, helst med tryckluft.

Oljetätningar

Oljetätningar kan tas ut genom att de bänds ut med en bred spårskruvmejsel eller liknande. Alternativt kan ett antal självgängande skruvar dras in i tätningen och användas som dragpunkter för en tång, så att den kan dras rakt ut.

När en oljetätning tas bort från sin plats, ensam eller som en del av en enhet, ska den alltid kasseras och bytas ut mot en ny.

Tätningsläpparna är tunna och skadas lätt och de tätar inte annat än om kontaktytan är fullständigt ren och oskadad. Om den ursprungliga tätningsytan på delen inte kan återställas till perfekt skick och tillverkaren inte gett utrymme för en viss omplacering av tätningen på kontaktytan, måste delen i fråga bytas ut. Tätningarna bör alltid bytas ut när de har demonterats.

Skydda tätningsläpparna från ytor som kan skada dem under monteringen. Använd tejp eller konisk hylsa där så är möjligt. Smörj läpparna med olja innan monteringen. Om oljetätningen har dubbla läppar ska utrymmet mellan dessa fyllas med fett.

Såvida inte annat anges ska oljetätningar monteras med tätningsläpparna mot det smörjmedel som de ska täta för.

Använd en rörformad dorn eller en träbit i lämplig storlek till att knacka tätningarna på plats. Om sätet är försedd med skuldra, driv tätningen mot den. Om sätet saknar skuldra bör tätningen monteras så att den går jäms med sätets yta (såvida inte annat uttryckligen anges).

Skruvgängor och infästningar

Muttrar, bultar och skruvar som kärvar är ett vanligt förekommande problem när en komponent har börjat rosta. Bruk av rostupplösningsolja och andra krypsmörjmedel löser ofta detta om man dränker in delen som kärvar en stund innan man försöker lossa den. Slagskruvmejsel kan ibland lossa envist fastsittande infästningar när de används tillsammans med rätt mejselhuvud eller hylsa. Om inget av detta fungerar kan försiktig värmning eller i värsta fall bågfil eller mutterspräckare användas.

Pinnbultar tas vanligen ut genom att två muttrar låses vid varandra på den gängade delen och att en blocknyckel sedan vrider den undre muttern så att pinnbulten kan skruvas ut. Bultar som brutits av under fästytan kan ibland avlägsnas med en lämplig bultutdragare. Se alltid till att gängade bottenhål är helt fria från olja, fett, vatten eller andra vätskor innan bulten monteras. Underlåtenhet att göra detta kan spräcka den del som skruven dras in i, tack vare det hydrauliska tryck som uppstår när en bult dras in i ett vätskefyllt hål

Vid åtdragning av en kronmutter där en saxsprint ska monteras ska muttern dras till specificerat moment om sådant anges, och därefter dras till nästa sprinthål. Lossa inte muttern för att passa in saxsprinten, såvida inte detta förfarande särskilt anges i anvisningarna.

Vid kontroll eller omdragning av mutter eller bult till ett specificerat åtdragningsmoment, ska muttern eller bulten lossas ett kvarts varv och sedan dras åt till angivet moment. Detta ska dock inte göras när vinkelåtdragning använts.

För vissa gängade infästningar, speciellt topplocksbultar/muttrar anges inte åtdragningsmoment för de sista stegen. Istället anges en vinkel för åtdragning. Vanligtvis anges ett relativt lågt åtdragningsmoment för bultar/muttrar som dras i specificerad turordning. Detta följs sedan av ett eller flera steg åtdragning med specificerade vinklar.

Låsmuttrar, låsbleck och brickor

Varje infästning som kommer att rotera mot en komponent eller en kåpa under åtdragningen ska alltid ha en bricka mellan åtdragningsdelen och kontaktytan.

Fjäderbrickor ska alltid bytas ut när de använts till att låsa viktiga delar som exempelvis lageröverfall. Låsbleck som viks över för att låsa bult eller mutter ska alltid bytas ut vid ihopsättning.

Självlåsande muttrar kan återanvändas på mindre viktiga detaljer, under förutsättning att motstånd känns vid dragning över gängen. Kom dock ihåg att självlåsande muttrar förlorar låseffekt med tiden och därför alltid bör bytas ut som en rutinåtgärd.

Saxsprintar ska alltid bytas mot nya i rätt storlek för hålet.

När gänglåsmedel påträffas på gängor på en komponent som ska återanvändas bör man göra ren den med en stålborste och lösningsmedel. Applicera nytt gänglåsningsmedel vid montering.

Specialverktyg

Vissa arbeten i denna handbok förutsätter användning av specialverktyg som pressar, avdragare, fjäderkompressorer med mera. Där så är möjligt beskrivs lämpliga lättillgängliga alternativ till tillverkarens specialverktyg och hur dessa används. I vissa fall, där inga alternativ finns, har det varit nödvändigt att använda tillverkarens specialverktyg. Detta har gjorts av säkerhetsskäl, likväl som för att reparationerna ska utföras så effektivt och bra som möjligt. Såvida du inte är mycket kunnig och har stora kunskaper om det arbetsmoment som beskrivs, ska du aldrig försöka använda annat än specialverktyg när sådana anges i anvisningarna. Det föreligger inte bara stor risk för personskador, utan kostbara skador kan också uppstå på komponenterna.

Miljöhänsyn

Vid sluthantering av förbrukad motorolja, bromsvätska, frostskydd etc. ska all vederbörlig hänsyn tas för att skydda miljön. Ingen av ovan nämnda vätskor får hällas ut i avloppet eller direkt på marken. Kommunernas avfallshantering har kapacitet för hantering av miljöfarligt avfall liksom vissa verkstäder. Om inga av dessa finns tillgängliga i din närhet, fråga hälsoskyddskontoret i din kommun om råd.

I och med de allt strängare miljöskyddslagarna beträffande utsläpp av miljöfarliga ämnen från motorfordon har alltfler bilar numera justersäkringar monterade på de mest avgörande justeringspunkterna för bränslesystemet. Dessa är i första hand avsedda att förhindra okvalificerade personer från att justera bränsle/luftblandningen och därmed riskerar en ökning av giftiga utsläpp. Om sådana justersäkringar påträffas under service eller reparationsarbete ska de, närhelst möjligt, bytas eller sättas tillbaka i enlighet med tillverkarens rekommendationer eller aktuell lagstiftning.

Domkraften som följer med bilen bör endast användas för att byta hjul – se *Hjulbyte* i början av den här handboken. Vid alla andra arbeten ska bilen lyftas med en hydraulisk domkraft (eller garagedomkraft) och alltid stöttas med pallbockar under bilens stödpunkter.

När du använder en hydraulisk domkraft eller pallbockar, placera alltid domkraftens lyftsadel eller pallbockarnas överdel under

en av stödpunkterna. Stödpunkten är det område på tröskeln som är märkt med två utskärningar **(se bild)**. Placera en träkloss mellan domkraften eller pallbockarna och tröskeln – träklossen ska ha ett spår inskuret, där tröskelns svetsade fläns passar in.

Försök inte lyfta bilen under den främre tvärbalken, sumpen eller någon av fjädringsdelarna.

Domkraften som följer med bilen passar i stödpunkterna under trösklarna – se *Hjulbyte*. Se till att domkraftens lyftsadel sitter korrekt innan du börjar lyfta bilen.

Arbeta **aldrig** under, runt eller i närheten av en lyft bil om den inte har ordentligt stöd på minst två punkter.

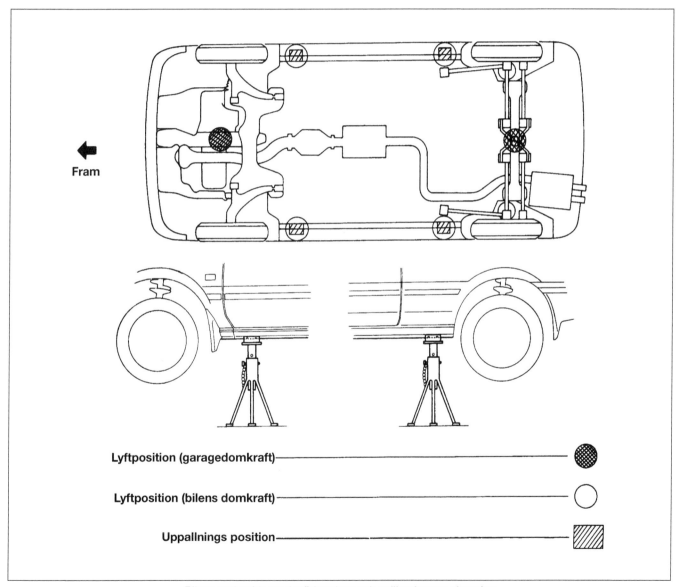

Fram

Lyftposition (garagedomkraft) —————————————

Lyftposition (bilens domkraft) —————————————

Uppallnings position —————————————

Bilens undersida med stödpunkter och pallbockarnas placering

Inledning

En uppsättning bra verktyg är ett grundläggande krav för var och en som överväger att underhålla och reparera ett motorfordon. För de ägare som saknar sådana kan inköpet av dessa bli en märkbar utgift, som dock uppvägs till en viss del av de besparingar som görs i och med det egna arbetet. Om de anskaffade verktygen uppfyller grundläggande säkerhets- och kvalitetskrav kommer de att hålla i många år och visa sig vara en värdefull investering.

För att hjälpa bilägaren att avgöra vilka verktyg som behövs för att utföra de arbeten som beskrivs i denna handbok har vi sammanställt tre listor med följande rubriker: *Underhåll och mindre reparationer, Reparation och renovering* samt *Specialverktyg*. Nybörjaren bör starta med det första sortimentet och begränsa sig till enklare arbeten på fordonet. Allt eftersom erfarenhet och självförtroende växer kan man sedan prova svårare uppgifter och köpa fler verktyg när och om det behövs. På detta sätt kan den grundläggande verktygssatsen med tiden utvidgas till en reparations- och renoveringssats utan några större enskilda kontantutlägg. Den erfarne hemmamekanikern har redan en verktygssats som räcker till de flesta reparationer och renoveringar och kommer att välja verktyg från specialkategorin när han känner att utgiften är berättigad för den användning verktyget kan ha.

Underhåll och mindre reparationer

Verktygen i den här listan ska betraktas som ett minimum av vad som behövs för rutinmässigt underhåll, service och mindre reparationsarbeten. Vi rekommenderar att man köper blocknycklar (ring i ena änden och öppen i den andra), även om de är dyrare än de med öppen ände, eftersom man får båda sorternas fördelar.

☐ Blocknycklar - 8, 9, 10, 11, 12, 13, 14, 15, 17 och 19 mm
☐ Skiftnyckel - 35 mm gap (ca.)
☐ Tändstiftsnyckel (med gummifoder)
☐ Verktyg för justering av tändstiftens elektrodavstånd

☐ Sats med bladmått
☐ Nyckel för avluftning av bromsar
☐ Skruvmejslar:
   Spårmejsel - 100 mm lång x 6 mm diameter
   Stjärnmejsel - 100 mm lång x 6 mm diameter
☐ Kombinationstång
☐ Bågfil (liten)
☐ Däckpump
☐ Däcktrycksmätare
☐ Oljekanna
☐ Verktyg för demontering av oljefilter
☐ Fin slipduk
☐ Stålborste (liten)
☐ Tratt (medelstor)

Reparation och renovering

Dessa verktyg är ovärderliga för alla som utför större reparationer på ett motorfordon och tillkommer till de som angivits för *Underhåll och mindre reparationer*. I denna lista ingår en grundläggande sats hylsor. Även om dessa är dyra, är de oumbärliga i och med sin mångsidighet - speciellt om satsen innehåller olika typer av drivenheter. Vi rekommenderar 1/2-tums fattning på hylsorna eftersom de flesta momentnycklar har denna fattning.

Verktygen i denna lista kan ibland behöva kompletteras med verktyg från listan för *Specialverktyg*.

☐ Hylsor, dimensioner enligt föregående lista **(se bild)**
☐ Spärrskaft med vändbar riktning (för användning med hylsor) **(se bild)**

☐ Förlängare, 250 mm (för användning med hylsor)
☐ Universalknut (för användning med hylsor)
☐ Momentnyckel (för användning med hylsor)
☐ Självlåsande tänger
☐ Kulhammare
☐ Mjuk klubba (plast/aluminium eller gummi)
☐ Skruvmejslar:
   Spårmejsel - en lång och kraftig, en kort (knubbig) och en smal (elektrikertyp)
   Stjärnmejsel - en lång och kraftig och en kort (knubbig)
☐ Tänger:
   Spetsnostång/plattång
   Sidavbitare (elektrikertyp)
   Låsringstång (inre och yttre)
☐ Huggmejsel - 25 mm
☐ Ritspets
☐ Skrapa
☐ Körnare
☐ Purr
☐ Bågfil
☐ Bromsslangklämma
☐ Avluftningssats för bromsar/koppling
☐ Urval av borrar
☐ Ställinjal
☐ Insexnycklar (inkl Torxtyp/med splines) **(se bild)**
☐ Sats med filar
☐ Stor stålborste
☐ Pallbockar
☐ Domkraft (garagedomkraft eller en stabil pelarmodell)
☐ Arbetslampa med förlängningssladd

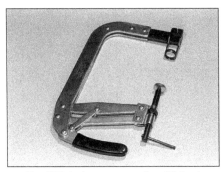

Ventilfjäderkompressor (ventilbåge)

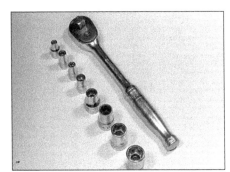

Hylsor och spärrskaft

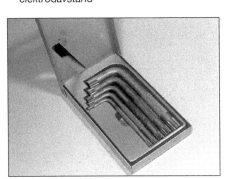

Nycklar med splines

Kolvringskompressor

Centreringsverktyg för koppling

Specialverktyg

Verktygen i denna lista är de som inte används regelbundet, är dyra i inköp eller som måste användas enligt tillverkarens anvisningar. Det är bara om du relativt ofta kommer att utföra tämligen svåra jobb som många av dessa verktyg är lönsamma att köpa. Du kan också överväga att gå samman med någon vän (eller gå med i en motorklubb) och göra ett gemensamt inköp, hyra eller låna verktyg om så är möjligt.

Följande lista upptar endast verktyg och instrument som är allmänt tillgängliga och inte sådana som framställs av biltillverkaren speciellt för auktoriserade verkstäder. Ibland nämns dock sådana verktyg i texten. I allmänhet anges en alternativ metod att utföra arbetet utan specialverktyg. Ibland finns emellertid inget alternativ till tillverkarens specialverktyg. När så är fallet och relevant verktyg inte kan köpas, hyras eller lånas har du inget annat val än att lämna bilen till en auktoriserad verkstad.

- ☐ Ventilfjäderkompressor *(se bild)*
- ☐ Ventilslipningsverktyg
- ☐ Kolvringskompressor *(se bild)*
- ☐ Verktyg för demontering/montering av kolvringar
- ☐ Honingsverktyg
- ☐ Kulledsavdragare
- ☐ Spiralfjäderkompressor *(där tillämplig)*
- ☐ Nav/lageravdragare, två/tre ben
- ☐ Slagskruvmejsel
- ☐ Mikrometer och/eller skjutmått *(se bild)*
- ☐ Indikatorklocka *(se bild)*
- ☐ Stroboskoplampa *(se bild)*
- ☐ Kamvinkelmätare/varvräknare
- ☐ Multimeter
- ☐ Kompressionsmätare *(se bild)*
- ☐ Handmanövrerad vakuumpump och mätare
- ☐ Centreringsverktyg för koppling *(se bild)*
- ☐ Verktyg för demontering av bromsbackarnas fjäderskålar
- ☐ Sats för montering/demontering av bussningar och lager
- ☐ Bultutdragare *(se bild)*
- ☐ Gängningssats
- ☐ Lyftblock
- ☐ Garagedomkraft

Inköp av verktyg

När det gäller inköp av verktyg är det i regel bättre att vända sig till en specialist som har ett större sortiment än t ex tillbehörsbutiker och bensinmackar. Tillbehörsbutiker och andra försöljningsställen kan dock erbjuda utmärkta verktyg till låga priser, så det kan löna sig att söka.

Det finns gott om bra verktyg till låga priser, men se till att verktygen uppfyller grundläggande krav på funktion och säkerhet. Fråga gärna någon kunnig person om råd före inköpet.

Vård och underhåll av verktyg

Efter inköp av ett antal verktyg är det nödvändigt att hålla verktygen rena och i fullgott skick. Efter användning, rengör alltid verktygen innan de läggs undan. Låt dem inte ligga framme sedan de använts. En enkel upphängningsanordning på väggen för t ex skruvmejslar och tänger är en bra idé. Nycklar och hylsor bör förvaras i metalllådor. Mätinstrument av skilda slag ska förvaras på platser där de inte kan komma till skada eller börja rosta.

Lägg ner lite omsorg på de verktyg som används. Hammarhuvuden får märken och skruvmejslar slits i spetsen med tiden. Lite polering med slippapper eller en fil återställer snabbt sådana verktyg till gott skick igen.

Arbetsutrymmen

När man diskuterar verktyg får man inte glömma själva arbetsplatsen. Om mer än rutinunderhåll ska utföras bör man skaffa en lämplig arbetsplats.

Vi är medvetna om att många bilägare/hemmamekaniker av omständigheterna tvingas att lyfta ur motor eller liknande utan tillgång till garage eller verkstad. Men när detta är gjort ska fortsättningen av arbetet göras inomhus.

Närhelst möjligt ska isärtagning ske på en ren, plan arbetsbänk eller ett bord med passande arbetshöjd.

En arbetsbänk behöver ett skruvstycke. En käftöppning om 100 mm räcker väl till för de flesta arbeten. Som tidigare sagts, ett rent och torrt förvaringsutrymme krävs för verktyg liksom för smörjmedel, rengöringsmedel, bättringslack (som också måste förvaras frostfritt) och liknande.

Ett annat verktyg som kan behövas och som har en mycket bred användning är en elektrisk borrmaskin med en chuckstorlek om minst 8 mm. Denna, tillsammans med en sats spiralborrar, är i praktiken oumbärlig för montering av tillbehör.

Sist, men inte minst, ha alltid ett förråd med gamla tidningar och rena luddfria trasor tillgängliga och håll arbetsplatsen så ren som möjligt.

Mikrometerset

Indikatorklocka med magnetstativ

Stroboskoplampa

Kompressionsmätare

Bultutdragare

Det här avsnittet är till för att hjälpa dig att klara bilbesiktningen. Det är naturligtvis inte möjligt att undersöka ditt fordon lika grundligt som en professionell besiktare, men genom att göra följande kontroller kan du identifiera problemområden och ha en möjlighet att korrigera eventuella fel innan du lämnar bilen till besiktning. Om bilen underhålls och servas regelbundet borde besiktningen inte innebära några större problem.

I besiktningsprogrammet ingår kontroll av nio huvudsystem – stommen, hjulsystemet, drivsystemet, bromssystemet, styrsystemet, karosseriet, kommunikationssystemet, instrumentering och slutligen övriga anordningar (släpvagnskoppling etc).

Kontrollerna som här beskrivs har baserats på Svensk Bilprovnings krav aktuella vid tiden för tryckning. Kraven ändras dock kontinuerligt och särskilt miljöbestämmelserna blir allt strängare.

Kontrollerna har delats in under följande fem rubriker:

1 Kontroller som utförs från förarsätet

2 Kontroller som utförs med bilen på marken

3 Kontroller som utförs med bilen upphissad och med fria hjul

4 Kontroller på bilens avgassystem

5 Körtest

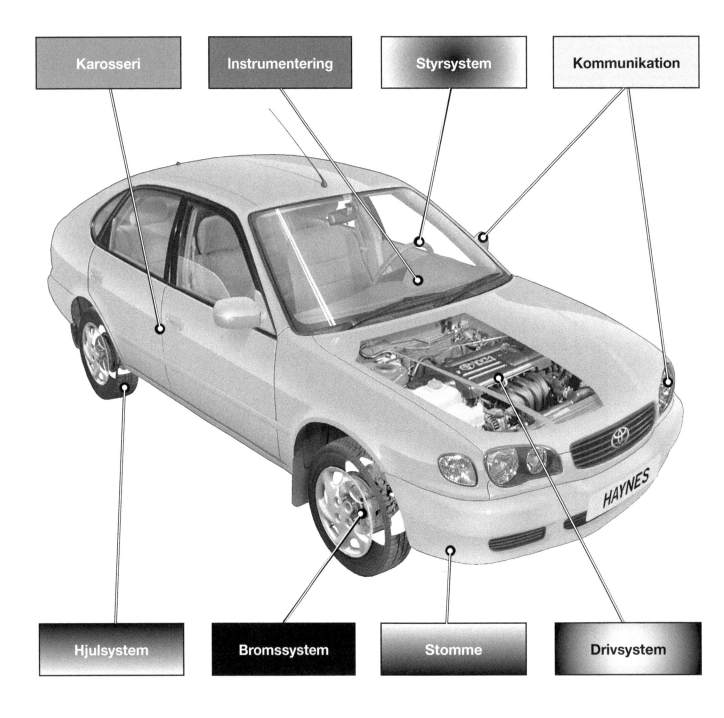

Karosseri

Instrumentering

Styrsystem

Kommunikation

Hjulsystem

Bromssystem

Stomme

Drivsystem

Besiktningsprogrammet

Vanliga personbilar kontrollbesiktigas första gången efter tre år, andra gången två år senare och därefter varje år. Åldern på bilen räknas från det att den tas i bruk, oberoende av årsmodell, och den måste genomgå besiktning inom fem månader.

Tiden på året då fordonet kallas till besiktning bestäms av sista siffran i registreringsnumret, enligt tabellen nedan.

Slutsiffra	Besiktningsperiod
1	november t.o.m. mars
2	december t.o.m. april
3	januari t.o.m. maj
4	februari t.o.m. juni
5	maj t.o.m. september
6	juni t.o.m. oktober
7	juli t.o.m. november
8	augusti t.o.m. december
9	september t.o.m. januari
0	oktober t.o.m. februari

Om fordonet har ändrats, byggts om eller om särskild utrustning har monterats eller demonterats, måste du som fordonsägare göra en registreringsbesiktning inom en månad. I vissa fall räcker det med en begränsad registreringsbesiktning, t.ex. för draganordning, taklucka, taxiutrustning etc.

Efter besiktningen

Nedan visas de system och komponenter som kontrolleras och bedöms av besiktaren på Svensk Bilprovning. Efter besiktningen erhåller du ett protokoll där eventuella anmärkningar noterats.

Har du fått en 2x i protokollet (man kan ha max 3 st 2x) behöver du inte ombesiktiga bilen, men är skyldig att själv åtgärda felet snarast möjligt. Om du inte åtgärdar felen utan återkommer till Svensk Bilprovning året därpå med samma fel, blir dessa automatiskt 2:or som då måste ombesiktigas. Har du en eller flera 2x som ej är åtgärdade och du blir intagen i en flygande besiktning av polisen, blir dessa automatiskt 2:or som måste ombesiktigas. I detta läge får du även böta.

Om du har fått en tvåa i protokollet är fordonet alltså inte godkänt. Felet ska åtgärdas och bilen ombesiktigas inom en månad.

En trea innebär att fordonet har så stora brister att det anses mycket trafikfarligt. Körförbud inträder omedelbart.

Kommunikation

- Vindrutetorkare
- Vindrutespolare
- Backspegel
- Strålkastarinställning
- Strålkastare
- Signalhorn
- Sidoblinkers
- Parkeringsljus fram
  bak
- Blinkers
- Bromsljus
- Reflex
- Nummerplåtsbelysning
- Övrigt

Vanliga anmärkningar:
Felaktig ljusbild
Skadad strålkastare
Ej fungerande parkeringsljus
Ej fungerande bromsljus

Drivsystem

- Avgasrening, EGR-system (-88)
- Avgasrening
- Bränslesystem
- Avgassystem
- Avgaser (CO, HC)
- Kraftöverföring
- Drivknut
- Elförsörjning
- Batteri
- Övrigt

Vanliga anmärkningar:
Höga halter av CO
Höga halter av HC
Läckage i avgassystemet
Ej fungerande EGR-ventil
Skadade drivknutsdamasker
Löst batteri

Styrsystem

- Styrled
- Styrväxel
- Hjälpstyrarm
- Övrigt

Vanliga anmärkningar:
Glapp i styrleder
Skadade styrväxeldamasker

Instrumentering

- Hastighetsmätare
- Taxameter
- Varningslampor
- Övrigt

Karosseri

- Dörr
- Skärm
- Vindruta
- Säkerhetsbälten
- Lastutrymme
- Övrigt

Vanliga anmärkningar:
Skadad vindruta
Vassa kanter
Glappa gångjärn

Stomme

- Sidobalk
- Tvärbalk
- Golv
- Hjulhus
- Övrigt

Vanliga anmärkningar:
Rostskador i sidobalkar, golv och hjulhus

Hjulsystem

- Däck
- Stötdämpare
- Hjullager
- Spindelleder
- Länkarm fram
  bak
- Fjäder
- Fjädersäte
- Övrigt

Vanliga anmärkningar:
Glapp i spindelleder
Utslitna däck
Dåliga stötdämpare
Rostskadade fjädersäten
Brustna fjädrar
Rostskadade länkarmsinfästningar

Bromssystem

- Fotbroms fram
  bak
  rörelseres.
- Bromsrör
- Bromsslang
- Handbroms
- Övrigt

Vanliga anmärkningar:
Otillräcklig bromsverkan på handbromsen
Ojämn bromsverkan på fotbromsen
Anliggande bromsar på fotbromsen
Rostskadade bromsrör
Skadade bromsslangar

1 Kontroller som utförs från förarsätet

Handbroms

☐ Kontrollera att handbromsen fungerar ordentligt utan för stort spel i spaken. För stort spel tyder på att bromsen eller bromsvajern är felaktigt justerad.
☐ Kontrollera att handbromsen inte kan läggas ur genom att spaken förs åt sidan. Kontrollera även att handbromsspaken är ordentligt monterad.

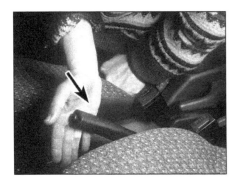

Fotbroms

☐ Tryck ner bromspedalen och håll den nedtryckt i ca 30 sek. Kontrollera att den inte sjunker ner mot golvet, vilket tyder på fel på huvudcylindern. Släpp pedalen, vänta ett par sekunder och tryck sedan ner den igen. Om pedalen tar långt ner måste broms-arna justeras eller repareras. Om pedalens rörelse känns "svampig" finns det luft i bromssystemet som då måste luftas.

☐ Kontrollera att bromspedalen sitter fast ordentligt och att den är i bra skick. Kontrollera även om det finns tecken på oljeläckage på bromspedalen, golvet eller mattan eftersom det kan betyda att packningen i huvudcylindern är trasig.
☐ Om bilen har bromsservo kontrolleras denna genom att man upprepade gånger trycker ner bromspedalen och sedan startar motorn med pedalen nertryckt. När motorn startar skall pedalen sjunka något. Om inte kan vakuumslangen eller själva servoenheten vara trasig.

Ratt och rattstäng

☐ Känn efter att ratten sitter fast. Undersök om det finns några sprickor i ratten eller om några delar på den sitter löst.

☐ Rör på ratten uppåt, nedåt och i sidled. Fortsätt att röra på ratten samtidigt som du vrider lite på den från vänster till höger.
☐ Kontrollera att ratten sitter fast ordentligt på rattstången, vilket annars kan tyda på slitage eller att fästmuttern sitter löst. Om ratten går att röra onaturligt kan det tyda på att rattstångens bärlager eller kopplingar är slitna.

Rutor och backspeglar

☐ Vindrutan måste vara fri från sprickor och andra skador som kan vara irriterande eller hindra sikten i förarens synfält. Sikten får inte heller hindras av t.ex. ett färgat eller reflekterande skikt. Samma regler gäller även för de främre sidorutorna.
☐ Backspeglarna måste sitta fast ordentligt och vara hela och ställbara.

Säkerhetsbälten och säten

Observera: *Kom ihåg att alla säkerhetsbälten måste kontrolleras - både fram och bak.*
☐ Kontrollera att säkerhetsbältena inte är slitna, fransiga eller trasiga i väven och att alla låsmekanismer och rullmekanismer fungerar obehindrat. Se även till att alla infästningar till säkerhetsbältena sitter säkert.

☐ Framsätena måste vara ordentligt fastsatta och om de är fällbara måste de vara låsbara i uppfällt läge.

Dörrar

☐ Framdörrarna måste gå att öppna och stänga från både ut- och insidan och de måste gå ordentligt i lås när de är stängda. Gångjärnen ska sitta säkert och inte glappa eller kärva onormalt.

2 Kontroller som utförs med bilen på marken

Registreringsskyltar

☐ Registreringsskyltarna måste vara väl synliga och lätta att läsa av, d v s om bilen är mycket smutsig kan det ge en anmärkning.

Elektrisk utrustning

☐ Slå på tändningen och kontrollera att signalhornet fungerar och att det avger en jämn ton.
☐ Kontrollera vindrutetorkarna och vindrutespolningen. Svephastigheten får inte vara extremt låg, svepytan får inte vara för liten och torkarnas viloläge ska inte vara inom förarens synfält. Byt ut gamla och skadade torkarblad.

☐ Kontrollera att strålkastarna fungerar och att de är rätt inställda. Reflektorerna får inte vara skadade, lampglasen måste vara hela och lamporna måste vara ordentligt fastsatta. Kontrollera även att bromsljusen fungerar och att det inte krävs högt pedaltryck för att tända dem. (Om du inte har någon medhjälpare kan du kontrollera bromsljusen genom att backa upp bilen mot en garageport, vägg eller liknande reflekterande yta.)
☐ Kontrollera att blinkers och varningsblinkers fungerar och att de blinkar i normal hastighet. Parkeringsljus och bromsljus inte påverkas av blinkers. Om de påverkas beror detta oftast på jordfel. Se också till att alla övriga lampor på bilen är hela och fungerar som de ska och att t.ex. extraljus inte är placerade så att de skymmer föreskriven belysning.
☐ Se även till att batteri, elledningar, reläer och liknande sitter fast ordentligt och att det inte föreligger någon risk för kortslutning

Fotbroms

☐ Undersök huvudbromscylindern, bromsrören och servoenheten. Leta efter läckage, rost och andra skador.

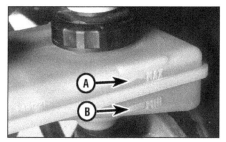

☐ Bromsvätskebehållaren måste sitta fast ordentligt och vätskenivån skall vara mellan max- (A) och min- (B) markeringarna.

☐ Undersök båda främre bromsslangarna efter sprickor och förslitningar. Vrid på ratten till fullt rattutslag och se till att bromsslangarna inte tar i någon del av styrningen eller upphängningen. Tryck sedan ner bromspedalen och se till att det inte finns några läckor eller blåsor på slangarna under tryck.

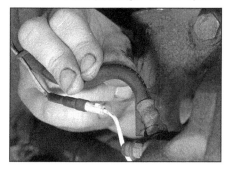

Styrning

☐ Be någon vrida på ratten så att hjulen vrids något. Kontrollera att det inte är för stort spel mellan rattutslaget och styrväxeln vilket kan tyda på att rattstångslederna, kopplingen mellan rattstången och styrväxeln eller själva styrväxeln är sliten eller glappar.

☐ Vrid sedan ratten kraftfullt åt båda hållen så att hjulen vrids något. Undersök då alla damasker, styrleder, länksystem, rörkopplingar och anslutningar/fästen. Byt ut alla delar som verkar utslitna eller skadade. På bilar med servostyrning skall servopumpen, drivremmen och slangarna kontrolleras.

Stötdämpare

☐ Tryck ned hörnen på bilen i tur och ordning och släpp upp. Bilen skall gunga upp och sedan gå tillbaka till ursprungsläget. Om bilen

fortsätter att gunga är stötdämparna dåliga. Stötdämpare som kärvar påtagligt gör också att bilen inte klarar besiktningen. (Observera att stötdämpare kan saknas på vissa fjädersystem.)

☐ Kontrollera också att bilen står rakt och ungefär i rätt höjd.

Avgassystem

☐ Starta motorn medan någon håller en trasa över avgasröret och kontrollera sedan att avgassystemet inte läcker. Reparera eller byt ut de delar som läcker.

Kaross

☐ Skador eller korrosion/rost som utgörs av vassa eller i övrigt farliga kanter med risk för personskada medför vanligtvis att bilen måste repareras och ombesiktas. Det får inte heller finnas delar som sitter påtagligt löst.

☐ Det är inte tillåtet att ha utskjutande detaljer och anordningar med olämplig utformning eller placering (prydnadsföremål, antennfästen, viltfångare och liknande).

☐ Kontrollera att huvlås och säkerhetsspärr fungerar och att gångjärnen inte sitter löst eller på något vis är skadade.

☐ Se också till att stänkskydden täcker hela däckets bredd.

3 Kontroller som utförs med bilen upphissad och med fria hjul

Lyft upp både fram- och bakvagnen och ställ bilen på pallbockar. Placera pallbockarna så att de inte tar i fjäderupphängningen. Se till att hjulen inte tar i marken och att de går att vrida till fullt rattutslag. Om du har begränsad utrustning går det naturligtvis bra att lyfta upp en ände i taget.

Styrsystem

☐ Be någon vrida på ratten till fullt rattutslag. Kontrollera att alla delar i styrningen går mjukt och att ingen del av styrsystemet tar i någonstans.

☐ Undersök kuggstångsdamaskerna så att de inte är skadade eller att metallklämmorna glappar. Om bilen är utrustad med servostyrning ska slangar, rör och kopplingar kontrolleras så att de inte är skadade eller

läcker. Kontrollera också att styrningen inte är onormalt trög eller kärvar. Undersök länkarmar, krängningshämmare, styrstag och styrleder och leta efter glapp och rost.

☐ Se även till att ingen saxpinne eller liknande låsmekanism saknas och att det inte finns gravrost i närheten av någon av styrmekanismens fästpunkter.

Upphängning och hjullager

☐ Börja vid höger framhjul. Ta tag på sidorna av hjulet och skaka det kraftigt. Se till att det inte glappar vid hjullager, spindelleder eller vid upphängningens infästningar och leder.

☐ Ta nu tag upptill och nedtill på hjulet och upprepa ovanstående. Snurra på hjulet och undersök hjullagret angående missljud och glapp.

☐ Om du misstänker att det är för stort spel vid en komponents led kan man kontrollera detta genom att använda en stor skruvmejsel eller liknande och bända mellan infästningen och komponentens fäste. Detta visar om det är bussningen, fästskruven eller själva infästningen som är sliten (bulthålen kan ofta bli uttänjda).

☐ Kontrollera alla fyra hjulen.

Fjädrar och stötdämpare

☐ Undersök fjäderbenen (där så är tillämpligt) angående större läckor, korrosion eller skador i godset. Kontrollera också att fästena sitter säkert.

☐ Om bilen har spiralfjädrar, kontrollera att dessa sitter korrekt i fjädersätena och att de inte är utmattade, rostiga, spruckna eller av.

☐ Om bilen har bladfjädrar, kontrollera att alla bladen är hela, att axeln är ordentligt fastsatt mot fjädrarna och att fjäderöglorna, bussningarna och upphängningarna inte är slitna.

☐ Liknande kontroll utförs på bilar som har annan typ av upphängning såsom torsionfjädrar, hydraulisk fjädring etc. Se till att alla infästningar och anslutningar är säkra och inte utslitna, rostiga eller skadade och att den hydrauliska fjädringen inte läcker olja eller på annat sätt är skadad.

☐ Kontrollera att stötdämparna inte läcker och att de är hela och oskadade i övrigt samt se till att bussningar och fästen inte är utslitna.

Drivning

☐ Snurra på varje hjul i tur och ordning. Kontrollera att driv-/kardanknutar inte är lösa, glappa, spruckna eller skadade. Kontrollera också att skyddsbälgarna är intakta och att driv-/kardanaxlar är ordentligt fastsatta, raka och oskadade. Se även till att inga andra detaljer i kraftöverföringen är glappa, lösa, skadade eller slitna.

Bromssystem

☐ Om det är möjligt utan isärtagning, kontrollera hur bromsklossar och bromsskivor ser ut. Se till att friktionsmaterialet på bromsbeläggen (A) inte är slitet under 2 mm och att bromsskivorna (B) inte är spruckna, gropiga, repiga eller utslitna.

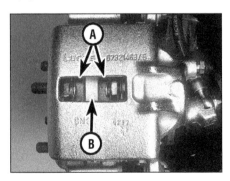

☐ Undersök alla bromsrör under bilen och bromsslangarna bak. Leta efter rost, skavning och övriga skador på ledningarna och efter tecken på blåsor under tryck, skavning, sprickor och förslitning på slangarna. (Det kan vara enklare att upptäcka eventuella sprickor på en slang om den böjs något.)

☐ Leta efter tecken på läckage vid bromsoken och på bromssköldarna. Reparera eller byt ut delar som läcker.

☐ Snurra sakta på varje hjul medan någon trycker ned och släpper upp bromspedalen. Se till att bromsen fungerar och inte ligger an när pedalen inte är nedtryckt.

☐ Undersök handbromsmekanismen och kontrollera att vajern inte har fransat sig, är av eller väldigt rostig eller att länksystemet är utslitet eller glappar. Se till att handbromsen fungerar på båda hjulen och inte ligger an när den läggs ur.

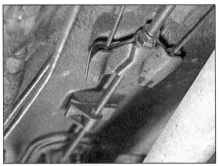

☐ Det är inte möjligt att prova bromsverkan utan specialutrustning, men man kan göra ett körtest och prova att bilen inte drar åt något håll vid en kraftig inbromsning.

Bränsle- och avgassystem

☐ Undersök bränsletanken (inklusive tanklock och påfyllningshals), fastsättning, bränsleledningar, slangar och anslutningar. Alla delar måste sitta fast ordentligt och får inte läcka.

☐ Granska avgassystemet i hela dess längd beträffande skadade, avbrutna eller saknade upphängningar. Kontrollera systemets skick beträffande rost och se till att rörklämmorna är säkert monterade. Svarta sotavlagringar på avgassystemet tyder på ett annalkande läckage.

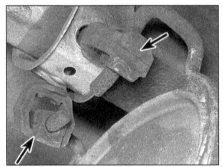

Hjul och däck

☐ Undersök i tur och ordning däcksidorna och slitbanorna på alla däcken. Kontrollera att det inte finns några skärskador, revor eller bulor och att korden inte syns p g a utslitning eller skador. Kontrollera att däcket är korrekt monterat på fälgen och att hjulet inte är deformerat eller skadat.

☐ Se till att det är rätt storlek på däcken för bilen, att det är samma storlek och däcktyp på samma axel och att det är rätt lufttryck i däcken. Se också till att inte ha dubbade och odubbade däck blandat. (Dubbade däck får användas under vinterhalvåret, från 1 oktober till första måndagen efter påsk.)

☐ Kontrollera mönsterdjupet på däcken – minsta tillåtna mönsterdjup är 1,6 mm. Onormalt däckslitage kan tyda på felaktig framhjulsinställning.

Korrosion

☐ Undersök alla bilens bärande delar efter rost. (Bärande delar innefattar underrede, tröskellådor, tvärbalkar, stolpar och all upphängning, styrsystemet, bromssystemet samt bältesinfästningarna.) Rost som avsevärt har reducerat tjockleken på en bärande yta medför troligtvis en tvåa i besiktningsprotokollet. Sådana skador kan ofta vara svåra att reparera själv.

☐ Var extra noga med att kontrollera att inte rost har gjort det möjligt för avgaser att tränga in i kupén. Om så är fallet kommer fordonet ovillkorligen inte att klara besiktningen och dessutom utgör det en stor trafik- och hälsofara för dig och dina passagerare.

4 Kontroller som utförs på bilens avgassystem

Bensindrivna modeller

☐ Starta motorn och låt den bli varm. Se till att tändningen är rätt inställd, att luftfiltret är rent och att motorn går bra i övrigt.

☐ Varva först upp motorn till ca 2500 varv/min och håll den där i ca 20 sekunder. Låt den sedan gå ner till tomgång och iaktta avgasutsläppen från avgasröret. Om tomgången är onaturligt hög eller om tät blå eller klart synlig svart rök kommer ut med avgaserna i mer än 5 sekunder så kommer bilen antagligen inte att klara besiktningen. I regel tyder blå rök på att motorn är sliten och förbränner olja medan svart rök tyder på att motorn inte förbränner bränslet ordentligt (smutsigt luftfilter eller annat förgasar- eller bränslesystemfel).

☐ Vad som då behövs är ett instrument som kan mäta koloxid (CO) och kolväten (HC). Om du inte har möjlighet att låna eller hyra ett dylikt instrument kan du få hjälp med det på en verkstad för en mindre kostnad.

CO- och HC-utsläpp

☐ För närvarande är högsta tillåtna gränsvärde för CO- och HC-utsläpp för bilar av årsmodell 1989 och senare (d v s bilar med katalysator enligt lag) 0,5% CO och 100 ppm HC.

På tidigare årsmodeller testas endast COhalten och följande gränsvärden gäller:

årsmodell 1985-88	3,5% CO
årsmodell 1971-84	4,5% CO
årsmodell -1970	5,5% CO.

Bilar av årsmodell 1987-88 med frivilligt monterad katalysator bedöms enligt 1989 års komponentkrav men 1985 års utsläppskrav.

☐ Om CO-halten inte kan reduceras tillräckligt för att klara besiktningen (och bränsle- och tändningssystemet är i bra skick i övrigt) ligger problemet antagligen hos förgasaren/bränsleinsprutningsystemet eller katalysatorn (om monterad).

☐ Höga halter av HC kan orsakas av att motorn förbränner olja men troligare är att motorn inte förbränner bränslet ordentligt.

Dieseldrivna modeller

☐ Det enda testet för avgasutsläpp på dieseldrivna bilar är att man mäter röktätheten. Testet innebär att man varvar motorn kraftigt upprepade gånger.

Observera: Det är oerhört viktigt att motorn är rätt inställd innan provet genomförs.

☐ Mycket rök kan orsakas av ett smutsigt luftfilter. Om luftfiltret inte är smutsigt men bilen ändå avger mycket rök kan det vara nödvändigt att söka experthjälp för att hitta orsaken.

5 Körtest

☐ Slutligen, provkör bilen. Var extra uppmärksam på eventuella missljud, vibrationer och liknande.

☐ Om bilen har automatväxellåda, kontrollera att den endast går att starta i lägena P och N. Om bilen går att starta i andra växellägen måste växelväljarmekanismen justeras.

☐ Kontrollera också att hastighetsmätaren fungerar och inte är missvisande.

☐ Se till att ingen extrautrustning i kupén, t ex biltelefon och liknande, är placerad så att den vid en eventuell kollision innebär ökad risk för personskada.

☐ Bilen får inte dra åt något håll vid normal körning. Gör också en hastig inbromsning och kontrollera att bilen inte då drar åt något håll. Om kraftiga vibrationer känns vid inbromsning kan det tyda på att bromsskivorna är skeva och bör bytas eller fräsas om. (Inte att förväxlas med de låsningsfria bromsarnas karakteristiska vibrationer.)

☐ Om vibrationer känns vid acceleration, hastighetsminskning, vid vissa hastigheter eller hela tiden, kan det tyda på att drivknutar eller drivaxlar är slitna eller defekta, att hjulen eller däcken är felaktiga eller skadade, att hjulen är obalanserade eller att styrleder, upphängningens leder, bussningar eller andra komponenter är slitna.

Motor

- [ ] Motorn går inte runt vid startförsök
- [ ] Motorn går runt, men startar inte
- [ ] Motorn är svårstartad när den är kall
- [ ] Motorn är svårstartad när den är varm
- [ ] Startmotorn ger i från sig oljud eller kärvar
- [ ] Motorn startar, men stannar omedelbart
- [ ] Ojämn tomgång
- [ ] Motorn feltänder vid tomgång
- [ ] Motorn feltänder vid alla varvtal
- [ ] Långsam acceleration
- [ ] Överstegring av motorn
- [ ] Låg motorkapacitet
- [ ] Motorn misständer
- [ ] Varningslampan för oljetryck lyser när motorn är igång
- [ ] Glödtändning
- [ ] Motorljud

Kylsystem

- [ ] Överhettning
- [ ] Alltför stark avkylning
- [ ] Yttre kylvätskeläckage
- [ ] Inre kylvätskeläckage
- [ ] Korrosion

Bränsle- och avgassystem

- [ ] Överdriven bränsleförbrukning
- [ ] Bränsleläckage och/eller bränslelukt
- [ ] Störande oljud eller för mycket avgaser från avgassystemet

Koppling

- [ ] Pedalen går i golvet – inget tryck eller mycket lite motstånd
- [ ] Kopplingen tar inte (det går inte att lägga i växlar)
- [ ] Kopplingen slirar (motorvarvtalet ökar utan att hastigheten ökar)
- [ ] Skakningar vid frikoppling
- [ ] Missljud när kopplingspedalen trycks ner eller släpps upp

Manuell växellåda

- [ ] Missljud i friläge när motorn går
- [ ] Missljud när en speciell växel ligger i
- [ ] Svårt att lägga i växlar
- [ ] Växeln hoppar ur
- [ ] Vibrationer
- [ ] Smörjmedelsläckage

Automatväxellåda

- [ ] Oljeläckage
- [ ] Växellådsoljan är brun eller luktar bränt
- [ ] Allmänna problem med växlingen
- [ ] Växellådan växlar inte ner (kickdown) vid öppet gasspjäll
- [ ] Motorn startar inte på någon växel eller startar på andra växlar än P eller N
- [ ] Växellådan slirar, växlar trögt, låter illa eller är utan drift i framväxlarna eller backen

Drivaxlar

- [ ] Klickande eller knackande ljud vid svängar (i låg fart med fullt rattutslag)
- [ ] Vibrationer vid acceleration eller inbromsning

Bromssystem

- [ ] Bilen drar åt ena sidan vid inbromsning
- [ ] Oljud (slipljud eller högt gnisslande) vid inbromsning
- [ ] Överdriven pedalväg
- [ ] Bromspedalen känns svampig vid nedtryckning
- [ ] Överdriven pedalkraft krävs för att stanna bilen
- [ ] Skakningar i bromspedal eller ratt vid inbromsning
- [ ] Bromsarna kärvar
- [ ] Bakhjulen låser sig vid normal inbromsning

Fjädrings- och styrningssystem

- [ ] Bilen drar åt ena sidan
- [ ] Hjulen vinglar och skakar
- [ ] Nigningar och/eller krängningar runt hörn eller vid inbromsning
- [ ] Vandrande eller allmän instabilitet
- [ ] Överdrivet stel styrning
- [ ] Överdrivet spel i styrningen
- [ ] Bristande servoeffekt
- [ ] Betydande däckslitage

Elsystem

- [ ] Batteriet laddar ur på bara ett par dagar
- [ ] Tändningslampan fortsätter lysa när motorn är igång
- [ ] Tändningslampan tänds inte
- [ ] Ljusen fungerar inte
- [ ] Instrumentavläsningarna missvisande eller ryckiga
- [ ] Signalhornet fungerar dåligt eller inte alls
- [ ] Vindrute-/bakrutetorkarna fungerar dåligt eller inte alls
- [ ] Vindrute-/bakrutespolarna fungerar dåligt eller inte alls
- [ ] De elektriska fönsterhissarna fungerar dåligt eller inte alls
- [ ] Centrallåset fungerar dåligt eller inte alls

Inledning

De fordonsägare som underhåller sina bilar med rekommenderad regelbundenhet kommer inte att behöva använda den här delen av handboken ofta. Moderna komponenter går mycket sällan sönder om de underhålls och byts ut med rekommenderad regelbundenhet. Fel uppstår vanligen inte plötsligt, de utvecklas med tiden. Speciellt större mekaniska haverier föregås vanligen av karakteristiska symptom under hundratals eller tusentals kilometer. De komponenter som ibland havererar utan föregående varning är i regel små och lätta att ha med i bilen.

Vid all felsökning är det första steget att bestämma var man ska börja söka. Ibland är detta uppenbart, men ibland behövs lite detektivarbete. En ägare som gör ett halvdussin slumpmässiga justeringar eller komponentbyten kanske lyckas åtgärda felet (eller undanröja symptomen), men om felet uppstår igen vet hon eller han ändå inte var felet sitter och måste spendera mer tid och pengar än vad som är nödvändigt

för att åtgärda det. Ett lugnt och metodiskt tillvägagångssätt är bättre i det långa loppet. Ta alltid hänsyn till varningstecken eller ovanligheter som uppmärksammats före haveriet – kraftförlust, höga/låga mätaravläsningar, ovanliga lukter – och kom ihåg att haverier i säkringar och tändstift kanske bara är symptom på ett underliggande fel.

Följande sidor fungerar som en enkel guide till de vanligaste problemen som kan uppstå med bilen. Problemen och deras möjliga orsaker grupperas under rubriker för olika komponenter eller system som Motorn, Kylsystemet etc. Avsnitt som tar upp detta problem visas inom parentes. Läs aktuellt avsnitt för systemspecifik information. Oavsett fel finns vissa grundläggande principer. Dessa är:

Bekräfta felet. Detta handlar helt enkelt om att du ska vara säker på vilka symptomen är innan du påbörjar arbetet. Det här är extra viktigt om du undersöker ett fel åt någon annan, som kanske inte har beskrivit problemet korrekt.

Förbise inte det självklara. Om bilen t.ex. inte startar, finns det verkligen bensin i tanken? (Ta inte någon annans ord för givet på denna punkt och lita inte heller på bränslemätaren!) Om ett elektriskt fel misstänks föreligga, leta efter lösa kontakter och brutna ledningar innan du plockar fram testutrustningen.

Bota sjukdomen, inte symptomen. Att byta ett urladdat batteri mot ett fulladdat tar dig från vägkanten, men om orsaken inte åtgärdas kommer även det nya batteriet snart att vara urladdat. Samma sak om nedoljade tändstift byts ut mot nya – bilen rullar, men orsaken till nedsmutsningen måste fortfarande fastställas och åtgärdas (om den inte berodde på att tändstiften hade fel värmetal).

Ta inte någonting för givet. Glöm inte att även "nya" delar kan vara defekta (särskilt om de skakat runt länge i bagageutrymmet). Utelämna inte några komponenter vid en felsökning bara för att de är nya eller nymonterade. När felet väl upptäcks inser du nog att det fanns tecken på felet från början.

Motor

Motorn går inte runt vid startförsök

☐ Batterianslutningarna sitter löst eller är korroderade (*Veckokontroller*).
☐ Batteriet urladdat eller defekt (kapitel 5A).
☐ Brutna, lösa eller urkopplade ledningar i startmotorkretsen (kapitel 5A).
☐ Defekt startmotor (kapitel 5A).
☐ Startmotorns drev eller svänghjulet/drivplattans startkrans har lösa eller brutna kuggar (kapitel 2A eller 5A).
☐ Motorns jordfläta trasig eller losskopplad (kapitel 12).

Motorn drar runt, men startar inte

☐ Bränsletanken tom.
☐ Batteriet urladdat (motorn roterar långsamt) (kapitel 5A).
☐ Batterianslutningarna sitter löst eller är korroderade (*Veckokontroller*).
☐ Utslitna, defekta eller felaktigt inställda tändstift (kapitel 1).
☐ Fel på motorstyrningssystemet – bensinmodeller (kapitel 4A).
☐ Låg cylinderkompression (kapitel 2A).
☐ Större mekaniskt fel (t.ex. kamaxeldrev) (kapitel 2A).

Motorn är svårstartad när den är kall

☐ Batteriet urladdat (kapitel 5A).
☐ Batterianslutningarna sitter löst eller är korroderade (*Veckokontroller*).
☐ Utslitna, defekta eller felaktigt inställda tändstift (kapitel 1).
☐ Fel på motorstyrningssystemet (kapitel 4A).

Motorn är svårstartad när den är varm

☐ Fel på motorstyrningssystemet (kapitel 4A).
☐ Låg cylinderkompression (kapitel 2A).

Startmotorn ger ifrån sig oljud eller kärvar

☐ Startmotorns drev eller svänghjulet/drivplattans startkrans har lösa eller brutna kuggar (kapitel 2A eller 5A).
☐ Startmotorns fästbultar lösa eller saknas (kapitel 5A).
☐ Defekt startmotor (kapitel 5A).

Motorn startar, men stannar omedelbart

☐ Vakuumläckage i gasspjällshuset/insugsgrenröret (kapitel 4A).
☐ Fel på motorstyrningssystemet (kapitel 4A).

Ojämn tomgång

☐ Vakuumläckage i gasspjällshuset/insugsgrenröret (kapitel 4A).
☐ Utslitna, defekta eller felaktigt inställda tändstift (kapitel 1).
☐ Fel på motorstyrningssystemet (kapitel 4A).
☐ Ojämn eller låg cylinderkompression (kapitel 2A).
☐ Slitna kamlober (kapitel 2A).
☐ Kamremmen/kamkedjan felaktigt monterad (kapitel 2A).

Feltändning vid tomgångshastighet

☐ Utslitna, defekta eller felaktigt inställda tändstift (kapitel 1).
☐ Vakuumläckage i gasspjällshuset/insugsröret (kapitel 4A).
☐ Fel på motorstyrningssystemet (kapitel 4A).
☐ Ojämn eller låg cylinderkompression (kapitel 2A).
☐ Lösa, läckande eller trasiga slangar i vevhusventilationen (kapitel 4B).

Feltändning vid alla varvtal

☐ Igentäppt bränslefilter (kapitel 1).
☐ Defekt bränslepump (kapitel 4A).
☐ Blockerad bensintanksventil eller delvis igentäppta bränslerör (kapitel 4A).
☐ Utslitna, defekta eller felaktigt inställda tändstift (kapitel 1).
☐ Vakuumläckage i gasspjällshuset/insugsröret (kapitel 4A).
☐ Fel på motorstyrningssystemet (kapitel 4A).
☐ Defekt tändspole (kapitel 5B).
☐ Ojämn eller låg cylinderkompression (kapitel 2A).

Långsam acceleration

☐ Utslitna, defekta eller felaktigt inställda tändstift (kapitel 1).
☐ Vakuumläckage i gasspjällshuset/insugsröret (kapitel 4A).
☐ Fel på motorstyrningssystemet (kapitel 4A).

Överstegring av motorn

☐ Igentäppt bränslefilter (kapitel 1).
☐ Defekt bränslepump (kapitel 4A).
☐ Blockerad bensintanksventil eller delvis igentäppta bränslerör (kapitel 4A).
☐ Utslitna, defekta eller felaktigt inställda tändstift (kapitel 1).
☐ Vakuumläckage i gasspjällshuset/insugsröret (kapitel 4A).
☐ Fel på motorstyrningssystemet (kapitel 4A).

Låg motorkapacitet

☐ Kamremmen/kamkedjan felaktigt monterad (kapitel 2A).
☐ Igentäppt bränslefilter (kapitel 1).
☐ Defekt bränslepump (kapitel 4A).
☐ Ojämn eller låg cylinderkompression (kapitel 2A).
☐ Utslitna, defekta eller felaktigt inställda tändstift (kapitel 1).
☐ Vakuumläckage i gasspjällshuset/insugsröret (kapitel 4A).
☐ Fel på motorstyrningssystemet (kapitel 4A).
☐ Bromsarna kärvar (kapitel 1 och 9).
☐ Kopplingen slirar (kapitel 6).

Motorn misständer

☐ Kamremmen/kamkedjan felaktigt monterad (kapitel 2A).
☐ Vakuumläckage i gasspjällshuset/insugsröret (kapitel 4A).
☐ Fel på motorstyrningssystemet (kapitel 4A).

Varningslampan för oljetryck lyser när motorn är igång

☐ Låg oljenivå eller felaktig oljekvalitet (*Veckokontroller*).
☐ Defekt brytare till varningslampa för oljetryck (kapitel 5A).
☐ Slitna motorlager och/eller sliten oljepump (kapitel 2B).
☐ Motorns arbetstemperatur hög (kapitel 3).
☐ Defekt oljetrycksventil (kapitel 2A).
☐ Oljeupptagarens sil igentäppt (kapitel 2A).

Glödtändning

☐ För mycket sotavlagringar i motorn (kapitel 2B).
☐ Motorns arbetstemperatur hög (kapitel 3).
☐ Fel på motorstyrningssystemet (kapitel 4A).

Motor (forts.)

Motorljud

Förtändning (spikning) eller knackning under acceleration eller belastning

- ☐ Fel på motorstyrningssystemet (kapitel 4A).
- ☐ Fel typ av tändstift (kapitel 1).
- ☐ Fel bränslekvalitet (kapitel 4A).
- ☐ Vakuumläckage i gasspjällshuset/insugsröret (kapitel 4A).
- ☐ För mycket sotavlagringar i motorn (kapitel 2B).

Visslande eller väsande ljud

- ☐ Läckage i insugsgrenrörets eller gasspjällshusets packning (kapitel 4A).
- ☐ Läckande vakuumslang (kapitel 4A och 9).
- ☐ Blåst topplockspackning (kapitel 2A).

Knackande eller skallrande ljud

- ☐ Sliten ventilreglering eller sliten kamaxel (kapitel 2A).
- ☐ Defekt hjälpaggregat (kylvätskepump, växelströmsgenerator etc.). (kapitel 3, 5A etc.).

Knackande ljud eller slag

- ☐ Slitna vevstakslager (regelbundna hårda knackningar som eventuellt minskar vid belastning) (kapitel 2B).
- ☐ Slitna ramlager (muller och knackningar som eventuellt tilltar vid belastning) (kapitel 2B).
- ☐ Kolvslammer (hörs mest vid kyla) (kapitel 2B).
- ☐ Defekt hjälpaggregat (kylvätskepump, växelströmsgenerator etc.) (kapitel 3, 5A etc.).

Kylsystem

Överhettning

- ☐ För lite kylvätska i systemet (*Veckokontroller*).
- ☐ Termostat defekt (fastnat i stängt läge) (kapitel 3).
- ☐ Igensatt kylare eller grill (kapitel 3).
- ☐ Elektrisk kylfläkt eller givare defekt (kapitel 3).
- ☐ Defekt trycklock (kapitel 3).
- ☐ Defekt temperaturmätare/givare (kapitel 3).
- ☐ Luftbubbla i kylsystemet (kapitel 1).
- ☐ Fel på motorstyrningssystemet (kapitel 4A).

För stark avkylning

- ☐ Termostat defekt (fastnat i öppet läge) (kapitel 3).
- ☐ Defekt temperaturmätare/givare (kapitel 3).

Yttre kylvätskeläckage

- ☐ Åldrade eller skadade slangar eller slangklämmor (kapitel 1).
- ☐ Läckage i kylare eller värmepaket (kapitel 3).
- ☐ Defekt trycklock (kapitel 3).
- ☐ Kylvätskepumpen läcker (kapitel 3).
- ☐ Kokning på grund av överhettning (kapitel 3).
- ☐ Kylarens hylsplugg läcker (kapitel 2B).

Inre kylvätskeläckage

- ☐ Läckande topplockspackning (kapitel 2A).
- ☐ Sprucket topplock eller motorblock (kapitel 2A eller 2B).

Korrosion

- ☐ Bristfällig avtappning och spolning (kapitel 1).
- ☐ Felaktig kylvätskeblandning eller fel typ av kylvätska (kapitel 1).

Bränsle- och avgassystem

Överdriven bränsleförbrukning

- ☐ Smutsigt eller igensatt luftfilter (kapitel 1).
- ☐ Fel på motorstyrningssystemet (kapitel 4A).
- ☐ Defekta insprutningsventiler (kapitel 4).
- ☐ För lite luft i däcken (*Veckokontroller*).
- ☐ Bromsarna kärvar (kapitel 1 och 9).

Bränsleläckage och/eller bränslelukt

- ☐ Bränsletank, -rör eller -anslutningar skadade eller korroderade (kapitel 4A).

Överdriven ljudnivå eller för mycket avgaser från avgassystemet

- ☐ Läckande avgassystem eller grenrörsskarvar (kapitel 1 och 4A).
- ☐ Läckande, korroderad eller skadad ljuddämpare eller ledning (kapitel 1 och 4A).
- ☐ Kontakt med karossen eller fjädringen på grund av trasiga fästen (kapitel 1 och 4A).

Koppling

Pedalen går i golvet – inget tryck eller mycket lite motstånd

☐ Luft i hydraulsystemet/defekt huvud- eller slavcylinder (kapitel 6).
☐ Defekt urkopplingslager eller -gaffel (kapitel 6).
☐ Trasig tallriksfjäder i kopplingens tryckplatta (kapitel 6).

Frikopplar inte (går ej att lägga i växlar)

☐ Luft i hydraulsystemet/defekt huvud- eller slavcylinder (kapitel 6).
☐ Lamellen har fastnat på räfflorna på växellådans ingående axel (kapitel 6).
☐ Lamellen fastnar på svänghjul eller tryckplatta (kapitel 6).
☐ Defekt tryckplatta (kapitel 6).
☐ Urkopplingsmekanismen sliten eller felaktigt ihopsatt (kapitel 6).

Kopplingen slirar (motorvarvtalet ökar utan att hastigheten ökar)

☐ Det hydrauliska urkopplingssystemet är defekt (kapitel 6).

☐ Lamellbeläggen är mycket slitna (kapitel 6).
☐ Lamellbeläggen förorenade med olja eller fett (kapitel 6).
☐ Defekt tryckplatta eller svag tallriksfjäder (kapitel 6).

Skakningar vid frikoppling

☐ Lamellbeläggen förorenade med olja eller fett (kapitel 6).
☐ Lamellbeläggen är mycket slitna (kapitel 6).
☐ Defekt eller skev tryckplatta eller tallriksfjäder (kapitel 6).
☐ Slitna eller lösa fästen till motor eller växellåda (kapitel 2A eller 2B).
☐ Slitage på lamellnavet eller räfflorna på växellådans ingående axel (kapitel 6).

Missljud när kopplingspedalen trycks ner eller släpps upp

☐ Slitet urkopplingslager (kapitel 6).
☐ Slitna eller torra pedalbussningar (kapitel 6).
☐ Defekt tryckplatta (kapitel 6).
☐ Tryckplattans tallriksfjäder trasig (kapitel 6).
☐ Lamellens dämpfjädrar defekta (kapitel 6).

Manuell växellåda

Missljud i friläge när motorn går

☐ Slitage i ingående axelns lager (missljud med uppsläppt men inte med nedtryckt kopplingspedal) (kapitel 7A).*
☐ Slitet urkopplingslager (missljud med nedtryckt pedal som möjligen minskar när pedalen släpps upp) (kapitel 6).

Missljud när en specifik växel ligger i

☐ Slitna eller skadade kuggar på växellådsdreven (kapitel 7A).*

Svårt att lägga i växlar

☐ Defekt koppling (kapitel 6).
☐ Slitna eller skadade växelväljarvajrar (kapitel 7A).
☐ Slitna synkroniseringsenheter (kapitel 7A).*

Växeln hoppar ur

☐ Slitna eller skadade växelväljarvajrar (kapitel 7A).
☐ Slitna synkroniseringsenheter (kapitel 7A).*
☐ Slitna väljargafflar (kapitel 7A).*

Vibrationer

☐ För lite olja (kapitel 1 eller 7A).
☐ Slitna lager (kapitel 7A).*

Smörjmedelsläckage

☐ Läckage i oljetätningen vid differentialens utgång (kapitel 7A).
☐ Läckande husfog (kapitel 7A).*
☐ Läckage i den ingående axelns oljetätning (kapitel 7A).

*Även om nödvändiga åtgärder för beskrivna symptom är svårare än vad en hemmamekaniker klarar av är informationen ovan en hjälp att spåra felkällan, så att den tydligt kan beskrivas för en yrkesmekaniker.

Automatväxellåda

Observera: På grund av automatväxelns komplicerade sammansättning är det svårt för hemmamekanikerna att ställa riktiga diagnoser och serva enheten. Om andra problem än följande uppstår ska bilen tas till en verkstad eller till en specialist med lämplig utrustning.

Oljeläckage

☐ Automatväxellådans olja är ofta mörk till färgen. Oljeläckage från växellådan ska inte blandas ihop med motorolja, som lätt kan stänka på växellådan av luftflödet.
☐ För att hitta läckan, använd avfettningsmedel eller en ångtvätt och rengör växelhuset och områdena runt omkring från smuts och avlagringar. Kör bilen långsamt så att inte luftflödet blåser den läckande oljan långt från källan. Hissa upp bilen och stötta upp den på pallbockar, och fastställ varifrån läckan kommer.

Växeloljan är brun eller luktar bränt

☐ Växellådsoljans nivå är låg, eller oljan behöver bytas ut (kapitel 1 och 7B).

Allmänna problem med att växla

☐ I kapitel 7B behandlas kontroll och justering av växelvajern på automatväxellådor. Följande problem är vanliga och kan orsakas av en felaktigt inställd vajer:

a) Motorn startar i andra växlar än Park eller Neutral.
b) Indikatorpanelen visar en annan växel än den som används.
c) Bilen rör sig när växlarna Park eller Neutral ligger i.
d) Dålig eller felaktig utväxling.
☐ Se kapitel 7B för anvisningar om hur du justerar växelvajern.

Växellådan växlar inte ner (kickdown) vid öppet gasspjäll

☐ Växellådans oljenivå är låg (kapitel 1).
☐ Felaktig inställning av växelvajer (kapitel 7B).

Motorn startar inte på någon växel eller startar på andra växlar än Park eller Neutral

☐ Flerfunktionsbrytarens inställning är felaktig (kapitel 7B).
☐ Felaktig inställning av växelvajer (kapitel 7B).

Växellådan slirar, växlar trögt, låter illa eller är utan drift i framväxlarna eller backen

☐ Ovanstående fel kan ha flera möjliga orsaker, men hemma-mekanikern bör endast bry sig om en av de möjliga orsakerna – felaktig växeloljenivå. Innan du lämnar in bilen till en verkstad eller en växellådsspecialist, kontrollera oljenivån enligt beskrivningen i kapitel 1. Justera oljenivån om det behövs eller byt växellådsoljan. Om problemet kvarstår behövs professionell hjälp.

Drivaxlar

Klickande eller knackande ljud vid svängar (i låg fart med fullt rattutslag)

☐ Bristfällig smörjning i knuten, eventuellt på grund av defekt damask (kapitel 8).
☐ Sliten yttre drivknut (kapitel 8).

Vibrationer vid acceleration eller inbromsning

☐ Sliten inre drivknut (kapitel 8).
☐ Böjd eller skev drivaxel (kapitel 8).

Bromssystem

Observera: *Kontrollera däckens skick och lufttryck, framvagnens inställning samt att bilen inte är ojämnt belastad innan bromsarna antas vara defekta. Alla åtgärder på ABS-systemet, utom kontroll av rör- och slanganslutningar, ska utföras av en Toyota-verkstad.*

Bilen drar åt ena sidan vid inbromsning

☐ Slitna, defekta, skadade eller förorenade bromsbelägg/-backar på ena sidan (kapitel 9).
☐ Bromsoket har kärvat fast eller kärvat fast delvis (kapitel 9).
☐ Friktionsmaterial från bromsbeläggen/-backarna har fastnat mellan sidorna (kapitel 9).
☐ Bromsokets fästbultar lösa (kapitel 9).
☐ Hjulcylindern har kärvat fast/läcker (kapitel 9).
☐ Slitna eller skadade komponenter i styrning eller fjädring (kapitel 1 och 10).

Oljud (skrapljud eller högljutt gnissel) vid inbromsning

☐ Bromsklossarnas/bromsbackarnas friktionsmaterial nedslitet till stödplattan (kapitel 1 och 9).
☐ Stora korrosionsangrepp på bromsskiva/bromstrumma. Kan uppkomma om bilen har stått stilla en tid (kapitel 9).
☐ Främmande föremål (grus etc.) fastklämt mellan bromsskiva och bromssköld (kapitel 9).

Överdriven pedalväg

☐ Defekt huvudcylinder (kapitel 9).
☐ Luft i hydraulsystemet (kapitel 9).
☐ Bakre bromsbackarnas självjusterarmekanism defekt (kapitel 9).
☐ Defekt vakuumservo (kapitel 9).

Bromspedalen känns svampig vid nedtryckning

☐ Luft i hydraulsystemet (kapitel 9).
☐ Åldrade bromsslangar (kapitel 1 och 9).
☐ Huvudcylinderns fästmuttrar lösa (kapitel 9).
☐ Defekt huvudcylinder (kapitel 9).

Överdriven pedalkraft krävs för att stanna bilen

☐ Defekt vakuumservo (kapitel 9).
☐ Bromsservons vakuumslang urkopplad, skadad eller sitter löst (kapitel 9).
☐ Defekt primär- eller sekundärkrets (kapitel 9).
☐ Bromsoket/hjulcylindern har kärvat fast (kapitel 9).
☐ Bromsbeläggen/-backarna felmonterade (kapitel 9).
☐ Fel typ av klossar monterade (kapitel 9).
☐ Bromsklossar/bromsbackar nedsmutsade (kapitel 9).

Skakningar i bromspedal eller ratt vid inbromsning

☐ Skivorna väldigt skeva eller deformerade (kapitel 9).
☐ Bromsklossarna/bromsbackarna slitna (kapitel 1 och 9).
☐ Bromsokets fästbultar lösa (kapitel 9).
☐ Slitage i fjädringens eller styrningens komponenter eller fästen (kapitel 1 och 10).

Bromsarna kärvar

☐ Bromsoket/hjulcylindern har kärvat fast (kapitel 9).
☐ Feljusterad handbromsmekanism (kapitel 9).
☐ Defekt huvudcylinder (kapitel 9).

Bakhjulen låser sig vid normal inbromsning

☐ Bakre bromsklossar/bromsbackar nedsmutsade (kapitel 1 och 9).
☐ Belastningsavkännarventil defekt (kapitel 9).
☐ Fel på ABS-systemet (kapitel 9).

Fjädring och styrning

Observera: *Kontrollera att felet inte beror på fel lufttryck i däcken, blandade däcktyper eller kärvande bromsar innan fjädringen eller styrningen diagnostiseras som defekta.*

Bilen drar åt ena sidan

☐ Defekt däck (*Veckokontroller*).
☐ För stort slitage i fjädring eller styrning (kapitel 1 och 10).
☐ Felaktig framhjulsinställning (kapitel 10).
☐ Skadade styrnings- eller fjädringsdelar (kapitel 1).

Hjulen vinglar och skakar

☐ Framhjulen obalanserade (vibration känns huvudsakligen i ratten) (kapitel 1 och 10).
☐ Bakhjulen obalanserade (vibration känns i hela bilen) (kapitel 1 och 10).
☐ Hjulen skadade eller deformerade (kapitel 1 och 10).
☐ Defekt eller skadat däck (*Veckokontroller*).
☐ Slitage i styrning eller fjädring (kapitel 1 och 10).
☐ Hjulmuttrarna lösa (kapitel 1 och 10).

Kraftiga nigningar och/eller krängningar runt hörn eller vid inbromsning

☐ Defekta stötdämpare (kapitel 1 och 10).
☐ Trasig eller svag spiralfjäder och/eller fjädringsdel (kapitel 1 och 10).
☐ Slitage eller skada på krängningshämmare eller fästen (kapitel 10).

Vandrande eller allmän instabilitet

☐ Felaktig framhjulsinställning (kapitel 10).
☐ Slitage i styrning eller fjädring (kapitel 1 och 10).
☐ Hjulen obalanserade (kapitel 1 och 10).
☐ Defekt eller skadat däck (*Veckokontroller*).
☐ Hjulmuttrarna lösa (kapitel 1 och 10).
☐ Defekta stötdämpare (kapitel 1 och 10).

Överdrivet stel styrning

☐ För lite servostyrningvätska (kapitel 10).
☐ Styrstagsändens eller fjädringens spindelled anfrätt (kapitel 1 och 10).
☐ Felaktig framhjulsinställning (kapitel 10).
☐ Kuggstången eller rattstången böjd eller skadad (kapitel 10).
☐ Fel på servostyrningspump (kapitel 10).

Överdrivet spel i styrningen

☐ Slitage i rattstångens kardanknut (kapitel 10).
☐ Styrstagsändens kulleder slitna (kapitel 1 och 10).
☐ Sliten kuggstång (kapitel 10).
☐ Slitage i styrning eller fjädring (kapitel 1 och 10).

Bristande servoeffekt

☐ För hög eller låg nivå av styrservoolja (*Veckokontroller*).
☐ Styrservons oljeslangar igensatta (kapitel 1).
☐ Defekt servostyrningspump (kapitel 10).
☐ Defekt kuggstång (kapitel 10).

Överdrivet däckslitage

Däckmönster har fransiga kanter

☐ Felaktig toe-inställning (kapitel 10).

Slitage i mitten av däckmönstret

☐ För mycket luft i däcken (*Veckokontroller*).

Däcken slitna på inner- och ytterkanten

☐ För lite luft i däcken (*Veckokontroller*).

Däcken slitna på inner- eller ytterkanten

☐ Felaktiga camber- eller castervinklar (slitage bara på en kant) (kapitel 10).
☐ Slitage i styrning eller fjädring (kapitel 1 och 10).
☐ Alltför hård kurvtagning.
☐ Skada efter olycka.

Ojämnt däckslitage

☐ Obalanserade hjul (se *Veckokontroller*).
☐ Stort kast i hjul eller däck (kapitel 1).
☐ Slitna stötdämpare (kapitel 1 och 10).
☐ Defekt däck (*Veckokontroller*).

Elsystem

Observera: *Vid problem med start, se felen under Motor tidigare i detta avsnitt.*

Batteriet laddar ur på bara ett par dagar

- [ ] Batteriet defekt invändigt (kapitel 5A).
- [ ] Batterianslutningarna sitter löst eller är korroderade (*Veckokontroller*).
- [ ] Drivremmen trasig, sliten eller felaktigt justerad (kapitel 1).
- [ ] Generatorn laddar inte vid korrekt effekt (kapitel 5A).
- [ ] Generatorn eller spänningsregulatorn defekt (kapitel 5A).
- [ ] Kortslutning orsakar kontinuerlig urladdning av batteriet (kapitel 5A och 12).

Tändningslampan fortsätter lysa när motorn är igång

- [ ] Drivremmen trasig, sliten eller felaktigt justerad (kapitel 1).
- [ ] Internt fel i generatorn eller spänningsregulatorn (kapitel 5A).
- [ ] Trasigt, urkopplat eller löst kablage i laddningskretsen (kapitel 5A).

Tändningslampan tänds inte

- [ ] Varningslampans glödlampa trasig (kapitel 12).
- [ ] Trasigt, urkopplat eller löst kablage i varningslampans krets (kapitel 12).
- [ ] Defekt generator (kapitel 5A).

Ljusen fungerar inte

- [ ] Trasig glödlampa (kapitel 12).
- [ ] Korrosion på glödlampa eller sockel (kapitel 12).
- [ ] Trasig säkring (kapitel 12).
- [ ] Defekt relä (kapitel 12).
- [ ] Trasigt, löst eller urkopplat kablage (kapitel 12).
- [ ] Defekt brytare (kapitel 12).

Instrumentavläsningarna missvisande eller ryckiga

Bränsle- eller temperaturmätaren ger inget utslag

- [ ] Defekt givarenhet (kapitel 3 eller 4).
- [ ] Kretsavbrott (kapitel 12).
- [ ] Defekt mätare (kapitel 12).

Bränsle- eller temperaturmätaren ger kontinuerligt maximalt utslag

- [ ] Defekt givarenhet (kapitel 3 eller 4).
- [ ] Kortslutning (kapitel 12).
- [ ] Defekt mätare (kapitel 12).

Signalhornet fungerar dåligt eller inte alls

Signalhornet tjuter hela tiden

- [ ] Signalhornets tryckplatta är antingen jordad eller har fastnat (kapitel 12).
- [ ] Kabeln till signalhornets tryckplatta jordad (kapitel 12).

Signalhornet fungerar inte

- [ ] Trasig säkring (kapitel 12).
- [ ] Vajer eller vajeranslutningar lösa, trasiga eller urkopplade (kapitel 12).
- [ ] Defekt signalhorn (kapitel 12).

Signalhornet avger ryckigt eller otillfredsställande ljud

- [ ] Lösa vajeranslutningar (kapitel 12).
- [ ] Signalhornets fästen sitter löst (kapitel 12).
- [ ] Defekt signalhorn (kapitel 12).

Vindrute-/bakrutetorkarna fungerar dåligt eller inte alls

Torkarna fungerar inte eller går mycket långsamt

- [ ] Torkarbladen fastnar vid rutan eller också är länksystemet anfrätt eller kärvar (kapitel 1 och 12).
- [ ] Trasig säkring (kapitel 12).
- [ ] Vajer eller vajeranslutningar lösa, trasiga eller urkopplade (kapitel 12).
- [ ] Defekt BSI-enhet (kapitel 12).
- [ ] Defekt torkarmotor (kapitel 12).

Torkarbladen sveper över för stort/litet område av rutan

- [ ] Torkararmarna felaktigt placerade i spindlarna (kapitel 12).
- [ ] Påtagligt slitage i torkarnas länksystem (kapitel 12).
- [ ] Torkarmotorns eller länksystemets fästen sitter löst (kapitel 12).

Torkarbladen rengör inte rutan effektivt

- [ ] Torkarbladens gummi slitet eller saknas (*Veckokontroller*).
- [ ] Torkararmens fjädrar är trasiga eller armtapparna har kärvat fast (kapitel 12).
- [ ] Spolarvätskan har för låg koncentration för att beläggningen ska kunna tvättas bort (*Veckokontroller*).

Vindrute-/bakrutespolarna fungerar dåligt eller inte alls

Ett eller flera spolarmunstycken sprutar inte

- [ ] Igentäppt spolarmunstycke (*Veckokontroller*).
- [ ] Urkopplad, veckad eller igensatt spolarslang (kapitel 12).
- [ ] För lite spolarvätska i spolarvätskebehållaren (*Veckokontroller*).

Spolarpumpen fungerar inte

- [ ] Trasiga eller lösa kablar eller anslutningar (kapitel 12).
- [ ] Trasig säkring (kapitel 12).
- [ ] Defekt spolarbrytare (kapitel 12).
- [ ] Defekt spolarpump (kapitel 12).

De elektriska fönsterhissarna fungerar dåligt eller inte alls

Fönsterrutan rör sig bara i en riktning

- [ ] Defekt brytare (kapitel 12).

Fönsterrutan rör sig långsamt

- [ ] Fönsterhissen kärvar, skadad eller i behov av smörjning (kapitel 11).
- [ ] Dörrens inre komponenter eller klädsel hindrar fönsterhissen (kapitel 11).
- [ ] Defekt motor (kapitel 11).

Fönsterrutan rör sig inte

- [ ] Trasig säkring (kapitel 12).
- [ ] Trasiga eller lösa kablar eller anslutningar (kapitel 12).
- [ ] Defekt motor (kapitel 11).

Centrallåset fungerar dåligt eller inte alls

Totalt systemhaveri

- [ ] Trasig säkring (kapitel 12).
- [ ] Trasiga eller lösa kablar eller anslutningar (kapitel 12).

Dörr-/bakluckeregel låser men låser inte upp, eller låser upp men låser inte

- [ ] Avbrutna eller lossnade länkstag (kapitel 11).
- [ ] Defekt låsmotor (kapitel 11).

Ett lås fungerar inte

- [ ] Trasiga eller lösa kablar eller anslutningar (kapitel 12).
- [ ] Defekt låsmotor (kapitel 11).
- [ ] Avbrutna, kärvande eller lossnade länkstag (kapitel 11).

A

ABS (Anti-lock brake system) Låsningsfria bromsar. Ett system, vanligen elektroniskt styrt, som känner av påbörjande låsning av hjul vid inbromsning och lättar på hydraultrycket på hjul som ska till att låsa.

Air bag (krockkudde) En uppblåsbar kudde dold i ratten (på förarsidan) eller instrumentbrädan eller handskfacket (på passagerarsidan) Vid kollision blåses kuddarna upp vilket hindrar att förare och framsätespassagerare kastas in i ratt eller vindruta.

Ampere (A) En måttenhet för elektrisk ström. 1 A är den ström som produceras av 1 volt gående genom ett motstånd om 1 ohm.

Anaerobisk tätning En massa som används som gänglås. Anaerobisk innebär att den inte kräver syre för att fungera.

Antikärvningsmedel En pasta som minskar risk för kärvning i infästningar som utsätts för höga temperaturer, som t.ex. skruvar och muttrar till avgasrenrör. Kallas även gängskydd.

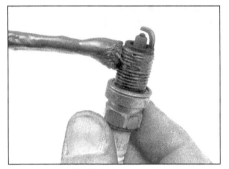

Antikärvningsmedel

Asbest Ett naturligt fibröst material med stor värmetolerans som vanligen används i bromsbelägg. Asbest är en hälsorisk och damm som alstras i bromsar ska aldrig inandas eller sväljas.

Avgasgrenrör En del med flera passager genom vilka avgaserna lämnar förbränningskamrarna och går in i avgasröret.

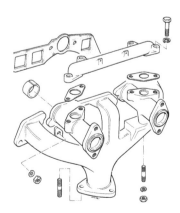

Avgasgrenrör

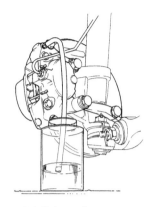

Avluftning av bromsarna

Avluftning av bromsar Avlägsnande av luft från hydrauliskt bromssystem.

Avluftningsnippel En ventil på ett bromsok, hydraulcylinder eller annan hydraulisk del som öppnas för att tappa ur luften i systemet.

Axel En stång som ett hjul roterar på, eller som roterar inuti ett hjul. Även en massiv balk som håller samman två hjul i bilens ena ände. En axel som även överför kraft till hjul kallas drivaxel.

Axel

Axialspel Rörelse i längdled mellan två delar. För vevaxeln är det den distans den kan röra sig framåt och bakåt i motorblocket.

B

Belastningskänslig fördelningsventil En styrventil i bromshydrauliken som fördelar bromseffekten, med hänsyn till bakaxelbelastningen.

Bladmått Ett tunt blad av härdat stål, slipat till exakt tjocklek, som används till att mäta spel mellan delar.

Bladmått

Bromsback Halvmåneformad hållare med fastsatt bromsbelägg som tvingar ut beläggen i kontakt med den roterande bromstrumman under inbromsning.

Bromsbelägg Det friktionsmaterial som kommer i kontakt med bromsskiva eller bromstrumma för att minska bilens hastighet. Beläggen är limmade eller nitade på bromsklossar eller bromsbackar.

Bromsklossar Utbytbara friktionsklossar som nyper i bromsskivan när pedalen trycks ned. Bromsklossar består av bromsbelägg som limmats eller nitats på en styv bottenplatta.

Bromsok Den icke roterande delen av en skivbromsanordning. Det grenslar skivan och håller bromsklossarna. Oket innehåller även de hydrauliska delar som tvingar klossarna att nypa skivan när pedalen trycks ned.

Bromsskiva Den del i en skivbromsanordning som roterar med hjulet.

Bromstrumma Den del i en trumbromsanordning som roterar med hjulet.

C

Caster I samband med hjulinställning, lutningen framåt eller bakåt av styrningens axialled. Caster är positiv när styrningens axialled lutar bakåt i överkanten.

CV-knut En typ av universalknut som upphäver vibrationer orsakade av att drivkraft förmedlas genom en vinkel.

D

Diagnostikkod Kodsiffror som kan tas fram genom att gå till diagnosläget i motorstyrningens centralenhet. Koden kan användas till att bestämma i vilken del av systemet en felfunktion kan förekomma.

Draghammare Ett speciellt verktyg som skruvas in i eller på annat sätt fästs vid en del som ska dras ut, exempelvis en axel. Ett tungt glidande handtag dras utmed verktygsaxeln mot ett stopp i änden vilket rycker avsedd del fri.

Drivaxel En roterande axel på endera sidan differentialen som ger kraft från slutväxeln till drivhjulen. Även varje axel som används att överföra rörelse.

Drivaxel

Drivrem(mar) Rem(mar) som används till att driva tillbehörsutrustning som generator, vattenpump, servostyrning, luftkonditioneringskompressor mm, från vevaxelns remskiva.

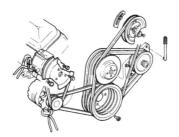

Drivremmar till extrautrustning

Dubbla överliggande kamaxlar (DOHC) En motor försedd med två överliggande kamaxlar, vanligen en för insugsventilerna och en för avgasventilerna.

E

EGR-ventil Avgasåtercirkulationsventil. En ventil som för in avgaser i insugsluften.

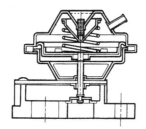

Ventil för avgasåtercirkulation (EGR)

Elektrodavstånd Den distans en gnista har att överbrygga från centrumelektroden till sidoelektroden i ett tändstift.

Justering av elektrodavståndet

Elektronisk bränsleinsprutning (EFI) Ett datorstyrt system som fördelar bränsle till förbränningskamrarna via insprutare i varje insugsport i motorn.
Elektronisk styrenhet En dator som exempelvis styr tändning, bränsleinsprutning eller låsningsfria bromsar.

F

Finjustering En process där noggranna justeringar och byten av delar optimerar en motors prestanda.

Fjäderben Se MacPherson-ben.
Fläktkoppling En viskös drivkoppling som medger variabel kylarfläkthastighet i förhållande till motorhastigheten.
Frostplugg En skiv- eller koppformad metallbricka som monterats i ett hål i en gjutning där kärnan avlägsnats.
Frostskydd Ett ämne, vanligen etylenglykol, som blandas med vatten och fylls i bilens kylsystem för att förhindra att kylvätskan fryser vintertid. Frostskyddet innehåller även kemikalier som förhindrar korrosion och rost och andra avlagringar som skulle kunna blockera kylare och kylkanaler och därmed minska effektiviteten.
Fördelningsventil En hydraulisk styrventil som begränsar trycket till bakbromsarna vid panikbromsning så att hjulen inte låser sig.
Förgasare En enhet som blandar bränsle med luft till korrekta proportioner för önskad effekt från en gnistantänd förbränningsmotor.

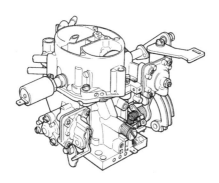

Förgasare

G

Generator En del i det elektriska systemet som förvandlar mekanisk energi från drivremmen till elektrisk energi som laddar batteriet, som i sin tur driver startsystem, tändning och elektrisk utrustning.

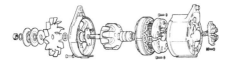

Generator (genomskärning)

Glidlager Den krökta ytan på en axel eller i ett lopp, eller den del monterad i endera, som medger rörelse mellan dem med ett minimum av slitage och friktion.
Gängskydd Ett täckmedel som minskar risken för gängskärning i bultförband som utsätts för stor hetta, exempelvis grenrörets bultar och muttrar. Kallas även antikärvningsmedel.

H

Handbroms Ett bromssystem som är oberoende av huvudbromsarnas hydraulikkrets. Kan användas till att stoppa bilen om huvudbromsarna slås ut, eller till att hålla bilen stilla utan att bromspedalen trycks ned. Den består vanligen av en spak som aktiverar främre eller bakre bromsar mekaniskt via vajrar och länkar. Kallas även parkeringsbroms.
Harmonibalanserare En enhet avsedd att minska fjädring eller vridande vibrationer i vevaxeln. Kan vara integrerad i vevaxelns remskiva. Även kallad vibrationsdämpare.
Hjälpstart Start av motorn på en bil med urladdat eller svagt batteri genom koppling av startkablar mellan det svaga batteriet och ett laddat hjälpbatteri.
Honare Ett slipverktyg för korrigering av smärre ojämnheter eller diameterskillnader i ett cylinderlopp.
Hydraulisk ventiltryckare En mekanism som använder hydrauliskt tryck från motorns smörjsystem till att upprätthålla noll ventilspel (konstant kontakt med både kamlob och ventilskaft). Justeras automatiskt för variation i ventilskaftslängder. Minskar även ventilljudet.

I

Insexnyckel En sexkantig nyckel som passar i ett försänkt sexkantigt hål.
Insugsrör Rör eller kåpa med kanaler genom vilka bränsle/luftblandningen leds till insugsportarna.

K

Kamaxel En roterande axel på vilken en serie lober trycker ned ventilerna. En kamaxel kan drivas med drev, kedja eller tandrem med kugghjul.
Kamkedja En kedja som driver kamaxeln.
Kamrem En tandrem som driver kamaxeln. Allvarliga motorskador kan uppstå om kamremmen brister vid körning.
Kanister En behållare i avdunstningsbegränsningen, innehåller aktivt kol för att fånga upp bensinångor från bränslesystemet.

Kanister

Kardanaxel Ett långt rör med universalknutar i bägge ändar som överför kraft från växellådan till differentialen på bilar med motorn fram och drivande bakhjul.

Kast Hur mycket ett hjul eller drev slår i sidled vid rotering. Det spel en axel roterar med. Orundhet i en roterande del.

Katalysator En ljuddämparliknande enhet i avgassystemet som omvandlar vissa föroreningar till mindre hälsovådliga substanser.

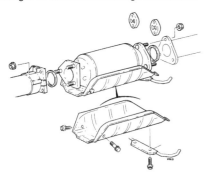

Katalysator

Kompression Minskning i volym och ökning av tryck och värme hos en gas, orsakas av att den kläms in i ett mindre utrymme.

Kompressionsförhållande Skillnaden i cylinderns volymer mellan kolvens ändlägen.

Kopplingsschema En ritning över komponenter och ledningar i ett fordons elsystem som använder standardiserade symboler.

Krockkudde (Airbag) En uppblåsbar kudde dold i ratten (på förarsidan) eller instrumentbrädan eller handskfacket (på passagerarsidan) Vid kollision blåses kuddarna upp vilket hindrar att förare och framsätespassagerare kastas in i ratt eller vindruta.

Krokodilklämma Ett långkäftat fjäderbelastat clips med ingreppande tänder som används till tillfälliga elektriska kopplingar.

Kronmutter En mutter som vagt liknar kreneleringen på en slottsmur. Används tillsammans med saxsprint för att låsa bultförband extra väl.

Kronmutter

Krysskruv Se Phillips-skruv

Kugghjul Ett hjul med tänder eller utskott på omkretsen, formade för att greppa in i en kedja eller rem.

Kuggstångsstyrning Ett styrsystem där en pinjong i rattstångens ände går i ingrepp med en kuggstång. När ratten vrids, vrids även pinjongen vilket flyttar kuggstången till höger eller vänster. Denna rörelse överförs via styrstagen till hjulets styrleder.

Kullager Ett friktionsmotverkande lager som består av härdade inner- och ytterbanor och har härdade stålkulor mellan banorna.

Kylare En värmeväxlare som använder flytande kylmedium, kylt av fartvinden/fläkten till att minska temperaturen på kylvätskan i en förbränningsmotors kylsystem.

Kylmedia Varje substans som används till värmeöverföring i en anläggning för luftkonditionering. R-12 har länge varit det huvudsakliga kylmediet men tillverkare har nyligen börjat använda R-134a, en CFC-fri substans som anses vara mindre skadlig för ozonet i den övre atmosfären.

L

Lager Den böjda ytan på en axel eller i ett lopp, eller den del som monterad i någon av dessa tillåter rörelse mellan dem med minimal slitage och friktion.

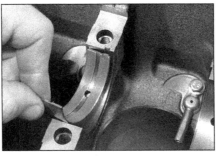

Lager

Lambdasond En enhet i motorns grenrör som känner av syrehalten i avgaserna och omvandlar denna information till elektricitet som bär information till styrelektroniken. Även kallad syresensor.

Luftfilter Filtret i luftrenaren, vanligen tillverkat av veckat papper. Kräver byte med regelbundna intervaller.

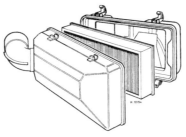

Luftfilter

Luftrenare En kåpa av plast eller metall, innehållande ett filter som tar undan damm och smuts från luft som sugs in i motorn.

Låsbricka En typ av bricka konstruerad för att förhindra att en ansluten mutter lossnar.

Låsmutter En mutter som låser en justermutter, eller annan gängad del, på plats. Exempelvis används låsmutter till att hålla justermuttern på vipparmen i läge.

Låsring Ett ringformat clips som förhindrar längsgående rörelser av cylindriska delar och axlar. En invändig låsring monteras i en skåra i ett hölje, en yttre låsring monteras i en utvändig skåra på en cylindrisk del som exempelvis en axel eller tapp.

M

MacPherson-ben Ett system för framhjulsfjädring uppfunnet av Earle MacPherson vid Ford i England. I sin ursprungliga version skapas den nedre bärarmen av en enkel lateral länk till krängningshämmaren. Ett fjäderben - en integrerad spiralfjäder och stötdämpare - finns monterad mellan karossen och styrknogen. Många moderna MacPherson-ben använder en vanlig nedre A-arm och inte krängningshämmaren som nedre fäste.

Markör En remsa med en andra färg i en ledningsisolering för att skilja ledningar åt.

Motor med överliggande kamaxel (OHC) En motor där kamaxeln finns i topplocket.

Motorstyrning Ett datorstyrt system som integrerat styr bränsle och tändning.

Multimätare Ett elektriskt testinstrument som mäter spänning, strömstyrka och motstånd. Även kallad multimeter.

Mätare En instrumentpanelvisare som används till att ange motortillstånd. En mätare med en rörlig pekare på en tavla eller skala är analog. En mätare som visar siffror är digital.

N

NOx Kväveoxider. En vanlig giftig förorening utsläppt av förbränningsmotorer vid högre temperaturer.

O

O-ring En typ av tätningsring gjord av ett speciellt gummiliknande material. O-ringen fungerar så att den trycks ihop i en skåra och därmed utgör tätningen.

O-ring

Ohm Enhet för elektriskt motstånd. 1 volt genom ett motstånd av 1 ohm ger en strömstyrka om 1 ampere.

Ohmmätare Ett instrument för uppmätning av elektriskt motstånd.

P

Packning Mjukt material - vanligen kork, papp, asbest eller mjuk metall - som monteras mellan två metallytor för att erhålla god tätning. Exempelvis tätar topplockspackningen fogen mellan motorblocket och topplocket.

Packning

Phillips-skruv En typ av skruv med ett korsspår istället för ett rakt, för motsvarande skruvmejsel. Vanligen kallad krysskruv.
Plastigage En tunn plasttråd, tillgänglig i olika storlekar, som används till att mäta toleranser. Exempelvis så läggs en remsa Plastigage tvärs över en lagertapp. Delarna sätts ihop och tas isär. Bredden på den klämda remsan anger spelrummet mellan lager och tapp.

Plastigage

R

Rotor I en fördelare, den roterande enhet inuti fördelardosan som kopplar samman mittelektroden med de yttre kontakterna vartefter den roterar, så att högspänningen från tändspolens sekundärlindning leds till rätt tändstift. Även den del av generatorn som roterar inuti statorn. Även de roterande delarna av ett turboaggregat, inkluderande kompressorhjulet, axeln och turbinhjulet.

S

Sealed-beam strålkastare En äldre typ av strålkastare som integrerar reflektor, lins och glödtrådar till en hermetiskt försluten enhet. När glödtråden går av eller linsen spricker byts hela enheten. Vanliga på amerikanska bilar

Shims Tunn distansbricka, vanligen använd till att justera inbördes lägen mellan två delar. Exempelvis sticks shims in i eller under ventiltryckarhylsor för att justera ventilspelet. Spelet justeras genom byte till shims av annan tjocklek.
Skivbroms En bromskonstruktion med en roterande skiva som kläms mellan bromsklossar. Den friktion som uppstår omvandlar bilens rörelseenergi till värme.
Skjutmått Ett precisionsmätinstrument som mäter inre och yttre dimensioner. Inte riktigt lika exakt som en mikrometer men lättare att använda.

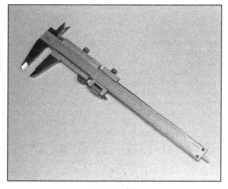

Skjutmått

Smältsäkring Ett kretsskydd som består av en ledare omgiven av värmetålig isolering. Ledaren är tunnare än den ledning den skyddar och är därmed den svagaste länken i kretsen. Till skillnad från en bränd säkring måste vanligen en smältsäkring skäras bort från ledningen vid byte.
Spel Den sträcka en del färdas innan något inträffar. "Luften" i ett länksystem eller ett montage mellan första ansatsen av kraft och verklig rörelse. Exempelvis den sträcka bromspedalen färdas innan kolvarna i huvudcylindern rör på sig. Även utrymmet mellan två delar, till exempel kolv och cylinderlopp.
Spiralfjäder En spiral av elastiskt stål som förekommer i olika storlekar på många platser i en bil, bland annat i fjädringen och ventilerna i topplocket.
Startspärr På bilar med automatväxellåda förhindrar denna kontakt att motorn startas annat än om växelväljaren är i N eller P.
Storändslager Lagret i den ände av vevstaken som är kopplad till vevaxeln.
Svetsning Olika processer som används för att sammanfoga metallföremål genom att hetta upp dem till smältning och sammanföra dem.
Svänghjul Ett tungt roterande hjul vars energi tas upp och sparas som moment. På bilar finns svänghjulet monterat på vevaxeln för att utjämna kraftpulserna från arbetstakterna.
Syresensor En enhet i motorns grenrör som känner av syrehalten i avgaserna och omvandlar denna information till elektricitet som bär information till styrelektroniken. Även kalla Lambdasond.
Säkring En elektrisk enhet som skyddar en krets mot överbelastning. En typisk säkring

innehåller en mjuk metallbit kalibrerad att smälta vid en förbestämd strömstyrka, angiven i ampere, och därmed bryta kretsen.

T

Termostat En värmestyrd ventil som reglerar kylvätskans flöde mellan blocket och kylaren vilket håller motorn vid optimal arbetstemperatur. En termostat används även i vissa luftrenare där temperaturen är reglerad.
Toe-in Den distans som framhjulens framkanter är närmare varandra än bakkanterna. På bakhjulsdrivna bilar specificeras vanligen ett litet toe-in för att hålla framhjulen parallella på vägen, genom att motverka de krafter som annars tenderar att vilja dra isär framhjulen.
Toe-ut Den distans som framhjulens bakkanter är närmare varandra än framkanterna. På bilar med framhjulsdrift specificeras vanligen ett litet toe-ut.
Toppventilsmotor (OHV) En motortyp där ventilerna finns i topplocket medan kamaxeln finns i motorblocket.
Torpedplåten Den isolerade avbalkningen mellan motorn och passagerarutrymmet.
Trumbroms En bromsanordning där en trumformad metallcylinder monteras inuti ett hjul. När bromspedalen trycks ned pressas böjda bromsbackar försedda med bromsbelägg mot trummans insida så att bilen saktar in eller stannar.

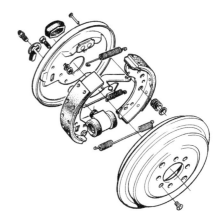

Trumbroms, montage

Turboaggregat En roterande enhet, driven av avgastrycket, som komprimerar insugsluften. Används vanligen till att öka motoreffekten från en given cylindervolym, men kan även primäranvändas till att minska avgasutsläpp.
Tändföljd Turordning i vilken cylindrarnas arbetstakter sker, börjar med nr 1.
Tändläge Det ögonblick då tändstiftet ger gnista. Anges vanligen som antalet vevaxelgrader för kolvens övre dödpunkt.
Tätningsmassa Vätska eller pasta som används att täta fogar. Används ibland tillsammans med en packning.

U

Universalknut En koppling med dubbla pivåer som överför kraft från en drivande till en driven axel genom en vinkel. En universalknut består av två Y-formade ok och en korsformig del kallad spindeln.

Urtrampningslager Det lager i kopplingen som flyttas inåt till frigöringsarmen när kopplingspedalen trycks ned för frikoppling.

V

Ventil En enhet som startar, stoppar eller styr ett flöde av vätska, gas, vakuum eller löst material via en rörlig del som öppnas, stängs eller delvis maskerar en eller flera portar eller kanaler. En ventil är även den rörliga delen av en sådan anordning.

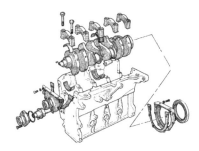

Vevaxel, montage

Ventilspel Spelet mellan ventilskaftets övre ände och ventiltryckaren. Spelet mäts med stängd ventil.

Ventiltryckare En cylindrisk del som överför rörelsen från kammen till ventilskaftet, antingen direkt eller via stötstång och vipparm. Även kallad kamsläpa eller kamföljare.

Vevaxel Den roterande axel som går längs med vevhuset och är försedd med utstickande vevtappar på vilka vevstakarna är monterade.

Vevhus Den nedre delen av ett motorblock där vevaxeln roterar.

Vibrationsdämpare En enhet som är avsedd att minska fjädring eller vridande vibrationer i vevaxeln. Enheten kan vara integrerad i vevaxelns remskiva. Kallas även harmonibalanserare.

Vipparm En arm som gungar på en axel eller tapp. I en toppventilsmotor överför vipparmen stötstångens uppåtgående rörelse till en nedåtgående rörelse som öppnar ventilen.

Viskositet Tjockleken av en vätska eller dess flödesmotstånd.

Volt Enhet för elektrisk spänning i en krets 1 volt genom ett motstånd av 1 ohm ger en strömstyrka om 1 ampere.

Observera: *Hänvisningarna i registret är i formen* "**Kapitelnummer**" • "**Sidnummer**". *T.ex. hänvisar 2C•15 till sidan 15 i kapitel 2C.*

Observera: *Hänvisningarna i registret är i formen "***Kapitelnummer***" • "***Sidnummer***". T.ex. hänvisar 2C•15 till sidan 15 i kapitel 2C.*

Observera: *Hänvisningarna i registret är i formen* **"Kapitelnummer"** • **"Sidnummer"**. *T.ex. hänvisar 2C•15 till sidan 15 i kapitel 2C.*